GROWTH CHAIN
FINANCE RESEARCH

成长链金融研究

主编　梁振邦

中国金融出版社

责任编辑：李　融
责任校对：孙　蕊
责任印制：陈晓川

图书在版编目（CIP）数据

成长链金融研究（Chengzhanglian Jinrong Yanjiu）/梁振邦主编 . —北京：
中国金融出版社，2016. 10
ISBN 978 - 7 - 5049 - 8742 - 6

Ⅰ . ①成… Ⅱ . ①梁… Ⅲ . ①金融—文集 Ⅳ . ①F83 - 53

中国版本图书馆 CIP 数据核字（2016）第 246073 号

出版
发行　中国金融出版社

社址　北京市丰台区益泽路 2 号
市场开发部　（010）63266347，63805472，63439533（传真）
网上书店　http：//www. chinafph. com
　　　　　　（010）63286832，63365686（传真）
读者服务部　（010）66070833，62568380
邮编　100071
经销　新华书店
印刷　保利达印务有限公司
装订　平阳装订厂
尺寸　169 毫米 ×239 毫米
印张　27. 5
字数　471 千
版次　2016 年 10 月第 1 版
印次　2016 年 10 月第 1 次印刷
定价　56. 00 元
ISBN 978 - 7 - 5049 - 8742 - 6/F. 8302
如出现印装错误本社负责调换　联系电话（010）63263947

　　2016 年是我国"十三五"规划的开局之年，也是我国经济新常态进入深度调整期的一年。我国未来一段时期 L 形的经济发展走势已进一步显现，中央政府在深刻总结中外经济理论与实践得失的基础上，因时制宜地提出了供给侧结构性改革的宏观调控政策取向。金融作为现代经济的核心，主导着资金资源流向，把握着实体经济的脉搏，如果我们能主动优化资源配置、创新金融服务，政府再配套相应的激励政策，金融就一定能成为供给侧结构性改革的源头活水，金融创新也必将成为本轮供给侧结构性改革的最大亮点。

　　成长链金融则是供给侧结构性改革背景下卓尔不群的金融创新。1952 年由著名经济学家弗兰科·莫迪利安尼提出，并不断被经济学家完善的生命周期理论奠定了成长链金融的理论基石。生命周期理论认为，消费者会根据一生的收入和支出来安排在各个生命阶段的即期消费和储蓄，从而达到整个生命周期内效用最大化的目的。然而，生命周期理论的运用在我国金融市场却处于长期被忽略状态，金融机构提供金融服务、设计金融产品、授信金融额度都是基于服务对象现阶段的财务状况，割裂了个人、家庭、企业不同生命周期阶段之间的关联性，金融服务的供给与需求存在着结构性不对称问题。

　　基于"十三五"规划和供给侧结构性改革双重经济背景，面对现阶段金融机构强制割裂金融服务对象的生命周期关联性，导致金融资源配置效率低下的难题，南京财经大学中国区域金融研究中心首席研究员、教授，江苏省互联网金融协会秘书长陆岷峰博士创造性、系统性地提出了成长链金融理论，为我国金融行业发展吹来了一袭创新清风。成长链金融基于生命周期理论，将人的一生分为成长、就业、成熟及退休四个阶段，针对各阶段间金融需求、消费特征及信用水平的差异化与潜在关联性，为客户提供全生命周期的金融产品及服务，并具有金融服务定制性、客户终身性、金融工具整合性以及信用评价动态性等特点，旨在实现资金供求双方效用最大化，优化资金配置，提高资金效率。

创新理论奠基人熊彼特曾经说过，所谓创新就是向生产体系引入生产要素和生产条件的新组合，为经济内涵性发展提供连续且均衡的动力。成长链金融作为金融理念的创新，同样能够重新组合我国金融市场要素，在理论端、实践端、学术端持续发力，丰富传统金融理论内涵与外延，为金融机构提供可持续性的全新运营模式导向，助力高校形成新的人才培养学科体系，多维度地向我国金融市场注入动力，促进我国经济内涵性发展。

成长链金融以其服务个性定制理念极大地丰富了传统消费金融的内涵与外延。成长链金融能够根据自然人每个阶段的财富水平、消费水平、信用水平等提供定制金融工具，满足服务对象个性化的金融需求，提高服务对象效用水平。另外，与消费金融相比，成长链金融并非是单一的业务或产品，而是围绕着整个生命周期，从成长期、就业期、成熟期到退休期的成长链链条，将个人的金融需求、消费特征、偿还能力、信用状况等连接成一个整体，全方位地为该成长链的多个自然人阶段提供金融服务，实现整个成长链的金融服务效用持续提升。

成长链金融依托于终身服务理念在市场上创造了全新的运营导向和风控模式。一方面，成长链金融通过提供一整套的金融服务锁定客户终身。以成长链金融为运营导向的金融机构可以将校园金融当做服务起点，为刚刚走上工作岗位的大学生提供车贷服务；为事业上升期的客户提供房贷、保险等服务；等客户到了生命周期的成熟期，家庭理财、教育基金等成为了客户的热门需求；处于退休期的客户则需要养老保险及财富保值的金融产品。金融机构可以突破大学4年的服务时间限制，减少因学生毕业而流失客户的现象，实现客户终身绑定。另一方面，成长链金融通过客户信用评级终身绑定的方法大幅度提高客户违约成本，有效控制金融机构面临的信用风险。成长链金融是基于互联网金融的快速发展等外部环境的变化提出的，特别是身份证管理一证化、大数据建设系统化、个人征信制度的终身化，从多个维度锁定了各个自然人一生的运行轨迹，正常情况下，自然人不会因为非客观原因而失信，或失信成本极高，更不会因为信息不对称而得不到应有约束。

成长链金融的阶段性过度授信为金融机构发展提供了新思路。目前，对客户过度授信是各金融机构风控流程中避之不及的部分，但成长链金融却另辟蹊径，创造性地提出过度授信的 2.0 版本——阶段性过度授信，过度授信实现了华丽转身，蜕变成为金融机构开展成长链金融业务的可行操作方法。陆岷峰博士基于样本容量巨大的抽样调查，收集并分析了大量自然人收入水平、消费状况、信贷需求数据，根据成长链金融制定整个生命周期的授信线，结果显示，对于一个自然人的一生来讲，授信线和净收入线出现了高度重合。因此，表面上来看，金融机构对于服务对象生命周期中某个分割阶段的确存在过度授信，但从整个生命周期来看授信水平却是和财富状况对应的。对于整个社会来讲，根据这一原则进行的信用杠杆将会得到充分发挥，从总体上是在有效控制风险的前提下将金融工具的作用发挥到极致。值得关注的是，江苏宝贝金融信息服务有限公司依托于付融宝，已经在全国范围内率先开启了成长链金融的运营征程。通过借贷两端的金融创新，付融宝初步完成了个人成长链金融服务的闭环，打造了全国首家终身授信、终身服务、全场景覆盖的平台，开创了成长链金融理论实证案例先河。

成长链金融潜力无限的市场前景引致了大量的人才需求，助力高校成长链金融学科体系的形成。成长链金融的市场前景是巨大的，以成长链金融的起点——校园金融为例，据不完全调查显示，我国在校大学生的数量已经达到 2 500 万人，按照在校大学生每人一年5 000元人民币的资金融入需求来计算，校园金融的市场规模已经达到了千亿级别。成长链金融潜力无限的市场规模将会吸引一大批金融人才进入该领域，成长链金融专业人才的培养将会成为高校科教工作的重点之一。成长链金融学科体系建设导向一方面能够完善高校的人才培养体系，实现人才培养和社会需求的有效对接；另一方面精准提高了高校学生的专业知识水平，实现"市场人才需求与个体能力提升"的有机结合。

为了进一步践行成长链金融理念，完善成长链金融理论体系，2016 年 3 月，付融宝普惠金融研究院、南京财经大学中国区域金融研究中心共同发起成立了中国"成长链金融"研究课题组，以中国首届"付融宝杯"成长链金融征文大赛为依托平台，向全国专家、学者以及金融从业人员征集成长链金融主题论文。成长链金融凭借着独特的创新闪光点，激发了全国众多学者的研究热情，在论文征集期间，课题组共收到了亮点十足的学术研究论文、产品设计书、案例分析报告达百余篇。根据课题组项目规划章程，征文大赛委员会专家凭借着自身的专业优势，严格遴选了 43 篇学术论文，将其汇编成《成长链金融研究》一书。打开这本论文集，细细研读，或许你会体会到集思广益、集腋成裘的奇妙之处。本书云集了全国众多专家、学者关于成长链金融需求实证、产品设计思路、风险控制措施、相关品牌建设等的研究成果，经济理论夯实，相关数据详实，能够从多个角度帮助读者深化对成长链金融的了解与学习。

莱布尼兹发明的二进制计数法成为计算机程序的运行基础，引领我们进入了互联网世界。而陆岷峰博士提出的成长链金融理论及众多致力于成长链金融理论研究的专家、学者、实践者们，将开辟一条金融发展的新路径，成长链金融的巨轮正在向我们驶来，在循环往复的成长链生命周期中，一切皆有可能。

北京大学经济学院
教授、博士生导师

2016 年 10 月 18 日

一、成长链金融综合理论分析

二、成长链金融产品创新研究

三、成长链金融风险管理研究

四、成长链金融发展路径研究

一、成长链金融综合理论分析

成长链金融约束、前景与营运推广：
模型构建与实证研究①

陆岷峰②

一、引言

在我国经济新常态和"十三五"规划的双重背景下，金融机构的传统业务模式已不能适应现代金融需求，个人金融业务将逐步取代存贷利差而形成新的利润增长点。目前，投资和出口两驾马车对拉动我国经济增长的动力不足，逐渐转变为以消费拉动经济为主。国家统计局数据显示，2015 年末，我国金融机构人民币消费贷款余额为 18.95 万亿元，仅占人民币各项贷款余额的两成，而欧美等信贷发达市场的消费信贷比重已超过六成。随着社会和经济的发展，消费金融市场的不断扩大，消费金融提供的消费占全部消费的比重越来越大。可见，国内个人消费信贷市场的发展前景广阔。2016 年，在供给侧结构性改革助推互联网金融崛起的背景下，我国个人金融与消费金融市场呈现出"井喷式"增长。但个人金融存在业务发展盲目、个人诚信意识不强、金融产品单一等问题，已成为个人金融业务发展的重要障碍，难以满足个人、家庭"便利性"、"差异性"及"终身制"的金融需求。

而以个人、家庭为研究对象的成长链金融，作为一种新理念，丰富了消费金融的外延与内涵，并作为传统金融的创新，引起了学界的广泛关注。成长链金融是以个体为研究对象的消费金融，超越了个人金融理念，为个人、家庭打

---

① 本文刊载于《深圳大学学报》，2016（04）。
② 陆岷峰，南京大学博士后，南京财经大学中国区域金融研究中心首席研究员。

造多样化金融产品，实现终身服务，契合普惠金融和共享金融，满足了小微企业、"三农"及低收入群体的金融服务需求，为互联网金融消费企业的发展提供了新的渠道。当前，成长链金融被列入金融机构发展战略，创新金融产品，综合运用金融工具，积极引用大数据、云计算等手段，积极防范可能产生的各种金融风险。成长链金融是对个人金融业务的重要突破与创新，既能推进个人金融研究领域的不断深化研究，进一步细化创新金融产品与服务，进行运营推广，又有利于更好地发挥金融推动消费升级的重要作用，同时也契合了国内供给侧结构性改革对于成长链金融发展的规划要求。

二、文献综述

随着互联网金融的发展，个人消费金融的重要性逐渐显现。自 Modigliani，Brumberg（1954）[1]提出生命周期消费理论以来，国内外学者开始对个人消费金融的发展现状、影响因素与风险防范以及家庭金融的资产配置展开了较为深入的研究，主要表现在以下四方面：

（一）个人消费金融的分析角度与发展现状

殷勤凡，郑喜平（2010）[2]从产品的角度出发，对个人消费金融分类、发展现状、发展趋势、产品业务、市场特点、营销策略等方面进行分析。蒋亚利，廖焱（2009）[3]、张显柯（2010）[4]从商业银行的角度出发，认为个人消费金融能够给银行带来相对安全稳定的利润，却受到"观念、机制、基础、信用"的制约（李文静，2008）[5]。不过，个人消费金融在我国银行业中引起了重视，并取得了一些进展（张杰，2015）[6]。

（二）个人消费金融的影响因素与金融风险

Kartik（2008）[7]认为，周边经济金融环境的影响、宏观经济政策和一些具体的政府行为对消费金融的影响不容忽视。Lusardi，Tufano（2009）[8]根据消费者的"支付、风险管理、信贷及储蓄和投资"四个金融功能研究消费金融问题。Cardak，Wilkins（2009）[9]认为，信用约束直接影响居民消费。申请贷款被拒绝的概率越大、贷款越难，则消费者的信用约束越大；反之，被拒绝的概率越小、贷款越容易，则消费者信用约束越小。谢世清（2010）认为，我国的消费金融公司存在着竞争能力较差、目标客户群体较低、资金的来源有限、产品较单一等缺陷，消费金融公司应该积极拓展新的市场，开发新的产品，尝试社会服务消费贷款。[10]

焦量（2011）[11]指出，我国居民的个人财富不断累积增长，个人金融需求越来越大。韩立岩，杜春越（2011）[12]指出，风险厌恶不仅影响消费者个人的消费行为，还影响着整个家庭使用消费金融工具的行为，并在不确定的外部环境下风险厌恶者会减少现期消费而增大储蓄量。龚晓菊，潘建伟（2012）运用 SWOT 法分析消费金融时，认为消费金融市场的发展空间较大，但受制于外部环境[13]。李燕桥（2014）从需求、供给、外部环境三个方面分析了消费金融发展的不足，并认为国家应对消费金融进行布局，商业银行应推动消费金融产品的创新[14]。

关于个人消费者金融风险方面，Bertola G，Disney R，Grant C B（2006）[15]通过欧洲发达国家的数据研究，结果表明家庭财富管理不善是导致家庭违约的重要原因。这与 Domowitz，Sartain（1999）[16]等人的研究结果相近。

（三）家庭金融的资产配置与消费效用

Campbell（2006）[17]认为，家庭通过合理配置股票、债券、基金、外汇等金融资产实现资源的跨期优化，从而达到平滑消费和效用最大化。Sue Tappenden（2009）认为，家族信托可以实现资产传承、保值增值以及风险隔离[18]。Disney，Gathergood（2013）[19]通过调查英国家庭的数据发现，较低的金融教育水平使得借款人持有更高成本的借款，并且借款人对信贷条款的理解更加缺乏自信，也较少参加活动以增进他们对金融及信贷市场的了解。邱峰（2014）指出，家族信托是将财产交与信托公司保管，代为处理，并向指定受益人定期分配的一种财产管理方式，家族信托不但能实现财产的保值增值，还可以实现财产的顺利传承，具有巨大的市场前景[20]。李波（2015）[21]在研究家庭信贷约束与家庭资产结构状况时发现，随着户主年龄的增加，风险效应先减少后增加，呈现"U"形态。由此可见，生命周期理论对消费者的行为目标在于实现消费者终身金融消费效用的最大化。

综合上述成果发现，国内外学者主要侧重于个人、家庭的金融需求进行了较为深入地分析。但也存在明显的研究不足：一是设计的金融产品基于特定时期的信用水平，没有考量自然人整个生命周期的信用水平，忽略了自然人各成长阶段间的整体性、关联性研究；二是未结合个人成长周期的特点，对个人存款、贷款、结算、保险等消费行为进行综合分析；三是尚未充分运用互联网金融创新金融产品,深入探讨金融产品及服务设计的终身性以及营运推广等问题。

随着个人消费金融同互联网的深度融合,衍生出多样的金融产品,以及金融效率的提高,加上对个人生命周期不同阶段消费特点的关注。陆岷峰,杨亮(2016)[22]基于生命周期理论,创新性地提出"成长链金融"的概念,强调利用多元化金融产品为自然人提供终身性金融服务;提出推行成长链金融资产证券化、建立完善的个人破产制度以及构建大数据风控预警体系化解成长链金融风险的建议(陆岷峰、徐阳洋,2016)[23];剖析成长链金融发展过程中面临的问题,进而得到个人成长链金融产品创新的手段和方法(陆岷峰、张欢,2016)[24]。这些研究对于加快实现针对整个生命周期成长链的全流程金融服务,提升金融机构在个人金融服务方面整体化效用水平具有重要的现实意义。

文章基于生命周期理论构建成长链金融的理论模型,从成长链金融的内涵与特点入手,分析成长链金融发展的约束与前景,对成长链金融的发展前景进行实证分析;进而探讨了成长链金融的营运推广方式。

三、成长链金融的理论模型构建

(一) 成长链金融发展的生命周期模型构建

文章基于 Jones&Bearly(1993)构建的团队发展模型的改进,创造性地构建了成长链金融发展的三维模型(见图1)。图中的斜线表明了成长链金融发展的不同阶段的风险特质,横坐标表示自然人人生发展的成长(0~24岁)、就业(25~40岁)、成熟(40~64岁)及退休(65岁以上)四个阶段;纵坐标表示相应阶段的个人金融消费的产品类型。

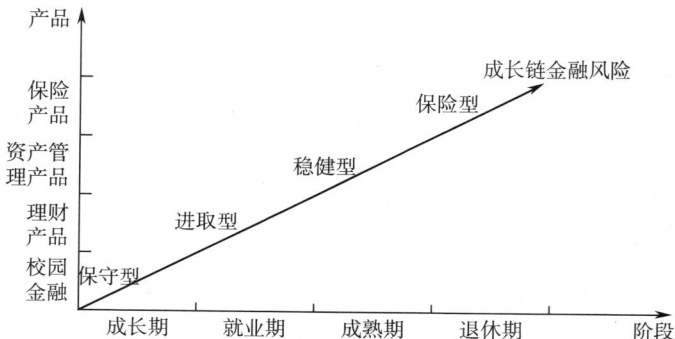

图1 成长链金融发展的生命周期模型

（二）成长链金融的计量模型构建

1. 成长链金融模型构建的基本原则。成长链金融是以自然人为研究对象的，基于经济学的理性经济人的假设，追求收益最大化的原则。换言之，生命周期理论认为金融消费者的行为目标在于实现金融消费者终身金融消费收益的最大化。

2. 成长链金融模型构建的假设条件。

（1）成长链金融的研究对象是一般情况下，一般正常的自然人，即消费者和生产者。

（2）成长链金融的自然人发展阶段有成长期、就业期、成熟期及退休期。

（3）成长期，父母给予自然人（子女）的抚养费，为自然人的负债，即负的收入流；自然人的就业期、成熟期及退休期均为正的收入流（见图2）。

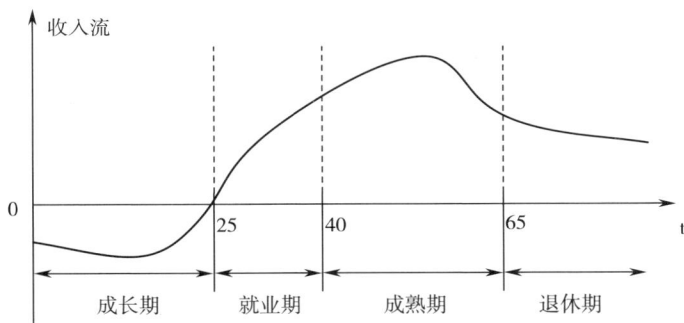

图2　自然人各阶段的金融消费收入流

（4）自然人终身财富的均衡是净现金流等于0，即计算自然人一生的净现值 $NPV = 0$，表示自然人离世时既不欠债也没有留下财富（剩余财富要么留给子女，要么馈赠他人，要么捐献国家）。（附注：当 $NPV < 0$，自然人是失败的人生）。

$$NPV = V - P = \left[\sum_{t=1}^{\infty} \frac{D_t}{(1+y)^t} \right] - P \tag{1}$$

式（1）中，V 代表自然人的内在价值；D_t 是自然人第 t 期预计金融消费获得的现金流；y 是资本化率；P 是自然人的市场价格。

（5）成长链金融的自然人在就业期和成熟期，金融消费收益的增长率 g_t 不断上升，而且就业期的 g_a 小于成熟期的 g_n。这是因为随着工作年限的增长，自然人谋生的专业技能、经验以及知名度的无形价值在不断提升；同时假定成长期金融消费收益的增长率为 0，而退休期金融消费收益的增长率 g 保持不变。

3. 自然人各个发展阶段的模型构建。基本函数：文章基于股息贴现模型的拓展（Williams & Gordon，1938），成长链金融的基本函数形式：

$$V = \frac{D_1}{(1+y)} + \frac{D_2}{(1+y)^2} + \frac{D_3}{(1+y)^3} + \cdots = \sum_{t=1}^{\infty} \frac{D_t}{(1+y)^t} \qquad (2)$$

自然人每年金融消费收益的增长率：

$$g_t = \frac{D_t - D_{t-1}}{D_{t-1}} \qquad (3)$$

4. 自然人四阶段金融消费贴现模型

（1）成长期：由假设条件（3）以及式（2）可得

$$V_1 = \frac{-D_1}{(1+y)} + \frac{-D_2}{(1+y)^2} + \frac{-D_3}{(1+y)^3} + \cdots = \sum_{t=1}^{\infty} \frac{-D_t}{(1+y)^t} \qquad (4)$$

自然人的成长期为 0~24 岁，所以式（4）可以转化为

$$V_1 = \sum_{t=1}^{24} \frac{-D_t}{(1+y)^t} = -\sum_{t=1}^{24} \frac{D_t}{(1+y)^t} \qquad (5)$$

再根据假设条件（5），$g_t = g_k = 0$，式（5）可以转化为

$$V_1 = -\sum_{t=1}^{\infty} \frac{D_t}{(1+y)^t} = -D_{01}\left[\sum_{t=1}^{\infty} \frac{1}{(1+y)^t}\right] = -\frac{D_{01}}{y} \qquad (6)$$

推论：在成长期，自然人每年的收入流都相等且为负数

$$-D_{01} = -D_1 = -D_2 = \cdots = -D_{24}$$

（2）就业期和成熟期。根据 H 模型（Fuller and Hsia，1984）假定：自然人就业期的初期金融消费收益增长率为 g_a，然后以线性的方式递增，到 $2H$ 期末时，即自然人成熟期期末金融消费收益增长率为 g_n。从 $2H$ 期后，金融消费收益增长率成为一个常数 g，即退休期的稳定的金融消费收益增长率。在金融消费收益率递增的过程中，在 H 点上的金融消费收益增长率恰好等于初始增长率 g_a 和 $2H$ 处增长率 g_n 的平均数。当 g_n 大于 g_a 时，在 $2H$ 点之前的金融消费收益增长率为递增（见图 3）。

基于 H 模型自然人的内在价值的计算公式：

$$V_2 = \frac{D_{02}}{(y - g_n)}[(1 + g_n) + H(g_n - g_a)] \qquad (7)$$

因为就业期（25~39 岁）和成熟期（40~64 岁）共 40 年，中间位置为

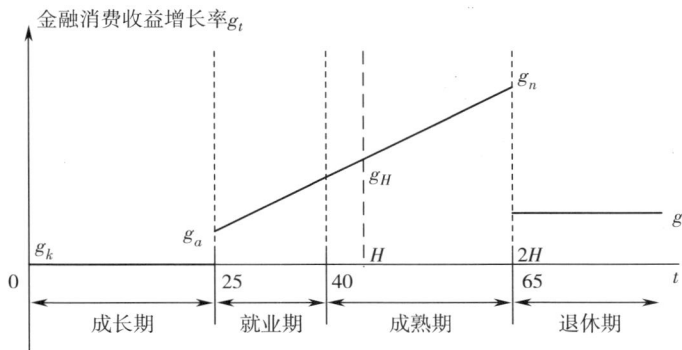

图3 自然人各阶段的金融消费收益增长率

20年，所以 $H=45$，式（7）可以转化为

$$V_2 = \frac{D_{02}}{(y-g_n)}\left[(1+g_n)+45(g_n-g_a)\right] \tag{8}$$

（3）退休期。自然人处于退休期（65岁以上），生活依赖稳定的退休金，金融消费获得收益的增长率基本不变，所以由式（2）和运用股息贴现的不变增长模型：

$$V = \frac{D_0(1+g)}{y-g} = \frac{D_1}{y-g}（注:y > g） \tag{9}$$

可得到：

$$V_3 = \frac{D_{65}(1+g)}{y-g} = \frac{D_{66}}{y-g} \tag{10}$$

由此，由式（6）、式（8）及式（10）可以得到自然人终身的内在价值模型：

$$V = V_1 + V_2 + V_3 = -\frac{D_{01}}{y} + \frac{D_{02}}{(y-g_n)}\left[(1+g_n)+45(g_n-g_a)\right]$$

$$+\frac{D_{66}}{y-g} \tag{11}$$

再由式（1）可得到自然人终身的净现值模型：

$$NPV = V - P = (V_1 + V_2 + V_3) - P$$

$$= -\frac{D_{01}}{y} + \frac{D_{02}}{(y-g_n)}\left[(1+g_n)+45(g_n-g_a)\right] + \frac{D_{66}}{y-g} - P \tag{12}$$

四、成长链金融发展的实证分析

(一) 成长链金融的内涵与特点

1. 内涵分析

基于生命周期理论，成长链金融将自然人的一生划分为成长、就业、成熟和退休四个阶段（陆岷峰、杨亮，2016）。自然人在不同的发展阶段呈现有差异的金融消费的需求，通过对各个阶段的分析归纳可以得出每个阶段的自然人特质，并针对其特质以及金融能力来设计相应的金融服务模式，以满足自然人不同阶段的金融需求，大体匹配自然人不同发展阶段的金融能力。

成长链金融的独特创新之处就在于其打破原有的、传统的相对分割的金融服务和信用体系，将自然人一生的金融需求进行整合，并构建终身信用体系，根据自然人每个发展阶段的特质进行分批次授信。成长链金融不仅可以满足自然人对金融服务的需求，而且可以通过终身信用体系更好地评估个人的资信和对违约者进行终身求偿。

2. 特点阐释

（1）服务终身制。自然人在每个发展阶段的需求都不尽相同，基于成长链金融服务的金融机构针对自然人每个发展阶段个人不断变化的需求特点设计相应的金融消费计划、提供相应的金融服务。因此，自然人的终身金融服务可以仅仅选择一家具有权威性的金融机构，金融机构提供个人终身所需的所有金融服务，进而打破了以往多家独立金融机构服务于一个自然人的"交错"局面，不仅方便自然人的金融消费体验，更简化了金融服务手续，使服务标准化、系列化，更具有延续性。

（2）诚信终身制。成长链金融将自然人的人生四个阶段的信用连接成为一个整体，建立个人终身信用体系，每一个阶段的信用情况都相互影响和相互制约。每阶段个人信用的好坏直接关系到这一阶段以及下一阶段金融机构所提供的金融服务的意愿，进而会对总体的个人终身信用体系产生连带反应。倘若自然人成长阶段的信用较差，那将会影响就业阶段的信用状况，尤其是当自然人在某个阶段出现恶意的违约事件时，那么将限制自然人当前和后面阶段的接受金融服务的能力，陷入一步违约、处处受限的困境。

基于个人终身信用体系的构建，自然人可以自觉约束个人的行为，做合规合法的金融消费者；金融机构也可以降低自身发生违约和坏账的损失，降低经营的风险。这样也有利于诚信社会的建设，有利于良好的社会公共秩序形成。

（3）综合金融服务平台。个人金融服务的需求随着个人的发展而不断改变。为了能够达到提供终身金融服务的要求，提供成长链金融服务的金融机构，就必须自身拥有综合性、多元化的金融服务平台。这个平台应当可以满足自然人不同时期的各项合理的需求，包括银行、保险、证券、理财等，可以制订有针对性的个人金融服务方案，比如在成长阶段更侧重于股票型的混合投资方式；而在成熟阶段，则应侧重于债券型的混合投资方式。

（4）服务个性化。随着社会经济环境的动态变化，以及每个自然人所处环境的迥然不同，使得自然人各自发展阶段的金融服务需求不同。就同一个阶段而言，每个自然人的金融服务需求也各有侧重。加之每个自然人的风险偏好、收入水平、兴趣爱好、教育程度和人生追求有所差异，导致对金融服务的需求也存在着差异。所以金融机构提供的成长链金融服务应该在多样化的基础上，根据调查自然人的具体情形，制订出差别化的金融服务方案，提供个性化的金融服务。

（二）成长链金融的约束与前景

1. 约束分析

（1）风险控制水平有限。提供个人终身金融服务的金融机构通过个人前期的信用情况来决定该阶段以及后阶段的授信情况，随着个人前期的信用情况的改善，授信额度也逐步提高。由于自然人的人为灾难的社会现象和生老病死的自然现象，因此金融机构难以严控信用风险；特别是年轻人作为成长链金融自然人的重要组成部分，其流动性大、未来的不确定性以及收入水平不高等特点决定了金融机构风险控制成本较高。

提供个人终身金融服务的金融机构难以对风险进行严格地把控，只能根据前期的信用情况对当期以及后期的授信额度进行分析，并且对之前相同或相似的信用情况进行总结，预先准备适当规模的风险控制成本，在确保良好收入的同时，优化风险管理的模式，降低金融风险水平。

（2）大数据分析能力低。成长链金融对风险的管控能力是建立在对大数据的分析之上。因此，对大数据的挖掘、分析决定了成长链金融服务机构对风险控制的能力。然而，我国的大数据处于刚刚起步的阶段，大数据的收集整理仍不完善，更不用说对大数据的分析能力了。因此，积极培养具有良好的大数据分析能力的应用型人才是个很紧迫的现实问题。

（3）个人诚信意识不强。人无信不立，商无信不富，政无信不威，国无信不强。这句话体现了诚信的必要性和重要性。近些年来，我们这个社会一直存在诚信危机，虽说我国强调构建社会诚信体系已有一段时间，但并不是所有人都具有良好的诚信意识，中国诚信社会的建设有待加强。作为成长链金融的服务机构也应当意识到自然人诚信意识的缺失，在对自然人的授信之前应当考虑自然人的信用情况，对资信状况进行调研，并确定自然人信用等级，进而把控对信用等级差的自然人的授信行为。

2. 发展前景

（1）我国人口不断稳定增长。据国家统计局显示，2014 年，我国人口达13.68 亿人，同时还在以稳定的速度增长。根据图 4 可以看出，自 2005 年以来，我国的人口一直保持较为平稳的增长趋势。

大多数自然人会在不同时期需要不同的金融服务，金融服务几乎贯穿每个人的一生。因此，巨大的人口规模为我国金融服务的发展提供了先天有利的条件；而成长链金融具有因需而变的特点，这一特点体现在金融服务机构可以根据自然人不同阶段的不同需求而调整金融投资的侧重点，同时成长链金融的这一特点，更符合现今自然人个性化、延续化的需求变化，因此可以预见，随着经济环境的不断发展，成长链金融将会在众多金融形式中脱颖而出，并且依托中国人口的稳定增长，未来将会有非常广阔的发展空间。

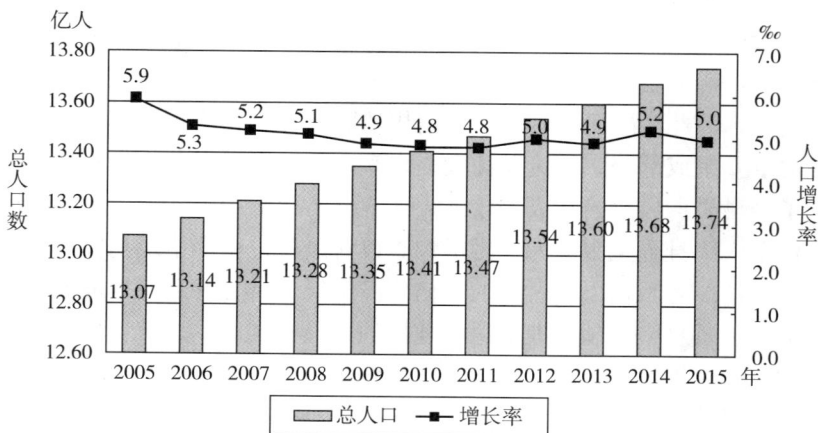

图 4　2005—2015 年中国人口增长

（2）居民可支配收入持续增加。随着我国经济的不断增长以及改革红利的不断释放，我国居民收入呈现出了稳步提升的趋势。根据国家统计局显示，2015 年，我国居民人均可支配收入比上年名义增长了 8.9%，实现了 21 966

元。近些年来，全国城镇居民人均可支配收入增长尤其明显（见图5）。

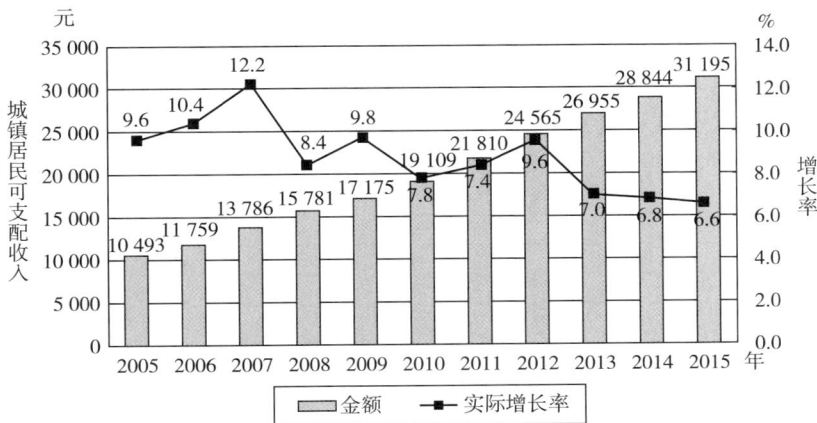

图5　2005—2015年中国城镇居民可支配收入

居民收入的增长并不仅仅反映的是中国经济的迅速发展，也反映了中国居民消费数额的增长，而消费的增长也将会反向刺激中国经济更加平稳快速的发展（见图6）。一般就中国消费者固有的传统消费理念而言，居民收入的增长速度领先于居民消费数额的发展速度，因此居民的存款将会随着居民收入的增长而增长，居民收入的不断增加迫切需要金融服务机构为其提供理财和消费金融等服务；而成长链金融更是凭借通过对自然人不同阶段的划分，以满足居民多元化、个性化和便捷化的金融需求服务，为居民提供更加周到的金融服务，

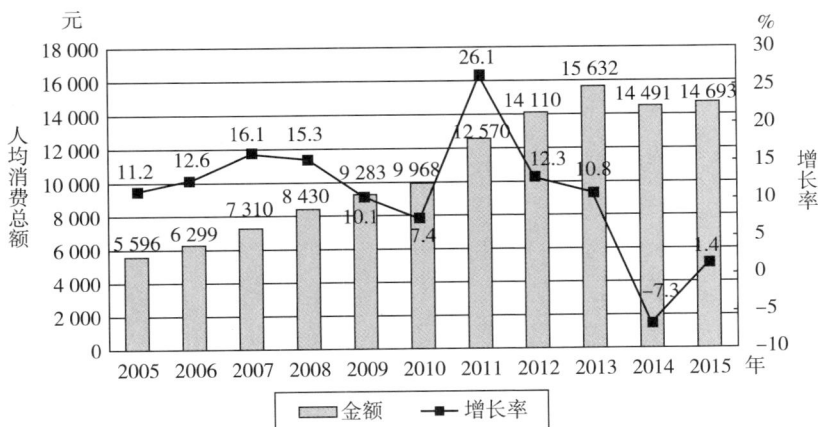

图6　2005—2015年中国居民人均消费水平

提升居民的消费体验。

（3）信贷市场发展的潜力巨大。根据中国统计年鉴相关数据显示，2014年，我国消费信贷余额为 15.36 万亿元（见图 7），若 2014—2017 年中国消费信贷规模依然维持在 20% 以上的复合增长率，预计 2017 年消费信贷余额将达到 27 万亿元（艾瑞咨询预计，2014 年 9 月 25 日）。

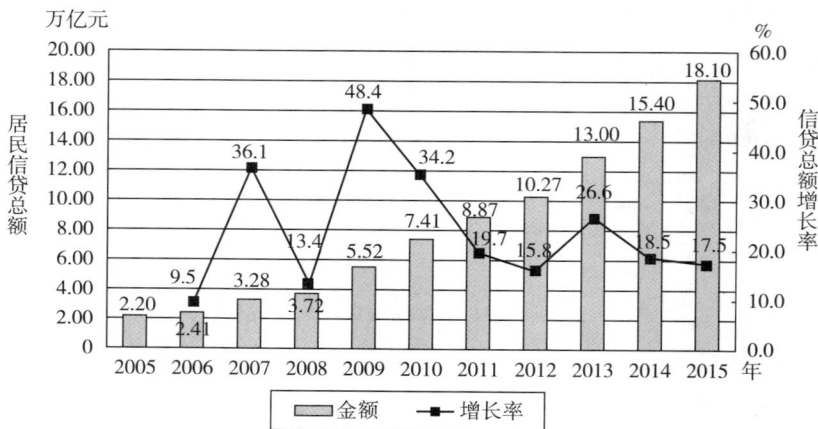

图 7　2005—2015 年中国居民信贷规模

如此巨大的市场空间可以很好满足成长链金融发展的需要，同时互联网消费金融刚刚兴起，2014 年市场交易规模大约有 160 亿元，发展潜力巨大。成长链金融可以借助互联网消费金融的发展，与互联网消费金融进行合作，两者之间进行取长补短的合作，形成互相补充的联合，凭借着双方发展的优势共同在新型金融市场发展壮大起来。

（三）成长链金融发展前景的实证分析

随着社会经济的发展，人们收入的不断增加，消费也随之递减式增加，而且人们的需求从单一化向多元化方向发展。与此同时，作为相伴生的服务业——金融业的发展，与人们的生活、工作等方面紧密联系起来，人们对金融消费不断增加。成长链金融是金融消费的一个重要分支，是当前金融消费理论的最新发展。成长链金融的发展表现了自然人终身的金融需求的动态发展，体现在个人成长不同阶段的各不相同的金融消费。

文章应用统计软件进行实证分析，实证分析中取 2005—2015 年为数据样本区间，所用数据来自历年的《中国统计年鉴》，基于成长链金融发展前景，借助于我国信贷市场发展的代表性指标居民信贷规模（用 *XX* 表示）、居民人均消费水平指标（用 *XF* 表示）、我国居民收入水平的代表性指标城镇居民可支配收入（用 *ZP* 表示）、我国人口规模的代表性指标人口增长指标（用 *RK* 表示）构建成长链金融发展前景的计量模型：

$$LNXX = c_0 + c_1 LNXF + c_2 LNZP + c_3 LNRK + Ut \qquad (13)$$

文章出于研究便利，考虑到通过对数化以后数据序列易得到平稳序列而不改变变量的特征，故对变量 *XX*、*XF*、*ZP* 和 *RK* 分别取自然对数，从而得到新的变量序列，分别记为 *LNXX*、*LNXF*、*LNZP* 和 *LNRK*。

1. 单位根检验。由于大多数的经济时间序列都是非平稳序列，因此，在协整检验前必须对其进行单位根检验，因为只有当变量序列均为同阶单整序列时才可以进行协整检验。在使用该方法前，首先要对被分析的各时序变量进行单整检验。一个序列在成为平稳序列之前经过 d 次差分，则该序列被称为 d 阶单整，记为 I（d）。检验单整时，首先检验是否为 I（0），再检验是否为 I（1），依此类推。检验方法是单位根检验的 ADF（Augmented Dickey – Fuller）检验。本文采用 ADF 法检验变量的稳定性，检验结果如表 1 所示。

表1   ADF 检验结果

变量	ADF 检验值	1% 显著水平	5% 显著水平	10% 显著水平	P 值	结论
LNXX	− 0. 523175	− 4. 297073	− 3. 212696	− 2. 747676	0. 8473	不平稳
一阶差分	− 3. 892464	− 4. 420596	− 3. 259808	− 2. 771129	0. 0206	不平稳
二阶差分	− 5. 94988	− 4. 582648	− 3. 320969	− 2. 801384	0. 0022	平稳
LNXF	− 1. 913194	− 4. 297073	− 3. 212696	− 2. 747676	0. 3140	不平稳
一阶差分	− 1. 808887	− 4. 420595	− 3. 259808	− 2. 771129	0. 3537	不平稳
二阶差分	− 4. 024239	− 4. 582648	− 3. 320969	− 2. 801384	0. 0201	平稳
LNZP	− 1. 586355	− 4. 297073	− 3. 212696	− 2. 747676	0. 4527	不平稳
一阶差分	− 2. 573158	− 4. 420595	− 3. 259808	− 2. 771129	0. 1319	不平稳
二阶差分	− 5. 358463	− 4. 582648	− 3. 320969	− 2. 801384	0. 0041	平稳
LNRK	− 2. 600171	− 4. 297073	− 3. 212696	− 2. 747676	0. 1242	不平稳
一阶差分	− 2. 880422	− 4. 582648	− 3. 320969	− 2. 801384	0. 0898	不平稳
二阶差分	− 5. 409453	− 4. 803492	− 3. 403313	− 2. 841819	0. 0054	平稳

从表 1 可以看到，数据 LNXX、LNXF、LNZP 和 LNRK 都是非平稳序列，一阶差分后仍然有不平稳序列，二阶差分后都是平稳序列，即都是 I（2）序列，从而可以对两个变量之间的长期关系进行协整检验。

2. 协整检验。文章运用 Engle – Granger 两步法进行协整检验，从以上单位根检验可以发现，该 4 个变量的时间序列是二阶单整的，所以文章运用 EG 两步法进行检验。构建回归方程，获得残差，再对残差的平稳性进行检验，如果平稳，那么就认为非平稳时间序列存在长期稳定的关系，即协整关系。首先，根据回归结果得出估计式为

$$LNXX = -103.1774 + 0.234093LNXF + 38.65188LNZP$$
$$+ 0.266864LNRK + Ut \tag{14}$$

接着对残差进行平稳性分析，结果如表 2 所示。

表 2　　　　　　　　　　　残差平稳性检验

		T 检验	概率
ADF test statistic		-3.587958	0.9285
Test critical values	1%	-4.297073	
	5%	-3.212696	
	10%	-2.747676	

从表 2 我们可以看到，在 5% 的显著性水平下，残差通过了平稳性的检验，是平稳的，所以变量之间存在协整关系。式（14）表明，我国居民的信贷规模与可支配收入、消费水平以及人口数量存在着长期稳定的均衡关系。具体地说，从长期来看，我国居民消费水平每增加 1%，会引起信贷规模增加 0.234093%；我国居民人均可支配收入每增加 1%，会引起信贷规模增加 38.65188%；我国人口数量每增加 1%，会引起信贷规模增加 0.266864%。其中，可以看出，我国居民人均可支配收入的增加对信贷规模的扩大影响最大。

3. 格兰杰因果检验。格兰杰因果检验能够对变量之间的因果关系进行分析[25]，分析两个变量之间是相互影响还是单向影响或者是互不影响。文章用统计软件默认滞后两期进行格兰杰因果检验，检验结果如表 3 所示。

表 3　　　　　　　　　　　格兰杰因果关系检验

原假设	Probability	结论
LNXX 不是 LNXF 的格兰杰原因	0.2795	接受
LNXF 不是 LNXX 的格兰杰原因	0.5362	接受
LNXX 不是 LNZP 的格兰杰原因	0.9402	接受
LNZP 不是 LNXX 的格兰杰原因	0.1902	接受
LNXX 不是 LNRK 的格兰杰原因	0.0040	拒绝
LNRK 不是 LNXX 的格兰杰原因	0.1705	接受

在默认滞后两阶的情形下，我国居民可支配收入、人口数量是信贷规模的格兰杰因果关系，我国居民可支配收入和人口数量的增长对信贷规模扩张具有拉动作用；反之，就没有这种作用。我国居民消费水平是信贷规模的格兰杰因果关系似乎程度不高。

4. 脉冲响应函数分析。脉冲响应函数（Impluse Response Functiom，IRF）用于衡量来自随机扰动项的一个标准差冲击对内生变量当前和未来取值的影响。表4表示了系统中各个变量对信贷规模的冲击，图8中横轴表示冲击作用的滞后期间数，纵轴表示值，每条线表示各变量的脉冲响应函数，代表了信贷规模对相应的其他变量的冲击的反应。

表4 系统中变量对我国信贷规模冲击的反应值

期间	LNRK	LNXF	LNXX	LNZP
1	− 0.036476	− 0.046027	0.025131	0.000000
2	0.000483	− 0.029682	− 0.015758	0.036553
3	0.011326	− 0.049564	− 0.005759	0.018442
4	0.026633	− 0.047633	0.003013	0.000666
5	0.032971	− 0.034702	0.005661	− 0.005452
6	0.029495	− 0.023672	0.003095	− 0.001058
7	0.022374	− 0.020499	− 0.000640	0.006099
8	0.017534	− 0.023221	− 0.002498	0.009828
9	0.016760	− 0.026779	− 0.002043	0.008991
10	0.018317	− 0.027803	− 0.000598	0.006045

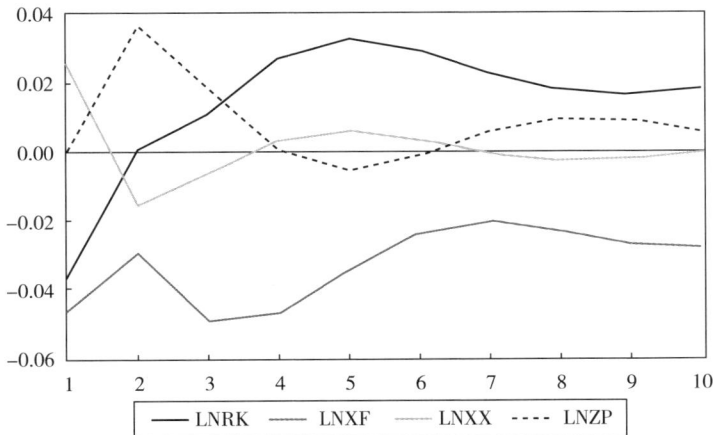

图8 脉冲函数反应

图 8 表明：我国信贷规模对其本身的一个正的冲击在第 1 期是正的作用，紧接着在第 2 期和第 3 期是负的作用，在第 4 期又成为了正的作用，在最后 4 期又成为了负的作用。我国居民人均可支配收入与信贷规模的作用是相反的，在给一个正的冲击后，在第 1 期居民人均可支配收入没有作用，第 2、第 3、第 4 期是正的作用，第 5、第 6 期成为了负的作用，最后 4 期成为正的作用。我国人均消费水平始终是负的作用。而我国人口数量在给了正的冲击后，在第 2 期就达到了正的作用，随后一直是正的作用，对我国信贷规模具有拉动作用。

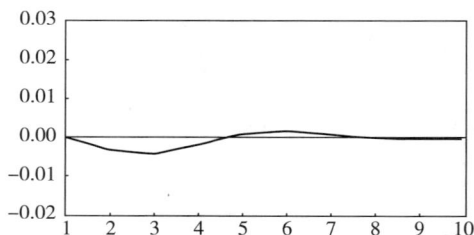

图 9　LNXX 对 LNRK 的脉冲函数反应

从图 9 可以看出，信贷规模对我国人口数量的作用在前 4 期都是负的作用，这种负的冲击先大后小，在第 5、第 6、第 7 期呈现正的作用，接着作用基本消失。

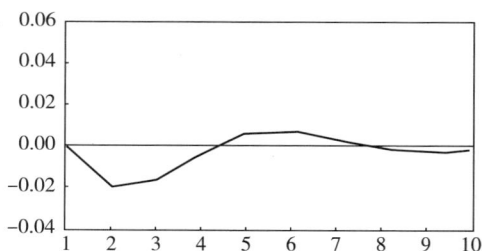

图 10　LNXX 对 LNXF 的脉冲函数反应

从图 10 可以看出，我国信贷规模对人均消费水平的冲击作用是"负→正→负"的作用过程，说明我国信贷规模对人均消费水平的冲击只是一个中期的作用，且前 4 期都是负的作用，只有第 5、第 6、第 7 期三期是正的作用。

图 11 表示，在我国信贷规模的一个正的冲击作用后，人均可支配收入在第 1 期还是负的作用，在第 2、第 3、第 4、第 5 期成为了正的作用，但是第 5

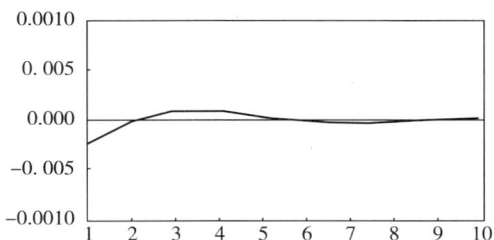

图 11　LNXX 对 LNZP 的脉冲函数反应

期以后，人均可支配收入基本不会对我国信贷规模产生正的冲击作用，说明我国人均可支配收入基本上对我国信贷规模的作用是中期的，从长期来看这种作用渐渐消失。

五、成长链金融发展的营运推广讨论

基于成长链金融发展约束与前景的分析，我们可以发现，随着我国改革程度的加深，居民收入的不断提高，金融市场的逐渐成熟，我国成长链金融的发展具有广阔的空间。然而，目前成长链金融作为一种金融服务理念的推出，有待在实践中得到较好地营运推广。本文认为，可以从以下三个方面考虑：

（一）采用互联网金融模式

随着网络应用技术的日益完善和计算机的应用普及化，互联网的不断扩张和渗透已成为当今世界势不可当的发展趋势。随着我国"互联网＋"战略的制定和实施，国家鼓励传统行业用互联网思维进行改革创新，互联网便捷、高效和简洁的服务特点吸引了越来越多的行业利用互联网重构经营模式。近些年来，金融领域出现了众多 P2P 网贷、理财等金融消费模式的互联网金融公司，传统的金融服务借助互联网的便捷及覆盖广的特点，焕发出新的生机。成长链金融以互联网的发展为契机，以自然人为中心，以平台为切入点，用开放的思维模式统筹各种金融产品和服务，为自然人提供一站式的综合服务平台。成长链金融与互联网相结合的模式具有以下三点优势：第一，互联网金融平台快捷的服务可以为自然人提供优质的用户体验，可以节省自然人获得金融服务的时间，提高自然人的金融消费体验；第二，互联网金融模式利用互联网所搭建的平台运作，减少了公司经营服务场所的租金费用，降低公司的经营成本；第三，互联网经济作为当今社会发展的趋势之一，作为经济发展的重要引擎，得到了国家政策的大力支持，有利于成长链金融的发展。总而言之，成长链金融采用互联网金融模式既满足市场发展的要求，符合国家发展的战略，又有利于金融业自身的发展，有利于"多赢"局面的形成。

（二）构建统一权威的信用体系

基于大数据的应用和发展，构建统一的信用体系。首先，在金融机构内部形成系统的自然人信用管理体系，对自然人的信用记录进行终身管理，每个阶段的信用评级都会影响到现阶段以及后阶段的授信情况；其次，由政府金融相关管理部门之间协调监管，所有金融机构参与，构建业内信用管理体系，进而在整个金融系统内统一运行，最终形成跨行业的信用管理体系，通过该体系动态地记录和衡量自然人终身的信用情况。[26]

建立信用体系是成长链金融的核心工作，没有统一权威的信用体系，成长链金融的运营和授信额度就无法保证。目前，我国还没有建成完备的统一的信用体系，各个金融机构信用数据相互独立，这样容易导致信息不对称。信息不能共享，不仅助长了违约行为的产生，而且容易造成金融机构坏账损失。

建立统一权威的信用体系需要由国家相关行政部门联合金融行业协会和各金融机构共同建立个人信用档案，跟踪记录个人金融行为，并合理评价其资信情况，做到整个金融行业信用档案共享。伴随信用档案建立的同时，也要制定出保护个人信用隐私的条款来保障个人信息的安全，维护个人的合法权益。同时，要确定对于违约现象的管制标准，该标准的制定需要考虑到整个行业，而不是单一或几个金融机构的经营情况。最后，也要制定出违约惩治的条款来打击恶意违约和违法犯罪活动，保障金融机构的合法权益，树立信用体系的统一威信。

（三）实施多元化经营策略

成长链金融的服务特点是终身制，要实现为消费者提供终身的金融服务的目的。金融机构应当是一个多元化综合性的金融服务机构，才能满足自然人在成长、就业、成熟和退休四个阶段的基本金融需求。

1. 成长阶段——财富失衡期。此阶段主要对象是在校大学生，其消费需求较多。在校大学生因无工作收入的约束，其主要的收入源自监护人的经济支持。他们对电脑、相机等数码产品和旅游等需求较高。成长链金融服务机构可以向在校大学生提供分期付款、小额信用借款等金融服务来满足此阶段大学生的金融消费需求。大学生未来发展的前景广阔，未来的预期收入较高，将会成为今后金融消费的主力军。因此，成长链金融服务机构应关注和把握这类自然人群体，这对于成长链金融服务机构的发展和成功将起到十分重要的作用。同时，重视大学生对金融服务的质量要求，把握住大学生自然人群体，就要不断提升自己的服务质量和服务效率。

2. 就业阶段——财富积累期。此阶段主要是步入职场的刚参加工作的年轻人群，他们的金融消费需求最为旺盛，面临着买房、买车、结婚生子等人生大事，都需要大量的金融消费服务来满足其需求；虽然未来收入有较好的预期，但近期的收入水平仍旧相对较低。成长链金融服务机构就业阶段的自然人群体的主要侧重点应当是为其提供房贷、车贷和消费信贷来满足其当期的必需品的需求。

3. 成熟阶段——财富巅峰期。此阶段人群的工作已经稳定，收入较高，也具有一定的积蓄，房贷和车贷的压力不大，因此拥有更多的剩余资金可以进行金融投资。而且，这一阶段的消费者所需要的主要是养老、理财和医疗保障方面的金融服务。成长链金融服务机构主要的服务侧重点涉及保险、基金等领域，为自然人提供医疗保险、养老保险和资产增值等金融服务。

4. 退休阶段——财富享受期。此阶段人群基本已经退休，进入垂暮期。他们需要安度晚年，收入相当稳定，消费相对理性，子女也都成家立业，财富积累也相对较多，投资理财的能力较强。但投资的方向更侧重于稳健型投资。提供成长链金融服务的机构，需要提供养老保险、医疗保险和财富传承等金融服务，以满足这一阶段人群的特殊需求。

六、结束语

成长链金融体现了金融消费理论的创新，成长链金融的发展将会成为新时代金融发展的新趋势，满足自然人每个发展阶段动态各异的金融消费需求。文章通过成长链金融数学模型构建、成长链金融发展约束和前景的分析及营运推广探讨，得出以下结论：

1. 我国居民的信贷规模与可支配收入、消费水平以及人口数量存在着长期稳定的均衡关系。其中，我国居民人均可支配收入的增加对信贷规模扩大的影响最大。在默认滞后两阶的情形下，我国居民可支配收入、人口数量是信贷规模的格兰杰因果关系，我国居民可支配收入和人口数量的增长对信贷规模扩张具有拉动作用。我国居民消费水平与信贷规模的格兰杰因果关系程度不高。

2. 我国信贷规模对其本身在第 1 期是正的作用，在第 2 期和第 3 期是负的作用，在第 4 期又成为了正的作用，在最后 4 期又显现了负的作用。我国居民人均可支配收入与信贷规模的作用是相反的，在给一个正的冲击后，在第 1 期居民人均可支配收入没有显现作用，第 2、第 3、第 4 期是正的作用，第 5、第 6 期为负的作用，最后 4 期又成为正的作用。我国人均消费水平始终是负的作用。而我国人口数量在给了正的冲击后，在第 2 期就达到了正的作用，随后一直是正的作用，对我国信贷规模具有拉动作用。

3. 成长链金融具有服务终身、信用终身、综合性服务和个性化服务的特点，在营运推广的过程中不能简单照搬传统金融模式，需要在充分分析其特点的基础上制订和实施符合其营运推广方式的方案。同时，成长链金融作为一种终身制的金融创新，在营运推广的过程中不能盲目地抢占市场，需要考虑成长链金融发展的约束与发展前景因素，应首先在金融发达地区进行试点，在试点的过程中进行调研，不断总结经验与吸取教训，有助于成长链金融持续、快速、健康的发展。

参考文献

［1］Modigliani F, Brumberg R. Utility analysis and the consumption function：An interpretation of cross – section data ［J］. Franco Modigliani, 1954, 1.

［2］殷勤凡，郑喜平. 服务管理和关系营销双视角下的服务忠诚驱动因素研究——金融危机情境下的天津招商银行个人金融业务的实证研究 ［J］. 管理评论，2010, 22（11）：54 – 62.

［3］蒋亚利，廖焱. 基于个人金融业务的风险管理探析 ［J］. 广西大学学报，2009（31）：195 – 196.

［4］张显柯. 我国商业银行个人金融盈利溯源——基于定量与定性方法的结合 ［J］. 西南金融，2010（10）：68 – 71.

［5］李文静. 我国个人金融业务发展：问题、制约与对策 ［J］. 中国金融，2008（14）：83 – 84.

［6］张杰. 我国消费金融发展展望与策略选择 ［J］. 经济纵横，2015（7）：109 – 112.

［7］Kartik Athreya. Credit Access, Labor Supply and Consumer Welfare ［J］. FRB Richmond Economic Quarterly, 2008（11）：17 – 44.

［8］Lusardi A, Tufano P. Debt literacy, financial experiences, and overindebtedness［R］. National Bureau of Economic Research，2009.

［9］Cardak and Wilkins. The Determinants of Household Risky Asset Holdings：AustralianEvidence on Background Risk and other Factors［R］. Journal of Banking &Finance，2009（33）：860.

［10］谢世清. 我国消费金融公司发展的困境与出路［J］. 上海金融，2010（4）：82 – 85.

［11］焦量. 基于客户需求特征的我国私人银行客户服务体系研究［J］. 上海金融，2011（12）：109 – 113.

［12］韩立岩，杜春越. 城镇家庭消费金融效应的地区差异研究［J］. 经济研究，2011（S1）：30 – 42.

［13］龚晓菊，潘建伟. 我国消费金融的 SWOT 分析［J］. 河北经贸大学学报，2012（4）：34 – 39.

［14］李燕桥. 中国消费金融发展的制约因素及对策选择［J］. 山东社会科学，2014（3）：149 – 153.

［15］Bertola G，Disney R，Grant C B. The economics of consumer credit［M］. Mit Press，2006.

［16］Domowitz I，Sartain R L. Incentives and Bankruptcy Chapter Choice：Evidence from the Reform Act of 1978［J］. The Journal of Legal Studies，1999，28（2）：461 – 487.

［17］Campbell，J. Y. Household Finance［J］. Journal of Finance，2006，61（4）：1553 – 1604.

［18］Sue Tappenden. The Family Trust In New Zealand and the Claims of Unwelcome Beneficiaries［J］. Journal of Politics and Law，2009（4）：20 – 24.

［19］Disney R F，Gathergood J. House Prices，Wealth Effects and Labour Supply［J］. Social Science Electronic Publishing，2013.

［20］邱峰. 财富传承工具之抉择——家族信托模式探析［J］. 新金融，2014（12）：34 – 38.

［21］李波. 中国城镇家庭金融风险资产配置对消费支出的影响——基于微观调查数据 CHFS 的实证分析［J］. 国际金融研究，2015（1）：83 – 92.

［22］陆岷峰，杨亮. 关于成长链金融规律分析与对策研究［J］. 南都学坛，2016（3）：3 – 9.

［23］陆岷峰，徐阳洋. 关于化解成长链金融风险的战略研究［J］. 湖南财政经济学院学报，2016（3）：10 – 16.

［24］陆岷峰，张欢. 成长链金融产品创新现状与对策研究［J］. 海南金融，2016（4）：18－25.

［25］Engle R F, Granger C W J. Co－integration and error correction：representation, estimation and testing［J］. Econometrica, 1987, 55（2）.

［26］叶湘榕. 互联网金融背景下消费金融发展新趋势分析［J］. 征信，2015（6）：73－77.

成长链金融的理论基础及模型设计研究

汪祖刚①

一、引言

　　随着国家供给侧结构性改革政策的逐步落实，与之相适应地增强和提高需求侧特别是居民消费需求的适应性和灵活性，将是"十三五"时期乃至今后相当长时期内经济转型升级、产业结构优化、创新驱动发展的重要推动力。而金融服务作为社会居民消费需求的重要支撑力量，在过去的多年间对消费的促进功能表现出明显的钝化现象。据相关研究统计，尽管金融机构多措并举推动了消费金融的大力创新，但消费信贷占信贷总额的比例不足 20%，与欧美等发达经济体中 60% 的消费信贷比重相差甚远，金融促进消费功能严重缺乏弹性。数据相差悬殊的原因，除与各国的财税政策、社会保障、消费习惯、风险偏好等客观因素密切相关以外，一个不可忽视的重要因素在于中国当前传统的金融机构对个人金融业务的服务理念、服务模式、服务功能的固化性与新消费需求的适应性和灵活性之间的矛盾。陆岷峰，杨亮（2016）前瞻性地提出成长链金融理论，为适应居民消费升级需求，对传统个人金融业务思维的局限性进行了理念上的突破和创新，为有效化解传统个人金融业务与新消费需求的适应性和灵活性之间的矛盾提供了新的可行性路径。[1]

　　根据陆岷峰，杨亮（2016）对成长链金融的概念界定：成长链金融是以自然人为研究对象，以提供终身性金融为服务理念，实行终身授信等全方位、全流程的金融服务行为总称，具有终身性、整体性、不同阶段不同金融服务等特质。[1]基于成长链金融这一新的理念，本文尝试对成长链金融理念背后所依赖的经济金融学理论进行深入挖掘和提炼。与此同时，在理论分析的基础上，对成长链金融的数理模型提供有益的设计和推导，得出成长链金融发展的创新性，从而为成长链金融的理论研究和科学实践奠定良好的基础。

二、文献综述

自陆岷峰（2016）创新性地首次提出成长链金融概念和思维以来，已引起了社会、媒体、学者的广泛关注和研究。目前，相关研究成果中，对成长链金融概念界定、发展特征、产品创新以及风险管理、品牌战略等方面的研究逐步成熟。成长链金融是在融合消费金融、消费理论、生命周期理论等多门学科的基础上，综合考虑各个生命阶段金融需求与信用水平，并通过整体性理念与多样化金融工具熨平金融需求的生命周期曲线波动，可替代传统消费金融理念的全新概念。[1]张欢等（2016）研究表明，成长链金融依托生命周期理论，综合考量整个生命周期的阶段差异性和关联性，成长期和就业期对信贷产品更加偏好，而在成熟期和退休期对个人金融产品需求旺盛，所以成长链金融重在提供定制化、全方位、终身性的金融服务和产品，满足居民个性化、全方位、终身性的金融需求。[2]同时，徐阳洋等（2016）指出，成长链金融对自然人实行终身授信，阶段性过度授信，虽授信期间长既是一种创新但又不可避免地遭遇金融创新风险，需要在充分揭露风险的基础上建立一整套风险管理制度体系。[3]张惠（2016）则围绕品牌定位、品牌文化、品牌创新、品牌推广、品牌战略、品牌危机提供一整套可供参考的成长链金融品牌建设思路，提高成长链金融的市场认知度，推动成长链金融体系逐步走向成熟。[4]

以上学者从不同的角度对成长链金融相关内容进行了有益的探索，但对成长链金融的数理研究尚处于空白。笔者则在理论基础梳理的基础上，尝试通过对成长链金融的数理模型进行设计和推导，以佐证成长链金融理论的创新性，从而为成长链金融的理论研究和科学实践奠定良好的基础。

三、成长链金融的理论基础

成长链金融是以自然人为研究对象，以提供终身性金融为服务理念，实行终身授信等全方位、全流程的金融服务行为总称，并以追求和满足整个生命周期的效用最大化为目标。有别于传统的消费金融理论，成长链金融融合了经济金融学的四大理论基础，即生命周期消费理论、消费效用理论、金融抑制理论及货币需求理论。

（一）生命周期消费理论

生命周期消费理论最早由莫迪利安尼（F. Modigliani）提出。生命周期消费理论假定消费者是理性的，同时消费者的消费行为唯一目标是实现消费效用的最大化，其消费水平不只与现期收入水平相关，而是以人的一生或永久的收入作为消费决策的依据。生命周期理论认为，个人是在相当长的时间内计划他的消费和储蓄行为的，在整个生命周期内实现消费的最佳配置，以使其消费水平在一生内保持相对平稳，不至于出现大的波动。个人会充分考虑其所获得的财产、现期收入、预期将来的收入以及对于寿命、工作时间的预期等因素综合来决定其当期的消费和储蓄活动，从而使得消费水平在一生中保持在一个稳定的水平上，不会出现某一阶段消费无法得到满足或有消费能力却无消费意愿的情况。

而成长链金融根据生命周期理论，将自然人生命周期划分为成长期（0～24岁）、就业期（25～40岁）、成熟期（40～64岁）、退休期（65岁以上）共四个阶段，个人所追求的整个生命周期效用最大化目标与生命周期理论相一致。人在不同阶段的金融消费、偿债能力、信用水平存在动态波动性和关联性。大量实证研究也表明，人的一生消费呈现出先上升后下降的趋势。[5]在成长期，个人的消费意愿不断上升，而基本无收入来源，消费能力不足。按照传统的个人金融业务模式，人在成长期的潜在消费水平严重被抑制，要使其潜在消费水平在一生内保持相对平稳的状态，只有通过对个人在成长期进行过度授信才能得以满足。这也是成长链金融创新提出的阶段性过度授信理念。同理，随着个人在就业期开始工作，财富积累速度和水平不断加快，消费能力逐步提高，对房、车等耐用消费品的需求增强，仍需依赖于金融适度过度授信。而到了成熟期，个人事业走向成功和稳定，财富积累水平达到了峰值，此时的金融授信可大幅降低，同时此阶段的财富可偿还前两个阶段过度授信债务。最后到了退休期，个人养老消费需求增强，可根据这一阶段的剩余财富和养老金收入与此阶段的授信相匹配。用以上四个阶段的差异化授信政策，平抑个人整个生命周期的消费波动性，同时实现人的一生效用最大化进行帕累托改进和优化。

（二）消费效用理论

消费效用（Utility）是指消费者在消费商品时所感受到的满足程度。它是消费者对商品满足自己欲望的能力的一种主观心理评价。[6]消费效用满足边际效用递减规律，即在一定时间内，在其他商品的消费数量保持不变的条件下，随着消费者对某种商品消费量的增加，消费者从该商品连续增加的每一消费单位中所得到的效用增量即边际效用是递减的。对于一个消费者来说，随着货币收入量的不断增加，货币的边际效用是递减的。

成长链金融则是在消费效用理论的基础上，对消费金融的客户边界进行最充分的延伸和拓展，通过全生命周期的逆周期授信理念来实现货币收入和消费的跨期转化，最终满足个人终身消费效用的最大化和相对平稳性。从理论上来说，居民对于消费和资产的配置决策都是建立在个人效用最大化的基础上，也就是在一生中选择合适的即期消费和远期消费，在消费和投资之间做出合理安排。处理好自然人整个生命周期的消费问题有助于提升整个社会的消费活力和效用，既是对积极化解传统消费矛盾的创新之举，也使消费成为主导拉动经济增长的核心引擎动力。

（三）金融抑制理论

金融抑制理论最早由美国经济学家麦金农提出，它是指市场机制作用没能得到充分发挥的发展中国家所普遍存在的金融管制过多、信贷配给不足、金融资产单调等现象。王彦超（2014）研究认为，中国的金融市场发展速度缓慢，金融产品单一，整体处于金融抑制状态。[7]陈斌开、林毅夫（2012）通过理论模型和数值模拟研究发现，由于金融抑制现象的存在，存款利率被严重压低，作为存款者的穷人获得的财产收入非常低。[8]金融抑制下，稀缺的金融资源进一步流向"受青睐"的企业（央企、国企、大中型企业、政府平台）和个人（公务员、企业主、事业单位员工），而"受歧视"的小微企业和长尾工薪阶层面临授信不足问题，这会出现"马太效应"，导致难以满足个人对消费的需求。

而在当前供给侧改革风口，离不开金融的改革，特别是金融供给改革，增加金融供给本身就是供给侧改革的应有之义。[9]而金融供给中，当前的个人金融信贷模式是压抑型的，对个人消费金融的产品和服务的供给严重不足。成长链金融则是通过终身逆周期授信理念和模式，对个人全生命周期的消费需求进行充分支持，在风险可控条件下积极发挥金融促进个人终身消费的功能和作用，从而有利于促进和提升消费在经济增长中的贡献度。

（四）货币需求理论

货币需求问题是货币经济学的基本问题之一。Siduauski（1967）假定货币直接产生某种效用，将货币余额纳入人们的效用函数模型里，人们的效用直接依赖于其消费和持有的货币。由于对效用函数给予了适当的限制，这样可以确保在均衡中人们会选择持有正的货币量，货币具有正的价值。[10] Siduauski（1967）建立的货币效用函数（MIU）模型，得到了理论界的广泛运用和借鉴。MIU 模型如下：

假设代表性微观经济主体的效用函数形式为

$$U_t = u(c_t, z_t)$$

式中，z_t 是持有货币产生的服务流；c_t 是 t 时的人均消费。假定效用对两个变量都是递增的，严格凹的，且连续可微。若假定 $\lim_{z \to 0} u_z(c, z) = \infty$（其中，$u_z = \partial u(c,z)/\partial z$），则对货币服务的需求总会是正的。

在货币效用函数 MIU 的理论基础上，成长链金融通过阶段性过度授信模式，特别是在成长期和就业期，利用金融授信增强个人消费能力的同时，个人的效用也会随着个人所持有货币量（从会计学角度，尽管授信对应个人是一项负债科目，但也对应个人是一项可支配的资产科目）的增加而递增。通过这两方面对个人的效用水平进行了帕累托改进和优化，从而增强了个人的幸福感。

四、成长链金融的数理模型设计

上文所梳理的生命周期消费理论、消费效用理论、金融抑制理论及货币需求理论等四大经济金融理论构成了成长链金融研究和实践的理论根基。依据以上四大理论，成长链金融打破了传统的个人金融服务理念和思维，对传统消费金融的客户边界进行了最充分的延伸和拓展。基于此，本文尝试对成长链金融的数理模型的设计问题进行有益探索，从数理角度来佐证成长链金融理论的创新性，从而为成长链金融的理论研究和科学实践奠定良好的基础。

（一）基本假设

根据实证研究的基本范式，在设计成长链金融的数理模型之前需对以下三个问题进行基本假设。

假设1：个人为理性消费者，全生命周期所有的经济行为都是为了追求消费（对消费的定义更广泛，既包括物质消费，也包括精神消费）；

假设2：个人的收入来源包括劳动收入、投资净收益、继承收入、转移支付等；

假设3：简单将个人的全生命周期划分为成长期（0~24岁）、就业期（25~40岁）、成熟期（40~64岁）、退休期（65岁以上）共四个阶段。

（二）模型设计

假定代表性个人在i阶段的效用为u_i，在i阶段的收入为y_i，在i阶段的授信额度为l_i，在i阶段的消费为c_i。在全生命周期内，代表性个人在特定预算约束下选择消费与货币的配置路径，整个生命周期的总效用函数为W，则目标函数如下：

$$\max W = \varepsilon_1 u_1 + \varepsilon_2 u_2 + \varepsilon_3 u_3 + \varepsilon_4 u_4$$

$$st: \alpha_1 y_1 + \alpha_2 y_2 + \alpha_3 y_3 + \alpha_4 y_4 = \beta_1 c_1 + \beta_2 c_2 + \beta_3 c_3 + \beta_4 c_4$$
$$+ \gamma_1 l_1 + \gamma_2 l_2 + \gamma_3 l_3 + \gamma_4 l_4$$

式中，ε为主观贴现率；α为收入贴现率；β为消费贴现率；γ为授信贴现率。在此需要说明的是：生命周期的连续性决定了各阶段效用函数的连续性和关联性，总效用不应是各阶段的消费效用的简单叠加，而是各阶段相互促进、相互关联、相辅相成的连续过程，因此有：

$$\begin{cases} u_2 = u(c, \cdots, u_1) \\ u_3 = u(c, \cdots, u_2) \\ u_4 = u(c, \cdots, u_3) \end{cases}$$

（三）模型含义

根据以上数理模型，目标函数$\max W = \varepsilon_1 u_1 + \varepsilon_2 u_2 + \varepsilon_3 u_3 + \varepsilon_4 u_4$的经济学含义为：理性的个人消费者根据自身全生命周期内各种收入来源以及成长链金融在各期的授信额度来配置和决定自身的消费水平，以追求自身在全生命周期内的效用最大化，增强个人的幸福指数。成长链金融通过终身性金融服务来提升用户全生命周期的消费水平和消费能力，而非传统消费金融只针对于某一短时期的授信支持，平抑了四个阶段收入曲线和消费曲线的缺口，对消费者一生的效用水平起到了帕累托改进和优化。

预算约束函数的经济学含义为：个人全生命周期的收入来源的贴现值应等

于其全生命周期内的消费贴现值与金融机构对个人一生各阶段授信贴现值之和。在此预算约束下，能够确保金融机构在开展成长链金融业务时的风险完全被覆盖。

五、研究结论与启示

依托于生命周期消费理论、消费效用理论、金融抑制理论及货币需求理论四大经济金融理论基础，通过对成长链金融的数理模型进行设计推导，得出成长链金融发展的创新性，打破了传统的个人金融服务理念和思维，对个人全生命周期的效用进行帕累托改进和优化，为成长链金融的理论研究和科学实践奠定良好的基础。在新消费的大趋势下，各种传统金融机构和新兴互联网金融机构需扬弃传统消费金融理念和模式，以终身性授信服务创新，在风险可控的条件下有效化解传统个人金融业务与新消费需求的适应性和灵活性之间的矛盾，真正实现金融对个人全生命周期的消费支持。

诚然，成长链金融的数理模型还有待更多的研究者进一步深入拓展研究，即对效用函数的具体代数形式进行设定，然后通过拉格朗日中值定理求解个人全生命周期的效用最大化问题。同时，利用相关抽样调查统计数据进行实证分析。

参考文献

［1］陆岷峰，杨亮．关于成长链金融规律分析与对策研究［J］．南都学坛，2016（3）：3－9.

［2］张欢等．成长链金融产品创新现状与对策研究［J］．海南金融，2016（4）：31－36.

［3］徐阳洋等．关于化解成长链金融风险的战略研究［J］．湖南财政经济学院学报，2016（2）：31－37.

［4］张惠．个人成长链金融品牌建设原则与要点的选择［EB/OL］．中国金融，2016－03－28，http：//www.cnfinance.cn/articles/2016－03/28－23574.html.

［5］Hansen & Imrohoroglu．Consumption over the lifecycle：The role of annuities［J］．Review of Economic Dynamics，2008（11）：566－583.

［6］高鸿业．西方经济学（微观部分第六版）［M］．北京：中国人民大学出版社，2011.

［7］王彦超. 金融抑制与商业信用二次配置功能［J］. 经济研究，2014（6）：86 - 99.

［8］陈斌开，林毅夫. 金融抑制、产业结构与收入分配［J］. 世界经济，2012（1）：3 - 23.

［9］管涛. 供给侧改革离不开金融改革［N］. 证券日报，2016 - 03 - 28.

［10］卡尔·瓦什. 货币理论与政策［M］. 彭兴润、曾刚译. 上海：上海人民出版社，2012.

生命周期理论在金融产品上的应用[①]

——个人成长链金融创新研究

吴建平[②]

一、引言

在我国经济新常态和"十三五"规划的双重背景下，金融机构的传统业务模式已不能适应现代金融需求，个人金融业务将逐步取代存贷利差而形成新的利润增长点。在拉动我国经济增长的"三驾马车"中，消费表现尤为突出，对我国 GDP 的贡献率已经达到了 66.4%[③]，充分地体现出其对我国经济增长的"稳定器作用"。但是作为促进消费重要因素之一的消费信贷在我国的金融市场上却表现不佳。根据国家统计局公布的数据显示，2015 年我国人民币消费贷款余额为 18.95 万亿元，仅占人民币各项贷款余额的 20% 左右。而根据世界银行发布的《全球信贷市场展望研究报告》显示，欧美等发达国家的金融市场中消费信贷占各项贷款的比例达到了 60% 以上。我国消费金融市场前景巨大，因此，与消费金融联系紧密的个人金融业务则相应具备了强劲的增长力。

在"十三五"规划中，鼓励金融创新和发展普惠金融是金融机构致力于

---

① 本文刊载于《金陵科技学院学报》第七期（社会科学版）。

【基金项目】江苏省互联网金融协会省级项目"关于中国成长链金融研究"（项目编号：2016SHJ13）。

② 吴建平，南京财经大学金融学院。

③ 数据来源于国家统计局门户网站。

我国金融市场完善、金融资源配置效率的提高、推进供给侧改革的重要内容。而大力发展个人金融业务正是金融机构完成上述目标的有效着力点。然而，目前我国金融机构的个人金融业务都是基于自然人现阶段的信用特征、收入支出、还款能力展开的，存在各阶段关联性被割裂的问题，严重扭曲了金融市场对资金资源的最优配置，难以满足个人差异性、综合性、终身性的金融需求。

"个人成长链金融"基于生命周期理论，将自然人分为成长、就业、成熟、退休四个阶段，针对各阶段金融需求、消费特征及信用水平的差异化与潜在关联性，为个人提供全生命周期的金融产品及服务。该概念的提出丰富了我国金融市场上的个人金融业务内涵，使金融机构能够对个人生命阶段的金融需求、信用水平、偿还能力实现低成本跟踪分析，并基于自然人整个生命周期因素对其进行综合授信。个人成长链金融具有广阔的市场前景，一方面，随着经济的发展，居民收入水平不断提高，由此带来的居民财富积累是个人成长链金融需求的宏观经济基础；另一方面，不同阶段自然人的收入水平和信用状况都有所不同，其金融需求目标也存在差异。因此，针对不同阶段的自然人提供对口的金融产品能够极大地改善客户体验，增强金融机构的顾客黏性和扩散性，最大化金融机构的收益。

二、文献综述

生命周期理论认为，消费者会根据一生的收入和支出安排其各阶段的即期消费和储蓄，目的是获得整个生命周期内的效用最大化。该理论的核心主张是，个人财富的多少取决于整个生命周期不同阶段的收入水平和消费能力。国外对生命周期理财理论的研究较为成熟，20 世纪 20 年代著名经济学家侯百纳（1924）[1] 提出生命价值概念，在此基础上，莫迪利安尼（1954）[2] 提出了生命周期假说模型，萨缪尔森（1967）[3] 提出了代际重叠模型即生命周期模型，科特利科夫（1982）[4] 提出了动态生命周期模拟模型 A – K 模型。这些模型在个人理财实践中得到广泛应用并取得巨大成就，为自然生命周期不同阶段金融需求研究提供了权威的理论依据。

国内对个人金融业务的研究主要集中在个人消费金融及自然人不同阶段的理财。钱颖一（2009）[5] 认为，运用先进的消费金融工具来大力发展消费金融业务，不仅可以让个人资源得到最优配置，还能够促进金融机构提高利润增长点。廖理（2011）[6] 强调，要想准确把握个人消费金融的意识和行为，必须将消费金融放到居民的整个经济活动中进行考察。谢世清（2010）[7]认为，在当前扩大内需、全力拉动消费的大背景下，必须着重发展消费金融业务，并强调多层次的消费金融机构的重要性。张杰（2015）[8]从国家经济体制改革的外部动力、银行业寻求新的利润空间的内部动力以及技术的外部推力作用出发，指出个人金融服务已获得我国银行业的高度重视。赵建兴（2011）[9]把国外的生命周期理财理论应用到我国的个人理财业务中，并结合我国个人理财业务的实际状况提出了生命周期理财新理论，并用该理论指导投资者投资理财，为我国个人理财的发展提供指导和借鉴。周晓琛（2014）[10]借助生命周期理财理论，针对客户不同人生阶段不同的理财需求，提出商业银行应根据客户所处的生命周期及理财目标和其收支状况，提供不同的个人理财产品和服务，并据此为客户设计适合的理财方案等。

综合上述成果发现，国内外学者对生命周期各阶段的金融产品研究已经相当深入，对居民各个阶段的金融需求进行了较为深入的研究，但也存在明显的研究不足：一是未结合个人成长周期的特点，对个人存款、贷款、结算、保险等金融需求进行综合分析；二是设计的金融产品基于特定时期的信用水平，没有考量自然人整个生命周期的信用水平，忽略了自然人各成长阶段间的整体性、关联性研究；三是未深入考虑宏观环境与战略背景，尤其对"十三五"规划与供给侧结构性改革的结合缺乏深入研究；四是没有考虑现阶段互联网技术在个人金融领域的广泛推广与应用，个人金融服务产品缺乏互联网思维。

三、个人成长链金融中自然人为主体的需求特征

成长链金融根据个人生命周期特征，为整个生命周期成长链的自然人提供全流程金融服务，这既能满足个人金融服务需求效用最大化要求，又能够让金融机构达到利润最大化目标，实现个人与金融机构的双赢。

（一）自然人生命周期的金融需求及实现条件

自然人生命周期不同阶段金融需求的目标可以定位为：实现财务安全，追求财务自由，致力财富增长。完成以上目标需要如下条件：必要的资产流动性，既需要足够的流动资金来满足日常支出和应对紧急事件的发生，保障个人和家庭生活质量水平持续稳定，但为了避免资产收益率降低又不能持有过多的流动资金；拥有合理的住房消费、汽车消费、信用卡消费等，保持财务状况稳

健合理；能够实现教育期望，良好的教育是适应社会生存的重要条件，积极动态地评估教育费用的变动趋势；完备的风险保障，将家庭由于意外事件带来的损失降低到最小；积累财富，除了工资薪金之外，还可以积极主动管理财富增加资产收益，如购买股票、债券、基金等；合理的纳税安排，在法律允许的范围内，充分利用政策优惠，适当减少和延缓税负支出；安享晚年，保证退休后的生活品质，如社会养老保险、商业养老保险及其他储蓄投资方式。实现这些目标运用的工具非常广泛，主要包括商业银行信贷、网络平台借贷、共同基金、商业保险、固定收益证券、股票、期货、基金等。

（二）自然人生命周期不同阶段金融需求的差异

自然人生命周期可以划分为成长、就业、成熟及退休四个阶段，不同阶段对于生活消费特征、金融需求及风险偏好具有差异性。

成长阶段自然人主要指还在求学阶段的学生群体，他们虽然没有固定的收入来源，但已有一定的消费需求，发展校园金融是金融机构满足该市场需求的突破点。一方面，校园金融一直是金融领域相对薄弱的环节之一，除了政策性银行的大学生助学贷款以外，处于成长阶段的在校生基本上享受不到金融服务，因此校园金融市场需求巨大。另一方面，发展校园金融有着后续的金融效应。发展校园金融能够培养大学生的理财观念，享受校园金融服务的大学生将会是金融机构后续的潜在客户。

就业阶段是指从职场新人过渡到在相关行业有一定成就的阶段，自然人的年龄一般为25~44岁，其收入一般较低，其未来的期望收入相对较高，但是组建家庭时有着较强的购房、购车、让子女接受良好教育的需求，因此往往支出大于收入。该阶段自然人的风险承受能力较高，趋于投资较高风险的金融产品。

成熟阶段的自然人主要是45~64岁的中老年人，他们的职业生涯达到顶峰，收入曲线达到最高点，随着其子女步入社会，购房、购车的需求较低，因此支出曲线逐渐降低。该阶段以均衡性投资风格为主，开始为退休生活和保持健康做准备。

退休阶段自然人的主要目标是安享晚年，该阶段收入大幅度减少，休闲娱乐和保健医疗的支出增大，风险承受能力较低，理财风格变得比较保守。因而该群体需要更为稳健安全、高效便捷的金融服务，在兼顾安全性的同时，追求财富随着资本市场趋势得以稳健增长，以实现财富的代际传承。

四、个人成长链金融市场需求分析

了解成长链市场需求因素是金融机构在开展该项业务之前的必需条件之一，如果各项定性定量需求因素旺盛，成长链金融业务的开展就拥有了坚实的理论和实践依据。可以从我国居民财富增长趋势、互联网＋消费金融、互联网＋校园金融三个方面来探索个人成长链金融在我国金融市场的需求度。

（一）我国自然人财富不断增长

自从 1978 年我国实行改革开放政策以来，我国经济始终保持着高速增长趋势，自然人财富水平也得到了极大提升，为成长链金融发展提供了良好的经济基础。尽管我国经济增速降挡进入新常态，但我国居民收入仍保持着增长势头，自 2014 年第一季度公布城乡一体化住户调查结果以来，中国居民人均可支配收入增速已连续两年"跑赢"GDP。2016 年 1 月 19 日中国国家统计局公布的数据显示，2015 年中国居民人均可支配收入 21 966 元（人民币，下同），比上年增长 8.9%，扣除价格因素实际增长 7.4%。这一速度高于同期中国 GDP 6.9% 的增速。按常住地分，2015 年中国城镇居民人均可支配收入 31 195 元，比上年增长 8.2%，扣除价格因素实际增长 6.6%；农村居民人均可支配收入 11 422 元，比上年增长 8.9%，扣除价格因素实际增长 7.5%。[1]

受益于居民财富水平的不断提升，当前我国居民可投资财富已排在全球第三位，个人可投资资产在 60 万元人民币至 600 万元人民币之间的中国大众富裕阶层 2015 年已经达到 1 528 万人，私人可投资资产总额达到 114.5 万亿元，这充分体现出我国存有潜在的巨大个人理财、财富管理需求。[2] 而从图 1 也可发现，我国消费者信心指数近年来较为稳定，这是对于个人未来收入及经济走势具有较大信心，这也有效推动了社会消费品零售行业的持续性稳健增长。综上所述，我国居民财富的不断积累和居民消费意愿的不断提升为个人成长链金融发展提供了宏观经济基础。

---

[1]　国家统计局门户网站。
[2]　全球知名财经媒体《福布斯》发布的《2015 中国大众富裕阶层财富白皮书》。

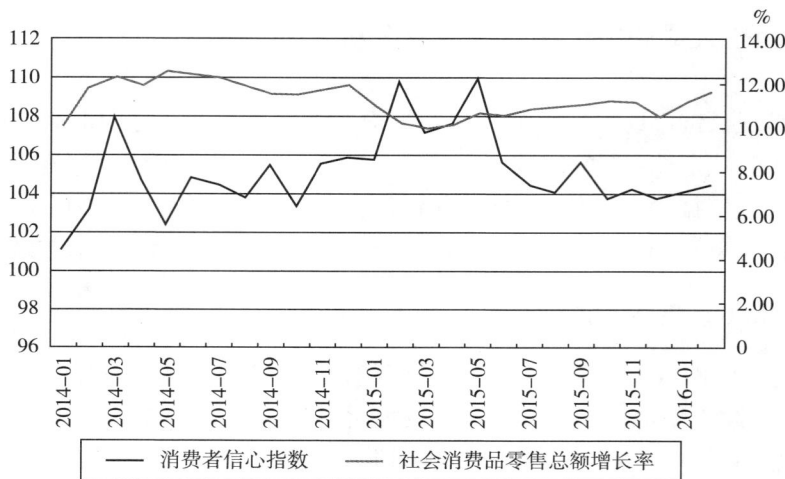

图1 2014 年 1 月至 2016 年 2 月我国消费者信心指数与社会消费品零售总额增长趋势

（二）互联网＋消费金融成为个人成长链金融需求对接点

消费金融市场的扩张依赖于我国居民消费总额的增减，根据西方经济学经典消费理论，消费者的可支配收入水平以及边际消费倾向决定了其消费水平。互联网金融可以提高居民消费的收入效应，增加成长链金融需求总量。互联网金融能够为大众投资者提供相对低门槛的金融理财产品，提高普通投资者的资产收益率。根据网贷之家发布的《2015 年 P2P 网贷行业年度简报》中披露的数据，2015 年 P2P 网贷平台理财产品综合年收益率达到 13.39％，而 2015 年一年期定期存款的基准利率仅为 1.5％，因此互联网金融平台增加了消费者的预期收入，收入的增加促进消费者消费额的上升。

当自然人处在成长阶段和就业阶段时期，消费需求随着社会消费总额的上升而不断推高，而此时自然人的收入往往有限，该阶段互联网＋消费金融成为个人成长链金融需求的有效对接点。图 2 是 2011—2015 年中国网络购物总额及其增长率，图 2 显示，中国网购交易规模在 2012 年就突破了万亿元大关，2015 年更是达到了 3.8 万亿元的规模，历年的增长率也都保持在 30％以上；根据国家统计局发布的数据显示，2015 年我国社会消费品零售总额达到 30.1 万亿元，网络购物在社会消费品零售总额中的占比为 12.6％，较 2014 年提高 2％。

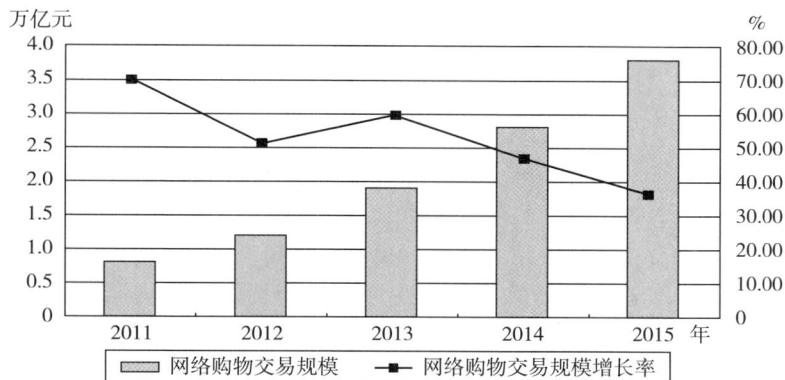

图2　2011—2015年中国网购交易数据①

　　消费金融自2007年在广东地区试点以来就发展迅速，2015年中国消费信贷规模达到19万亿元，同比增长23.3%。图3是根据智妍咨询发布的《中国消费信贷深度调研与投资前景报告》绘制的我国近年及未来预期消费信贷总量柱形图及其增长率曲线，根据图3可知2016—2019年中国消费信贷规模依然将维持19.5%的复合增长率。②

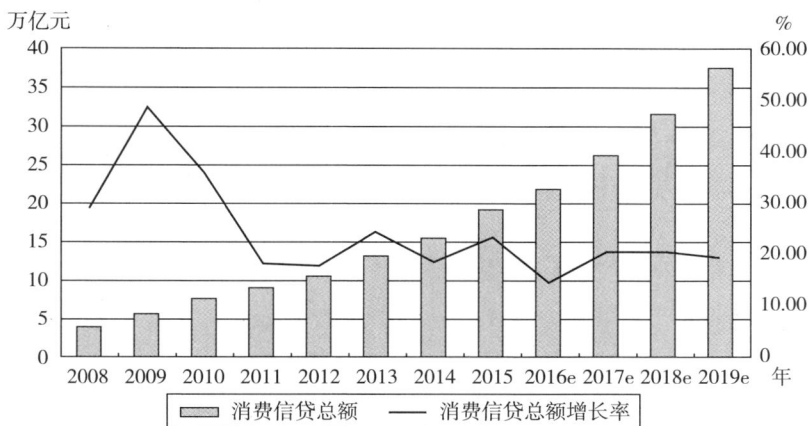

图3　2008—2019年我国消费信贷余额趋势变化

虽然消费金融市场总量已经达到数十万亿元级别，但互联网消费金融却仍

---

① 艾瑞咨询《2015年中国网络购物市场交易规模统计分析》。
② 智妍咨询《中国消费信贷深度调研与投资前景报告》。

然处在起步阶段，其在消费金融整体市场总量的占比甚微。2015 年互联网消费金融虽然已经达到223.6 亿元①，但是同年消费信贷余额达到了19 万亿元，占比不到0.12%，因此互联网消费金融市场空间巨大。图4 是根据易观智库发布的《中国互联网消费金融市场专题研究报告2015》绘制的2015—2017 年中国互联网消费金融市场交易规模预测，根据图4 分析可知，中国互联网消费金融市场目前处于市场启动阶段，随着互联网金融行业的整体发展、居民消费观念的进一步升级，以及对互联网消费金融服务模式的逐步认可，互联网消费金融市场在未来3 年将继续保持爆发式增长的势头。2014 年互联网消费金融市场交易规模达到96.9 亿元人民币，同比增长112.5%。预计到2017 年，市场交易规模将突破1 000 亿元人民币。但随着我国互联网经济不断发展，互联网金融跨界融合持续深入，我国居民消费链条的各流程将逐步互联网化，进而推动互联网 + 消费金融业务保持强劲增长势头。

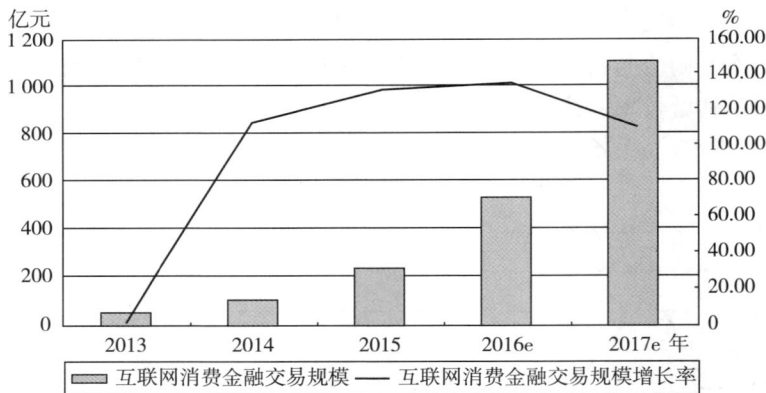

图4 2015—2017 年中国互联网消费金融市场交易规模预测

（三） 互联网 + 校园金融是个人成长链金融需求的突破点

学生时代是自然人在生命周期当中重要的成长阶段，在该阶段自然人的收入来源较少，但是自然人拥有超前的消费意识，具备比较完善的理财知识，已经逐步养成独立决策的理财思想，校园金融需求相对供给存在着过剩的现象。可以从我国教育投资缺口和在校师生的消费金融两个方面来计量校园金融的需求。

---

① 易观智库《中国互联网消费金融市场专题研究报告2015》。

根据财政部公布的数据显示，2014 年我国教育财政支出占当年 GDP 的 4.15% 左右，已经达到联合国教科文组织制定的 4% 标准。但如果按照发达国家的 7% 这个目标来算，我国教育投入缺口大约在 2.45 万亿左右，由此分析国内教育投入缺口带来了校园金融的巨大市场，校园金融将成传统金融业与新兴互联网金融行业的重要竞争领域。根据教育部公布的数据，截止到 2015 年 9 月份，我国大学生的数量已经接近 2 500 万人次，而且每年新增的大学生人数大约 600 万人次，因此校园金融有至少千亿元的市场估值，而且潜力巨大、发展迅速，一旦这个市场被一家或者少数几家企业占领较大的市场份额，后续带来的收益是相当可观的。

五、基于生命周期理论的个人成长链金融产品分析

根据南京财经大学中国区域金融研究中心对 1 万人的收入水平、消费状况、信贷需求等信息的网络抽样调查显示，如果按照净收入线进行综合一次授信，成长期为严重过度授信，就业期为中度过度授信，成熟期则授信不足，退休期的授信额度较为适中，但对于自然人整个生命周期而言，并不存在过度授信（见图 5）。因此，自然人生命周期不同阶段的授信水平是金融机构开展个人成长链金融的重要导向和依据。

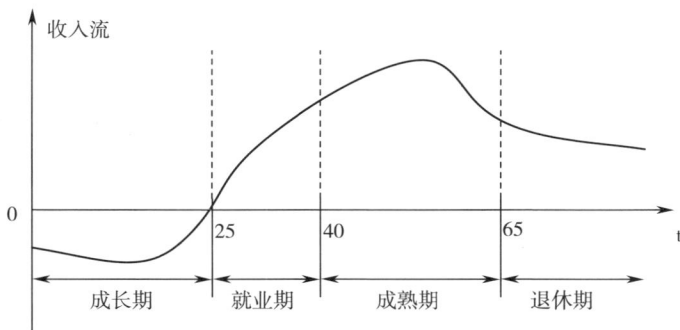

图 5　自然人生命周期不同阶段净收入流曲线

个人成长链金融的市场需求充足，但现阶段基于个人不同生命周期阶段提供差异性、关联性、综合性的金融供给缺乏，因此，金融机构开展个人成长链金融具有战略可行性。自然人在生命周期内理财规划主要有流动资金规划、消费支出规划、教育规划、风险管理与保险规划、税收规划、投资规划、养老退休规划以及财产分配与传承规划。金融机构需根据自然人不同生命周期的金融

需求提供金融产品（见表1）。

表1 不同生命周期阶段个人金融需求风格及金融产品需求

阶段	金融需求风格	核心金融产品需求
成长期	保守型	信用卡、互联网金融、消费金融、意外险
就业期	激进型	消费贷款、住房贷款、购车贷款、互联网金融、股票、开放式基金
成熟期	稳健型	理财秘书服务、保管箱、自主贷款
退休期	保险型	存折存单、遗产信托、自助缴费服务、旅游服务

（一）成长期

成长期的自然人一般在进入学生时代才会有固定的现金流入，现金来源有生活费用、奖学金、兼职收入等。该阶段自然人拥有超前的消费意识，具备比较完善的理财知识，已经逐步养成独立决策的理财思想，金融需求旺盛。根据图5所示的自然人净收入趋势曲线，该阶段自然人的净收入曲线为负值，但是自然人就业阶段和成熟阶段都拥有较高的净收入期望，因此金融机构可以对该阶段的自然人过度授信，满足自然人该阶段的金融需求，通过提供消费金融和校园金融服务来最大化处于成长阶段自然人消费效用。具体来说，金融机构可以采取电商的互联网金融消费服务、分期购物平台垂直面向在校大学生的校园消费金融服务、银行的互联网消费金融服务及垂直细分于消费金融公司的消费金融服务四种模式开展成长期金融业务。

（二）就业期

就业期自然人主要的支出为子女教育支出和固定的购房购车支出，自然人因走入职场而拥有相对稳定的收入流，且对下一阶段的期望收入相对较高。就业期的自然人有着固定的买房买车需求。央行统计显示，2015 年末我国个人购房贷款余额为 14.18 万亿元，全年增加 2.66 万亿元，同比多增 9 368 亿元；[①] 根据 2015 年初中国汽车研究技术中心 CATARC 调研结果显示，有车贷意向的人群中，80 后占比为 52.17%，90 后占比为 30.43%，而 80 后和 90 后正是处于就业期的主要人群。因此，金融机构可以开发针对就业期客户的房贷、车贷金融产品，根据该阶段自然人的收入水平、信用特征、还款能力差别

———————————
① 中国人民银行门户网站。

性定价，满足客户的房贷和车贷金融需求。

（三）成熟期

成熟期自然人的收入以薪水为主，支出随着子女经济独立而减少，净收入流达到巅峰时期，投资主要围绕降低投资风险来展开。应该投资于债券、国库券、储蓄、银行固定收益理财产品等低风险市场，以稳健的方式使资产得以保值增值。注重应用投资组合去分散非系统风险。这一时期的房贷、车贷余额逐年减少，家庭资产负债比率逐渐降低。伴随着未来生活的不确定性，仅凭社会养老保险的收入可能不足以应付退休后的消费支出。个人可以考虑退休规划的制定，可以通过大量购买企业年金和商业养老保险来提高退休后的生活质量。

（四）退休期

退休期自然人的收入以理财收入及转移性收入为主，医疗费用支出增加，其他费用支出减少。这一阶段的理财目标主要是稳健投资保住财产，合理消费以保障退休期间的正常支出。投资组合应以固定收益投资工具为主，如各种债券、债券型基金、货币基金、储蓄等。这一时期的理财规划中尤为重要的是财产分配与传承规划。通过进行合理的财产分配及传承规划，以确保家庭财产得以顺利传承。

六、结束语

成长链金融从根本上改变了传统金融机构对自然人的授信局限于单个阶段的原则，不断释放我国消费者的消费活力，打破传统机构忽视自然人生命周期阶段间联系提供金融服务带来的金融压抑，能够积极落实我国"十三五"规划中的创新金融和普惠金融要求。为进一步推动我国个人金融业务创新发展，持续促进个人金融业务的增长，一方面，传统商业银行、互联网金融企业、消费金融公司均需要根据自身特点与优势，积极开发垂直细分的个人成长链金融产品、建立客户数据储存与整合体系、构造终身性营销服务体系、加快个人授信模式转变、构建大数据风控预警体系；另一方面，政府相关部门要加强校园金融法律制度建设，加强投资者教育，注重对合格投资者的界定，在制度层面上控制个人成长链金融的宏观风险。

参考文献

［1］S. S. Huebner, Life Insurance Economics ［J］. Journal of Econometrics, 1924 (6)：45 – 56.

［2］Modigliani F, Brumberg R. Utility analysis and the consumption function：An interpretation of cross – section data ［J］. Franco Modigliani, 1954 (1)：78 – 91.

［3］Samuelson. The Determinants of Household Risky Asset Holdings：AustralianEvidence on Background Risk and other Factors ［J］. Journal of Banking & Finance, 1967 (33)：45 – 56.

［4］Kotlikoff. A Multivariate Model of Strategic Asset Allocation ［J］. Journal of Financial Economics, 1982 (67)：41 – 80.

［5］钱颖一. 我国消费金融公司发展的困境与出路 ［J］. 上海金融, 2009 (4)：82 – 85.

［6］廖理. 生命周期、人力资本与家庭房产投资消费的关系 ［J］. 中国工业经济, 2011 (11)：26 – 36.

［7］谢世清. 我国消费金融公司发展的困境与出路 ［J］. 上海金融, 2010 (4)：82 – 85.

［8］张杰. 中国金融压制体制的形成、困境与改革逻辑 ［J］. 人文杂志, 2015 (12)：43 – 50.

［9］赵建兴. 基于生命周期理论的银行个人理财业务研究 ［J］. 经济管理, 2011 (5)：131 – 134.

［10］周晓琛. 基于生命周期理财理论的商业银行个人理财策略研究[J]. 现代金融, 2014 (12)：9 – 12.

关于个人成长链金融①运行机理与
发展路径研究

*杨亮*②

一、引言

2015 年我国 GDP 名义增长率降至 25 年来最低点，仅为 6.9%，固定资产投资增长趋势也已明显放缓。③ 但从我国人口数量与消费需求视角来看，消费信贷未来尚有极大的成长空间，最终将达到数十万亿元规模的消费信贷市场。近 6 年来，我国社会消费品零售行业增速始终保持在 14% 左右，2015 年总规模达 30.1 万亿元，显示出国内消费市场仍有较大发展潜力及后劲④。2016 年个人金融与消费金融市场将进一步爆发式增长，潜在消费金融需求的优质客户，或将引发各金融机构新一轮的竞争与市场抢占，而难以在低服务成本的基础上提供具有针对性的全生命周期服务，已成为个人金融业务发展的主要障碍。

同时，在我国经济新常态及"十三五"规划的双重背景下，推进普惠金融发展、提升金融资源的高效配置已成为金融业供给侧改革重点，对于金融需求及客户群体的不断细分，更成为我国金融机构转型升级的必然要求。而在数据信息时代及高渗透性的信息技术背景下，个人金融需求、信用水平、偿还能力均能实现低成本跟踪分析，将极大地推动个人金融业务升级创新。传统的消

---

① 成长链金融：系南京财经大学中国区域研究中心首席研究员陆岷峰博士提出的原创概念，泛指服务于一切具有成长性主体所配套的金融服务，本文特指以自然人为主体的所有关联的金融服务总称。

② 杨亮，南京财经大学金融学院。

③ 《2016—2021 年中国金融资产交易所行业市场前瞻与投资规划分析报告》。

④ 中华人民共和国商务部网站。

费信贷授信、金融需求分析均是基于个人阶段性信用进行授信，这从根本上隔断了各生命周期间的信用联系。而以自然人生命周期为研究轴心，个人信用评价体系可由阶段性转为终身性，进而形成系统性的成长链金融概念。成长链金融是对个人金融业务的重要突破与创新，既能推进个人金融研究领域的不断深化研究，进一步细化创新金融产品与服务，也有利于更好地发挥金融推动消费升级的重要作用，促进金融机构加快转型升级，同时也契合了国内供给侧结构性改革对于金融业发展的规划要求。

二、文献综述

随着金融业的不断成长发展，个人金融业务的重要性逐渐凸显，对于个人金融与消费金融等领域的研究也在逐步深化，国内外经济学家们对个人金融业务的发展起源、现状以及影响因素展开了较为全面深入的研究探讨，当前研究重点主要围绕以下三方面：

（一）个人金融概念及发展现状

李兴智，王延明（2010）[1]认为，改革开放以来，我国居民积累了大量的财富和人口密度基数，从市场供需角度来看，我国已经具备了发展私人银行业务的基本条件。殷勤凡，郑喜平（2010）[2]则从产品的角度出发，对个人金融业务进行了新的分类，并指出了各类别的发展现状、发展趋势、产品业务、市场特点、营销策略等方面的问题。同时阐述了国外商业银行以及我国港台地区主要商业银行的个人金融业务发展现状。焦量（2011）[3]也从供需角度出发，指出由于中国经济的持续飞速发展，我国居民的私人财富不断累积增长，私人银行业务的需求正越来越大。

（二）个人消费金融的影响因素

Kartik（2008）[4]认为，周边经济金融环境的影响，尤其是宏观经济政策和一些具体的政府行为对消费金融的影响不容忽视。他指出，外部环境常常与金融市场和消费者行为之间存在相互作用，因此，为了深入研究消费金融，必须拓展消费金融的研究内容和范围。韩立岩，杜春越（2011）[5]从风险厌恶的角度，指出风险厌恶不仅影响消费者个人的消费行为，还影响着整个家庭使用消费金融工具的行为。他们通过研究发现了影响风险厌恶程度的重要因素，并认为在不确定的外部环境下风险厌恶者会减少现期消费而增大储蓄量。

(三) 家庭金融的资产配置方面

Campbell (2006) 指出,资产配置视角下的家庭金融研究继承和扩展了传统的投资组合选择理论,因为家庭金融以家庭投资者的效用目标为关注点,通过合理配置股票、债券、基金、外汇等金融资产实现资源的跨期优化,从而达到平滑消费和效用最大化。陈建宝,李坤明 (2013) 从中国人口结构和居民消费习惯视角出发,从储蓄率提高的对应面,即从消费率持续降低问题进行研究,发现人口结构变化对消费率变动影响不显著,而稳定的消费习惯却在经济持续发展的情况下对消费率有负方向影响。

虽然国内外学者对于金融服务体系的研究已打下一定基础,对居民各个阶段的金融需求进行了较为深入的研究,但当前研究仍存在明显的局限:其一,商业银行未能综合考虑多样化金融工具,尚未充分运用互联网金融等创新金融;其二,宏观环境与战略背景仍需深入考虑,尤其应关注"十三五"规划与供给侧结构性改革;其三,基本上是基于阶段独立性的分析,将自然人成长各阶段割裂开来分析,忽略了各阶段间的整体性与关联性,缺乏整体优化思维。

成长链金融根据生命周期理论,将自然人生命周期分为成长期、就业期、成熟期及退休期共四个阶段,不同阶段金融消费、偿还能力及信用特征兼具独特性与潜在关联性。尽管生命周期各阶段的金融消费需求及信贷偿还能力存有差异,但各阶段间还存在潜在相关性,对个人金融业务的研究不应忽略该相关性。因此,亟须对生命各阶段的居民金融需求、信贷偿还能力及信用状况进行系统性、整体性研究,探讨金融产品及服务设计的终身性。

三、成长链金融理论基础及特质分析

(一) 现行个人金融业务局限性

1. 个人金融业务分离化。金融机构的经营思维是以自身为中心,客户围绕该中心办理相关业务,导致本为整体的个人金融业务被人为分离开来。以商业银行为例,信用卡、购房贷款、小额信贷、消费信贷均分布在不同部门,导致了个人客户的重复劳动,极大增加了个人办理业务的难度,不利于金融机构提升金融资源配置与服务的有效性。

2. 自然人阶段整体性被隔断。尽管自然人不同阶段的金融需求、消费特征、信用水平各有差异，但相互之间仍存在潜在关联性。而当前个人金融产品及服务的设计基本是建立在某一单独阶段基础上的，忽略了各自然人阶段的整体性，导致金融服务的时效性、动态性、满足性不足，进而抑制了个人金融业务的创新发展。

（二）成长链金融概念的提出

成长链金融是以自然人为研究对象，以提供终身性金融为服务理念，实行终身授信等全方位、全流程的金融服务行为总称，具有终身性、整体性、不同阶段不同金融服务等特质。基于自然人不同成长阶段对应有不同的金融消费需求、偿还能力以及信用特征，成长链金融能够对整个生命周期成长链的自然人提供全流程金融服务，以最大化满足其金融需求，提升金融机构在个人金融服务方面整体化效用水平。成长链金融是在融合了个人消费金融、消费理论、生命周期理论等多门学科的基础上，综合考虑各生命阶段金融需求与信用水平，并通过整体性理念与多样化金融工具熨平金融需求的生命周期曲线波动，基于此创新延伸出的可替代传统消费金融理念的一门新学科。

同消费金融区别：消费金融是向各层次消费者提供消费信贷，是现代金融服务的创新，而成长链金融的外延与内涵更加丰富，一方面提供更多样化金融工具以迎合客户各类金融需求，另一方面克服了分段授信模式的局限，综合考量授信水平的生命整体性。成长链金融并非是单一的业务或产品，根本上改变了银行等传统金融机构基于个人单一阶段的授信模式，并围绕着整个生命周期，从成长期、就业期、成熟期及退休期的成长链链条，将个人的金融需求、消费特征、偿还能力、信用状况等连接成一个整体，全方位地为该成长链的多个自然人阶段提供金融服务，实现整个成长链的金融服务效用持续提升。

（三）成长链金融的理论基础

基于生命周期的金融特征，可将自然人分为成长、就业、成熟及退休四个阶段，而由于自然人不同阶段对于生活消费特征、金融需求及风险偏好具有差异性，因此金融机构所设计的金融服务也应具有区别性。

1. 成长阶段——财富透支期。主要为小于 24 岁的学生群体，该类青年已有一定的消费需求，由于尚无固定薪水收入，独自还款能力较弱，因而超前消费的还款基本依赖于监护人的经济支持。但该群体也可通过积攒压岁钱、零用钱、奖学金等构建自己的收入来源，并逐步拥有独立决策的理财思想。由于该类群体金融观较为保守，刚刚开始学习理财投资知识，且消费明显大于收入，故该阶段属于财富透支期。

2. 就业阶段——财富积累期。就业阶段的自然人群体基本为已开始进入职场，甚至筹备结婚生子的 25～40 岁人群。由于在拥有较好的未来收入期望的同时，也有购房、购车等大件消费，该类群体投资风格为进取型，投资品种多样化，并对购房贷款、车贷、消费信贷等有较强需求。基于对该阶段群体迫切期望资产增值、耐用品消费需求旺盛的考虑，就业阶段是极其关键的财富积累期。

3. 成熟阶段——财富巅峰期。该阶段主要为 40～64 岁的中老年人群，子女已逐步走入社会参加工作，自己开始拥有独立空间，同时也开始为退休后生活做准备。该阶段人群的财富水平、经验能力等均上升至巅峰状态，儿女基本经济独立，债务压力逐步削减，因而扩大投资、实现保值增值成为其投资目标。因此，成熟阶段人群为财富巅峰期，融资贷款需求大幅下降，理财风格以稳健型为主，更加注重金融风险的规避。

4. 退休阶段——财富享受期。作为退休阶段群体，其主要目标就是安享晚年，尽管这一时期收入处于较低的固定水平，但生活消费、旅游、医疗开销将大幅增加，正处于财富的享受期，理财风格变得比较保守。因而，该群体需要更为稳健安全、更为高效便捷的金融服务，在兼顾安全性的同时，追求财富随着资本市场趋势得以稳健增长，以实现财富的代际传承。

（四）成长链金融核心内容与特点

1. 终身性服务理念。成长链金融是基于互联网金融的快速发展等外部环境的变化提出的，特别是身份证管理一证化、大数据建设系统化、个人征信制度的终身化，从多个维度锁定了各个自然人一生的运行轨迹。正常情况下，自然人不会因为非客观原因而失信，或失信成本极高，更不会因为信息不对称而得不到应有约束。根据这一现实条件，成长链金融完全可以树立自然人终身服务的理念，即对任何一个自然人可以进行终身性一次授信，期间可以根据各种变量进行微调，自然人一旦成为一个金融机构的服务对象，金融机构完全有可能以服务锁定客户的终身。

2. 阶段性过度授信。过度授信是各金融机构风险管理过程中的大忌，但成长链金融是基于自然人一生来考虑其授信的，对于某个阶段是过度授信，但对于自然人的一生来说并没有过度授信。而对于整个社会来讲，根据这一原则进行的信用杠杆将会得到充分发挥，从总体上是在有效控制风险的前提下将金融工具的作用发挥到极致。

3. 更加人性化。多年来形成的自然人收入能力与消费需求能力相冲突的现实，即当年轻无收入或低收入需要相应的消费时，却无相应或有限的经济来源作支撑，当年老消费需求能力大幅度下降时，却积蓄了过多的财富，其现实就是人类生存幸福感不高。成长链金融可以有效地解决这一问题，因为是基于人的一生的综合金融服务，自然人完全可以根据不同阶段进行适当调节，而金融的服务条件又是可能的，这样可以有效地解决财富收入与人类消费需求的反周期问题，不断提升人类的整体幸福感。

4. 整体优化与局部优化并重的过程。由于个人收入水平、消费特征、信用记录均在发生变化，因此，成长链金融强调信用风险评价的动态性，并不断结合未来收入、财富水平等因素，持续跟踪分析个人客户的信用水平，提升个人金融业务风险评估的真实性。

（五）成长链金融风险分析

成长链金融除了具备一般个人金融风险以外，主要风险是成长期过度授信及阶段性过度授信风险，同时，从风险与期限的关系来分析，期限越长，由于不确定因素的增多，风险可能也会越大。具体表现为：其一，存在信用违约风险。由于个人征信系统尚不健全，难以确保没有恶意违约导致的信用风险。其二，客户失业、犯罪、猝死等意外事件，会导致主要收入来源中断，进而造成还款困难，有些属于中年变故造成终身财富能力不足。其三，自然人人均财富增长状况变化，如果经济出现持续下行趋势，自然人整体收入水平下降，还贷能力可能会不足。但根据本文成长链金融市场验证分析的分析结果，该类风险只要将授信额度控制在适当范围内，则风险发生概率相对较小，金融机构的风控机制基本上是可以防控和覆盖的，且阶段性授信也是可以调整的。总体上，成长链金融的风险是可以控制的。

四、成长链金融市场验证分析

（一）自然人财富呈持续快速增长趋势

改革开放以来，我国经济始终保持着高速增长趋势，自然人财富水平也得到了极大提升，为成长链金融发展提供了良好的经济基础。尽管我国经济增速降挡进入新常态，但根据国家统计局相关数据显示，城镇居民可支配收入及农村居民纯收入仍保持着增长势头。2015 年前三个季度，我国居民人均可支配收入达到 16 367 元，同比名义增长率为 9.2%，而 1～9 月我国 GDP 总值为 487 774 亿元，同比增长率为 6.9%，居民收入的增长幅度仍大于 GDP 名义增长率。① 受益于居民财富水平的不断提升，当前我国居民可投资财富已排在全球第三位，可投资财富高于 1 000 万元的高净值群体逾 100 万人，可投资财富高于 600 万元的人群达到 300 万人，充分体现出我国存有潜在的巨大个人理财、财富管理需求。② 当前，我国消费者信心指数与个人经济情况指数均较为稳定，这是对于个人未来收入及经济走势具有较大信心，这也有效推动了社会消费品零售行业的持续性成长。

而基于南京财经大学中国区域金融研究中心对 10 000 人的网络抽样调查，对收入水平、消费状况、信贷需求等信息进行了收集与分析，并根据成长链金融制定整个生命周期的授信线（见图 1）。结果显示，如果按照图 1 中授信线进行综合一次授信，平均下来，成长期为严重过度授信，就业期为中度过度授信，成熟期则授信不足，退休期的授信额度较为适中，但对于一个自然人的一生来讲，并不存在过度授信。该调查结果将为成长链金融业务的创新设计提供理论依据及方向性指导。

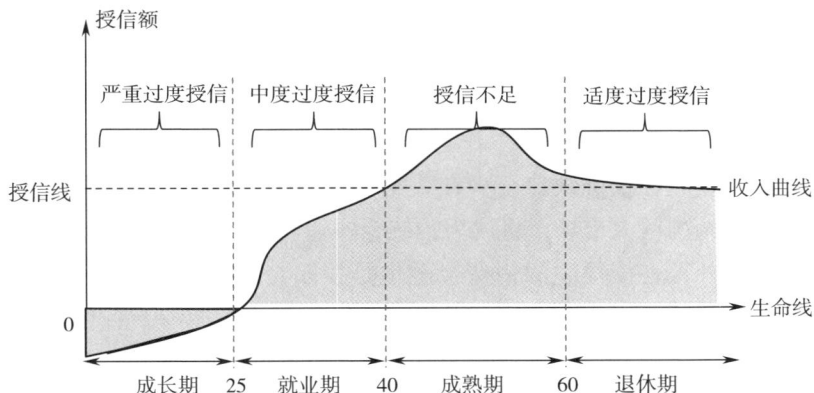

图 1　收入与授信状况的 10 000 人网络抽样调查分析

（二）互联网 + 消费金融拓展成长链金融发展空间

尽管国内实体经济发展转轨降速，但我国居民财富水平仍在持续增长，且

---

① 中华人民共和国国家统计局。

② 招商银行和贝恩公司联合发布的《2015 中国私人财富报告》。

消费习惯逐渐改变，均有力支撑了消费金融市场的持续性成长。2014 年，我国网络购物市场成交总额增至 2.8 万亿元，实现 48.7% 的增长，网络购物线上渗透率突破 10%。同时 2014 年国内互联网金融规模已超过 10 万亿元，其中和网络消费高度关联的第三方支付市场占到 92%[1] 以上。该数据显示出，作为全球最大的网民群体，我国网民的网上消费习惯及金融意识已由初期进入成长阶段，以 80 后与 90 后为主的青年群体，更易接受消费信贷，尤其欢迎信用卡分期业务及互联网金融创新分期业务。我国消费信贷市场增速始终保持在 17% 以上，博思数据相关报告预测到 2019 年消费信贷市场将增至 37.4 万亿元[2]。以 2014 年为例，当年中国消费信贷余额为 15.36 万亿元，其中互联网金融消费金融市场交易总量在 160 亿元左右，在消费金融整体市场总量的占比极小，因而仍处于市场发展的初期。但随着我国互联网经济不断发展，互联网金融跨界融合持续深入，我国居民消费链条的各流程将逐步互联网化，进而推动互联网 + 消费金融业务保持强劲增长势头。

（三）校园金融成为成长链金融新重点

过去校园金融是个人金融业务较少涉及的，而随着国家教育投资以及校园师生规模的不断增长，我国校园金融的潜在发展空间得到极大地拓宽。2014 年，我国教育投资规模约为 2.64 万亿元，仅占到当年 GDP 的 4.15%，而发达国家的平均占比在 7% 的水平。[3] 作为全球第二大经济体，应以 7% 为目标值，从而可推出我国教育投资缺口至少在 2.45 万亿元。因此，国内教育投资缺口体现出校园金融的巨大市场，将成为传统金融业与新兴互联网金融行业的重要竞争领域。此外，在校师生的消费金融也是校园金融的重要内容。截至 2014 年底，国内在校专职教师人数达到 1 515 万人，并将在 2020 年增至 1 800 万人，而全国在校学生总数约为 2.48 亿人[4]，可见我国校园金融市场应是千亿元规模级别的。而校园主体的两大特征正契合成长链金融：其一，发散性与扩散力。学生是持续流动的，个人的消费习惯极易影响到父母与周围朋友，并且在其流向新工作职位后又能产生相应收益。其二，跟随性、永久性。校园主体在接受并认可某项金融服务方式后，极易认准且不再更换，有利于培养终身性客户。

---

① 《2015 年中国互联网金融投融资分析报告》。
② 中商情报网。
③ 中国金融网站。
④ 《国家中长期教育改革和发展规划纲要（2010—2020 年）》。

（四）大数据技术为成长链金融发展提供操作可行性

由于个人数据信息的分散性，金融机构的收集、分析及应用成本较高，而互联网、大数据等技术的出现，为金融机构发展成长链金融提供了操作的可行性。尽管个人数据信息已得到足够重视，但金融机构对于高并发业务处理及海量数据分析等领域有着强烈需求，大数据、云计算的出现可基于分布式并行计算、动态扩展等技术，实现海量信息清洗、处理及大数据分析等多种场景，有效增强金融业个人金融服务的支撑能力，从而做到低成本、大容量、高性能与高弹性。从图2可见，个人数据信息的应用过程会遭遇多样性、海量、快速及价值等挑战，而基于多源数据融合、并行计算、数据挖掘、数据智能等大数据技术，可创造出实现个人数据信息应用的可行性。基于此，大数据技术促使"数据驱动"发展模式的产生，推动金融机构深挖个人海量数据信息的价值，并利用大数据解析、归集、拼合，建立高效的金融需求分析及信用评价机制。

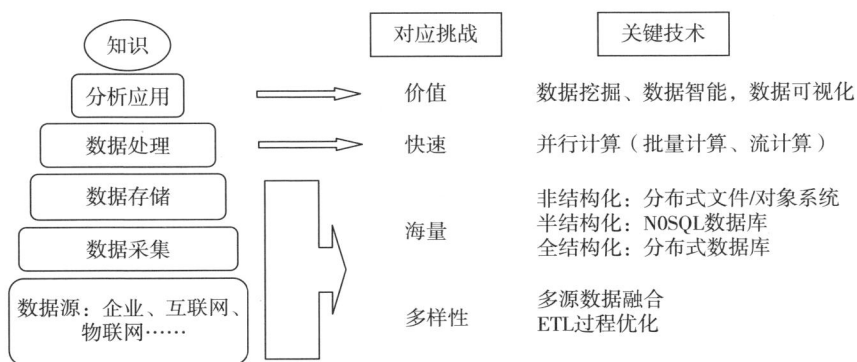

图2　大数据应用领域的对应挑战及关键技术分析

五、成长链金融发展对策

基于生命周期理论，成长链金融将自然人分为成长、就业、成熟及退休四个阶段，并根据各阶段间金融需求、消费特征与信用水平的差异化和关联性，可提供全方位、多层次的金融产品与服务。对于市场机会的实证分析同样证明，成长链金融具有极大的成长空间，但该业务的快速成长还需从以下六点着手，重点发挥出整体授信、成长期过度授信、终身客户终身授信等特点。

（一）推进成长链金融的"三个一"基础工程建设。基于上述分析，将自然人划分为成长、就业、成熟、退休共四个阶段，即对应成长链金融的第一季、第二季、第三季、第四季，每个季中也可再细分成若干段。而依据不同阶段差别化的金融需求、收入水平、消费特征、信用状况，金融供应商应提供具有针对性、多元化的金融产品与服务，包含贷款、存款、理财、保险、资本市场、互联网金融等应有尽有的金融服务集合。根据表1所示，可根据不同阶段的理财风格、金融需求，对金融机构的核心产品、保险产品及主要服务渠道进行详细规划。为推进个人成长链的快速成长，提升金融机构的操作可行性，应加快建设"一证一卡一号"工程，即实行一张身份证对应一张银行卡与一个账号，该工程有利于持续跟踪收集、分析、满足各个阶段客户的差异性金融需求，真正做到提供终身性、适应性的金融产品与服务。

表1　　　　　　　　成长链金融下自然人各阶段金融需求及产品设计

阶段	理财风格	金融需求	核心产品	保险产品	主要服务渠道
成长	保守型	转账、汇款、提前消费需求较多，助学贷款、耐用消费品贷款和留学贷款	信用卡、互联网金融、消费金融	意外险、医疗险	网上银行、手机银行、自助设备
就业	进取型	消费频繁，购房、购车需求强烈，资产增值愿望迫切	消费贷款、住房贷款、购车贷款、互联网金融、股票、开放式基金	医疗险、重大疾病险	电话银行、网点柜面、自主设备、网上银行
成熟	稳健型	注重投资安全性，保险支出增加，二次置业需求，为退休生活做准备	理财秘书服务、保管箱、自主贷款	投资分红型保险、意外险、健康险、养老保险	专业客户经理、贵宾窗口、电话银行
退休	温和保险型	资产存管，追求风险较低的投资收益产品	存折存单、遗产信托、自助缴费服务、旅游服务	医疗保险、健康险	人工服务、电话银行、贵宾窗口

（二）建立客户数据储存与整合体系。成长链金融是基于海量的客户信息数据，针对金融需求、信用状况等方面进行分析及预测。而建立客户数据储存与整合体系，协助完善个人资信登记系统，既是拓展大数据技术应用的信息基

础，也是推进个人信用评价体系发展的前提，更是加快实现成长链金融快速成长的关键基础。在金融机构层面，应基于个人客户数据资源库的构建，大力推进各服务流程的个人客户信贷融资、交易结算等信息数据整合，能够促进各生命阶段个人客户的金融信息贯通，实现金融机构各部门间个人客户信息的共享共用。同时，还需注意保障客户信息安全，加快客户信息数据库的安全防范机制构建。在政府层面，应基于央行现有的个人征信体系及信息数据库，逐步开展国内居民的信用信息收集与整理工作。一方面，政府应增加在征信系统建设方面的资金投入，尤其需加快个人信用信息数据采集的电子设备建设，提高个人信息收集工作的真实性、高效性、便捷性、全面性；另一方面，应确保客户数据收集、处理、分析过程的规范化与科学化，从数据的获取、集中、清洗、矫正及应用的各个流程均严格依照制度实施。

（三）推进个性化金融产品创新。随着国内居民财富水平的不断提高，高资产优质客户成为各机构竞相争夺的资源。因此，金融机构应以客户需求为中心，充分发挥成长链金融的个性化服务优势，持续推进金融产品及理财规划的定制化创新。在内外部信息高度整合与大数据技术的基础上，围绕个人客户各阶段金融需求的变化，设计基于互联网渠道的快捷个人金融产品，并通过整合客户基础材料、交易数据、家庭成员、未来收支等情况，提供差异化的金融产品及理财计划的定制服务。其一，基于客户分级分类制定服务策略。设计金融产品与服务的分层体系，根据风险偏好、收入水平等因素合理设定不同理财规划的客户准入标准。其二，科学设置金融产品体系，重点培育品牌产品。对大众性客户提供标准化、便捷化产品，以加快业务规模扩张；对高资产人群提供功能优越性与个性化产品，强调产品的私人定制性，并根据客户反馈及建议，及时优化服务质量及产品设计。

（四）构建大数据风控预警体系。由于成长链金融是在对历史信息数据分析及未来情况预测的基础上进行授信的，对于个人金融需求变化，尤其是在信用水平方面的预测判断上存在一定风险，因此应构建大数据风控预警体系，实施防控成长链金融风险，提升个人贷款授信效率与收益。首先，以个人客户信贷融资为轴心，充分利用客户数据库资源。基于个人客户的融资产品、资金用途、贷后管理及信贷风险传导等方面，建立全口径的个人客户金融需求、消费特征及信用风险的一体化监控视图，实施分层、分类、分级的专项分析与预警。其次，健全个人信用评价体系，提升高效性与科学性。应充分利用信用卡及网上交易的信息支撑，优化风险指标系统，强化风险交易的实时监控机制，加强重点业务的风险监测及预防，实现个人风险的及时预警和响应处置。最后，还应确保成长链金融的操作合规性，健全贷款授信全流程的监管机制。基于多维度、多层次的身份认证机制，重点强化新产品及风险点的实时监测，持续跟踪客户风险及反馈信息，提升个人金融与中间业务的合规性。

六、结论与建议

个人金融业务的进一步优化升级，既有利于我国金融业的长远发展，也能够有效推动"十三五"规划与供给侧结构性改革的贯彻落实。而成长链金融是基于生命周期等多个理论，将自然人分为成长、就业、成熟及退休四个阶段，并针对各阶段间金融需求、消费特征及信用水平的差异化与潜在关联性，提出终身性客户概念、逆生命周期授信，提供全方位、多层次的金融产品与服务。成长链金融基于服务定制性、客户终身性、金融工具整合性以及信用评价动态性等特点，能够实现个人金融业务的创新升级，将成为传统个人金融业务转型的着力点。

同时，我国成长链金融也拥有巨大的成长空间，居民财富水平的持续提升打下了经济基础，蓬勃发展的消费金融与校园金融是重要的拓展领域，互联网、大数据技术的广泛应用奠定了操作的可行性。为进一步推动我国个人金融业务创新发展，抢占成长链金融市场，持续促进个人金融业务的增长，商业银行、财富管理公司、互联网金融企业均需主动出击，积极推进成长链金融的"三个一"工程、建立客户数据储存与整合体系、推进个性化金融产品创新、构造终身性营销服务体系、加快个人授信模式转变、构建大数据风控预警体系。此外，金融机构还应不断迭代经营思维、主动解放思想，树立终身客户理念，从整个生命周期的视角，基于各生理阶段特点，给予具有针对性的个人金融产品与服务。

参考文献

［1］李兴智，王延明. 私人银行的盈利模式研究：手续费型与管理费型［J］. 国际金融研究，2010（4）：60 - 65.

［2］殷勤凡，郑喜平. 服务管理和关系营销双视角下的服务忠诚驱动因素研究——金融危机情境下的天津招商银行个人金融业务的实证研究［J］. 管理评论，2010，22（11）：54 - 62.

［3］焦量. 基于客户需求特征的我国私人银行客户服务体系研究［J］. 上海

金融, 2011 (12): 109 – 113.

［4］Kartik Athreya. Credit Access, Labor Supply and Consumer Welfare ［J］. FRB Richmond Economic Quarterly, 2008, (11): 17 – 44.

［5］韩立岩, 杜春越. 城镇家庭消费金融效应的地区差异研究 ［J］. 经济研究, 2011 (S1): 30 – 42.

成长链金融学科建设探讨[①]

葛和平[②]

一、引言

就成长链金融中的"金融"而言，就是在不可预期的动态变化的环境中，个人、家庭利用自有闲置的或借贷的资本，进行跨期优化配置的决策行为。成长链金融是以个人、家庭为研究对象的消费金融，丰富了消费金融的外延与内涵，并作为传统金融的创新将成为社会各界关注的焦点。随着社会不断进步和经济迅猛发展，改革红利的逐步释放，个人、家庭收入水平的提高和消费金融意识的增强，消费金融市场的规模持续扩大，消费金融提供的消费也将越来越多。那么，作为供给方金融机构如何向个人、家庭提供金融产品和金融服务。相反，作为需求方个人、家庭在整个生命周期对金融机构所提供的金融产品的各种需求存在着系统性、差异性以及跨期性，这将逐渐成为金融科学的一个研究课题。本文以成长链金融这个新概念的界定为切入点，从学科建设方面对成长链金融的学科性质、学科特点、研究范围及知识结构等进行试错性的探讨，这将有助于成长链金融学科的体系建设，有助于构建一个较为清晰的学科体系，有助于现有的高等院校商学院金融学科的发展和完善。

二、成长链金融概念界定及其学科性质、特点

（一）概念界定

成长链金融概念的提出来自于我国金融市场发展的实践，是这块土地里自

---

① 本文刊载于《企业研究》，2016（05）。
② 葛和平，南京信息工程大学经济管理学院副教授。

然生长出来的。目前，学术界和实业界对成长链金融概念的认知存在不一致的观点，而且研究文献相对较少。其中，南京财经大学中国区域金融研究中心、中国"成长链金融"课题组组长陆岷峰博士（2015）在国内首先也是相对规范地对成长链金融概念进行了界定。他认为，成长链金融是给自然人提供终身性金融，进行自然人终身授信的"全方位、全流程"的金融服务。因此，成长链金融具有终身性、整体性、不同阶段不同金融服务等特质。[1]成长链金融在融合个人和家庭理财理论、保险理论、消费金融理论、生命周期理论等多门学科的基础上，综合考虑个人、家庭不同生命阶段相应的金融需求与授信水平，并通过整体性统筹规划理念与多样化金融产品有机组合对金融需求的"生命周期曲线波动"进行"削峰填谷"，进而最大限度地降低个人、家庭在整个生命周期中存在的各种风险。成长链金融作为消费金融的一个分支以及其创新的延展性，成长链金融概念还体现在实现"国家宏观统筹与个体微观规划"的有机结合。

（二）学科性质

一般而言，一个学科的学科性质的研究需要确定其维度，是单维度、双维度或者是多维度。目前，国内学术界还没有较为规范的衡量和界定成长链金融的学科性质。基于成长链金融的研究对象为个人、家庭。本文认为，成长链金融的学科性质可以从双维度进行研究，一方面，个人、家庭作为自然人，具有自然属性，其生命周期遵循"生老病死"的自然法则，属于自然科学范畴；另一方面，个人、家庭作为社会人，具有社会属性，可以将社会人的生命周期分为"成长、就业、成熟及退休"四个阶段，并为社会人提供跨期动态授信等金融服务，针对社会人不同阶段的需求，匹配相应的金融服务，体现了社会人不同阶段金融需求的波动性、关联性，属于社会科学范畴。从这个意义上讲，成长链金融的学科性质具有自然科学与社会经济科学相结合的性质。同时，成长链金融也体现了综合交叉学科的性质。因为成长链金融的基本问题是个人、家庭生命周期的消费金融，还可以从社会系统有序管理的视角上进行剖析，成长链金融具有社会公共管理的时间与空间耦合属性。因此，成长链金融是一门综合应用，偏重社会科学性质的多学科交叉形成的边缘学科。

（三）学科特点

从成长链金融理论和可预期的未来实践两方面进行分析，成长链金融具有以下特点：

1. 独特性。消费金融科学的成长链本身就已经表明，成长链金融始于全方位、多层次地满足不同个人、家庭以及个人、家庭不同生存阶段的金融需求。成长链金融是根据个人、家庭的不同阶段需求和消费金融市场的动态变化，运用金融工程技术创新的金融衍生产品满足个人、家庭发展变化的需求。它是一门从个人、家庭金融需求的实际情况出发，针对实际问题进行金融服务的应用型学科。譬如，可以把成长链金融看做一个个需求各异的个人、家庭的人为订单，构成一个全方位、多层次的需求体系，金融市场上的各个金融研发机构以及高等院校，为不同需求的个人、家庭创新出一系列具有独特性的"金融需求产品"。

2. 跨期性。成长链金融的跨期体现在"连续时间"和"离散时间"两个维度，即成长链金融不仅要解决个人、家庭当前阶段的金融需求问题，而且还要考虑到在现有的现金流约束条件下在下一阶段保持、减少原有的金融需求或者增加、发现新的金融需求。跨期性是成长链金融的思维红线，是个人、家庭"量体裁衣"和个性化、差异化金融服务的本质体现，它在表现形式上是创造出非标准化的跨期现金流。成长链金融在解决任何消费金融问题中都将以此为指导思想，根据不同个人、家庭的风险识别能力、风险控制能力及风险承受能力的差异以及不同的收益偏好，金融机构以不同种类的金融产品服务个人、家庭，进而提高个人、家庭跨期的金融消费满意度。

3. 定量化。高等院校和金融研发机构根据个人、家庭金融消费需求情形的研判，设计、开发成长链金融产品，提供具有内在联系的金融服务。同时，成长链金融在满足个人、家庭金融需求的过程中，对成长链金融产品的定价、风险以及收益的综合衡量，对金融产品的创造以及其组合分解都需要较为准确的定量分析。成长链金融就是需要运用运筹规划、数理统计、概率估计、数学建模、大数据、云计算等技术手段进行量化分析。正是因为把数理实证分析和消费金融理论有机结合起来，才能夯实成长链金融所提供的金融产品和金融服务的科学基础。

4. 动态化。成长链金融的内容丰富而且动态化的要求高，其内容必须不断更新发展、与时俱进。"互联网＋"时代赋予了成长链金融发展的生态环境，高等院校和金融研发机构设计、开发的成长链金融产品，除了借助于计算机和信息技术网络这样的通用工具外，还需要引入大数据、云计算等先进技术，需要运用与系统科学和决策科学有关的知识，设计并开发信息管理系统，一方面实现供给方和需求方信息对称，另一方面加强对成长链金融产品的风险控制。另外，消费金融理论、生命周期理论也将在成长链金融中得到应用，使得成长链金融的技术手段更加丰富多彩，提高了解决个人、家庭不同阶段金融需求问题的能力和效率，在金融领域必将展现出全新面貌和广阔前景。

5. 创新性。基于"普惠金融的政策，消费市场潜力巨大而不饱和，大量长尾的自然人以及个人金融路径依赖"的成长链金融产品需求，成长链金融需要开拓创新，为个人、家庭设计全方位、终身性的金融产品。在成长期，以校园金融和消费金融产品为主；在就业期，以消费金融和互联网金融理财产品为主；在成熟期，以资产管理产品为主；在退休期，以家族信托、保险产品为主。[2]成长链金融对金融产品创新不仅要立足于框架层面，还有待于系统性的分析研究。在成长链金融发展背景下，设计的金融产品更加注重个人、家庭整个生命周期的整体性、连贯性，以及互联网金融产品的运用和终身客户的服务理念（陆岷峰、杨亮，2015）[3]。

成长链金融学科的各个特点之间有着内在的逻辑联系，独特性是成长链金融发展要求的体现，成长链金融必须能够有效解决个人、家庭金融需求问题。跨期性是成长链金融相对于当前消费金融的独特创新之处，成长链金融不仅要解决基于当期信用水平进行授信问题，而且还要注重解决个人、家庭生命周期各阶段信用水平的关联性，更好地满足自然人和金融市场的动态发展的需要，对实际问题提供一系列较为完善的解决方案。创新性是成长链金融通过金融领域中思想的连续、跃进以及新型金融产品的创新，或者对现有的观念做出新的阐释和应用。定量化体现了成长链金融的数理分析需要，成长链金融运用运筹规划、数理统计、概率估计来进行定量分析，通过不断创新金融产品，满足来自个人、家庭的"跨期"需求，这也是通往新的金融研究领域的一座桥梁。动态化是成长链金融有效解决实际金融问题的保障，成长链金融应用多个理论、多种学科的知识，设计、开发、创新个人、家庭生命周期各阶段的金融产品具有可行性、时效性以及连续性。

三、成长链金融学科研究的范围

（一）生命周期金融产品的设计、开发与供给

生命周期金融产品的设计是目前成长链金融应用的主要领域，是以个人整个生命周期"成长期、就业期、成熟期、退休期"为导向，并且有一整套"诊断→分析→设计→开发→定价→供给→应用"的规范化程序。基于成长链金融产品具有"跨期性"的核心特征，成长链金融产品各个环节紧密有序，

从内容上看有三个方面：

1. "跨期"金融产品的研发，即根据消费金融市场状况和个人、家庭生命周期的金融需求差异，开发"跨期"金融产品并为之创造市场。成长链金融针对个人、家庭各阶段金融需求、消费偏好及信用水平的差异化与潜在关联性，为个人、家庭提供全生命周期的金融产品及服务，并具有金融服务定制性、客户终身性、金融产品整合性以及信用评价动态性等特点，并进一步探讨成长链金融产品创新，通过与消费金融、个人金融业务的对比，为个人、家庭设计全方位、终身性的金融产品（陆岷峰、张欢，2015）[4]。

2. 新型管理方式的开发。在互联网金融高速发展背景下，成长链金融产品日新月异，面临的个人整个生命周期的风险防范、生命周期营销、生命周期产品设计与定价、商业模式转型与优化将复杂化。成长链金融新型管理方式的开发环节，如金融支付交易、清算系统架构设计、优化金融机构运作策略、降低金融企业运作成本、规避金融管制等要求越来越高。

3. 设计系统的成长链金融方案，满足不同个人、家庭的特定风险收益偏好，对消费金融问题提供一环套一环、关联度高的系统性解决方案。如成长链金融在个人人生金融需求差异的规划中，基于个人整个生命周期各阶段不同金融消费目的，创新出基于数理分析的各种金融衍生产品的匹配供给。

（二）风险管理

个人的一生存在高低起伏、漂浮不定，充满着不确定性，家庭也存在同样的情形。针对某个单独的金融产品或者一系列的连续性金融产品而言，个人、家庭投资理财固然存在风险。因此，需要加强风险管理。由于未来的不确定性引起结果的变化难以预期，个人、家庭既存在不希望发生的结果，也存在希望发生的结果。而通常意义的风险往往是与难以预测到的和不希望发生的随机事件联系在一起的。成长链金融在运用大数据，云计算方法识别风险、衡量风险和确定个人、家庭想要获得的结果，进而提出风险管理的策略，通过构建连续时间的风险管理模型和离散时间的风险管理模型，通过创新型的决策调整活动降低时间和不确定性相互作用的复杂性，使金融产品的供给和市场需求达到较为完美的匹配。

（三）理财规划

针对个人、家庭生命周期的不同发展阶段，金融机构依据其收入水平、支出状况的动态变化以及其变化的趋势，有计划、有步骤、有目的地进行终身性理财。成长链金融在设计的理财规划实施过程中，要考虑个人、家庭资本的安全性、流动性以及增值性，进而实现个人、家庭各个阶段的价值最大化——追求长期稳定且持续递增的收益。成长链金融的理财规划应涉及到现金流规划、投融资规划、风控与保险规划、子女成长规划、养老保障规划、遗产归属规划等八大方面。这些规划有助于增强金融市场的稳定性、流动性以及有效性，有助于促进金融体系的不断完善，有助于金融市场有效竞争机制的形成，有助于金融的制度创新、技术创新以及产品创新。

四、成长链金融学科培养目标与就业领域

（一）培养目标

成长链金融专业培养目标应定位于培养服务人民、遵纪守法、吃苦耐劳、勤奋好学、品德优良的大学毕业生。这些大学毕业生能够实现"德、智、体、美、劳"全面发展，全面掌握我国社会主义市场经济条件下成长链金融的原理和规律，面对现代金融市场快速的动态发展，具有较强的适应能力和创新能力。基于具有扎实的成长链金融专业理论基础和系统性的专业知识培训，大学毕业生熟悉宏观经济、投融资、财务管理、市场营销等专业基础知识，系统掌握成长链金融的基本理论、基本知识与基本技能，了解和跟踪国内外金融发展的动态及趋势，有较强的调研能力，有一定的金融数据分析能力，定性与定量相结合的实证研究能力，计算机统计软件（如 Excel，matlab，SPSS 等）应用能力和掌握一门能够达到"听说读写"水平的外语。同时，成长链金融专业的大学毕业生应能够独立从事消费金融实务工作，面对风控、营销、理财规划、产品设计、商业模式的复杂多变，能够应付自如。正如江苏省互联网金融协会秘书长陆岷峰博士（2016）[3]所言，各行各业的创新发展离不开人才的智力支持，必须培育出一批了解金融、计算机、法律、会计知识的综合应用型高级金融人才。

（二）就业领域

成长链金融专业培养的金融专业人才，应掌握成长链金融专业基础理论知识和专业业务操作技法，在银行、证券机构、保险公司以及其他经济管理部门和金融企业从事相关工作。

五、成长链金融学科的知识结构和课程体系

(一)知识结构

成长链金融是一门综合性交叉学科，它涉及到多个学科的相关理论，这些理论构成了成长链金融学科的主体，它们包括数理统计知识、金融理论、互联网信息技术、生命周期理论、市场营销学和消费金融理论。成长链金融可以作为高等院校商学院金融类的一个新增本科专业（见图1）。

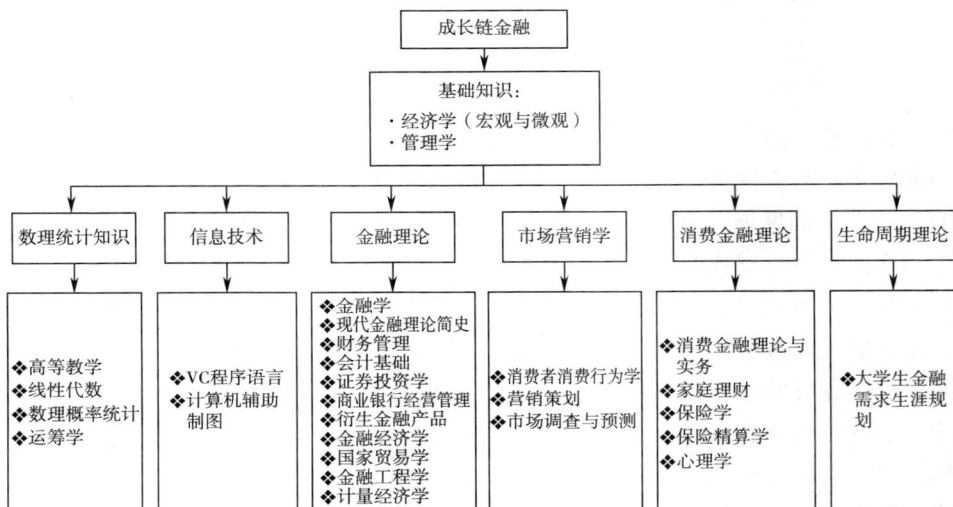

图1 成长链金融专业知识结构

(二)课程体系

基于成长链金融专业知识结构的研究，本文认为，成长链金融可以作为高等院校商学院金融类的一个新增本科专业，甚至可以打造成为高等院校的品牌专业。因为成长链金融是基于个人、家庭整个生命周期的金融服务而言的，其关系到整个社会中所有的个人、家庭的幸福生活。所以，高等院校商学院开办成长链金融专业，有助于大学生积极思考人生。在未踏入社会之前，大学生就开始进行自身金融需求生涯规划，有助于大学生健康成长。高等院校商学院合理安排好成长链金融各门课程的研修时间段将有助于有效推进、科学管理本科生把握好本专业的课程体系（见表1）。

表 1 成长链金融课程体系

时间安排		具体课程
大一	上学期	微观经济学；管理学；高等数学；VC 程序语言；会计基础
	下学期	宏观经济学；高等数学；计算机辅助制图；现代金融理论简史；金融学
大二	上学期	线性代数；消费者消费行为学；保险学；财务管理；商业银行经营管理；家庭理财
	下学期	数理概率统计；心理学；市场调查与预测；金融工程学；大学生金融需求生涯规划
大三	上学期	运筹学；计量经济学；保险精算学
	下学期	营销策划；金融经济学；衍生金融产品
大四	上学期	国际贸易学；证券投资学；消费金融理论与实务
	下学期	毕业论文

六、加强成长链金融学科建设的建议

（一）完善课程体系，注重课程内容

在高等院校实际教学过程中，课程体系设置要求合理、科学，并兼顾专业的理论性和应用性。成长链金融作为金融类的一个新兴专业，它不仅要求大学生系统地掌握成长链金融的相关基础理论，还同时要考虑到用人单位的人才使用要求、大学毕业生的就业前景、进一步学术深造的可能性、专业综合素质培养等方面因素。随着成长链金融作为高等院校商学院金融类的一个新增专业，广大教师在科研、教学工作中，需要制订教学计划，不断优化教学培养方案。根据我国金融市场发展的实践性要求，高等院校决定增加或者删除部分成长链金融专业课程。此外，课程设置中应注重教学内容质量，针对成长链金融领域内容动态化的特点，积极采用最先进、最前沿、最通用的成长链金融专业规范化教材。这样有助于高等院校商学院深化成长链金融课程的教育改革。

（二）加强师资队伍建设

教育家蔡元培先生曾说过："大学者，囊括大典，网罗众家之学府也"[5]。这句名言说的是：组建一支高质量的师资队伍对于高等院校和学科建设来说是极其重要的。要建设好学科，必须加强学科的师资队伍建设；一所大学要办好一个专业，拥有一支高质量的师资队伍是第一位的，是培养合格专业人才的重要保障。成长链金融专业属于自然生长出来的新兴专业，就目前而言，高等院

校师资力量相对薄弱，师资队伍建设迫在眉睫。高等院校可采取引进全国一流大学毕业生、海外学成回国的高级金融专业人才，与全国著名金融机构联合培养成长链金融类博士，择优选派教师到美国、英国等金融市场发达的国家做访问学者等多种灵活方式，进而形成具有"开放性、流动性、联合性、竞争性"的成长链金融理论研究的运行机制，加强师资队伍建设，提高整体师资队伍科教水平，以满足成长链金融专业发展的时代要求。

（三）形成"校企"协同合作机制

成长链金融作为一个新兴学科，可能会成为高等院校商学院的一个新增专业。高等院校商学院可以将金融系作为基础性的科教平台，一方面积极鼓励高等院校的金融系教师循序渐进地"由易到难"梯级推进校级、市级、省部级及国家级成长链金融研究项目的申报工作，通过项目立项可以有序开展成长链金融理论研究；另一方面也为成长链金融专业教师提供参与金融研发机构金融产品的研发合作提供条件，实现合作双方优势显现、优势互补。高等院校教师与金融研发机构的研发人员通过金融理论研究与金融实践探索，提高高等院校商学院成长链金融专业教师的教研水平。这样可以方便培养成长链金融专业人才。

参考文献

［1］陆岷峰，杨亮. 互联网金融驱动实体经济创新发展的战略研究［J］. 湖南财政经济学院学报，2015（6）：5－11.

［2］王婷婷，张欢. 基于互联网金融的家族信托模式创新研究［J］. 湖北经济学院学报，2015（5）：31－35.

［3］陆岷峰，杨亮. 成长链金融的探索与展望［J］. 南都学坛，2016（3）：3－9.

［4］陆岷峰，张欢. 成长链金融产品创新现状与对策研究［J］. 海南金融，2016（4）.

［5］高叔平. 蔡元培教育论集［M］. 长沙：湖南教育出版社，1987.

成长链金融的理念辨析及发展研究

史作杰 ①

一、引言

2015 年安联全球财富报告显示，2014 年末我国金融资产总额首次超过日本接近 8 万亿欧元，比 2013 年的 6.5 万亿欧元增长了 21.4%；同期，中国的人均净金融资产为 7 990 欧元，排在第 33 位，自 2000 年以来上升了九位。我国居民金融资产规模的整体上扬为国内商业银行个人金融业务的发展带来新契机，作为个人金融业务升级目标的成长链金融适时提出，不仅符合当前银行盈利模式及盈利结构转型的趋势，也有利于实现商业银行个人金融业务的利润收入占全部利润的比重从当前 30%～40% 的区间继续向上提升的要求。

二、成长链金融的提出及基本思想

成长链金融是国内首创的概念，英文说法被译为 growth chain finance，国外研究文献中并没有直接的对应。2016 年，在"互联网金融＋创新创业"高峰论坛暨"付融宝普惠金融研究院"同时成立之时，由南京财经大学中国区域金融研究中心陆岷峰博士率先提出。随后，学者陆岷峰、葛和平等对成长链金融的概念、产品设计、风险防范及品牌建设等进行了系统研究阐述，并指出其核心要点为两大方面：一是成长链金融是供给侧改革引领下个人金融业务的转型升级；二是成长链金融以提供覆盖全生命周期自然人的金融需求产品与服

---

① 史作杰，对外经济贸易大学金融学博士在读。

务为己任。

本文认为成长链金融的内涵由三个维度支撑起来：

第一，能提供最大范围内的多样性产品服务。成长链金融的最大特色是要做覆盖全生命周期自然人的金融服务，所以，这就要求成长链金融具备提供"金融超市"或"一站式银行业务（one – stop banking）"的服务能力。

第二，把可持续性发展战略（sustainability strategy）理念嵌入个人金融业务里。当前，金融发展中日益重视绿色金融（green finance）和可持续金融（sustainable finance）的观念，强调金融在拉动投资、促进经济发展的同时要与环境保护和谐共存；银行等金融机构在这一观念指导下，要协调处理好"人、地球、利润"三 P 要素（People，Planet，Profit）①的问题。类似的可以说，成长链金融是要处理好"人、成长、利润"（People，Growth，Profit）的问题，但在成长链金融提出之前，鲜有把可持续性发展战略理念应用到个人金融业务开展上的说法。成长链金融的要义是一个自然人在出生到死亡的整个生命期内都有相应的金融产品为之服务，这是一个建立在时间轴上的纵向延伸的服务理念。当金融销售去跟踪关注一个自然人全部成长阶段的金融需求时，这本质上是可持续性发展战略理念在开拓个人生命成长周期内潜在金融市场的体现。

第三，以改善普通个人的财务状况为根本目标。金融普及（finnancial literacy②）教育能帮助人们认识到个人金融管理的重要性，既能实现养老投资、孩子教育等长期投资规划，又能满足房贷、车贷、衣物消费、度假旅游等日常需求，这种陪伴一生的个人资产保值增值才是真正的个人金融管理③。主打"终身性金融服务"的成长链金融如果不能给个人客户的资产创造增值价值，就很难在市场上有生存发展空间。

三、成长链金融与国内外相关业务的交叉点

目前，成长链金融业务在全国范围内并未真正"落地"，由付融宝推出的"麦芽贷"和"校园公益产品"两个"产品试验"是江苏省率先在市场上进行

---

① Fisk，Peter. People，Planet，Profit［M］. KoganPage ，2010：3.

② fnancial literacy，有人翻译为金融扫盲，本文统一译为"金融普及"；同理，financial literacy education 译为"金融普及教育"。

③ Marar，BS Iyer，U Brahme，HSBC brings a business model of banking to the doorsteps of the poor? ［J］. Global Business and Organizational Excellence，2009，28（2）：15 – 26.

成长链金融业务的实践。"麦芽贷"是付融宝成长链金融信贷端的第一个产品，是对年轻白领小额快捷贷款的手机 APP；"校园公益产品"是付融宝提供不同人生阶段金融服务的尝试。本文认为，依据成长链金融设计理念及特点，从整体上看，如图 1 所示成长链金融业务与现有相关金融业务有以下四大特色交叉点。

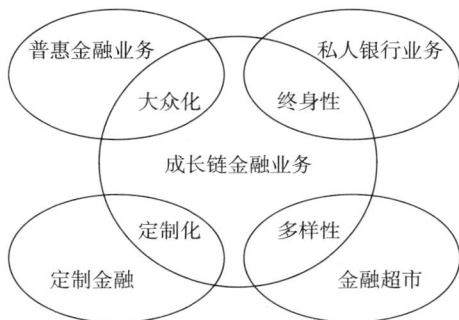

图1 成长链金融与相关业务的交叉点

（一）终身性

终身性是私人银行业务的显赫标签，其内容不仅指提供满足一个富裕自然人从"摇篮到坟墓"的所有金融类和非金融类服务需求，还包含满足这个富裕自然人所在家族的几代人的全方位服务需求。显然，私人银行业务的终身性突破了狭义的仅局限于一个自然人生命周期（一代人）的概念。

成长链金融明确提出的要做"客户终身性"的金融服务，这里的"终身性"根据现有研究文献的界定，是只关注一个自然人一生成长、就业、成熟及退休四个阶段运行轨迹的一代人的概念。值得强调的是，成长链金融业务的"终身性"金融服务针对的是普通人，而私人银行业务是只做富人的金融。

私人银行的目标人群很明确。国内外一般采用凯捷财富报告中通用的高净值人群（HNWIs）的标准，即资产净值在 100 万美元以上的个人。以我国银行业私人银行的门槛限制为例，有 500 万元人民币、600 万元人民币、800 万元人民币、1 000 万元人民币和 100 万美元 5 个分类数值，其中以 600 万元人民币和 800 万元人民币为两个主要分布，即个人金融资产（AUM）在 600 万元或 800 万元人民币（含）以上的个人客户才能成为私人银行业务的客户。

表1 　　　　　　　　　我国主要商业银行开设私人银行业务的最新门槛

门槛（个人金融资产）	银行名称
500万元人民币	建设银行
600万元人民币	交通银行、中信银行、兴业银行、光大银行、北京银行、南京银行、包商银行
800万元人民币	工商银行、农业银行、浦发银行、上海银行
1000万元人民币	招商银行、青岛银行
100万美元	中国银行、成都农商银行

数据来源：截止到2016年7月，根据网站及电话咨询资料整理。

但按成长链金融的现有说法，并未对潜在市场的目标人群"普通大众"设置收入门槛。成长链金融的金融产品和服务开发是否沿用私人银行目标客户的财富衡量标准；是否要进一步区分出"穷人"和"普通人"；是否无论老少，无论职业如何，普通大众都有资格、条件来购买和享有成长链金融为其今后人生带来的增值服务？这些都值得思考。

（二）大众化

大众化是普惠金融（Financial Inclusion）的精髓。依据郭田勇，丁潇（2015）的定义，"普惠金融，是指能有效、全方位地为社会所有阶层和群体提供服务的金融体系，实际上就是让所有老百姓享受更多的金融服务，更好地支持实体经济发展①"。可见，这与"成长链金融是在普惠金融主题下低准入门槛的大众金融服务"② 是相通的。不同的是，同样研究"大众化金融"，以能较好代表全球大多数国家和地区普惠金融发展情况的"世界银行的金融包容专题调查数据"为例，普惠金融更侧重在某一时间段内各国在金融包容性指标上的横向比较，比如正规金融机构账户渗透率、信贷可得性和金融科技化程度，而没有研究、关注成长链金融所提出的普通个人在不同生命阶段获得的金融服务状况。

（三）多样性

金融超市这一形象表述能最好地反映成长链金融要提供多样化金融产品来

---

① 郭田勇，丁潇. 普惠金融的国际比较研究——基于银行服务的视角［J］. 国际金融研究，2015（2）：55–64.

② 陆岷峰，杨亮. 成长链金融原理推导与发展研究［J］. 华侨大学学报（哲学社会科学版），2016（2）：37–47.

满足客户各类金融需求的要求。金融超市是 20 世纪 90 年代末混业经营背景下由美国率先提出的概念，是能够最典型地代表产品多样性的形象。类似零售业的超级巨头沃尔玛，各种类型顾客的需求在这里均能得到满足。随着信息技术移动互联的发展，金融超市的概念在当前演变为"互联网金融超市"。互联网金融超市，即能够提供银行、保险、证券、评估、抵押登记、公证等一系列可有机整合的金融产品和服务。近两年国内出现的金融超市多以中小企业为服务对象，比如 91 金融超市、汕头金融超市，其产品均是围绕着企业转，鲜有围绕着个人转，提供满足个人客户一生金融需求的产品和服务。

（四）定制化

成长链金融要求未来个人金融业务的产品及服务具有个性化特点，而最大程度地满足个性化需求是定制化内涵的核心。定制化的服务模式已经延伸到许多行业领域，在金融界，即表现为定制金融（tailor - made finance）。从权利关系的角度看，定制金融是给予客户自身资金安排的更多选择权和控制权，在客户和金融供给方的关系中给客户更多的权利。

国内定制金融的发展方兴未艾，其主线是围绕服务中小微企业进行量身定制的金融服务，其业务模式已达到相当成熟的水平。以国有五大行领衔的各类商业银行在定制金融市场上均有试水，并能结合自身优势来开展相关业务，比如中行的定制化跨境金融产品与服务深入人心，交行的"我为客户做方案"主题业务、华夏银行的"龙舟计划闪耀科技金融"创新产品、渣打银行针对中小企业的"大中华区跨境贸易业务服务"等各有亮点。其他类型的金融机构也是这一市场的有力竞争者，以中国耀盛为代表，立足数据驱动和中小微企业的特点，在创造定制金融服务新供给上有大胆尝试。

企业版的定制化金融服务能带给要做"个人版"定制化金融服务的成长链金融什么启示？成长链金融要求的"定制化"能否颠覆金融消费思维模式中"定制"即为"高价"或"高端"的误区，走一条"亲民定制化"路径？这些是成长链金融定制化发展要求中亟须解决的问题。

四、成长链金融的业务实践困难

（一）变革成长链金融供给方的认知和经营模式极具挑战性

成长链金融的本质是针对普通大众的"升级版"个人金融业务，因此，成长链金融的供给方主要是以银行为代表的传统和新型金融机构。传统银行业在一般大众的眼里是什么形象？不友好、不方便、不人性，收费高、营业时间不方便等。更重要的是，传统银行业的经营理念是固守二八定律，对"20%的重点客户，能够为企业创造80%的利益"① 的认识深入骨髓。比如英国的零售银行客户中，只有20%的富裕客户为银行创造利润；美国的零售银行，90%的利润由10%的富裕客户所贡献。

在二八定律的观念指导下，没有银行会认为做低收入人群的市场会有利润可言，历史上曾经发生过多次"银行从低收入人群市场撤退，把它留给非主流金融机构"的事件。究其原因，给低收入人群提供金融产品服务的高成本和低利润"榨干"了银行进入低收入人群的潜在金融市场的热情。

银行是盈利性企业，如果成长链金融不能解决"人、成长、利润"（People，Growth，Profit）三要素问题，那定位"面对普通大众的全方位升级版个人金融业务"的目标只能是空谈。如何与普通大众打交道却仍能有满意的盈利水平，对国内打算进入潜在成长链金融市场的众多银行来说，是一个严峻的市场考验。

现实需要银行用新的方法和理念来开拓这块市场。对银行普遍接受的做低收入人群的金融没有利润可言的认知而言，实际上这个观点可以精确表达为"以银行目前的经营方式而言，做低收入人群的金融没有利润可言"。如何能改变银行目前的经营方式中的高成本问题？在供给侧改革的背景指引下，银行能否设计出并执行一种"低价模式"，用低一些的产品服务价格、低一级水平的客户服务、低运营成本和低收益来呼应这个潜在增长的个人金融市场。

（二）滞后的大众金融教育水平制约了成长链金融需求方的发展

大众金融教育实际上是金融普及教育的另一种说法，对应于英文中的 financial literacy 或 finnancial literacy education 概念。成长链金融属于个人金融业务的范畴，因此，大众金融教育在本文中确切的指个人金融教育，即英文中的 personal financial literacy education。

个人金融教育问题在国外 20 世纪 90 年代就开始引起了广泛关注。以美国为例，美国注册理财规划师协会 1993 年就注意到金融文盲是个体在做金融决

---

① W. John Turner, Credit unions and banks: turning problems into opportunities in personal banking [J]. International Journal of Bank Marketing, 1996, 14/1: 30 - 40.

策时遇到的主要问题，对投资知识掌握的缺乏是客户遭遇的最常见问题。① 究其原因，客观上，一些因素包括非经济专业、女性、30 岁以下、没有工作经验等，容易造成金融知识匮乏，最终导致个体投资决策错误。具体的表现为，诸如没有在工作阶段进行合理的储蓄为退休准备好养老金、做出一些过于保守的投资决策、买房决策不当、因为没有进行恰当的储蓄和投资而对个人财务状况缺乏安全感等。

个人金融教育应包含信用卡（各类银行卡）、保险、个人贷款、信用记录、投资等全面的金融管理知识。表 2 给出了美国 20 世纪 90 年代末一项个人金融教育问卷调查研究中涵盖的内容，其受访对象来自全美多个高校不同专业的 924 名大学生，问卷收回得到的回答问题正确率为 53%。整体上看，金融普及教育水平的缺乏会产生以下两个系统性问题：

表 2   **美国早期个人金融教育的主要内容**

	基础常识	储蓄和借贷	保险	投资
1	房屋租赁的法律要求、成本计算	信用状况	车险费率决定	基金投资的选择、收益和手续费及基金投资的性质认识
2	资产流动性高低的认识	消费者信用报告来源	购买保险的原因	有设定目标的股票投资
3	消费和储蓄方式比较	存款保险	健康险的特点	退休收入的早期投资
4	资产净值计算	活期账户透支额度	保险冲突解决条款	高风险回报投资的适宜性
5	支票账户统一功能	复利计息、年化利息的认知	住房保险特点	利率变化对国债价格的影响
6	个人理财规划	大额存单条款	定期保险的特征	市政债券投资
7	税收抵免与减税比较	共同借款人后果		以美元计价的成本平均化
8		信用卡的使用情况		投资分散化决策
9				汇率知识

资料来源：Haiyang Chen and Ronald P. Volpe, An analysis of personal financial literacy among college students［J］. Financial Services Review, 1998, 7 (2): 107 – 128.

1. 难以培养做个人日常财务记录的习惯，缺失在整个生命周期内"打理钱财"的基础。个人财务记录（financial records）能把个人的收支状况一目了

---

① Haiyang Chen and Ronald P. Volpe, An analysis of personal financial literacy among college students ［J］. Financial Services Review, 1998, 7 (2): 107 – 128.

然地清晰记录下来，有利于督促个人养成"打理钱财"的习惯，便于当前与以后的消费投资决策。相关调研表明，大多数受过良好个人金融知识教育的人都有做详细财务记录的习惯，当前流行的电子钱包更便于这一行为的实现；而缺乏个人金融知识教育的人群中只有不到三分之一的比例愿意做财务记录。个人养成做日常财务记录的习惯是一个人学习在整个生命周期内"打理钱财"的基础，缺失这个基础，将导致一个自然人无法以成长的眼光在一生的时间内及时发现自身变化的金融需求和有限地寻找能满足其需求金融产品与服务的能力。

2. 徒有做投资规划的热情，缺乏在各个生命阶段做正确投资选择的能力。不可否认，普通大众和富人一样认为做投资规划重要，拥有做长期投资规划的热情；但区别是，前者在具体投资行为选择上正确率不到一半，而后者的投资正确率在80%以上。

怎样才能做出正确的投资决策，适合每个人特定阶段的正确投资选择到底是什么？投资界对该问题的回答莫衷一是，就连创造投资神话的巴菲特在实际投资前对这个问题的真实回答也讳莫如深，因为每年的天价慈善午餐上，巴菲特规定客人可以问"除了他明年的投资决策是什么"之外的任何问题。

普通自然人在每一个生命成长阶段的无效或错误投资决定，实质是错误金融需求的反映。成长链金融要开发覆盖全生命周期自然人的金融需求产品与服务的个人金融市场，首当其冲的是要提高普通大众正确反映各个阶段自我金融需求的能力。这种进行正确投资选择能力的培养与个人金融普及教育密不可分。

当自然人普遍处在一种不能有效正确管理个人财务状态时，比如，对消费是否应该超出个人的收入水平、是否应该投资房产等基本常见问题没有正确的认识和决定时，自然人对金融需求的开发会发出"错配"信号。值得强调的是，这种微观个体的"失调"在一定条件下会演变成一个严重的社会问题。

五、推进国内成长链金融发展的对策建议

（一）运用"低价模式"和移动互联网技术从供给方角度进行成长链金融的业务创新

成长链金融的发展是对现有个人金融业务的全面创新和升级，有利于扭转当前利率市场化改革背景下国内银行业利差收益不断缩减、传统盈利模式难以

为继的严峻局面。如何推动成长链金融在国内银行业的真正落地？本文认为，首先应该解决成长链金融业务的盈利模式问题；其次，应积极利用移动互联网技术实现产品设计中"低成本、低风险"的设想。

1. "低价模式"是成长链金融业务创新的盈利基础。由于成长链金融业务针对的是自然人全生命周期内各阶段的综合金融服务，所以其盈利模式首先应该是不依赖利差收入，而应该以非利差收入为主导；又因为客户目标人群是普通大众，成长链金融业务的盈利模式还应具备"低成本、低风险"的特征。这两点容易达成共识，存在争议的是这种"低成本、低风险"的成长链金融业务到底带给银行的是"高收益"还是"低收益"。本文不赞同成长链金融业务可以实现"低成本、低风险、高收益"盈利模式的说法。因为短期看，可能由于抢占到市场先机等其他因素，成长链金融业务暂时实现了"低成本、低风险、高收益"的盈利，但长期看成长链金融业务的盈利模式仍会回归到"低成本、低风险、低收益"的固有轨道上。因为风险和收益从来都是相匹配的，"低成本、低风险"的业务只能对应着"低收益"，在投资原理中，"低成本、低风险、高收益"的属性是投机活动的体现。加之，针对富人和普通大众的金融产品和服务设计理念是不同的。所以，本文认为，要开发的大众金融市场的成长链金融业务只能走"低价模式"，即"低成本、低风险、低收益"的个人金融业务创新，其盈利根本点只有"降低成本"和"薄利多销"两个。

2. 移动互联网技术能为成长链金融产品与服务的供给提供丰富的发展空间。信息时代环境下，银行业金融服务正在经历由传统服务模式向技术驱动的移动互联网服务模式发展的变化。毋庸置疑，要满足国内个人金融成长性、多元化和个性化的需求的成长链金融业务供给也应符合这一发展趋势。

欧美国家银行业和金融技术结合应用程度已经很高，比较有影响力的行业指引品牌有：（1）专注数字银行（Digital banking）领域的咨询公司 Mapa Research。Mapa Research 侧重对网上银行和移动银行服务的研究，每年都会发布一个全球个人金融管理工具调查报告，其中指出未来个人金融服务的发展方向是个人金融管理（Personal Finance Management）工具，即"允许用户更有效地查看他们的财物状况，这类工具通常包含如下特征：预算工具、支出查询、自动分类支出、自定义分类、可视化、同类对比、财物建议、财务汇总、社会化特征、短信提示和安全警示以及移动功能"。① （2）荣获 2015 年最佳 Fino-

---

① 谢琪. 面向年轻用户的个人金融管理需求研究与移动服务设计［D］. 长沙：湖南大学，2013.

vate 奖项的互联网金融公司 Meniga。2009 年创办于冰岛的 Meniga，凭借依赖金融技术和好的金融产品来帮助人们成为聪明的消费者的竞争优势，2015 年在强手如林的关于银行业和金融技术创新型初创公司的展示舞台 Finovate 上拔得头筹。其推出的手机应用软件 Meniga 包括账户聚合、财物管理、预算系统、理财目标等功能，鼓励用户设定金融"生活目标"。这些对未来成长链金融产品与服务的真正落地有极大的借鉴意义。

（二）构建金融普及教育体系，缓解成长链金融需求方的个人金融教育匮乏问题

2015 年我国人均 GDP 为 5.2 万元人民币，约合 8 016 美元，尽管与西方发达国家 3.7 万美元以上的水平比仍有很大差距，但按照"十三五"规划的预测，至 2020 年我国人均 GDP 将超 1 万美元。这给国内未来的个人金融市场的发展提供了极大的发展机会。不容忽视的是，活跃创新的金融市场使得复杂新颖的金融产品和普通大众有限的金融知识之间的矛盾日益凸显。只有解决这个矛盾，才能实质性解决金融知识匮乏导致的金融需求扭曲及不能有效满足的问题。

国际上是通过金融普及教育来应对这一问题的。金融普及教育能够增强全民金融意识，帮助普通大众主动、有效地利用金融资源，开发个人成长的多种金融需求。以美国为例，从事金融普及教育的主体类型众多，主要有：（1）专门的政府机构。美国吸取 2008 年次贷危机中普通消费者因不懂得复杂创新的金融衍生品的原理而盲目投资利益受损的经验教训，在 2010 年正式成立了新机构"消费者金融保护署"来专职保护普通投资者的利益。该机构的职责之一就是进行金融普及教育工作，并定期公布《金融常识年度报告》①。（2）非政府组织。美国的非政府组织中，主要是高校在从事金融普及教育，除了系统地对在校生开设金融教育课程（finnancial education courses）外，还有针对非在校生的金融扫盲教育。典型的有乔治·华盛顿大学商学院的金融常识中心，通过举办常规讲座和会议来了解公众金融常识现状和提高其金融教育水平。（3）非营利民间组织。Jump & tart 是美国国内规模和影响都较大的从事金融普及教育工作的非营利民间组织。它主要通过一些比如电子游戏和社交媒体等新颖时尚的教育方法来普及对儿童与青少年的金融知识教育。（4）银行

---

① 李庚. 浅论金融普及教育与家庭理财［J］. 清华金融评论，2014（12）.

等金融机构。美国主要商业银行都积极投身于金融教育领域，不但有专门的金融扫盲链接网页，专业人员从事金融知识普及的教育活动，还有设计友好的金融产品来服务这一金融教育目标。比如 2013 年美国银行与萨尔曼·可汗合作推出在线学习网站 BetterMoneyHabits.com，通过可汗学院的免费简易教学模式来改善人们金融常识的认知水平。同时，美国银行在进行的"跨越知识的鸿沟"（Bridging the Knowledge Gap）问卷调查中还发现"43% 的美国成人认为他们错过了学习金融知识的最好机会"①。这反映出针对个人的金融普及教育的开展还有时机问题需要考虑。

尽管美国有上述众多的机构从事金融常识普及教育，但一直到 20 世纪 90 年代末，美国的教育体系里都缺乏一种系统的个人金融教育（a systematic lack of personal finance education）。有研究认为，这种教育的缺乏导致美国公众存在严重的金融文盲现象，金融文盲和随之带来的个人金融决策不当的高成本后果使得个人生产力乃至全社会经济都受到影响。② 这些都启发我们在构建适合我国的金融常识普及教育体系中，要重视包括大中小学在内的学校教育体系在金融普及教育中的决定性作用，抓住个人金融教育的黄金期，通过对普通个人的系统性金融教育来有效提升大众金融意识，从根本上释放成长链金融的需求。

参考文献

［1］Fisk, Peter. People, Planet, Profit［M］. KoganPage, 2010: 3.

［2］Marar, BS Iyer, U Brahme, HSBC brings a business model of banking to the doorsteps of the poor?［J］. Global Business and Organizational Excellence, 2009, 28（2）: 15 – 26.

［3］郭田勇, 丁潇. 普惠金融的国际比较研究——基于银行服务的视角［J］. 国际金融研究, 2015（2）: 55 – 64.

［4］陆岷峰, 杨亮. 成长链金融原理推导与发展研究［J］. 华侨大学学报（哲学社会科学版）, 2016（2）: 37 – 47.

［5］W. John Turner, Credit unions and banks: turning problems into opportunities in personal banking［J］. International Journal of Bank Marketing, 1996, 14/1:

---

① Sheiresa Ngo, Bank of America Aims to Improve Financial Literacy with Campaign, http://www. blackenterprise. com/money/bank – of – america – financial – literacy – campaign/, December 5, 2013.

② Cambridge Human Resource Group Inc.（CHRGI）.（1995）. Latest workplace issues survey. Chicago, IL .

30 - 40.

　［6］Haiyang Chen and Ronald P. Volpe，An analysis of personal financial literacy among college students ［J］. Financial Services Review，1998，7（2）：107 - 128.

　［7］谢琪. 面向年轻用户的个人金融管理需求研究与移动服务设计[D]. 长沙：湖南大学，2013.

　［8］李庚. 浅论金融普及教育与家庭理财 ［J］. 清华金融评论，2014（12）.

　［9］Sheiresa Ngo，Bank of America Aims to Improve Financial Literacy with Campaign. http：//www. blackenterprise. com/money/bank - of - america - financial - literacy - campaign/，December 5，2013.

　［10］Cambridge Human Resource Group Inc.（CHRGI）.（1995）. Latest workplace issues survey. Chicago，IL.

中国当下精英女性成长链金融探析

陈伟龄[①]

一、引言

成长链金融对大多数学者而言，是一个陌生的概念。这一新兴概念由陆岷峰（2016）首先提出，国内的学者目前还没有对这个问题尤其是女性成长链金融进行特别的聚焦和关注。

笔者认为，成长链金融是一个全新的概念。基于生命周期的成长链金融概念，从实际操作层面，规避了传统金融业务单一、非人性的冰冷设置，在细分人生成长、就业、成熟及退休四个重要阶段的基础上，对不同时期金融需求、消费特征、信用等级进行细分，给金融业务增加了服务定制性、终身黏着性、工具整合性、信用评价动态性等多种特点，为金融业务注入了更多人性化的色彩[1]。从女性角度而言，女性成长链金融与男性成长有着截然不同的阶段性需求。

研究中国当下精英女性的成长链金融，绝对不能脱离中国当下精英女性的收入构成和消费模式。中国国情特殊，中国文化尤其独特，与政治、文化密不可分的中国经济有其独特性。研究中国的经济，照搬国外的学说或者套用国外的经验，其实是不能完全解释的。研究中国的经济，必须从中国的实际情况出发。从现有的研究来看，中国的经济取决于中国人的行为模式，中国当下很多经济现象从中国人的行为模式出发去研究，反而能得出较为合理的解释。而中国人的行为模式往往取决于中国人的消费模式。

---

① 陈伟龄，南京大学政府管理学院博士后，现供职于群众杂志社文教处。

中国女性的成长链金融模式取决于中国女性成长链消费金融模式。研究这一课题，尤其是针对成长链金融这个与单个个体成长息息相关的全新课题，既要结合中国当下经济实际情况进行共性研究，又要根据地域、性别、年龄段、收入段等不同情况进行成长链个性研究。只有先研究中国女性的消费模式，才能把握中国女性成长链消费金融模式，从而能够把握中国女性成长链金融模式。研究当下中国女性的消费模式，必须了解中国女性不同年龄结构不同收入层次的消费的构成。

关于消费，王宁认为："一部人类的历史，从一定程度上讲可以说是一部消费史。我们每个人都是天然的消费者；消费的历史也从我们出生开始，直到死亡。"① 传统农耕文化占主导的社会，被统治阶级的消费目的是为了实际生存需要的满足，统治阶级由于掌握政权存在多种消费目的的追求和行为。中国传统家训记载很多关于勤俭节约的消费观念和持家观念。而当下，处于改革开放深化期，传统的消费模式随着传统政治经济模式被新的政治经济模式替代，传统文化被冲击被淡化而逐渐淡出人们的行为模式，新的消费观念逐渐引领人们的消费行为，对经济行为产生了深远的影响，同时也对相伴相生的成长链金融产生新的不可预估的影响。

二、女性成长链金融的特点和分段

新中国成立后，女性的经济地位随着社会经济发展和文明程度提升得到明显改变；改革开放后，女性的个性得到更多的释放空间，女性的才华得到更多施展的舞台；进入新世纪后，都市精英女性消费的目的早已超出了生存需要的满足，而是在商品经济的刺激下、传媒的引导下转向追逐时尚风潮、向往国际一线品牌、注重感官享乐的品质标杆的境地。当前，精英女性的消费模式与传统消费相比，拥有追求个性、时尚、品牌等特点，为她们量身定做的成长链金融要根据她们的不同特点找寻定制规律。

成长阶段。根据陆岷峰的提法，主要关注校园金融[2]。由于在校期间，女性处于学习阶段，在这一阶段，主要精力放在学习、日常生活等方面，对理财并没有全面的认识，对品牌还处于认知阶段，并未全部走向消费阶段。精英女性也并非个个含着金钥匙出生，但目前来看，精英女性的生成，在家庭出生方

---

① 王宁. 消费社会学［M］. 北京：社会科学文献出版社，2001.

面越来越有向城市精英家庭集中的趋势。农村出生的女性通过求学、奋斗进入精英阶层的比例在时代的发展中占比越来越少，且在成长的第一阶段金融方面的需求暂时可以忽略。这一阶段的金融工作应注重通过推广和宣传金融品牌，增强金融品牌产品的宣传力度，逐渐培养潜在客户的消费观念和理财观念，建立起与金融产品的密切联系。

就业阶段。这一阶段是女性人生中很重要的创收和消费阶段。她们最初都有一个积累财富、学习投资和理财的过程，为下一阶段经济自由打下坚实的基础。如果把握住这一阶段的金融服务，基本上就把握了大半个成长链金融。就业阶段的成长链金融从女性精英群体婚姻状况来看，还可以细分为未婚和已婚两个群体。

对于未婚的我国城市中青年女性，依附原生家庭生活，处于投资自己的阶段，一般都会拥有工作，拥有固定的收入或经济来源，经济负担相应还在于满足个人的生活和消费需求，有一定的储蓄意识，部分用于消费的收入也局限在装扮自己、提升自己、投资理财等范围内，因而具有潜力很大的消费能力。出于求偶的考虑，她们会在消费上倾向于美丽消费，也就是提升自己形象，使得自身外形更加靓丽的消费，会花费精力在捕捉时尚资讯，追逐衣饰潮流，追求品牌商品，关注品牌赋予的无形价值和热衷攀比，部分人对整形美容还有一定的需求。可以说，这阶段的未婚女性消费中存在一定的非理性成分，虽然还是要考虑到量入为出，但是也不乏享受型消费、情绪性消费、炫耀性消费、超前消费等行为。

对于已婚的精英女性，她们一般是消费的主力军，掌握着家庭财政大权，承担家庭的日常开销，主导家庭的消费方向。建立家庭后，女性在家庭消费品购买、衣食住行等决策上拥有较为强势的话语权。传统的持家理财观念，随着现代信贷消费制度建立、女性身份转换等因素逐渐被新的持家理财观念替代。琳琅满目的商场和光怪陆离的广告在反复提醒女性：追求消费品牌商品乃至奢侈品牌商品和高品质服务是提高生活质量和通往幸福的标志。这一观点无形中已经深入人心。精英已婚女性大部分认同追求高品质生活是幸福的重要表征，且她们也有一定的财富积累，具备追求高品质生活的经济基础。这就造成她们比较复杂的金融需求构成：一方面，她们有超前消费、适度消费、个性消费的意识；另一方面，她们也有理财投资、增长财富的需求。这一年龄段的金融工作，必须密切关注这两个特点，围绕它们展开一系列的整体策划和个性定制。只有掌握这一年龄段女性消费模式的规律和特点，才能让整体策划具备科学性；只有细致分析这一年龄段不同收入人群的消费模式和消费倾向，细分人群，才能让个性定制更加贴心和实用。

成熟、退休阶段。根据陆岷峰的提法，该阶段主要为 40~55 岁和 55 岁以上的中老年女性人群。这一阶段的女性，仍是家庭消费的主导者。她们在家庭中掌握着经济大权，在投资和理财方面积累一定的经验。这类人群的消费能力不容小觑。前几年中国大妈在欧洲、香港等地抢购黄金的热闹场面，让人记忆犹新；她们创造了一个个消费奇迹，引起了国外媒体的集体关注。在走过家庭和个人消费的主要年龄段之后，财富增值和财富管理是这一阶段的女性的重要关注点。她们对财富增值的狂热拥趸是无法用经济学规律来解释的，只能从心理学角度来分析。这一阶段的女性处于更年期，在身体状况日渐衰弱和面临养老的心理恐惧的双重压力下，她们必然要抓住相对可靠的理财方式，选取妥当安全的投资方式。抓住这一年龄段女性心理特点，设计相对安全可靠的金融产品，就抓住了这一市场的先机。

三、女性成长链金融产品的定制化发展对策

（一）整体建模大数据化

一方面，从顶层设计上建立大数据库，追踪每个精英女性的成长、收入、消费等阶段，分析其关注和使用的品牌，以人性化、精细化、数据化搜集和分析女性人生的每个重要阶段的消费选择和信用评级，对其下一步投资方向和消费方向进行预判，适时进行合理的推荐和贴心的定制服务，这样的做法有助于去经验化和模糊化，使得女性成长链金融产品更有助于精英女性的高品质生活需求。另一方面，通过大数据技术，增强每一阶段的风控能力。之前依靠客户提供各自财务报表获取信息的业务方式已经不适应当下迅速变化的信息时代的需求[3]，及时更新风险监控和信息分析方式，以大数据技术对客户动产和不动产、财务流水、收支状况等进行精密地分析和预判，从而全盘掌握客户的资料，提供金融产品决策的可靠性和精密度[4]。

（二）融合发展大战略化

由于女性成长链金融产品是为个性化服务提出的新理念，必然结合生命周期规律，根据不同时期的需求进行定制。个性需求的阶段化特征会呈现多种复杂的形态，融合多种金融手段，整合各方面资源，打破以往单向主观服务的金融垄断，在当前普惠金融发展环境下已成必然之态。打破传统金融行业的垄

断，整合国有银行、私立银行、互联网金融机构、民间金融机构的力量，这不仅仅需要理念上的认同，还需要战略上的规划。这项大工程需要在顶层设计上有所体现，这对决策层来讲，也需要胆略和勇气。融合发展，是一个大的战略，也是一个大的工程，成长链金融会找到一个契合点，相信假以时日会从理念到规划得以实施。

（三）女性金融产品分类化

在当下，阶层分化越来越明显，不同行业间女性收入差距拉大，不同年龄阶段的女性金融需求存在差异，金融产品也需要相应做出一定的分类。因此，在定制化金融产品时，必须考虑到不同女性的收入层次、消费需求、消费个性以及她们消费的不确定性。以往用公务员、企业等不同职业来区分的方法在一定时期起到了很好的作用，但是随着时间的推移、分工的细化、行业的差别，这种区分方法已不能完全实现女性受众个性定制的需求。因此，女性成长链金融必须创新形式，不仅仅停留在产品分类上，也要从生命周期上进行指导工作。针对成长期女性，进行金融产品理念的推广；针对精英女性消费的特性，在常规消费上给予一定的消费引导，在超前消费上给予金融贷款支持，给予便利的分期消费，在理财规划上给予金融投资的引导。这项工作潜在空间很大，值得高度重视。

（四）金融风控模式精细化

相对男性而言，女性消费往往会量力而为，超前消费的胆量较小，在贷款方面相对来说也会比较谨慎，在对家庭的长远规划上也会有相应的考虑，个人信用美誉度会比较高；因为失业、破产、犯罪等意外事件引起的收入中断、还款失败等情况会相对少，中年变故造成的财富不足现象相应也会比较少见。女性在追求财富的稳定和生活的安逸上会有很高的诉求，在追求财富稳步增长方面会有长期不懈的关注和投入。成长链金融在制定针对女性群体的金融产品风控模式时，应当在成长期注重赢得女性长期理财规划的认同，培育女性长远理财的观念，在源头把控金融产品的过度使用，避免不必要的金融风险。国家和企业都有责任和义务围绕成长链金融，对女性金融产品风控模式进行精细化分析，并且出台相应的法律法规和规章制度，将其完善。

提档升级品牌化。长期以来金融产品的单一化，已不能满足经济高速转型形势下的金融需求。近几年，互联网金融的异军突起，带来了新的机会，但是也带来了新的挑战。人们在面对眼花缭乱的选择时，往往不知所措，不明所以。这对互联网金融产品来讲是丛林法则下的生存考验，对传统金融行业来讲，也是转型的关键时期。如果企业缺乏长远的战略规划和高端的定位设计，没有明显的核心竞争力和品牌效应，产品没有突出的优势，就算是采取集中式的轰炸宣传，也很难在同质化竞争激烈的市场中占据一定份额。成长链金融作为一个全新的概念，在出台同时，必须考虑到概念辅之以全新的品牌。在全新品牌推出时，以全新概念为引领，以普惠金融为目的，以创新发展为灵魂，以品牌创建为抓手，以实实在在的实惠来增强客户对品牌的信心，对品牌的依赖，对品牌的执着[5]。

（五）成长链金融队伍专业化

人才队伍是团队赢得胜利的关键。竞争加剧的今天，增强队伍建设尤其重要。人才是决胜的关键，一个人发挥的作用往往难以想象。对于新生概念成长链金融而言，一支团结的、有战斗力的、复合型人才队伍尤其重要。对于从事这一工作的个人来讲，必须熟知金融学专业知识，对金融产品的利弊如数家珍，对理财规划等方法信手拈来，同时还必须具备心理学、社会学等方面的知识，对精英女性心理揣摩细致入微，对社会风气明察秋毫，对消费风向具备火眼金睛。对于团队而言，在现有的人才队伍基础上建构这样的人才团队，"借船出海"是必不可少的。引进国外富有财富管理经验的高层次人才，借助他们丰富的经验，同时也在内部选拔业务素质高、风险意识强、竞争状态强的人才进行相关培训，使得人才在实践中提高，在提高中奋进，在奋进中创新。

当今社会，金融服务越发细分，成长链金融应运而生。分析精英女性这一特殊的消费群体，对成长链金融的完善有着尤其重要的意义。女性对拉动市场消费的作用是相当巨大的，具备相当强的消费能力的精英女性尤其贡献巨大。抓住这一人群进行精细化分析，对理解中国人的消费模式，对理解中国人的经济行为，有着极大的借鉴意义。了解中国当前的经济，了解中国当前的金融产业，了解中国当前的成长链金融，必须先了解中国精英女性的成长链消费金融。中国金融行业积极开展创新工作，先从中国精英女性的成长链消费金融开始，也是一个非常好的切入点。相信今后这个课题值得更多学者投入来研究。

参考文献

［1］陆岷峰，杨亮. 关于成长链金融规律分析与对策研究［J］. 南都学坛，2016（3）.

[2] 陆岷峰，杨亮. 成长链金融的探索与展望 [J]. 南都学坛，2016（5）.

[3] 陆岷峰，张欢. 成长链金融产品创新研究 [J]. 海南金融，2016（4）.

[4] 陆岷峰，徐阳洋. 成长链金融风险及其化解策略研究 [J]. 湖南财政经济学院学报，2016（4）.

[5] 尹丽. 后金融危机时代消费金融创新与风险管理协调发展的逻辑路径——基于消费金融公司的视角 [J]. 学术论坛，2013（6）：152–155.

[6] 邹亚生，张颖. 个人理财：基于生命周期理论和现代理财理论的分析 [J]. 国际商务——对外经济贸易大学学报，2007（4）：48–51.

[7] 薛梦影，黄溯，杨媛慧，许杰敏，梁骁. 浅析个人理财规划 [J]. 中国市场，2014（37）：107–109.

[8] 吴桐. 生命周期理论对个人理财的研究 [J]. 品牌，2015（12）：114.

[9] Federal Reserve Bank of Philadelphia, Regulating consumer credit [J]. Journal of Economics and Business, 84（2016）.

[10] Brian T. Melzer, Donald P. Morgan, Competition in consumer loan market：Payday loans and overdraft credit [J]. Journal of Financial Intermediation, 24（2015）.

[11] Akos Rona – Tas, Alya Guseva, Information and consumer credit in Central and Eastern Europe [J]. Journal of Comparative Economics, 41（2013）.

成长链金融授信动态调整体系研究

朱丽丽　　周娟娟[①]

一、引言

我国已进入消费需求持续增长、消费结构加快升级、消费拉动经济作用明显增强的重要阶段。随着传统消费的提质升级和新兴消费的蓬勃兴起，消费金融作为推动经济转型的催化剂，蕴藏着巨大的发展潜力和空间。消费金融就是指向各阶层消费者提供消费贷款等形式的现代金融服务方式，由于它具有资本占用小、风险分散、抗周期能力强的特点，已经成为金融业发展的热点。在实际经济活动中，消费金融的重要性显而易见，在一个发达的市场经济中，消费者无论从金融资产的占有还是金融活动的总量上都占有主要地位。我国的消费金融的重要性也日趋显著，根据中国人民银行统计，至 2016 年 6 月，仅个人住户短期消费贷款就达到 44 178.51 亿元，占到国内各项贷款总额的 4.14%。

2015 年《全球财富报告》指出，中国居民的物质消费、服务消费、金融消费潜力都大大提高，与此相对应，物质消费、服务消费、金融消费潜力的需求特征也正在发生转变。根据"十三五"规划和供给侧改革的精神要求，客群及金融需求的不断细分已成为下一步金融机构发展的必然要求。在此背景下，成长链金融的概念被提出，它以自然人为研究对象，运用生命周期理论，综合考量整个生命周期的阶段差异性和关联性，提出定制化、全方位的金融服务。

---

① 朱丽丽，供职于徽商银行股份有限公司总行研究发展部。
周娟娟，徽商银行股份有限公司总行研究发展部战略规划副经理。

二、文献综述

成长链金融的概念由陆岷峰教授 2016 年首次提出，陆教授指出，成长链金融是为自然人提供终身授信、全方位、全流程的金融服务。陆岷峰和葛和平（2016）就成长链金融这一新生学科进行了研究及探讨，指出成长链金融学科是一门交叉学科，具有软科学和硬科学的性质，兼顾自然科学和社会科学两门学科，具有实用性、跨期性、定量化、综合化和创新性的特点[6]。陆岷峰和朱卉雯（2016）指出，成长链金融概念的提出主要基于互联网金融发展、大数据建设系统化、个人征信制度的终身化等因素，目的在于减少个人金融信息不对称带来的影响[7]。陆岷峰和徐阳洋（2016）认为，信息技术使得个人金融需求、偿还能力等信息可以通过信息技术的手段实现低成本分析[4]。目前为止，已有大量的金融经济学者在个人金融服务方面进行详尽的研究，如龚晓菊和潘建伟（2012）使用 SWOT 方法研究消费金融的发展情况，认为消费金融的发展受到外部环境的制约[3]。李艳桥（2014）、谢世清（2010）等学者对消费金融也进行了探讨，认为消费金融发展现阶段还存在一定的局限性。陆岷峰和朱卉雯（2016）认为，自然人的信用特征、收入水平等在一生中都有可能会发生变化，对于自然人基于独立阶段授信的分析具有一定的局限性。个人成长链金融从根本上改变了商业银行等金融机构对自然人阶段性授信理念，为银行、信托等金融机构的授信模式开拓了新思路，它在个人生命周期理论下综合考虑个人的金融需求、消费特征、信用状况，将阶段性授信向终身授信转变[7]，但整体授信也具有一定的劣势。陆岷峰和张欢（2016）认为，终身授信时间过长，期间会遇到一系列的风险因素，不仅会给商业银行带来损失，同时也会给金融市场甚至整个社会都带来影响[8]。

现阶段急需个人金融终身授信方面的研究，使现有的授信政策在控制风险的前提下满足自然人跨期性、动态性的授信需求，将未来的收入水平、信用特征结合到现期的评价中去，提升对自然人风险评估的真实性。陆岷峰和朱卉雯（2016）认为，个人成长链金融采用终身授信的模式，必须建立准确和高适应性的模型和平台，通过专业化、动态化的模型设计，以准确性和时效性的数据为主导，对每个人进行综合评价，实现终身授信，同时缩短审批手续，降低运营成本[7]。

个人终身价值理论也是与本研究相关的概念，罗杰·卡特怀特首先提出客户终身价值理论，并指出客户的终身价值存在累计效应。Barbara Bond Jackson

（1985）指出，客户终身价值是客户当前及未来的货币利益的净现值[2]。Dw-yer（1989）认为，客户终身价值是客户在与企业保持长期客户关系的整个过程中，为企业创造的全部利润贡献的现值[1]。国内学者对个人终身价值理论的研究大多数集中在定性分析和文献综述上，徐忠海（2001）提出，客户生命周期包括创业期、社会化期、成长期、成熟期、衰退期、中断期和恢复期七个阶段，客户的价值在各个阶段是不同的[11]。刘伟华（2004）指出，客户综合价值应该包括历史价值、当前价值和潜在价值三部分[10]。

本研究运用个人生命周期理论，以客户终身价值为核心，建立授信动态调整体系，提取并分析影响个人授信动态调整的因素，揭示其作用机理和规律，构建与个人成长链金融特征相吻合的度量体系，对阶段性授信模型加以修正，建立授信动态调整体系。简而言之，本研究主要刻画个人成长链金融动态授信调整影响因素，探析其作用机理和规律，设计授信动态调整体系。

三、以客户终身价值为核心的授信动态调整体系

个人成长链金融的理念改变了单一阶段授信的传统模式，在个人成长链金融理论下，可以围绕个人整个生命周期建设一次性授信并不断动态调整的授信机制，而互联网技术的兴起及大数据云计算的应用为该授信模式提供了实践的可能性。在该理论体系下，金融机构可以通过外部数据，如电信缴费、交通罚款、人行征信系统等维度建立授信评分模型，为个人客户建立整体授信标准；随后基于生命周期理论，根据客户终身价值的变动，动态调整客户授信额度。本研究主要基于客户终身价值理论，以银行为金融机构，在客户授信标准确定的情况下，探讨研究个人授信动态调整体系。

（一）客户终身价值指标体系的建立

根据客户终身价值理论，客户终身价值包括客户当前价值和潜在价值。当前价值是客户现行购买行为模式不变，客户能为银行创造的价值。客户潜在价值是银行预期在客户未来的生命周期内，为银行开拓客户资源、发生业务往来而创造的价值。通过对个人终身价值的材料研究与调研访谈，并根据商业银行个人授信服务的特点，确定个人授信动态调整体系应该包括存款业务价值、其他业务价值、产品持有数、客户忠诚度、增量消费、客户成长价值六大指标[9]。

1. 当前价值指标。客户当前价值主要由负债业务价值和其他业务价值组

成。在建立客户当前价值指标时，首先应考虑个人客户给银行带来的收益以及银行付出的成本，即分别计算客户的负债业务价值和其他业务价值，然后求出两者之和作为客户当前价值（见表1）。

表1　　　　　　　　　　　　　当前价值指标一览表

指标	指标定义
负债业务价值	∑每笔存款 FTP 创利
其他业务价值	理财、信用卡、个人委托公积金贷款、国债、基金、黄金、直销银行、银行卡、银信通等创造的收入

2. 潜在价值指标。潜在客户价值由客户自身的特性所决定，主要有产品持有数、客户忠诚度、增量消费和客户成长价值等因素。产品持有数维度表示某客户持有银行产品越多，客户对银行产品和服务越深刻了解，客户未来为银行创造的价值就越多；客户忠诚度是指客户对某一产品或服务满意后而产生的对该产品或服务的信赖和维护，一般来说客户忠诚度越高，客户的价值就越大；增量消费维度表示客户对已经购买产品或服务（除去资产业务）使用规模和带来的利润贡献增长；客户成长价值是指随着时间的推移，客户年龄、职业、学历、投资偏好不断变化而使客户价值不断成长给银行带来的价值（见表2）。

表2　　　　　　　　　　　　零售客户潜在价值指标一览表

指标	指标定义
产品持有数	客户持有储蓄存款、理财、国债、基金、保险、个贷、信用卡、银信通、网上银行、手机银行、代发工资、代理第三方存管、黄金等产品个数
客户忠诚度	从客户产品使用的频率、客户合作时间、向他人客户推荐力度、委托代缴费业务、产品持有时间、较年初产品持有数变化等维度衡量
增量消费	从客户利润贡献增长率、与银行业务合作水平等维度测量
客户成长价值	主要从年龄、职业、学历、投资偏好等衡量

3. 各指标评分方法及权重。为对个人客户授信动态调整，充分考虑数据获取的可行性和分值计算的可操作性，首先确认六大指标的评分标准；设定并运用网络层次分析法（ANP）及德尔菲法确定各指标权重。设定指标判断矩阵，结合实际情况，邀请评分专家对个人授信动态调整体系的各指标进行打分，并对每一名专家赋予相等的打分权重。在具体权重计算上，可在不违背专家本意的基础上，对部分专家的个别判断矩阵进行局部的调整，并通过一致性检验。

（二）客户类型评定

客户类型的评定主要是根据计算出的动态授信调整得分，在确定客户当前价值总得分和潜在价值总得分后进行客户类别划分，而客户类型划分的关键点所在，即判断矩阵中当前价值和潜在价值的分界点，分界点的确定直接影响客户类型评定的结果，因此需要兼顾科学性与艺术性。客户类型评定标准可从以下三个基本点看出来，即聚类分析法、20/80 原则及 30/50 原则。聚类分析法的原理是将一批样本按照它们在性质上的相近程度，将这些样本合并成一些子集，直至整个总体都在一个集体之内为止。20/80 原则认为，企业前 20% 的客户带来 80% 的利润，而 30/50 原则认为企业后 30% 的低价值客户会减少企业50% 的利润，综合以上两种原则，确定个人客户当前价值和潜在价值的临界点。最终客户评价矩阵及类型评定原则如图 1 所示。

图 1　个人客户类型评定原则

四、个人客户动态授信调整路径分析

客户类别划定后，银行可根据个人客户授信特点，结合个人客户的整个生命周期的风险变化与信贷需求，制定客户授信调整策略，提高优质客户金融服务的黏着度和长期化。各类客户评价调整路径各不相同，应结合各类客户评价分布特征进行精准诊断，分析思路在于：精准服务，全面调整。

（一）普通型客户

普通型客户为银行创造的当前价值和后期能为银行创造的价值都比较小。对于商业银行而言，这是没有吸引力的一类客户，甚至会为商业银行带来负利润。对于这部分客户，商业银行不易投入过多资源，应该适当降低此类客户的授信额度，减少公司资源的耗用，以便腾出更多资源服务价值更高客户，同时公司应该密切关注此类客户价值的变动，根据客户价值变动，及时修正授信调整方向。

（二）在建型客户

这类客户的特点是当前价值大，但潜在价值比较小，此类客户几乎已经将全部业务都交给银行。在建型客户对商业银行而言十分重要，是仅次于达标型客户的一类最具有价值的客户。商业银行已经在在建型客户身上花费大量成本，并且目前正从这类客户身上获取回报，商业银行可保持当前授信额度，维护客户关系，绝不能让这类客户转向竞争对手。

（三）达标型客户

这类客户的特点是当前价值和潜在价值均很高。对商业银行而言是最有价值的一类客户，与在建型客户相同，这类客户几乎将全部业务交给本商业银行，但不同的是，达标型客户自身有巨大的发展潜力，业务量也不断增大，客户未来可挖掘的潜力很大，是商业银行利润的基石。若失去这类客户，将对商业银行造成较大损失。因此，商业银行需要把主要资源用于保护和发展达标型客户，及时调整客户授信额度，以便客户能为银行创造出更多的价值。

（四）潜力型客户

这类客户的主要特点是当前价值比较低，但潜在价值比较高。对于商业银行而言，潜力型客户具有很高的增值潜力，但目前尚未获取这类客户的大部分价值，如果加强与潜力型客户的关系，未来可给商业银行带来可观的利润。对于潜力型客户，商业银行可适当地调整客户授信额度，再造客户关系，以促进客户关系由低级阶段向高级阶段发展。商业银行可积极通过种种努力，不断挖掘客户潜在价值，以便增加客户黏性，提高客户的价值贡献度，最大化商业银行利润。

五、结束语与研究展望

个人成长链金融是指基于人生不同成长阶段的不同金融消费需求、偿还能力以及信用特征，对整个生命周期个人提供全流程金融服务，以最大化满足其金融需求，提升金融机构在个人金融服务方面整体化效用水平的金融模式。它改变了银行基于单一阶段的授信模式，本文主要对成长链金融的终身授信进行尝试研究，在确定个人整体授信标准的前提下，设计客户授信动态调整机制，并利用客户终身价值理论对客户终身价值进行量化衡量。最后，根据客户终身价值将客户分为四种类型，即普通型客户、在建型客户、潜力型客户、达标型客户，针对不同的客户类型提出客户授信动态调整策略。

参考文献

［1］Dwyer F R. Customer lifetime valuation to support marketing decision making［J］. Journal of interactive marketing, 1997, 11（4）: 6 – 13.

［2］Jackson B B. Build customer relationships that last［M］. Harvard Business Review, 1985.

［3］龚晓菊，潘建伟. 我国消费金融的 SWOT 分析［J］. 河北经贸大学学报, 2012（4）: 10.

［4］陆岷峰，徐阳洋. 成长链金融风险及其化解策略研究［J］. 湖南财政经济学院学报, 2016（32）: 31 – 37.

［5］陆岷峰，徐阳洋. 从战略上化解成长链金融风险［J］. 企业研究, 2016（4）: 40 – 45.

［6］陆岷峰，葛和平. 成长链金融学科建设之我见［J］. 企业研究, 2016（5）: 11.

［7］陆岷峰，朱卉雯. 成长链金融：个人融资新生态［J］. 首席财务官, 2016（8）: 12 – 15.

［8］陆岷峰，张欢. 成长链金融产品创新研究［J］. 海南金融, 2016（4）: 31 – 36.

［9］罗杰·卡特怀特. 掌握顾客关系［M］. 南宁：广西师范大学出版社, 2002: 45.

［10］刘伟华，晏启鹏. 物流企业客户综合价值计算模型的构建与应用研究［J］. 重庆交通学院学报, 2004, 23（5）: 106 – 108.

［11］徐忠海. 从产品生命周期到客户关系生命周期——企业营销理念的变化［J］. 企业经营与管理, 2001（8）: 33 – 38.

成长链金融研究和发展方向

张江润①

一、成长链金融的定义

根据"成长链金融"课题组组长陆岷峰博士介绍，成长链金融是一门新兴的综合性学科。该学科的本质，是在个人消费金融学、经济学、生命周期学、社会学等多门学科的基础上，通过综合考虑不同群体、不同个体在不同的生命阶段，对不同金融种类的需求，包括理财需求、消费需求、消费特征、信用水平等，从而设计出个性化、人性化、多样化的金融产品，来解决自然人消费者收入和消费的时间错位问题，即借助现代化的金融工具熨平生命周期的金融需求波浪，让尽可能多的人，用自己未来能赚到的钱，来改善当下的生活方式和生活水平。因此，成长链金融的研究，为推动个人金融业务发展的路径与机制以及商业银行、信托、消费金融、互联网金融等金融业的发展提供了新思路、新方向[1]。

二、成长链金融涵盖的内容及目前的市场情况

根据生命周期理论，人的一生分为成长、就业、成熟及退休四个阶段。而对应不同的生命阶段，个人的消费特征、金融需求和征信水平也都不同，有着明显的周期性特点[2]。

1. 成长期。从婴儿出生到大学毕业这一漫长过程，都属于成长期。成长

---

① 张江润，南京理工大学博士，中关村互联网金融研究院上海分院院长。

期的主要特征是只有消费，没有或仅有极少收入来源。这一阶段又可以根据其生长及消费特征，分为三个阶段。

首先是婴幼儿期。这一阶段的消费主要由父母支付，如父母购买奶粉、尿布、玩具、服装及婴幼儿教育金保险和成长保障类保险等。这一阶段的消费金融形态主要是母婴电商、幼儿保险等。

其次是基础教育阶段，指从幼儿园到高中毕业。这一阶段的消费主要集中在教育、旅游，包括文化类教育及艺术类教育。随着消费能力的提升，加上中国计划生育政策的长期执行，中国从 80 后到 00 后一代，80% 以上都是独生子女，这是中国社会独有的具有时代性的特征。而作为一个孩子的父母，对孩子的教育格外重视，生怕孩子在教育阶段输给别人，因此对于教育的投资也格外舍得。有句话说"再穷不能穷教育，再苦不能苦孩子"，这样的说法虽然极端，但也反映了大部分父母对孩子教育的心态。所以孩子从一出生开始，就面临着各类教育，从出生时的益智玩具，到早早教，再到早教。从智力开发，到文化教育，再到艺术类教育。从学前的文化教育和艺术教育，再到入学后的各种文化补习。根据调查了解，一个孩子从幼儿园到高中毕业，所需投入的资金从 60 万元到 200 万元不等。目前，针对这一阶段的消费金融主要是各类教育分期。

最后是大学期。大学时期的教育在人的一生中是一个特征很显著的时期。这个阶段的主要特点包括以下几个方面：在思想和精神上已经基本独立；在法律层面，18 岁成年之日起，具有独立人格，是独立的刑事和民事责任主体；在行动上，离开家庭走进大学校园，大部分学生都觉得终于长大成人，脱离父母的约束，可以自由自在地为所欲为。正是以上多方面的因素，加上物质生活水平的提高，使得在校大学生很容易接受超前消费的观念，对旅游、购物、电子产品、文化教育等高端消费有很高的认可度和追求。然而，他们在经济上尚未独立，未实现财务自由，他们的主要资金来源就是父母供给、奖学金等，相对单一。正是这样的现实与理想之间的矛盾，催生了大量针对大学生的消费贷款。根据调查，目前大多数消费金融平台都有专门针对年满 18 周岁在校大学生的贷款，其主要形式是消费分期和小额贷款。大学生校园贷之所以大范围爆发，另一个原因是受 2009 年银监会印发的《关于进一步规范信用卡业务的通知》和 2014 年中国支付清算协会印发的《银行卡业务风险控制与安全管理指引》两个文件的影响，很多银行停止向在校大学生发放信用卡。然而，正是这种旺盛的市场需求，使得很多商家在追求利润的同时，忽略了风险控制，有的甚至为了追求商业利益，诱导大学生超前、超能力消费，以至于在征信缺乏和风控不足的双重作用下，2016年校园贷屡屡爆发问题，引起社会各界的关注。在笔者看来，中国的父母由于受传统观念的影响，普遍认为孩子读书期间的费用理应由父母承担，包括大学期间，甚至研究生学习阶段。因此，对于大学生来说，除了那些家庭贫困生，一般家庭条件的父母都能尽量满足孩子正常的学习和生活需求。在我个人看来，校园贷款应该以贫困生的助学贷为主要形式。对于那些鼓励大学生超前消费的行为，只能说为了追求商业利益而忘了社会道德和商业风险。很显然，如果这些消费行为是父母认可并支持的，父母一定会在资金上给予满足。如果需要学生自己来分期或借贷消费，那一定是父母不支持的，也就是说不是这个年龄阶段该有的合理消费。那么这部分消费在大学生没有走上工作岗位之前，实际上是没有还款来源的。由于商家忽略了这中间的风险，才使得校园贷问题频发。

2. 就业期。从大学走入职场，是人生的一大转折点。最明显的特征就是开始有了工资收入，不需要再向父母伸手要钱。但是，以前所有生活来源都是靠父母的供给，一下子转变到所有的消费都要靠微薄的工资来承担。对于初入职场后的诸多消费，如生活日用、租房、购买衣物、交际应酬、恋爱、旅游等开销，使得刚开始工作的微薄薪资根本无法覆盖这些消费。这就催生了针对就业期的一些贷款需求。但是其消费特征确定了这个时期的金融需求主要是小额消费贷款或消费分期。而对于部分高收入行业的人群，这个时候就已经开始产生理财需求，容易接受新鲜事物的年轻一代，很容易接受互联网理财的理念和产品。根据调查，80后、90后投资人不仅是互联网金融平台的主流投资人，也是最受平台欢迎的优质投资人。

3. 成熟期。成熟期是指经过了初入职场的经济紧张期，慢慢进入工作稳定、收入稳定的阶段。成熟期的产品和需求是最为复杂的。这一阶段又可以简单分为成熟期初期和成熟期后期。

对于大多数人来说，成熟期初期的主要消费行为是买房、买车、结婚、生子。经过就业期的积累，成熟期初期的个人一般都有一定的社会积蓄，所以个人消费贷方面，小额消费信贷不再是他们的主要需求。但由于买房、买车、结婚、生子、子女教育成了这部分人群最为关注的事情，因此这些方面的消费需求最为显著。也有部分高收入人群在成熟期初期就开始有一定的理财需求。

到了成熟期后期，子女基本上已经长大独立，一般家庭开始有一定量的积蓄，这个时候理财的需求会大过消费的需求，所以针对这个生命时期，更多的是考虑如何满足其理财需求。目前，由于银行理财产品种类较少、收益较低，而这个年龄阶段的人一般拥有较多的财富，同时又有一定的稳定经济收入来源，所以成熟期后期人士对高端理财产品的需求最为旺盛，抗风险能力也相对较强。财富管理公司应更多地关注这部分合格投资人和高净值客户。

4. 退休期。根据退休后大部分人的生活方式和习惯，退休后期的消费特点，主要是旅游、保健等。同时，由于退休前期的积累，投资理财也是这个年龄段的热门需求。但是由于不再有新的收入来源，所以退休期人群对理财产品的风险承受能力减弱，更偏好稳健型投资。

三、我国成长链金融的特征和问题

现阶段我国成长链金融的发展，主要具备以下几个特征：零散、孤立、同质化严重等。

零散：目前，市场上虽然有很多与成长链金融相关的产品形态，但产品分布比较散乱，没有规律性和关联性，不符合个人生命周期连续性特征。

孤立：人的生命周期具有连续性和继承性，因此，个人的消费特征、金融需求、理财需求、征信水平这几个方面也应该是相互联系、相辅相成的。但是目前针对成长链的消费金融产品之间、金融产品与个人征信之间是相互独立的，没有体现其内在应有的关联性。

同质化严重：目前，与成长链金融相关的金融产品，同质化严重，最为火热的首先是大学生消费分期和消费信贷，其次是母婴电商平台。

四、成长链金融的研究和发展方向

根据成长链金融的定义，成长链金融的主要任务就是结合生命周期理论、消费需求和金融需求，解决不同生命阶段的收入和支出的时间不同步问题，即主要解决用后期收入改善前期生活质量和水平的问题。这是一个庞大的系统工程，包括了消费金融、个人理财、生命周期理论、互联网保险等多学科知识[3]。在笔者看来，成长链金融的研究和发展主要包含以下几个方面：

1. 打造覆盖个人整个生命周期、多模式、多期限的金融产品，并用大数据技术分析和记录不同产品和年龄阶段的关系。国外目前针对消费金融的公司类型主要有：针对个人消费者提供小额贷款的消费金融公司、针对销售商提供消费分期的销售金融公司、针对生产厂商和销售商提供小额贷款作为流动资金补充的商业金融公司。而我国的消费金融公司主要有以阿里、京东、苏宁等为代表的电商生态模式；传统金融机构下设的消费金融公司，如北银消费金融公司、中银消费金融公司；以付融宝、宜人贷、麦子金服等为代表的，针对个人消费贷款的互联网金融公司。从风控的角度分析，消费金融公司的营销模式主要有两种：一种是通过与销售商和分销商合作来控制风险的漏斗模式；一种是利用打分卡技术的自动化信贷管理模式。与前者相比，自动化信贷管理模式具有风控更严密、分销网络更灵活、目标客户更广泛、产品更多元化等优势。近年来，我国的消费金融公司也逐步关注并开始使用打分卡技术[4]。

成长链金融的发展，要求消费金融公司针对不同群体、不同生命阶段的人群，设计不同的金融产品，包括消费产品和理财产品，以更好地满足客户的消费和理财需求。同时，要充分考虑不同人群的消费水平和消费习惯，寻求细分市场领域，充分考虑人性化、个性化、体验度等因素，设计出差异化产品，从而让尽可能多的用户能有较高满意度的体验。

2. 利用大数据技术，全面挖掘不同阶段个人消费和征信之间的关联性，从而全方位评估个人征信，为消费信贷提供风控依据。建立个人成长链金融档案，持续跟踪和记录与其相关的所有可能信息，并用大数据技术，挖掘和分析不同阶段个人消费和征信之间的关联。人的生命周期虽然可以被分为不同阶段，但每个阶段之间却有着密切的联系，没有办法完全孤立开来。举个简单的例子：一个人从小生活的环境、所受的教育状况，甚至父母所受的教育状况、家庭的经济状况，都会在他的身上打下烙印，影响他的价值观、人生观，从而影响他的消费观念、违约成本和征信水平。而有些金融产品，比如成长期由父母为其购买的教育保障保险和成长保障保险，在成长期属于消费金融产品，到返还期就成了收入来源。而这种持续的记录和跟踪，有助于更全面地分析借款人的征信水平和还款资金来源。因此，成长链金融应该持续跟踪记录每个客户的所有信息，并借助大数据技术，全面挖掘不同阶段个人消费和征信之间的关联性，从而全方位评估个人征信，为消费信贷提供风控依据[5]。

另外，从很多成长保障类儿童保险的产品特征看，其投资都是在成长期，而收益则是在就业期和成熟期。所以，如果有完整的成长链金融的数据库，在审核大学生借款人的还款来源时，除了考虑其父母的供给、奖学金、就业后的预期收入外，父母代为购买的保障型保险的收益也是一个重要来源。同样，对于成熟期和退休期的个人来说，其家庭、子女情况等，也都与其违约成本息息相关，从而也与其征信水平息息相关。

由此可以看出，在成长链金融的系统中，每个人都处在一个庞大的社会网络之中，从出生到退休，从父母、兄弟姊妹到子女，甚至到朋友，周边人与他的关系等信息，多层次地反映了他的征信水平。

3. 跟踪定位优质客户，全面定制个性服务。成长链金融研究的另一个方向就是在大量用户的基础上，通过归纳整理，最后筛选出高净值客户，为其提供定制化的个性服务。从整个成长链金融来看，它应该是一个连续的、动态平衡的系统。该系统可以根据预先设定的标准，随时记录、筛选、纳入或剔除不符合条件的个体，筛选出优质借款人，培养出高净值投资人，从而针对性地提供个性化定制服务。

4. 培养和储备专业人才，提供专业服务。为了成长链金融更好地发展，需要既懂消费需求又懂理财需求的综合型高素质人才，同时还需要具备良好的服务意识，擅长市场营销。可以逐步通过建立健全专业人才的培训、资格认证体系来培养和储备专业人才，保证产业的大力发展[6]。

5. 进行市场细分，全面提高竞争力。不管是理财还是消费，对于不同人群，都会有显著的群体特征。比如，随着农村经济的大力发展，农村居民的个人消费需求和理财需求也逐渐增加，发展空间巨大。就目前市场而言，针对农村居民的消费产品和理财产品很少。因此，成长链金融除了研究分析不同生命阶段的消费和理财需求之外，还要进行市场细分，研究不同特征人群的消费和理财需求特征，从而设计出更具针对性、创新性的产品，全面提高市场竞争力[7]。

参考文献

［1］杨亮. 成长链金融：一个全新的金融概念与理念. http：//mt. sohu. com/20160221/n437997309. shtml.

［2］杨亮. 个人成长链金融初探. ［2016 - 02 - 29］. http：//www. financial-news. com. cn/llqy/201602/t20160229_ 92987. html.

［3］付融宝成长链金融成焦点　互金发展迎来新趋势. 中国财经时报网，［2016 - 03 - 25］. http：//www. 3news. cn/2016/0325/130613. html.

［4］中国互联网消费金融市场研究报告. 搜狐网［2016 - 03 - 23］. http：//mt. sohu. com/20160323/n441691771. shtml.

［5］创新/商业银行新蓝海：个人成长链金融. 四川省城市商业银行协会微信公众号［2016 - 05 - 31］.

［6］前沿视线：成长链金融. 中小企业金融微信公众号［2016 - 05 - 25］.

［7］"掘金"个人成长链金融. 江苏经济报微信公众号［2016 - 03 - 25］.

二、成长链金融产品创新研究

基于消费生态圈视角的付融宝成长链
金融战略规划

付融宝成长链金融课题组①

一、引言

"十三五"时期，在中国经济下行压力不断凸显的背景下，投资与出口拉动经济增长的传统模式效能逐渐下滑，城乡居民收入增长引发的消费对经济增长的贡献率却出现明显提升。据国家统计局数据显示，2015年我国最终消费率已达到了66.4%，基本形成消费拉动经济增长的新格局。而随着《关于加大对新消费领域金融支持的指导意见》等政策的逐一落地，信用消费、超前消费等热点的持续发酵，逐渐成为消费市场的主流，中国消费金融市场将进一步扩大，并逐步呈现借款端互联网化的趋势发展。蚂蚁金服、京东金融、分期乐等大型互联网平台纷纷布局消费金融市场，并不断突破创新。因此，随着互联网金融发展能力的不断增强以及大数据分析技术的广泛应用，基于个人全生命周期授信的消费金融新模式——成长链金融应运而生。个人消费者在成长、就业、成熟及退休四个阶段的内在联系被重新激活，极大地刺激了金融消费者的现实购买力，拓展了个人消费金融业务的发展空间。

付融宝作为一家深耕消费金融细分领域的大型P2P平台，契合时机地提出成长链金融发展新战略，致力于实现互联网金融服务的普惠属性。而从传统电商平台发展消费金融闭环的成功实践来看，建立基于场景与数据的"消费生态圈"或将成为付融宝成长链金融发展战略实施的核心落脚点。通过自身平

---

① 组长：梁振邦；副组长：胡键、陈淑军；组员：汪祖刚、虞鹏飞。

台与商户的联合，实现"消费场景大生态"，切入教育、医疗、购房、购物等垂直细分领域，深入产业链。通过数据挖掘、数据建模以及大数据征信与风控，实现成长链中消费者逆周期授信。通过客户消费流、资金流与信息流的"三流合一"，精准定位客户的消费轨迹、融资需求和信用状况，打造从借款到消费到还款的一站式消费生态闭环，最终实现付融宝成长链金融发展战略的新突破。

二、什么是消费生态圈

（一）消费生态圈的概念

消费属性覆盖下的人群天然具有普惠的特殊性，是广大消费者的真实需求。消费系统内的各个环节并非是相互独立的个体，商家、产品、征信及制度各个部门之间具有深刻的内在联系，各部门相互作用、互联影响，形成一个统一的消费的循环体系——消费生态圈。类似于周小川（2004）提出的金融生态圈，即与金融业生存和发展相关的所有因素的总和，其中包括政治、经济、文化、资源、人口等，是金融业合理运行的基础。消费生态圈指的是与消费运行相关的所有因素的总和，包括消费者、商家、产品、服务、制度、信用等。一个和谐、可持续发展的消费生态环境有利于消费经济的健康发展，可以为社会创造出更多的价值与财富。

打造消费生态圈矩阵，可以有效地建立品牌和消费者之间的互动连接。从传统电商平台建立消费生态闭环的实践可以看出，"场景＋数据"应是平台拓展消费市场的核心手段。首先，场景是平台打造消费生态的基础。以 BAT 为代表的互联网科技公司是场景化消费的先驱，例如百度的流量延伸、腾讯的社交金融、阿里的电商长尾，结合自身优势逐步构建闭环的消费信贷生态。其次，数据是平台深耕消费生态的关键。随着互联网时代的不断推进，消费者的交易行为和特征信息逐步数据化。通过数据分析与挖掘，可以使消费金融服务从客户准入、营销推广以及风险控制的全流程进行精细化、综合化管理，能够更为简单快捷地接近消费者，促进消费生态闭环的有效联动。

（二）基于消费生态圈的成长链金融模式剖析

成长链金融作为连接个人消费与金融服务纽带的一种创新模式，对推动消费升级和完善金融服务体制的重要性逐渐凸显。所谓成长链金融，是以自然人为研究对象，以终身授信为核心理念的个人金融服务总称，在融合互联网金融、消费金融、生命周期理论等多门学科的基础上，综合考虑全周期各阶段的金融需求与信用水平，通过多样化金融工具熨平金融需求的生命曲线波动。它是由陆岷峰在 2016 年首次提出的一种新消费金融理念[1]。该概念一经提出，便受到了学术界的广泛关注和普遍认同，并逐渐成为一个新型的研究热点。目前，在成长链金融的相关研究成果中，其概念界定、发展特征、产品创新以及风险管理、品牌战略等方面的研究已经逐步成熟。而从成长链金融发展的基础来看，其服务落脚点在于个人用户的消费行为。通过平台的信用贷款，满足用户用于消费的资金需求。个人用户的整个交易活动都集中在相应的消费生态圈中，受信息流与资金流的约束。因此，将成长链金融纳入消费生态圈，打造一个全新的消费生态闭环，可以有效地实现成长链金融战略的新突破。

基于消费生态圈的成长链金融模式建立的关键在于个人成长期的四个阶段与消费生态圈的相互融合，平台为消费者提供全周期的金融服务、商家为消费者提供场景化的消费商品、大数据对消费者进行信用评估、制度对消费环境进行规范化保障，让成长链金融体系内的各种业态都连起来。借鉴传统电商平台打造消费闭环的实践经验，成长链金融平台通过将金融流程与产品服务围绕交易活动进行重构，将个人消费信贷、家庭金融、商业金融等成长链金融细分模式融入消费闭环，并挖掘消费产品金融化场景，可以实现信息流、资金流与物流的循环，极大地提高服务效率，降低服务成本。

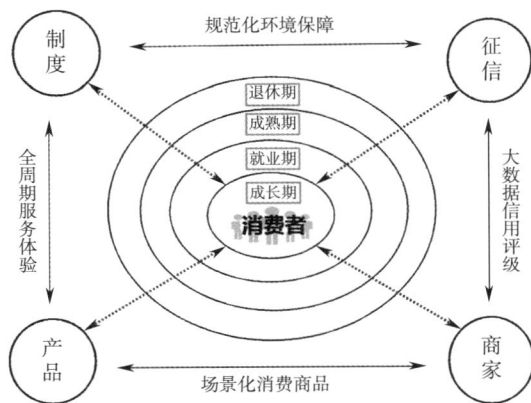

图 1　成长链金融的消费生态结构

三、付融宝成长链金融战略的外部环境

（一）行业机会分析

成长链金融是个人消费金融顺应互联网信息时代变革要求的必然选择，克服了传统消费信贷分段授信的局限，为客户提供多样化金融服务，是当前最具创新活力的一种个人消费金融模式。随着科技、金融水平的不断进步，成长链金融市场发展也迎来诸多有利条件[2]。

1. 政策加码，助力成长链金融发展。2015 年 11 月，国务院印发《关于积极发挥新消费引领作用加快培育形成新供给新动力的指导意见》，鼓励发展消费信贷，优化消费环境，发挥消费促进经济的基础作用。"十三五"规划也明确指出，要"适应消费加快升级，着力扩大居民消费"。消费作为个人成长链金融发展的基础，在国家政策的支持下，将迎来一轮新的发展机遇。消费环境的改善刺激了个人消费者形成一系列新的消费需求。而在消费需求的推动下，消费金融也逐渐成为社会经济与金融发展的焦点。早在 2015 年 6 月 10 日国务院常务会议决定放开消费金融的市场准入以来，消费金融领域就被持续关注。2016 年 3 月 30 日，中国人民银行联合银监会印发了《关于加大对新消费领域金融支持的指导意见》，在"积极培育和发展消费金融组织体系、加快推进消费信贷管理模式和产品创新、优化消费金融发展环境"等方面做出了明确的建议。发展消费金融，对于创新金融支持和服务方式，更好地满足新消费重点领域的金融需求意义重大。此外，供给侧改革以及普惠金融发展战略的出台，也为脱胎于个人金融服务升级与消费金融发展实践的成长链金融指明了发展方向。综合来看，国家发展战略与宏观经济金融政策的支持为付融宝发展成长链金融提供了良好的政策环境。

2. 消费升级，拓展成长链金融市场空间。需求决定市场，市场决定未来。相比于美国 6 000 家银行服务 3 亿人口的金融体系而言，中国仅 600 家银行，个人用户群体却超过 13 亿人。中国个人消费金融市场存在着相当大的长尾需求缺口，传统银行的个人消费信贷业务由于门槛高、审核复杂难以进行有效覆盖。而成长链金融的目标客户多为消费思想前卫、金融需求难以得到满足的个人用户，在终身授信理念的支撑下，将获取更加平等的金融消费权。中国经济的不断发展促进国民收入水平的持续增长，个人居民消费能力逐渐提升。传统的储蓄型消费向信用型消费转变的消费趋势，将直接推动成长链金融的发展。

据艾瑞咨询数据显示，中国个人消费信贷规模从 2010 年的 7.5 万亿元增长至 2015 年的 19.0 万亿元，年均增长高达 20.43%。随着消费经济的不断发展，成长链金融发展潜力巨大，未来十年或将成为中国成长链金融发展的黄金期。而在互联网金融蓬勃发展的时代，不少消费金融通过互联网开展业务，个人消费信贷也将以更多更便捷的方式服务于消费者。因此，个人消费理念与消费方式的升级拓展了成长链金融的市场空间，为付融宝开发个人成长链金融产品与服务奠定了良好的市场基础。

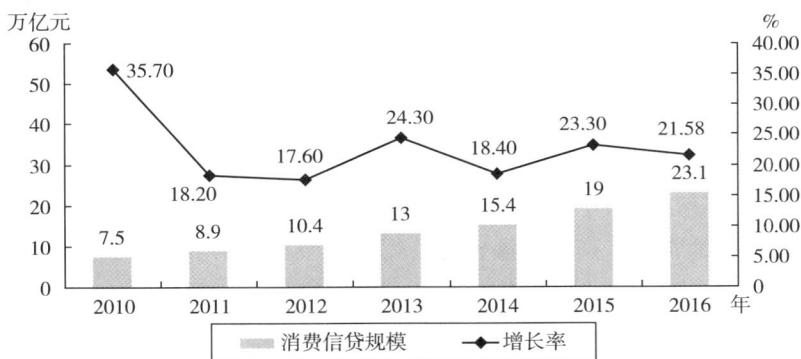

图 2 2010—2016 年中国个人消费信贷市场规模

资料来源：艾瑞咨询《中国互联网消费金融市场研究报告》（2011—2016 年）。

图 2 2010—2016 年中国个人消费信贷市场规模

3. 科技金融创新，强化成长链金融技术支撑。在付融宝成长链金融发展战略中，科技金融是其创新服务的基础和本质，占据极为重要的位置。科技金融的核心在于技术创新与数据应用，强调技术革新对金融发展的推动与赋能，通过大数据、风控模型、人工智能、机器深度学习等尖端技术手段提高金融服务效率。科技金融创新可以完善个人信用评估和场景化产品开拓，为成长链金融提供了技术基础和前提，有效降低成长链金融产品的风险，并且为用户提供更多便捷、安全、简单的金融服务。其中，大数据在实现个人用户的终身授信、风险管理以及用户管理方面具有传统模式无可比拟的优势。运用大数据分析不仅可以有效地穿透信息不对称，进行个人信用状况的低成本实时追踪与动态分析，完善风险管理体系，同时也能加快社会征信体系建设的步伐，为付融宝发展成长链金融提供有力保障；不仅可以通过对海量数据的分析与整合，全面了解客户情况，进行客户的精细化分类，并从中识别出关键客户，也可以在客户细分的基础上深入挖掘客户需求，维护长期的客户关系。此外，根据埃森哲的研究数据表明，2010 年到 2015 年，中国科技金融行业投资增长 445% 至

20 亿美元，虽然与美国 223 亿美元的产业投资还有明显的差距，但是市场潜力巨大、发展迅猛，在创新驱动战略引领下，或将成为全球科技金融领域的主导力量。因此，以大数据技术为核心的科技金融的发展为付融宝布局成长链金融领域创造技术基础。

（二）竞争对手分析

随着金融准入门槛的降低以及互联网信息技术的广泛应用，中国成长链金融市场的发展前景更为广阔。以 BAT 为代表的互联网巨头凭借其庞大的资本积累、先进的技术支持以及海量的客户群体，纷纷投注于开发新型消费金融产业，打造成长链金融平台新生态。消费者个人与衣食住行、教育、健康等传统银行服务空白区的金融需求更加容易满足，成长链金融必将成为搭建一站式互联网金融生态圈的主战场。

1. 传统电商：消费信贷闭环的主导力量。得益于中国经济结构与消费结构升级，个人消费信贷产业发展迅猛，蚂蚁金服、京东金融、苏宁金融纷纷转型升级，凭借强大的电商平台形成闭环消费信贷生态，参与成长链金融市场竞争。例如阿里旗下的蚂蚁金服推出天猫校园分期以及蚂蚁花呗、蚂蚁借呗两项消费信贷产品，依托大数据形成芝麻信用评分，完善个人征信数据；京东推出类似于银行信用卡分期的京东白条，来提高交易额、增强客户黏性；苏宁金融通过投资纽带整合电商生态，推出苏宁任性购等分期类产品。以 2015 年"双十一"为例，蚂蚁花呗共发放 6 048 万笔消费贷款，占支付宝整体交易的8.5%，京东白条与苏宁任性购分期消费金融也呈现超 800% 以上的高速增长。此外，腾讯成立微众银行，开发微粒贷小额信贷产品；百度成立金融团队，金融业务拓展至购物、租房、酒店、旅游等多个领域。传统互联网巨头参与成长链金融市场博弈，成为付融宝拓展业务的最主要竞争对手。

2. 分期购物平台：垂直细分领域的先驱。在成长链金融的垂直细分领域中，消费者成长初期最主要的是校园金融产品。因此，作为新涌现的互联网消费金融模式，分期购物平台的目标客户群体主要包括大学生以及刚就业的白领阶层。通过深入细分市场，围绕衣食住行各产业链上下游构建消费场景圈。主要包括，满足大学生购物需求的分期乐、趣分期，深耕校园消费市场、全面布局校园金融服务，将借贷服务和商品购买相结合，通过大学生月供付款来促进产品营销；满足基层白领装修需求的土巴兔、家分期，以及满足租房需求的房司令、自如白条等租房分期，为工薪白领提供更便捷的金融服务。然而，由于目标客户群收入缺乏稳定，信用数据缺失，分期平台在坏账、征信等方面面临挑战，行业还将迎来新一轮的整合，分期购物行业发展的不确定性依然较大。

3. P2P 网贷：互联网金融的掘金者。在金融创新的需求拉动以及技术进步的供给推动双重因素作用下，互联网金融以传统金融的互补形态出现，逐渐成为服务中小微客户、提高金融资源配置效率的重要力量。据网贷之家统计数据显示，2015 年全年 P2P 的累计成交量达到 9 823.04 亿元，较 2014 年全年增长288%，历史累计成交量超过 13 万亿元，P2P 网贷逐渐成为金融消费者最主要的理财方式之一。而在成长链金融领域，P2P 网贷也开始发力布局，通过个人无抵押小额信贷的形式向个人消费信贷市场渗透，重点服务于劳动密集型行业的中低收入人群，截至 2015 年 12 月，借款人数已达到了 78.49 万人，同比增长超过 200%。相比于电商系平台的场景化优势，P2P 在专业化与精细化方面的优势更明显。例如，专注于大学生助学与创业的名校贷、投投贷等平台，为学生就学、创业提供更细化的小额贷款；专注于购车贷款的好车贷、车易贷等，为刚毕业的大学生、年轻白领提供门槛低、手续简单的个人贷款，满足其购车需求。付融宝要想在竞争激烈的网贷行业脱颖而出，必须扬长补短，在发挥细分优势的同时，着力拓展消费场景，形成付融宝成长链金融消费闭环。

四、付融宝成长链金融战略的内部诊断

成长链金融的市场空间十分巨大，无论是从市场现有存量还是未来增量来看，个人消费金融的个性化需求市场潜力确实值得挖掘。而作为成长链金融领域的倡导者，付融宝凭借科技金融创新，不断满足用户成长期间的各类场景需求。通过对付融宝核心竞争优势及发展劣势的理性审视，全面分析成长链金融发展战略的内部环境，对于完善个人成长链金融服务闭环至关重要。

（一）核心竞争优势分析

1. 战略理念优势。付融宝首创成长链金融概念，是最早研究和开发成长链金融产品的 P2P 企业，对于拓展成长链金融市场具有其他企业难以比拟的"先手"优势。作为科技金融的先驱代表，付融宝深耕互联网金融行业细分领域，创造性地提出了成长链金融发展战略，聚焦互联网金融垂直细分市场，以供应链金融和消费金融为核心，根据成长周期为用户提供安全、便捷的理财和信贷服务。不断完善的成长链金融战略理念，将继续指引付融宝创新产品、完善服务、提高风控。此外，付融宝也已逐渐意识到智库在企业发展中的重要性，积极主动向政府、高校、科研机构主动"融智"。2016 年 1 月，付融宝联

合南京财经大学成立普惠金融研究院，成为实现"产学研"一体、促进科研成果转化和成长链金融创新孵化的重要载体，为付融宝成长链金融战略的精确定位与合理制定保驾护航。

2. 股东背景优势。随着网贷行业竞争的日益激烈，投资者对于平台股东背景的关注度越来越高。平台企业一旦受到上市公司、银行等机构的青睐，除了得到资金入股外，同时其背后的股东还可能会给平台带来相应背书与增信效果，实现知名度的快速推广。2013 年 11 月正式上线的付融宝，由江苏宝贝金融信息服务有限公司创立，上市公司上海中技投资控股股份有限公司（SH. 600634）、软银中国和浙商基金（北京）战略入股，是江苏省融资最高的 P2P 平台，并获得中国地区一级市场权威榜单估值 28.4 亿元，系全国互联网金融估值榜第 14 名。其中，上市公司中技控股是中国领先的建筑构件科技创新及资源整合者，软银中国资本（SBCVC）是曾成功投资了阿里巴巴、淘宝网、分众传媒、万国数据等一系列优秀企业的风险投资和私募股权基金管理公司。"上市公司＋知名风投"的股东背景意味着平台拥有更专业的能力、更多的资源以及更强的资金支持来发展成长链金融。

3. 大数据运营优势。大数据征信是成长链金融的核心。通过大数据挖掘和分析消费者信用水平、收入状况、金融需求等信用信息来实现个人用户的终身信用评估，是成长链金融模式能够顺利运行的基础。长期以来，付融宝极为重视大数据资源的开发与应用，致力于将大数据与金融、征信结合来创造全新的商业模式，在大数据运营方面拥有独特的优势。除了自建大数据信息库外，付融宝还联合麦芽数据与全国最大的第三方数据整合和场景化应用平台 GEO 展开合作，借助 GEO 丰富的金融场景及强大的数据平台能力，完善大数据系统，打造个人成长链金融全场景产品。其中，GEO 覆盖金融、旅游、汽车、房产等 20 大类行业，7 亿网民跨 PC 端和移动端的全维度数据，每天产生 100 多亿条用户画像标签，能够准确识别用户的金融属性、行为偏好、上网特征、消费需求等，为付融宝实施成长链金融战略提供更加强大的数据资源和用户信用管理。

（二）发展劣势分析

处于发展初期的付融宝成长链金融，在激烈的市场竞争中面临越来越大的挑战，公司内部各类劣势逐渐凸显，严重制约成长链金融战略的实施。

1. 复合型高端人才缺失。懂金融的人很多，但是跨界人才却相当稀缺，目前互联网金融行业需求最多的便是互联网与金融跨界的复合型人才。互联网节奏快、金融要求专，两者的结合对互联网金融行业从业人员的专业要求极高。而作为互联网金融行业细分领域的成长链金融，人才的稀缺程度则更甚。目前，在资金、技术、人才等核心要素中，付融宝最缺的也是人才。平台内属于专门从事互联网金融的专业人才不足员工总数的20%，懂成长链金融理念的人才更少，大多数员工都是某单一领域的专业人员，例如计算机系统、客户营销、风控等。随着整个行业的不断成熟，复合型人才缺口逐年增大，对付融宝未来的发展极为不利。因此，成长链金融业务的不断推进，对从业者的能力和素质提出了更高的要求。企业急需既懂金融业务又懂互联网技术的复合型人才、具有创新思维和实践能力的创新型人才以及兼备风险意识和法治思维的管理型人才。

表1　　　　　　　　　付融宝平台员工结构及比例　　　　　　单位：人，%

学历	人数	比例
高中及以下	21	6
本科及专科	289	77
研究生及以上	65	17
从业经验		
1 年以下	18	5
1～5 年	59	16
5～10 年	223	59
10 年以上	75	20
行业经验		
互联网金融	70	19
互联网及计算机领域	163	43
金融、财会	128	34
其他行业	14	4
合计	375	100

2. 品牌知名度欠缺。随着互联网金融行业发展的不断规范，P2P 平台运营逐渐趋于稳定，更多地关注平台质量的发展。其中，品牌建设无疑发挥着举足轻重的作用。树立清晰的品牌定位是避免同质化现象的最有效方法。成长链金融作为付融宝立足互联网金融领域的独特模式，对于付融宝的品牌塑造与平台推广具有极其重要的意义。然而，由于成长链金融作为一种新型金融模式，其发展道路面临较大的不确定性。消费者对于成长链金融理念的认知度还比较

低，产品营销推广还尚未大范围展开。付融宝要想将成长链金融模式打造成为平台的核心竞争力，以成长链金融产品与服务的创新带动平台的优化，还必须从理论的可行性以及实践的操作性两个方面继续深入研究，在不断积累学习过程中，持续推进运营模式与平台产品的迭代创新。

五、付融宝成长链金融战略定位及目标

付融宝的成立背景源自网络借贷的大爆发，在一定程度缓解了国内中小微企业的融资难问题，同时也为个人投资者提供了更便捷的理财服务。进入"十三五"时期，"规范发展互联网金融"等政策的提出进一步拓展了互联网金融的市场深度，面对更加激烈的挑战与更具发展动力的机遇，付融宝树立成长链金融发展战略，通过资源融合、个性化金融服务等差异化服务，致力于打造成一个黏度高、综合性的金融生态平台，力图为互联网金融行业树立一个值得学习的标杆。

1. 战略定位：个人消费者的终身管家。P2P 平台竞争日益激烈，同质化现象严重。精耕细分领域，打造特色服务，成为众多 P2P 企业的转型之路，而针对互联网金融垂直细分领域的成长链金融模式或是下一个蓝海。作为一家安全、稳健、透明的基于大数据的成长链金融平台，付融宝致力于通过大数据、人工智能、机器深度学习等技术来建立以科技为核心属性的金融服务链条，打造成为全国首家终身授信、终身服务、全场景覆盖的科技金融服务平台，推动中国科技金融和普惠金融的创新和发展。

正确规划成长链金融发展战略，必须将"个人消费者的终身管家"作为付融宝成长链金融发展的战略定位，聚焦成长链的业务形态细分，专注于个人消费者成长链的每一个环节，创新需求和服务。根据自然人成长期、就业期、职场成熟期及退休期四个阶段的不同金融需求、消费特征及信用水平的差异化与潜在关联性，为消费者提供全生命周期的金融产品及服务，主要包括消费人生、创业人生、管理人生以及乐享人生四种产品模式。定位于个人成长期的"消费人生"适用于学生群体，以校园金融服务为主；定位于就业期的"创业人生"适合于职场前期白领，满足其个人贷款需求；定位于事业成熟期的"管理人生"主要满足消费者的资产管理服务；而定位在退休期的"乐享人生"提供保险及信托类产品，满足老年消费者的安居需求。通过深度挖掘各年龄阶段用户消费需求，结合最前沿机器学习算法做用户精细分类与聚类，助力付融宝成长链金融战略的实施。

2. 战略目标。（1）平台目标。"十三五"期间，付融宝致力于实现打造个性化成长链金融平台，打造黏度最高的P2P金融平台，打造最有项目投资价值的金融平台的发展目标。（2）交易目标。在成交规模方面，实现到2018年交易量突破100亿元的总量目标。在排名方面，到2018年进江苏排名前三、全国前百，2020年成为江苏民营P2P企业第一。完成对成长链金融产业链的资源整合，构建个人消费的闭合生态环境。（3）人才目标。进一步扩大员工规模，在2020年公司人数超过200人。优化人才结构，基本普及成长链金融服务理念。在人员学历层次上，本科及以上人数占员工比例超过90%，研究生人数占比达40%以上；在学科专业方面，专业从事互联网金融的人才数量超过50%。同时，在专业性和服务水平上提升人员层次，多维度选拔和录用人才。特别是提升基层理财顾问的综合能力，使之能够真正担得起为客户提供全方位资产配置和理财咨询的角色。（4）品牌建设目标。立足江苏、影响华东、辐射全国。加大品牌投入，提高付融宝平台知名度，塑造成长链金融行业专业形象，建设成为成长链金融理念的领军者，到2020年发展为全国成长链金融服务的主要提供商。

六、付融宝布局成长链金融的支撑体系

成长链金融发展战略是一项长期性的系统性工程，需要从多个方面建立科学、完善、高效的支撑体系来确保战略目标的实现。付融宝作为全国首家提出和践行成长链金融的网贷平台，在布局的过程中，需要紧密围绕公司战略定位和发展目标进行统筹兼顾，从基础设施、消费场景、产品创新、风险管理、用户体验、品牌建设等六个方面健全和完善战略支撑体系，并不断进行动态优化和积极推进，最终实现基于闭环消费生态圈的成长链金融的可持续发展模式。

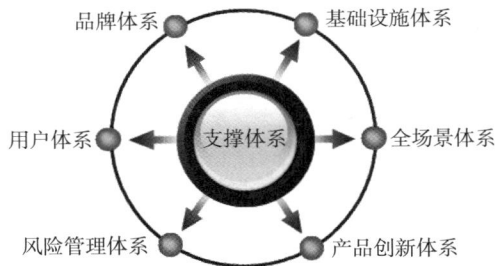

图3 付融宝成长链金融发展战略的支撑体系

（一）搭建成长链金融基础设施体系

基础设施体系的搭建是成长链金融发展的基石，是筑造成长链金融"大厦"的"地基"。它直接关系到成长链金融发展战略的实施进程。成长链金融基础设施体系具体包括消费信用体系、数据架构体系、核心技术体系。第一，消费信用体系构建。消费信用是支撑成长链金融基础设施体系的内核。在当前宏观社会信用体系建设尚不完善的基础上，亟须构建一套适合付融宝成长链金融发展战略所必需的微观消费信用体系。通过微观消费信用体系，为成长链金融产品、风控、运营提供有力支撑。第二，数据架构体系设计。数据架构是支撑成长链金融基础设施体系的基础。成长链金融的产品、运营、风控等，将完全依赖于数据架构体系。数据架构体系需要进行深度底层设计，充分考虑到数据架构的维度、层级、逻辑、集成、安全等多个方面，注重数据架构设计在平台系统持续发展的过程中实现高内聚低耦合，切实保障成长链金融运营系统的重用性、维护性、扩展性。第三，核心技术体系研发。核心技术是支撑成长链金融基础设施体系中至关重要的一环。整个核心技术体系具体包括反欺诈技术、大数据挖掘技术、云计算技术、区块链技术、人工智能技术、机器深度学习技术等一整套核心技术体系。加大这一整套核心技术的研发并集成应用，将为成长链金融模式的打造和运营管理奠定良好的技术基础和技术保障。

（二）布局成长链金融全场景体系

成长链金融对传统消费金融的客户边界进行了最充分的延伸和拓展，通过全场景布局以提供终身性金融服务。因此，对于以场景为核心的成长链金融，找准和布局全场景体系显得尤为关键和重要。对消费场景模式的建立和布局可从以下两方面的合作进行有效借力：一方面，加强同业间合作。如消费金融公司积累了大量的消费信贷数据，加强与消费金融公司合作有利于拓展场景核心数据的维度和运行规律；保险公司是当前唯一具有自然人全生命周期的保险场景机构，加强与保险企业的合作将有利于布局保险场景模式。另一方面，加强跨界合作，与电商平台合作。电商系平台已基本涵盖了个人的吃、穿、住、行、用等生活场景，加强与生活消费类电商合作，有利于快速引导场景流量到自身平台，实现平台的弯道超车。通过以上两个方面的合作拓展和布局线上线下 O2O 全场景，借力挖掘和涵盖消费领域全场景并实现产品金融化，满足用户的全场景金融服务需求。

情景模式建立	挖掘新的场景并实现产品金融化

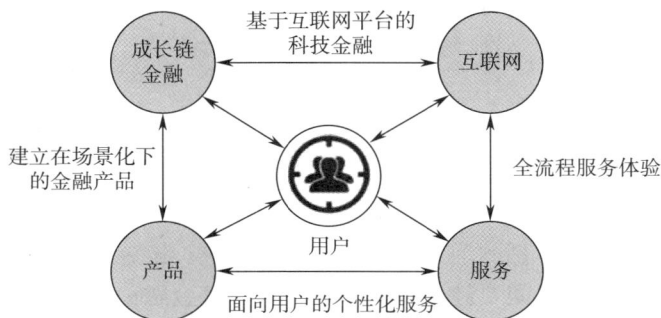

图4　成长链金融的场景化金融服务导图

（三）深耕成长链金融产品创新体系

成长链金融的产品体系依赖于个人消费者整个生命周期的收入水平、信用迁移、风险偏好、消费习惯等多因素的差异性和关联性进行综合决定，完全颠覆了传统金融产品创新体系。成长链金融产品创新体系需对用户群体年龄结构和特征进行分类，结合不同生命周期用户群设计不同的产品系列套餐、不同产品的营销方式、不同产品的体验模式，以精细化产品服务满足广大消费者用户的个性化需求。成长链金融的产品体系需要从横向成长阶段和纵向风险偏好两个维度进行精细化把握。一方面，从横向维度来看，用户在成长期、就业期、

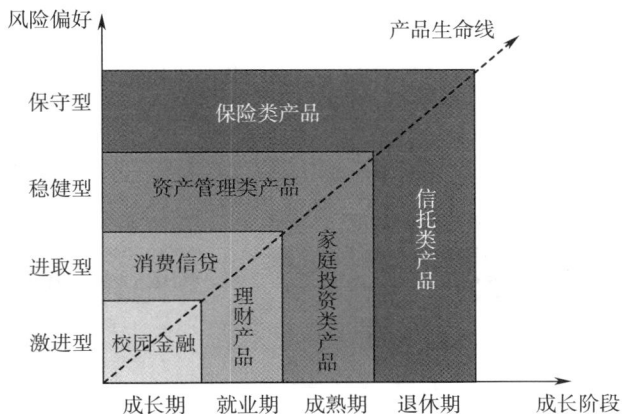

图5　成长链金融产品创新体系结构

成熟期和退休期的产品偏好各有差异；另一方面，从纵向维度来看，用户按照风险偏好可细分为激进型、进取型、稳健型和保守型，不同风险偏好的消费者用户对产品和服务的匹配类型各异。因此，成长链金融的产品创新需要依据自然人整个生命周期的偏好特征，以大数据挖掘为支撑，进行不断设计、反复迭代，以建立用户的终身黏性，从而实现定制化、全方位、终身性成长链金融产品服务体系。

（四）健全成长链金融风控体系

成长链金融本质是金融，金融的核心就在于风控体系的健全和完善。当前，传统的风险管理体系的理念、模型和手段与成长链金融的发展模式在很大程度上不能有效耦合，需要健全和完善适合成长链金融稳健发展的一套风控体系。具体而言，成长链金融风控体系需要树立逆周期授信风控理念、构建全生命周期风控模型、创新成长链大数据风控手段。（1）树立逆周期授信风控理念。树立逆周期授信风控理念是成长链金融的创新内核。成长链金融是基于自然人一生来考虑其授信的，在用户成长期、退休期（收入来源不足、信用基础较弱）需要阶段性过度授信；在用户就业期、成熟期（收入来源充足、信用基础较强）需要适度收缩授信。树立逆周期的授信风控理念，突破传统授信理念，平抑自然人一生的收入、信用与消费直接缺口的波动性，从而增强自然人一生的消费效用。（2）构建全生命周期风控模型。成长链金融的核心理念不同于传统金融的短期性，它是对自然人全生命周期内实行终身性授信服务。终身性授信服务决定了成长链金融需要构建全生命周期的风控模型。全生命周期风控模型的构建首先需要对风险因子、风险运行规律、风险周期波动等进行深入研究和挖掘，其次通过大数据对风险精准量化和度量，最后通过数理模型对成长链金融风险进行预警、缓释、对冲、化解。（3）创新成长链大数据风控手段。随着互联网大数据思维在传统金融和互联网金融领域的广泛运用

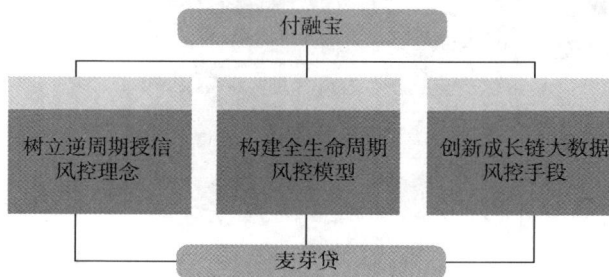

图 6　成长链金融风控体系结构

趋势，大数据逐步成为成长链金融风险控制的最好手段。一方面，从大数据场景应用角度对成长链金融数据进行横向拓宽和纵向延伸，形成消费大数据池；另一方面，从大数据分析角度对成长链金融的数据池进行挖掘和算法分析，形成数据挖掘风险、数据挖掘价值[3]。

（五）完善成长链金融用户体系

成长链金融用户体系是发展战略中支撑体系的重要组成部分，它直接影响和决定成长链金融平台运营的成败。完善成长链金融用户体系具体包括四大主要内容：秉持用户思维、关注用户成长、培育用户习惯、完善用户激励。第一，秉持用户思维。用户思维是互联网思维的核心，即"以用户为中心"的思维。在用户成长链的各个阶段，让用户参与到平台价值链的每一个环节中，从消费需求挖掘、培育到产品设计、研发、迭代等都需渗透用户思维。汇聚用户的思维，平台才能和用户实现共赢。第二，关注用户成长。成长链金融产品和服务满足用户一生的消费融资需求。用户在成长期、就业期、成熟期、退休期的每个阶段，其消费习惯、消费能力、消费信用、消费规律、情感沉淀等都在不断演进。将平台的发展与用户的成长演进自然融合成价值共同体，可大大增强用户黏性、活跃度、忠诚度，有效形成竞争壁垒，打造终身用户群。第三，培育用户习惯。对用户习惯的培育是挖掘用户价值、实现平台产品和服务创新的核心突破口。培育用户习惯，一方面，深度挖掘用户的潜意识行为来培养用户"隐性需求"，探究用户内心最真实的成长链产品诉求和服务诉求；另一方面，建立用户心理模型，给予用户心理暗示，降低用户使用成长链产品和服务的思维负荷。第四，完善用户激励。用户激励是成长链金融产品价值链条中的重要一部分，是增强用户黏性的有效手段。用户激励方式形式各异，需重点把握好以下几个方面：（1）用户激励需要建立在良好的用户体验基础之上，

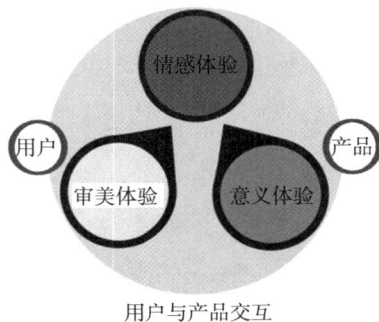

用户与产品交互

图 7 成长链金融的用户与产品交互

良好的用户体验是用户激励的基础；（2）用户激励需要对用户正确行为不断导向和强化，对用户错误行为不断弱化和纠正；（3）用户激励需要不断提升成长链金融产品和服务的迭代和创新能力。

（六）树立成长链金融品牌体系

随着金融市场化程度不断加深，金融产品和服务的优化升级，品牌作为衡量金融产品或服务发展程度的基本尺度，将成为未来金融生态环境下金融企业打造核心竞争力的一大利器。成长链金融作为布局全生命周期并将在未来的金融业态中极具成长性和创新性的业态模式，树立起成长链金融品牌体系在付融宝发展战略体系中显得尤具前瞻性。成长链金融的品牌体系将包括差异化的品牌定位、感染化的品牌文化和个性化的品牌推广三大方面，三者相辅相成、相互促进、相得益彰。（1）差异化的品牌定位。差异化的品牌定位有利于提升成长链金融品牌知名度，是适应未来新金融生态演进的需要。差异化的品牌定位需要符合消费者需要的形象，在公司发展战略中开始孕育，并伴随着公司的发展而成长、成熟。然后以一种始终如一的形式将品牌的差异与消费者的心理需要互联互通起来，通过这种方式将品牌定位信息准确传达给消费者，在潜在消费者心中占领一个有利的位置。打造成长链金融差异化的品牌定位具体途径可从目标消费者检析、竞品定位诉求检析、产品核心优势检析等方式进行探索和实践。（2）感染化的品牌文化。感染化的品牌文化是成长链金融发展的内在要求。成长链金融以自然人全生命周期为服务理念，塑造感染化的品牌文化是成长链金融的发展理念的有效秉承。感染化的品牌文化需要根据不同年龄阶层的题材主题，关注各阶层个人成长期、就业期、成熟期及退休期进行量身打造，并随着社会文化取向的演进而不断升级创新，以契合差异化的品牌定位，同时有助于个性化的品牌推广。（3）个性化的品牌推广。个性化的品牌推广是建立在差异化的品牌定位和感染化的品牌文化根基之上的。个性化的品牌推广需要围绕闭环消费生态圈，通过借助推广渠道、题材、工具、手段、内容持

图8　成长链金融品牌体系架构

续地与用户交流，增强成长链金融品牌资本的增值性与竞争性，引导客户终身选择。与此同时，品牌推广的效果将反作用于品牌定位，以此达到相互促进、相互契合。

参考文献

［1］陆岷峰，杨亮．关于成长链金融规律分析与对策研究［J］．南都学坛，2016（3）：3 – 9.

［2］陆岷峰，张欢．成长链金融产品创新现状与对策研究［J］．海南金融，2016（4）：31 – 36.

［3］陆岷峰，徐阳洋．关于化解成长链金融风险的战略研究［J］．湖南财政经济学院学报，2016（2）：31 – 37.

［4］黄小强．我国互联网消费金融的界定、发展现状及建议［J］．武汉金融，2015（10）：39 – 41.

［5］曹凤岐．互联网金融对传统金融的挑战［J］．金融论坛，2015（1）：3 – 6.

成长链金融产品创新现状与对策研究

陈军　　张欢[①]

一、引言

2015 年，中国 GDP 增长率跌破 7%，仅为 6.9%[②]，经济增长继续承压。作为金融机构业务新蓝海，个人金融业务将逐步取代存贷利差而形成新的利润增长点。当前，我国个人金融产品设计基本是建立在某一单独阶段基础上的，忽略了自然人各阶段的整体性，导致金融服务的时效性、动态性、满足性不足。成长链金融以自然人为研究对象，将自然人分为成长、就业、成熟及退休四个阶段，综合考量整个生命周期的阶段差异性和关联性，提供定制化、全方位、终身性的金融服务和产品，成长链金融解决了金融产品授信难题，满足了居民个性化、全方位、终身性的金融需求。

成长链金融产品创新发展具有四大优势。第一，"政策春风"不断刮来。"十三五"规划、供给侧结构性改革、普惠金融等一系列政策的出台，为成长链金融发展指明了方向。第二，市场潜力巨大。与美国相比，我国消费市场尚未饱和，消费信贷占国内信贷比重较低。第三，互联网金融的崛起。互联网金融满足了长尾客户的金融需求，互联网消费金融、互联网金融理财深受中青年客户青睐。第四，大数据的广泛运用。数据信息时代及高渗透性的信息技术背景下，个人的金融需求能实现低成本跟踪分析，并可实现分布式并行计算、动态扩展，对海量信息进行处理并及时反馈，大数据的广泛运用能够有效增强个

---

① 陈军，现供职于江苏国变电器股份有限公司。
　　张欢，南京财经大学金融学院。
② 中华人民共和国中央人民政府门户网站。

人金融服务的支撑能力。

近期，供给侧改革成为市场热点，供给侧改革特别强调了经济增长动力结构问题，应更多地依靠转型、创新，提供全方位、多层面的金融产品服务，提升金融服务效率，培育新的经济增长点，形成新的增长动力。在金融业转型升级背景下，必须大力推进成长链金融产品创新，针对创新过程中可能出现的问题，提出切实可行的对策建议，并前瞻性地将互联网思维运用到成长链金融产品创新中，为实现普惠金融添砖加瓦。

二、文献综述

成长链金融作为一个全新的概念，学术界对其研究相对缺乏。陆岷峰（2015）认为，成长链金融是基于整个生命周期，分为四个阶段，分别是成长期、就业期、成熟期、退休期，针对各阶段间金融需求、消费特征及信用水平的差异化与潜在关联性，为个人提供全生命周期的金融产品及服务。上述研究主要侧重于成长链金融理论，对产品分析停留在框架层面，缺乏系统性的分析研究。

但学术界对商业银行金融产品创新研究十分成熟。刘安霞等（2010）指出，我国商业银行金融产品创新存在整合度低、同质化竞争严重、产品创新主要是补偿性创新、产品体系不完善、产品研发效率不高五大问题。[1]郭赛君（2011）认为，我国商业银行创新金融产品种类少、层次低，互联网金融给金融产品的创新带来了机遇和挑战。[2]李维增（2011）认为，当前商业银行个人金融产品无法满足人们多元化的金融需求，在个人金融产品的创新上，仍旧没有健全的创新研发系统，进而分析了国外商业银行个人金融产品创新的成功经验，就国内商业银行加强结构治理、促进金融产品创新研发、拓宽电子信息系统的覆盖面提出对策。[3]

成长链金融产品具有个性化定制的特点，从成长期到退休期，提供有差别的金融产品。成长期主要为 24 岁以下的学生群体，而该阶段的金融服务主要是校园金融。陈文波（2015）认为，校园金融市场广大，2009 年银行的退出为互联网金融企业提供了机遇，并从风险控制、企业商业模式、企业管理分析了校园金融面临的问题。[4]魏青（2015）指出，由于学生用户缺乏延续性，消费冲动和价格敏感兼具，导致其难以规避用户短板，征信数据的缺乏导致信用风险、道德风险、操作风险频繁发生。[5]就业期为 25 ~ 40 岁人群，该阶段人群基本步入职场，主要金融服务需求为个人金融业务和消费金融业务。王芊

（2009）认为，随着居民收入的提高，越来越注重资产的保值增值，对专业理财服务的需求旺盛，但当前我国理财业务同质化竞争明显、门槛相对较高。[6]杨琦（2015）指出，互联网金融理财的崛起对传统理财业务冲击巨大，主要体现在营销模式的创新、营销渠道的创新、投资门槛的创新，互联网金融理财具有潜在客户群体数量大、营销对象范围广、经营成本低、服务效率高的优势。[7]成熟期、退休期主要为 40~55 岁的中老年人群，他们的子女开始走入社会，经济负担减弱，财富不断积累，财富水平、经验能力等均上升至巅峰状态，该阶段人群的主要金融需求为财富管理、家族信托、保险等金融产品。李君平（2014）认为，中年阶段，财富积累达到顶峰，财富规模的迅速扩张，标志着中国大财富管理时代的到来，私人财富管理成为市场追逐的热点。[8] Sue Tappenden（2009）认为，家族信托可以实现资产传承和保值增值、风险隔离的作用，并从经营模式、服务模式、业务创新、风险管理等方面提出了建议。[9]邱峰（2014）指出，家族信托是将财产交与信托公司保管，代为处理，并向指定受益人定期分配的一种财产管理方式。在成熟期和退休期，该阶段人群主要选择个人金融业务，更加注重财产的保值增值和顺利传承。[10]

综上所述，学术界对生命周期各阶段的金融产品研究已经相当深入，但设计的金融产品只考虑当期的信用状况，将自然人成长各阶段割裂开来分析，忽略了各阶段间的整体性与关联性，缺乏整体优化思维，缺乏专门性、系统性的研究。本文的创新点在于，在成长链金融发展背景下，设计的金融产品更加注重自然人整个生命周期的整体性、互联网金融工具的运用和终身客户的服务理念。

三、成长链金融产品创新发展的现状和存在的问题

（一）成长链金融产品创新发展的现状

1. 竞争环境激烈。2014 年以来，校园金融开始席卷校园，校园分期平台纷纷涌现，争夺这一蛋糕。在个人金融业务领域，商业银行一家独大，但券商、保险、基金、互联网金融企业也在不断推出"类个人金融"产品，向客户提供全方位的、个性化的金融服务，消费金融作为新兴领域，也要面临来自银行、电商、互联网金融企业的激烈竞争。在成熟期和退休期，该阶段人群的主要金融需求为财富管理，但财富管理业务参与主体众多，商业银行、券商、保险、基金、外资银行等金融机构和互联网金融企业纷纷踏入财富管理这片蓝海，竞争空前激烈。在成长链金融各个生命周期阶段的金融服务皆有众多主体

参与竞争，竞争环境激烈，倒逼成长链金融产品创新，走差异化、细分化、垂直化道路。

2. 产品缺乏创新。当前市场上，个人金融、消费金融、财富管理都无法摆脱同质化竞争的弊病，虽然参与主体众多，但产品设计、营销模式、风控体系大同小异。比如个人金融产品，四大行个人金融业务同质化竞争严重，产品缺乏创新，没有健全的创新研发系统，市场定位不够明确，创新的智力和技术储备滞后。成长链金融产品是以个人金融产品和消费金融为基础，综合考量整个生命周期的信用状况，为客户提供与整体信用水平相符合的金融产品，要想在激烈的市场竞争中取得先机，必须精耕细作，走差异化发展道路，创新研发与客户需求相适应的个人金融产品。

3. 风控模式亟须重构。校园金融和消费金融是当前市场热点，但校园金融存在明显的缺陷。校园金融的主体是学生，学生消费具有冲动、不理性的特点，还款能力有限；而且，校园分期平台推销的产品日趋奢侈化；再者，校园金融规模扩张后，用户群体下沉，贷款质量下降，更是对风控体系提出了更高的要求。由于我国征信体系不完善，消费金融也面临风控体系建设不完善的问题。随着消费金融公司试点扩大到全国，可以预见，消费金融将会掀起井喷式发展狂潮，风险也将会不断积聚。成长链金融是基于整个生命周期的综合授信，以个人金融产品和消费信贷产品为基础，而且，在成长期和就业期，授信水平会高于现有授信水平，导致过度授信问题，对风险体系提出了严峻的挑战，风控体系的重构刻不容缓。

（二）成长链金融产品创新存在的主要问题

1. 产品设计难度大。成长链金融强调对个人进行一次性终身授信，并不断动态调整。在成长期，由于该阶段人群无收入，但消费需求旺盛，按照成长链金融理论，未来就业期和成熟期，自然人的收入将会大幅上升，应在现阶段金融机构授信基础上提高授信额度，满足成长期人群的消费需求。但如何上浮授信额度，上浮多少，依据什么上浮，是否可以量化都是产品设计中的难题。如果授信额度上浮比例过大，而又没有好的风控体系，极易引发信用风险。

2. 风险不断积聚。成长链金融始于成长期，成长期恰恰是无收入（收入较低）的阶段。该阶段人群主要以学生为主，学生主要为消费需求，但学生群体消费较冲动，风险意识不强，并且，如今的校园分期平台推出的产品日趋奢侈化，包括上万元的首饰、箱包，校园分期平台狂轰滥炸的营销攻势很容易刺激学生的消费需求，学生缺乏辨别金融产品的能力，提高该阶段人群的授信额度，相当于杠杆化操作，风险不断上升。

3. 人才队伍建设落后。成长链金融作为一个全新的概念，产品相较于个人金融产品和消费信贷产品更为复杂，特别是在互联网高速发展背景下，"互联网＋金融"产品成为趋势，面临的风控、营销、产品设计、商业模式也将会更加复杂。各行各业的创新发展都离不开人才的智力支持，必须培育出一批了解金融、计算机、法律、会计知识的综合型人才，为设计成长链金融产品提供基础，实现跨界融合发展，在复杂的竞争环境中，形成自身的竞争优势。

四、成长链金融产品创新发展对策

（一）成长链金融产品创新整体思路

成长链金融将自然人划分为成长、就业、成熟、退休四个阶段，根据南京财经大学中国区域金融研究中心对 10 000 人的网络抽样调查（如图 1 所示），收入线与授信需求的差即为授信补偿线。成长期主要为学生群体，无收入，但是有消费需求，应该获得授信补偿，相应的为其提供消费信贷产品。就业期虽然有收入，但收不抵支，仍需要授信补偿，也应主要提供消费信贷产品。在成熟期和退休期，财富水平达到巅峰，收入超过支出，授信补偿为负，即主要为该阶段人群提供个人金融产品，比如财富管理、家族信托、保险等。

成长链金融是基于整个生命周期，综合考量各阶段的收入、需求，为其提供一次性的授信，并不断动态调整（如图 1 所示）。一次授信线表示综合自然人整个生命周期的收入和授信需求，用未来的预期收入弥补当期的信贷需求，满足自然人的金融需求，提高金融资源配置效率。可以看出，成长期和就业期的授信线处于很高的水平，超过了个人的授信需求，完全能够满足个人的金融需求；在成熟期和退休期，授信线低于授信需求，但该阶段人群的财富已经达到顶峰，收入可以覆盖授信需求，实际也就不需要太高的授信。

基于上述分析，成长链金融产品设计应根据不同生命周期阶段而有所差异。如表 1 所示，成长期和就业期侧重于消费信贷产品，比如消费金融、校园金融、低端理财产品；在成熟期和退休期，更加侧重个人金融产品，比如资管类产品、信托产品、保险产品等。但是也应该看到，由于成长期和就业期授信线处于高水平，存在潜在风险，需不断完善风控体系。

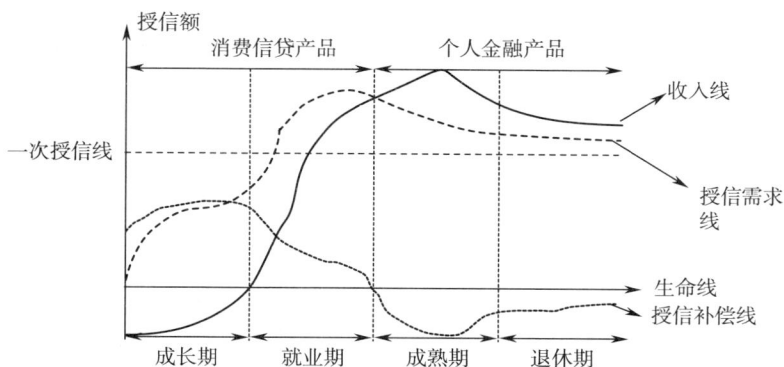

图 1 收入与授信需求的 10 000 人网络抽样调查分析

表 1 成长链金融下自然人各阶段金融需求及产品设计

阶段	理财风格	金融需求	核心产品	保险产品	主要服务渠道
成长期	保守型	转账、汇款、提前消费需求较多，助学贷款、耐用消费品贷款和留学贷款	信用卡、互联网金融、校园金融、消费金融	意外险、医疗险	网上银行、手机银行、自助设备
就业期	进取型	消费频繁，购房、购车需求强烈，资产增值愿望迫切	消费贷款、住房贷款、购车贷款、互联网金融、股票、开放式基金	医疗险、重大疾病险	电话银行、网点柜面、自助设备、网上银行
成熟期	稳健型	注重投资安全性，保险支出增加，二次置业需求，为退休生活做准备	理财秘书服务、保管箱、自助贷款	投资分红型保险、意外险、健康险、养老保险	专业客户经理、贵宾窗口、电话银行
退休期	温和保险型	资产存管，追求风险较低的投资收益产品	存折存单、遗产信托、自助缴费服务、旅游服务	医疗保险、健康险	人工服务、电话银行、贵宾窗口

（二）成长链金融产品创新策略

1. 以客户为中心，走差异化发展道路。成长链金融强调个人金融需求的重要性，在生命周期的各个阶段，个体的金融需求是有差异的，成长期和就业期对信贷产品更加偏好，而在成熟期和退休期，对个人金融产品需求旺盛。在互联网技术高速发展的背景下，金融服务参与主体日益增多，互联网金融的崛起颠覆了传统的金融业务，打破了以商业银行为主体的金融垄断局面，互联网消费金融、互联网理财等业务对传统金融格局冲击明显。[11]成长链金融参与主体必须坚持"以客户为中心"的发展理念，设计的金融产品应满足客户的个性化需求，比如消费金融、校园金融、财富管理产品。同时，应坚持差异化发展理念，深挖农村市场，为农村提供特色消费信贷产品，比如"三农"消费信贷产品，释放农村地区的消费活力，提高服务质量，践行国家普惠金融发展理念，通过提高消费形成新的经济增长点。

2. 优化产品创新流程，提升产品研发效率。传统的消费信贷产品和个人金融产品设计分为六个步骤，分别是市场调研、设计产品、产品初步体验、发布产品、评估、完善。在当前激烈的竞争环境下，金融产品研发周期越长，往往在竞争中劣势越明显，必须优化产品创新流程。如图2所示，产品设计和产品初步体验可以合二为一，有能力的企业可以创建"产品设计模拟平台"，为体验型客户、技术人员和产品项目组成员提供信息交流、模型改进的平台，在体验过程中更好地设计产品，通过引入客户体验工作机制，深入研究和分析客户的需求，最大限度地满足客户现实或潜在需求、解决客户问题，给客户带来更多价值。当产品发布后，通过互联网平台的交互性不断完善产品，提高产品研发效率，最大限度满足人们个性化金融需求。

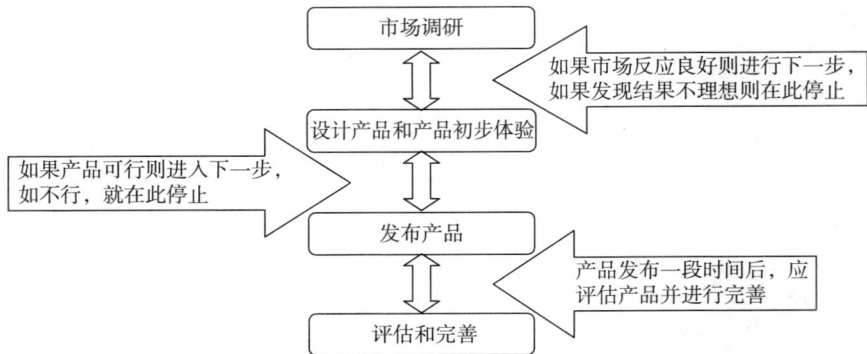

```
          ┌──────────────┐
          │   市场调研    │
          └──────────────┘
                 ⇕          如果市场反应良好则进行下一步，
                            如果发现结果不理想则在此停止
      ┌────────────────────────┐
      │  设计产品和产品初步体验  │
      └────────────────────────┘
  如果产品可行则进入下一步，    ⇕
  如不行，就在此停止
          ┌──────────────┐
          │   发布产品    │
          └──────────────┘
                 ⇕          产品发布一段时间后，应
                            评估产品并进行完善
          ┌──────────────┐
          │  评估和完善   │
          └──────────────┘
```

图2 成长链金融产品设计开发流程

3. 注重创新人才培养，健全创新激励机制。行业间竞争的加剧、经济形势的不断变化导致对复合型、高质量的人才需求十分旺盛，成长链金融产品创

新发展离不开人才的智力支持，亟须构建人才驱动创新发展新模式。可通过"外引内训"的方式加强人才队伍建设。一方面，国外消费金融、财富管理等金融业务开展时间较长，形成了一批专业化、高素质的人才队伍，可通过"引进来"的方式高薪聘请国内外具有金融、会计、法律、计算机知识的复合型、专业型人才。另一方面，可选拔内部人员到国外具有资深消费信贷和个人金融从业经验的金融机构、科研高校进行深造学习，通过"走出去"的方式提升创新业务操作水平，形成自己的人才队伍，培育出一批风控意识强、业务操作能力强、创新意识强且能够与时俱进的综合型人才。[12]成长链金融参与主体需要建立完备的创新激励机制，对产品创新的评价，侧重产品对收益的贡献度，而不是片面地追求绝对数量，通过良好的创新激励机制，为实现成长链金融创新发展提供支持。

4. 树立风险意识，深入应用风险管理理念。由于成长链金融产品建立在对历史信息数据分析及未来情况预测的基础上，对于个人金融需求变化，尤其在信用水平方面的预测判断上存在一定风险，消费金融和校园金融产品都面临信用风险。因此，应构建风控预警体系，防控成长链金融风险，提升个人贷款授信效率与收益。首先，以个人信贷消费为轴心，充分利用客户数据库资源。基于个人客户的融资产品、资金用途、贷后管理及信贷风险传导等方面，建立全口径的个人客户金融需求、消费特征及信用风险的一体化监控视图，实施分层、分类、分级的专项分析与预警。其次，健全个人信用评价体系，提升高效性与科学性。[13]应充分利用信用卡及网上交易的信息支撑，优化风险指标系统，强化风险交易的实时监控机制，加强重点业务的风险监测及预防，实现个人风险的及时预警和响应处置，不断强化风险管理理念。

5. 贯彻国家政策，积极实施"互联网＋"发展战略。随着"互联网＋"上升为国家战略，各行各业都掀起互联网思维运用的狂潮，纷纷借力互联网促发展。成长链金融产品试图打造新的利润增长点，创新金融服务，响应大众创业、万众创新的号召，实现普惠金融。互联网金融的崛起，形成了多种金融业态，互联网消费金融、互联网金融理财纷纷涌现，而我国传统的消费信贷产品没有充分结合互联网思维，跨界发展意识淡薄，亟须革新发展理念应对互联网冲击。互联网具有交互化、普惠化的特点，为各方搭建起低成本、高便利的平台，必须借助互联网思维，以客户为中心，以平台为切入点，用开放的视角拓展产品边界，不断实现跨界融合，创新业务模式，拓宽销售渠道，增强客户黏性，更好地为个人提供投融资服务，同时，凭借互联网低成本的优势，降低企业运行成本，促进成长链金融持续发展。[14]

6. 以提高竞争力和品牌价值为目标，构建产品创新体系。长期以来的金融压抑严重阻碍了金融资源的优化配置，使得长尾人群的金融需求无法得到满足。近几年，互联网金融异军突起，弥补了长尾客户的金融需求，消费活力充分释放，但行业野蛮发展的同时，企业竞争力不强、同质化竞争等问题十分严重，比如校园分期平台爆发式的增长，但产品大同小异，这些平台缺乏长远发展战略，单纯追求眼下利益，忽略了品牌建设的重要性。一般而言，投资者选择金融产品不应是轰炸式宣传的结果，而应源自客户的信赖，通过品牌效应吸引投资者，增强客户黏性，形成稳定的客户群体。可通过与国外先进银行和相关领域成熟企业建立战略合作关系，加强业务交流，通过构建核心竞争力提升品牌价值，构建产品创新体系。

五、结论与建议

成长链金融是基于整个生命周期，综合考量各个生命阶段的信用状况，进行一次性授信，并不断动态调整的过程，具有服务定制性、客户终身性、金融工具整合性以及信用评价动态性等特点，能够实现个人金融业务的创新升级，将成为传统个人金融业务转型的着力点，同时，也能够释放消费活力，对打破长期以来的金融压抑有重大意义。成长链金融作为新概念，市场前景广阔，"十三五"规划、供给侧改革、普惠金融为成长链金融发展创造了有利的政策环境，居民收入水平的持续提升打下了经济基础，互联网金融的崛起催生了多种金融业态，消费金融和校园金融的爆发式发展为成长链金融产品创新提供了思路，互联网、大数据技术的广泛应用为产品风控体系的构建奠定了基础。为进一步推动成长链金融产品创新，首先，要加快消费金融、校园金融等领域的法律制度建设；其次，要加强投资者教育，培养具有成熟消费理念的学生群体；最后，产品创新发展必须结合中国国情，走中国特色的创新道路。

参考文献

[1] 刘安霞，陈昭旭，李晓彪. 我国商业银行金融产品创新现状及对策研究 [J]. 科学决策，2010（2）：42-49.

[2] 郭赛君. 我国商业银行金融产品创新策略探讨 [J]. 海南金融，2011（4）：77-79.

［3］李维增. 商业银行个人金融产品若干问题研究——以个人金融产品的创新为视角［J］. 现代商业，2011（35）：30.

［4］陈文波. 浅析校园金融的现状、问题及对策［J］. 科技经济市场，2015（12）：191－192.

［5］魏青. 校园分期：看上去很美［J］. 大众理财顾问，2015（11）：42－43.

［6］王芊. 我国个人理财业务的发展现状及思考［J］. 黑龙江对外经贸，2009（2）：127－128.

［7］杨琦. 互联网金融理财产品的创新优势及发展探究［J］. 金融与经济，2015（5）：44－46.

［8］李君平. 私人财富管理研究述评与展望［J］. 外国经济与管理，2014（8）：73－81.

［9］Sue Tappenden. The Family Trust In New Zealand and the Claims of Unwelcome Beneficiaries［J］. Journal of Politics and Law，2009（4）：20－24.

［10］邱峰. 财富传承工具之抉择——家族信托模式探析［J］. 新金融，2014（12）：34－38.

［11］陆岷峰，杨亮. 互联网金融驱动实体经济创新发展的战略研究［J］. 湖南财政经济学院学报，2015（6）：5－11.

［12］刘雯隽. 浅析互联网金融理财产品现状及未来趋势［J］. 中国集体经济，2014（24）：81－83.

［13］陆岷峰，张玉洁. 商业银行资产证券化的风险特征与管理对策［J］. 江西金融职工大学学报，2010（3）：7－10.

［14］王婷婷，张欢. 基于互联网金融的家族信托模式创新研究［J］. 湖北经济学院学报，2015（5）：31－35.

互联网思维模式下的校园金融创新与优化

——基于个人成长链金融理论框架研究

陈淑军　　虞鹏飞[①]

一、引言

互联网金融对传统金融渗透力的逐步增强以及大数据分析技术的不断进步，成功地实现了个人消费者金融需求、信用水平、经济能力等信用信息的实时跟踪与全方位分析，基于自然人全生命周期的成长链金融模式应运而生。个人消费者在成长、就业、成熟及退休四个阶段的内在联系被重新激活，极大地刺激了金融消费者的现实购买力、拓展了个人消费金融业务的发展空间。而随着居民生活水平的不断提高，传统的消费观念也逐渐向信用消费、超前消费转变。在学生群体巨大的消费需求和资金需求的带动下，校园金融作为成长链金融在个人成长前期的一种典型模式，逐渐成为推动消费升级与经济增长的新动力。然而，当前校园金融市场局限重重。一方面，传统金融机构的市场布局不足导致了学生资金渠道单一，供需不匹配矛盾尖锐；另一方面，现有平台的缺乏创新与无序竞争制约了其健康发展。其中部分 P2P 平台采用虚假宣传的方式诱导学生过度消费，造成不良影响，教育部与银监会联合发布《关于加强校园不良网络借贷风险防范和教育引导工作的通知》，开始加大对不良"校园贷"的整治力度。因此，基于个人成长链金融的创新理念，探索兼顾创新与规范的校园金融发展模式刻不容缓。

---

① 陈淑军，现供职于江苏中地控股集团。
虞鹏飞，供职于江苏银行总行营业管理部。

"十三五"规划建议出台，互联网金融被首次写入国家发展五年规划建议中，要求"规范发展互联网金融"，标志着互联网金融迈入规范发展新时代，发展空间不断拓展。以 P2P 网贷发展为例，根据网贷之家统计数据显示，2015 年全年的累计成交量达到 9 823.04 亿元，较 2014 年增长 288%，历史累计成交量超过 13 万亿元。从网贷平台的投融资人数来看，截至 2015 年 12 月，活跃投资人数达到了 298.02 万人；借款人数达到了 78.49 万人，环比 11 月增长了 9.11%，P2P 网贷正逐渐成为金融消费者最主要的理财方式之一。① 除此之外，互联网众筹、互联网理财等新型互联网金融模式发展迅猛，成为全行业新的爆发点。互联网金融对传统经济金融渗透力的逐步增强，刺激了金融消费者的现实购买力，使得更具规范性的互联网金融融入校园金融发展模式成为可能。一方面，大学生信用卡被监管叫停，成为互联网金融介入校园金融填补空白的现实基础；另一方面，互联网、大数据等新技术发展为校园金融的产品创新提供了技术条件。校园金融产业的互联网化成为行业发展的必然选择。因此，在新形势下探索基于互联网思维的校园金融发展路径，对于优化校园金融发展、促进消费经济升级具有重要战略意义。

二、文献综述

在消费金融领域，关于成长链金融的研究是一门前沿学科，是以自然人为研究对象，以终身授信为核心理念的个人金融服务总称，在融合互联网金融、消费金融、生命周期理论等多门学科的基础上，综合考虑全周期各阶段的金融需求与信用水平，通过多样化金融工具熨平金融需求的生命曲线波动。[1] 它是由陆岷峰在 2016 年首次提出的一种个人消费金融新理念。该概念一经提出，便受到了学术界的广泛关注和普遍认同，并逐渐成为一项新型的研究热点。目前，在成长链金融的相关研究成果中，其概念界定、发展特征、产品创新以及风险管理、品牌战略等方面的研究已经逐步成熟。陆岷峰、张欢（2016）认为，成长链金融在发展过程中同样存在着严重的产品同质化、产品设计难度大、人才队伍建设落后等问题。因此，必须坚持以客户为中心的理念、优化产品创新流程、加强专业化人才队伍建设、积极落实"互联网+"战略来提高品牌价值，实现成长链金融产品模式的战略创新。[2] 同时，陆岷峰、徐阳洋

---

① 网贷之家、盈灿咨询《2015 年中国网贷行业年报》。

（2016）也指出，以凯恩斯有效需求理论和持久收入假定为理论依据的成长链金融对自然人实行终身授信，虽在一定的授信期满足了个人消费的有效需求，但也不可避免地导致金融风险暴露，此时，在充分揭露风险的基础上建立一整套基于大数据的风险管理制度体系至关重要。[3]

成长链金融作为连接个人消费与金融服务纽带的一种创新模式，对推动消费升级和完善金融服务体制的重要性逐渐凸显。已有研究从不同的角度对成长链金融的概念内涵及发展原理等内容进行了有益的探索，奠定了中国成长链金融模式研究的基础。个人成长链金融在个人消费特征、金融需求以及风险偏好差异性的基础上，将自然人分为成长、就业、成熟及退休四个阶段。[1]其中，基于个人成长期授信的校园金融作为形成成长链金融最关键的阶段，在发展过程中长期受忽略，传统金融机构的市场布局以及现有平台和产品无序生长导致校园金融模式发展缓慢。在金融创新与技术进步的双重因素作用下，互联网金融逐渐成为服务中小微客户、提高金融资源配置效率的重要力量，同时也为校园金融模式创新创造了新的机遇。进入"十三五"规划期，在多重改革任务叠加的背景下，中国经济发展正面临着严峻的紧缩压力，基于互联网金融理念创新校园金融模式对于促进消费经济增长意义重大。

三、校园金融市场发展现状

（一）校园金融发展机理分析

成长链金融产品具有个性化定制的特点，从成长期到退休期，提供有差别的金融产品。成长期的主要客户多为年龄 24 岁以下的大学生群体，该阶段的金融服务主要侧重于个人消费信贷。而校园金融正是成长链金融在个人成长期创新授信模式的核心业务。校园金融的一般含义是指专门服务于年满 18 周岁的在校大学生的消费金融，包括消费分期、学生信贷等服务。例如，付融宝联合麦芽金服数据科技公司共同推出的创新型校园金融产品——麦芽普惠，通过在线信审、大数据挖掘与分析等科技手段提供快捷小贷，有效地解决了学生在成长期的各类场景中资金供给不足的难题。

如图 1 所示，成长链金融基于个人全生命周期进行一次授信、适时调整，用未来的预期收入弥补当期的信贷缺口，满足自然人终身资金需求。然而，由于个人成长期收入水平极低，几乎为零，但是消费需求却很高，导致授信曲线远高于收入曲线，潜在风险巨大。在传统风控模式下，金融机构难以预测个人消费者的违约概率，极容易遭受损失。

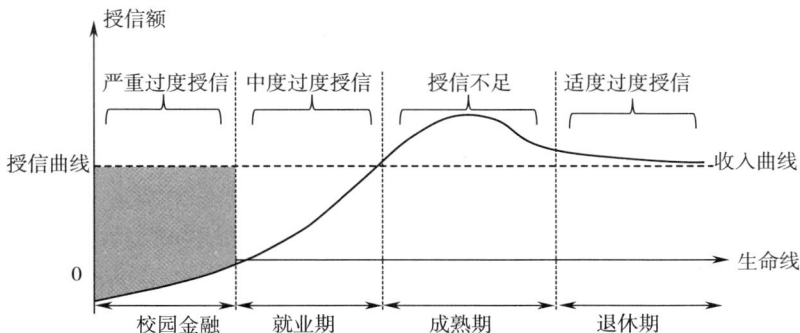

图1　基于成长链金融理念的校园金融授信曲线

（二）校园金融市场规模分析

中国经济持续稳定增长，城乡居民消费需求保持强劲的增长势头，据国家统计局数据显示，中国社会消费品零售总额从 2011 年的 18 万亿元增长至 2015 年的 30 万亿元。"十三五"期间，随着全面深化改革的不断推进，刺激消费的相关政策继续发挥作用，居民消费观念将进一步升级。在互联网思维与技术进步的影响下，以学生金融为代表的校园金融消费需求逐渐受到重视，各类资本、电商平台纷纷入局，校园金融将成为消费金融新的蓝海。

1. 师生消费金融市场发展潜力巨大。长期以来，师生消费金融市场作为校园金融的主体部分在持续扩大，尤其是学生金融庞大的消费需求催生的巨大市场，正逐渐成为各大金融供给商争夺的焦点。一方面，学生群体独特的消费特征与资金结构催生了巨大的消费需求。学生资金来源于父母生活费，单一而量少，急需额外资金来解决数码 3C 产品及娱乐交际的消费矛盾。Analysys 易观智库调查数据显示，大学生群体呈现出较高的分期消费使用意愿，超过 67% 的学生乐意使用校园分期等产品。另一方面，大学生巨大的客群基数为校园消费金融的增长创造了空间。① 国家统计局数据显示，2014 年全国各级各类学历教育在校生为 2.48 亿人。其中，普通本、专科在校生达 2 547.7 万人，研究生 184.8 万人。若按在校大学生每人每年需要 5 000 元的标准来估算，学生消费金融市场规模可达数千亿元人民币量级。此外，教师金融作为校园金融的

---

① Analysys 易观智库《2016 中国校园消费金融市场专题研究报告》。

重要组成部分也在不断扩大。根据教育部发布的《2014 年全国教育事业发展统计公报》显示，2014 年全国各级各类学校专任教师 1 515.3 万人，比 2013 年增长了 2.61%。教师作为高素质人才，不仅具备创新思维、乐于接受新型消费观念，同时也具有学生群体所缺乏的社会性特征，更能明辨收益与风险的关系，对于规范校园金融发展更具引导作用。

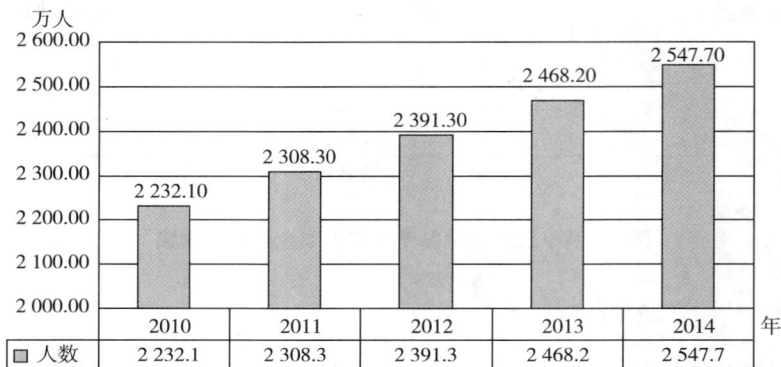

数据来源：国家统计局：《国民经济和社会发展统计公报》（2010—2014 年）。

图 2　2010—2014 年中国高校在校大学生增长趋势

2. 非财政性教育投资缺口巨大。中国始终坚持教育优先发展战略，高度重视财政教育投入，并先后出台了一系列加大财政教育投入的政策措施。然而，目前全国教育投入仍显不足，国家财政性教育经费占 GDP 比重始终偏低，远不及英、美等发达国家。根据教育部、国家统计局、财政部联合发布的《2014 年全国教育经费执行情况统计公告》显示，2014 年国家财政性教育经费为 26 420.58 亿元，占 GDP 比例为 4.15%。相较而言，目前这一比例的世界平均水平为 7% 左右，其中发达国家更是达到了 9%，欠发达地区也达到 4.1%。我国财政性教育投资占 GDP 的比重相比世界平均水平尚存在 2.85 个百分点的差距，与发达国家差距高达 4.85 个百分点。以我国当前的财政性教育投资总量计算，如果要达到世界平均水平，资金缺口大约为 1.81 万亿元，如果要达到世界发达国家水平，资金缺口高达 3.09 万亿元，如此巨大的教育投资缺口也成为传统金融与互联网金融未来投资的方向。

（三）校园金融发展问题分析

大学生是一类较为特殊的消费群体，思想开放、具有庞大的消费潜力，是中高端商品消费主力，但是当前资金来源的匮乏在很大程度上限制了大学生群体的购买力。考虑到大学生在未来工作时具有较强的还款能力，发展校园金融成为解决学生当前资金供需矛盾的主要手段。然而，就目前市场发展现状而言，国内校园金融发展中还存在传统金融布局不足、现行金融产品单一、发展不规范等一系列问题。

一是传统金融市场布局不足，央行缺乏大学生信用信息数据。中国千万级规模的在校学生蕴含着庞大的市场，商业银行等传统金融机构的布局不足给互联网金融平台介入校园金融提供了机会。大学生信用卡自2004年兴起，银行市场份额曾一度攀升，在一定程度上解决了大学生资金短缺问题，但是由于学生理财能力差、信用观念淡薄，各种信用违约事件相继发生。因此，自2009年银监会下发《关于进一步规范信用卡业务的通知》后，大学生信用卡业务被叫停，学生金融市场出现短暂空白。此后，部分银行虽仍然推出大学生信用卡，但信用额度极低、授信严格，要求获取具有偿还能力的第二还款来源书面担保。现农业银行已经停止学生信用卡"优卡"的发行，而像浦发银行高校学生青春卡之类的信用卡虽仍在发行，但无父母担保时透支额度为零，难以满足处于消费需求旺盛期的大学生群体，校园消费金融发展呼唤新的出路。

二是现有校园金融产品单一，缺乏用户延续性与创新性。当前校园金融服务主要包括满足学生购物需求分期购物平台、用于大学生助学的贷款平台以及为学生提供实习、兼职的增值服务三种简单模式，虽然在一定程度上满足了学生的消费需求，但是由于缺乏创新、产品层次较低，同质化现象较为严重。产品着眼于大学生就学阶段，缺乏消费场景的拓展，导致学生用户群出现毕业即流失、消费高额低频等问题。例如，最早于2013年1月以及2014年3月上线的分期乐、趣分期两家大学生分期平台，都是自建P2P理财平台，通过商家入驻或部分自营的方式为大学生网上购物提供分期服务，缺乏产品多元化。

三是校园金融发展初期，行业不规范竞争问题较为严重。当前，国家监管层面对于校园消费金融发展的态度不明，缺乏校园消费金融平台运行资质及类虚拟信用卡合规性内容的相关规定，导致大学生金融市场的低门槛、信息披露不透明问题频发。部分不良平台采用虚假宣传、隐瞒实际收费标准的违法手段，诱导学生过度消费，甚至陷入"高利贷"陷阱，带来极为不良的社会影响。此外，多数平台仍以线下推广为主，运营成本较高，行业发展可持续性面临挑战。因此，运用规范化手段，优化校园金融、规范市场秩序，对于维护平台与学生的合法权益至关重要。

四、基于互联网思维的校园金融属性分析

互联网金融的发展弥补了中国传统金融行业在校园金融服务中的空白，有利于形成高效的消费金融体系。[4] 运用互联网金融发展校园金融，不仅是创新校园金融发展的现实需求，更是互联网金融拓展新型发展空间的机遇。学生群体具有的创新性、流动性、扩散性、成长性等独特属性，为校园金融与互联网金融的融合发展奠定了基础。

（一）互联网金融与校园金融具有融性基础

客体特征决定了产品需求特征，需求特征决定了市场特征。校园金融的特征由学生客群的特征所决定，与互联网金融之间存在相互融合的属性基础。互联网金融实质上是对银行传统业务涉及较少或尚未涉及的领域进行补充，[5] 将"长尾理论"成功运用到业务中，从客观上为互联网金融介入校园金融市场奠定了基础。学生客群具有创新性思维，消费观念趋于开放，对互联网金融等新兴事物具有浓厚的兴趣。学生客群的这种对于新事物发展的推动作用形成了互联网金融与校园金融相互融合的基础。在投资、理财、借款需求难以得到满足的时候，学生更容易接受互联网金融这种便捷的金融服务和产品。因此，学生群体独具创造性的本质从主观上为互联网金融与校园金融的融合创造了条件。

（二）互联网金融与校园金融具有黏性基础

学生群体具有成长性和延续性，主要表现为学生从基础教育到大学的学习过程以及从就学到毕业之后的社会过程。在这两个过程中，学生对服务和产品的认同感逐渐加深并产生永久性影响。如何把握学生客群需求的延续性和永久性是提高校园金融发展持续性的关键。互联网金融在提高用户黏性方面，具有传统金融难以比拟的优势。在大数据分析的基础上，互联网金融运用用户思维有效地挖掘出客户的需求特征，并有针对性地提供一对一的服务来实现精准营销，有效地弥补了传统校园金融在缺乏学生客群服务延续性上的不足。在学生不同人生阶段为其设计不同的产品，针对不同的家庭情况提供不同的服务。以全方位、个性化服务突破学生大学四年的服务时限，从学生的基础教育阶段一直持续到其走入社会，减少学生毕业即流失的现象。因此，学生客群的成长性与互联网金融的用户黏性优势成为创新校园金融模式的重要保障。

（三）互联网金融与校园金融具有散性基础

学生群体的流动性是扩大校园金融市场影响范围的核心。学生群体是最具流动性和扩散性特征的年轻消费群体，这种流动性是由学生群体的地理、文化构成的复杂性决定的。基础教育阶段的学生大多受同一地区的文化、教育影响，群体传染性程度较高，有助于校园金融产品在某一特定地域的扩散和流动。相对而言，高等教育阶段的学生群体来自五湖四海，人员之间相互流动。由于学生思维活跃，接受新事物能力较强，在完成学业之后可能会分散到各个不同的地区，带来良好的金融产品扩散效应。而相对于上班族和个体户理财用户，学生客群资金需求少、理财流动性要求高，是典型的长尾客户。具有流动性和扩散性特征的校园金融与高效、便捷的互联网金融结合，能够有效地推动校园金融突破只服务于学生的局限性，拓展更具广阔性的毕业生消费场景。

（四）互联网金融与校园金融具有恒性基础

校园金融的恒性特征是成长链金融理念在个人成长期的具体反映，主要表现为大学生信用能力的长期性和恒久性，增强了学生信贷的可行性。互联网时代的信用贷款应基于逆周期授信理念，从学生客群的终身角度开展服务。在国家建立社会征信体系的大环境下，考虑到未来的工资收入与消费水平，大学生并不会因为当前的少量坏账而影响未来的信用能力，学生信贷和消费金融产品完全可以突破时间和空间的限制。此外，学生家长及学校的社会声誉往往对学生贷款起到了隐性担保作用。当学生无法如期还款时，家长为了不影响孩子的学业及前途，通常都会代其偿还贷款，降低了坏账的发生率。同时，学生还可以通过课外兼职和实习获取一定收入用于还款。因此，把握学生客体的成长性，从一生的角度来对学生客户进行信用评级和信用判断，是提高成长链校园金融发展持续性的关键。

五、基于互联网思维的校园金融发展路径选择

面对互联网金融崛起所带来的金融生态环境变化，传统校园金融市场迎来一次跨越式的发展机遇。明确互联网金融与传统校园金融模式在服务上的互补，互联网金融企业逐渐重视被传统金融抛弃的年轻群体。探索与校园金融模式的结合点，成为互联网金融企业挖掘新兴市场的关键。

（一）以校园消费金融为服务主体，兼顾教育投资市场

从校园金融的两大部分来看，互联网金融重点涉入的应是师生消费金融市场，而非教育投资市场。政府作为传统助学贷款双方的隐性担保者，制定了一套较为完整的学生贷款体系，来保证金融资源在非政府性教育投资市场上的合理流动。银行用于弥补政府性教育投资缺口而开展的学生助学贷款等金融业务已较为成熟。因此，互联网金融企业应开发师生消费金融市场。一方面，以服务学生群体为主体，除提供传统的消费信贷与校园分期产品之外，拓展校园周边场景（旅游、课外培训和医疗美容）与毕业后消费场景（结婚、买房装修等）。同时，积极推动学生消费资金供给端的多元化，将学生消费债权转让给银行、企业、商家等资金端，以降低学生信用分期费率。另一方面，注重教师队伍的消费需求培养。通过为教师提供适度廉价、便捷的信贷服务，来提高互联网校园金融产品在社会高端人群中的认可程度。

（二）以高等教育阶段为主要服务对象，兼顾基础教育

以互联网金融思维来定位的校园金融，应着眼于服务客体的终身角度。随着个人征信系统建设的不断完善，校园金融客户的终身需求总额不可预测，可能达十万、百万甚至千万的量级。从学生客户一生的角度来设计信用贷款等金融产品，就是要针对学生群体具有高成长性的特征，从娃娃抓起，布局基础教育阶段市场，重点发展高端人才的校园金融市场，从而拓展至更广阔的学生毕业消费场景。其中，基础教育阶段市场是一个培养小型用户的基础阶段，并不适宜开发助学贷款类产品。考虑到学生家长对孩子教育的重视程度，可以适时开展课外培训及生活消费类分期产品，帮助学生从小接触校园金融产品，为企业的持续性经营打下基础。而在关键的高端市场，互联网金融企业应以高校学生群体为主体客户，发展大学生分期信贷平台、助学贷、易学贷等多种互联网金融模式，以便捷、低廉而高效的金融服务增强大学生消费黏性，为拓展大学生毕业金融场景提供有利条件。

（三）以普惠金融为主要营销策略，兼顾市场金融

学生客户兼具发展潜力与现实弱势，是典型的"长尾"客户群。互联网金融服务于小微客户的普惠性对校园金融企业的社会责任提出了更高的要求。因此，发展校园金融的目的并不仅仅是拓展金融服务的新市场，更重要的是对学生消费及金融潜力的提升和挖掘，为学生提供普惠式服务。创新校园金融应

首先立足服务于全国高校学子的宗旨，协调普惠金融与市场化金融的关系。在校园服务阶段，一是注重校园金融产品的服务质量和优惠活动，向学生客户适度让利。积极推出针对贫困学子的勤工俭学计划，帮助贫困学生解决学费和生活费问题。二是以提高学生对劳动创造价值的认同感，增强学生社会实践能力为目标，通过多种活动方式支持、引导大学生择业、创业。三是积极开展与传统金融机构建立学生信用评级体系的合作，为参与互联网校园金融的每位学子用户提供职业能力、消费能力、信用程度的客观评估报告，帮助学生积累个人信用，为其进入职场提供权威、透明的参考数据。而在毕业的跟踪服务阶段，学生有了一定的经济基础和社会经验，服务营销模式应转变为以市场化金融服务为主，与学生毕业之后的消费金融服务方进行数据对接，实现校园金融服务模式的二次转型。

（四）以产品创新为主要发展模式，兼顾市场营销

目前的校园金融服务提供方主要是针对大学生的分期及信贷平台，同质化现象较为严重。平台运行初期，学生接受程度较低，多数仍以线下推广为主，运营成本较高。加之风控及创新能力不足，行业发展面临巨大的挑战。因此，企业应注重产品与服务创新，以优质的产品来吸引更多的学生客户，摆脱单靠降低贷款利率及额度吸引用户的传统营销局限。例如，打造"互联网＋金融＋消费场景"模式，以分期服务为入口整合金融资源与消费场景，利用沉淀用户和征信数据建立在线购物与各大电商网站一体化的虚拟平台，并将业务场景拓展至毕业生以及刚就业的白领，为大学毕业生提供房租分期、购房装修贷款等服务。同时，重点拓展精英人群的金融服务，设立大学生创业基金，对接大学生兼职平台，挖掘大学生的创业、创新商机。而在线下市场推广上，要注重节约成本，多用培训、任务、比赛的管理方式引导大学生团队，培养一批初始用户成为"校园大使"来带动产品推广。

（五）以财经类高校为主要目标市场，兼顾其他类高校

财经类高校为我国培养了大批优秀的财经人才，成为现代化金融与互联网金融发展的重要推动力量。财经类专业与电子商务类专业师生是最具现代金融管理理念的精英团队，从财经类学校入手发展校园金融是当前互联网金融规范健康发展的现实需求，也是创新新型校园金融模式的基础条件。以财经类师生为主要目标客户应从校园金融理念培养与校园金融产品实践两个方面入手。一方面，重视对学生消费金融知识的教育，以专业化的课程学习培养学生正确的

校园金融消费观；另一方面，从实践的角度培养师生的产品使用习惯，以优惠手段和高品质服务提高财经专业师生对互联网校园金融产品的使用率，并带动其他高校学生和教师进行校园金融实践。

六、结论

基于普惠金融理念的成长链金融是国家当前鼓励发展的大方向，而校园市场也并非消费金融的禁区。校园金融作为现代消费金融的重要领域，在服务学生、服务社会、服务经济发展方面具有积极作用。对待校园金融，切不可神化，更不可妖魔化，而应以理性的思维去面对，探索兼顾创新及规范的校园金融发展模式。当前，相关部门和学校开始整治不良"校园贷"，体现了社会对于新兴行业发展空间的重视与尊重。因此，各类互联网金融平台在创新产品与服务的同时，也应该注重优化校园金融市场秩序，运用大数据建立大学生信用库，引导学生理性消费与良好信用习惯。

参考文献

[1] 陆岷峰，杨亮. 关于成长链金融规律分析与对策研究 [J]. 南都学坛，2016（3）：3 – 9.

[2] 陆岷峰，张欢. 成长链金融产品创新现状与对策研究 [J]. 海南金融，2016（4）：31 – 36.

[3] 陆岷峰，徐阳洋. 关于化解成长链金融风险的战略研究 [J]. 湖南财政经济学院学报，2016（2）：31 – 37.

[4] 黄小强. 我国互联网消费金融的界定、发展现状及建议 [J]. 武汉金融，2015（10）：39 – 41.

[5] 曹凤岐. 互联网金融对传统金融的挑战 [J]. 金融论坛，2015（1）：3 – 6.

成长链金融的市场分析及产品发展战略

晏海云[①]

一、引言

如今是将市场重新洗牌的最佳机遇，只有变革市场才会有更好的发展。随着未来市场监管机制的不断升级，操作流程更具公正性、透明性，第三方中介服务也将加强专业程度。近年来，特别是 2013 年以来，随着人们对互联网技术在向金融领域渗透过程中体现出的降低金融交易的成本、降低金融交易过程中的信息不对称程度和提高金融交易的效率等优势的认识的深入，此外云计算和大数据的广泛使用使得金融创新有更多未知的发展可能性，如此，投资者和金融界人士将对互联网金融业的细分领域投入更大的兴趣，互联网金融在模式的发展上有了很大的突破。

成长链金融作为互联网金融衍生的新的金融产品，它的诞生符合"十三五"规划中有关金融体制改革的要求，在个人消费金融的发展上做了延伸，同时加入了人的基本生命周期理论。这个金融新理念具有特别的优势，服务是特定的，客户是终身的。成长链金融创新性地把全面场景作为重心，发展借、贷两种金融业务，使之成为一个闭环的金融服务。但是成长链金融现阶段还处于试运行的状态，我们不仅要关注这个经济新业态的优势机遇，同时还需考虑其未来发展可能遇到的问题，进行风险评估。任何经济理论的产生随之都会推出相应的金融产品，怎样发展好成长链金融的相关产品将会是未来的热门话题。

[①] 晏海云，南京信息工程大学经济管理学院。

二、文献综述

（一）有关互联网金融发展模式、平台的研究

谢平、邹传伟（2012）从互联网金融模式的支付方式与信息处理角度出发，提出移动支付的重要性及云计算的辅助作用。[1] 张劲松在《互联网金融经营管理之道》一书中认为，要为某些产业链构建交易平台等，这样可以在很大程度上避开竞争压力。[2]

（二）大数据金融：无数据，不金融

坚鹏（2014）提到，大数据与金融的结合给互联网金融注入了新鲜的血液，互联网金融凭借大数据来增强自身的市场竞争力。大数据对于金融的作用，前者就相当于一双翅膀，能帮助后者腾飞，这也是互联网金融不畏强势的传统金融的致命法宝。[3] 侯敬文、程功勋（2015）提出，大数据金融促进跨界整合，基于大数据金融的优势，电商、电信运营商、钢铁企业、IT 企业等纷纷利用大数据金融涉足金融产业，发展跨界经营的大数据金融。[4]

（三）金融产品的发展战略

张劲松（2014）在《互联网金融经营管理之道》一书中提出，现代信息技术如移动支付、云计算、社交网络和搜索引擎的广泛使用，逐步推翻人类传统模式，今后也许会形成既不同于传统商业银行间接融资，也不同于资本市场直接融资的第三方金融运行机制，可称为"互联网直接融资市场"或"互联网金融业务模式"。

三、成长链金融的理论基础

成长链金融，顾名思义，成长链作为修饰语，金融是领域界定，基于生命周期理论。由于人在不同年龄阶段的消费水平、消费特征以及信用水平存在差异，运用矛盾的特殊性，具体问题具体分析，针对不同阶段的不同金融需求，提供不同的金融产品服务。

第一，理财尝试阶段。客户主要是大学生，大多是从书本或网络上初接触投资理财，对理财行业还没有深入研究，所以是理财尝试期。此阶段的客户已

成年，具有自己的一些消费方面的渴望，如与学业有关的书籍、生活用品甚至是满足自身虚荣心的某些奢侈品。该群体一般靠在课余时间兼职获取收入，或者积攒零用钱和奖学金来满足自己的消费需求，逐步形成独立决策的理财观念。

第二，理财激进阶段。客户主要是大学毕业后开始进入职场的青年们，这类型的客户基本处于 25 岁至 40 岁之间，有相对较稳定的工资收入，同时对房子、车子的需求比较强烈，更迫切渴望自身拥有的财产得到迅速的增值。基于此，此阶段的客户对金融理财方面也有比较全面的了解，他们投资理财的取向应该是偏向积极进取型的，且投资的方向也呈多样化。

第三，理财稳健阶段。客户主要是已经有一定资产积累的中年人，大概在 40 岁至 55 岁之间。这类型客户的个人财富是整个人生阶段的巅峰时期或者上升的，子女基本上已具备独立的经济能力，所以自己开始准备退休之后的生活。此阶段人群的投资取向是保值增值，一般不会投资风险性较大的理财产品。

第四，理财保守阶段。客户主要是退休之后的老年人，除了本身拥有的固定资产和存款外，收入主要来源于较低的退休工资。这类型的客户主要偏向于享受财富，为了能够安度余生，他们的生活用品消费、旅游方面的消费以及医疗方面的消费会呈较快的趋势增加。针对此类人群的特质，应提供风险性小的、便捷性高的理财产品。

四、成长链金融 PEST 分析

（一）成长链金融的政治环境

2014 年，"互联网金融"第一次在全国两会的《政府工作报告》中被提出：进一步深化改革现有的金融体制，加强完善金融市场监管，促进协调，从而使互联网金融业沿着健康的轨道发展。改革金融体制，这充分说明互联网金融已经引起国务院的高度重视，由此，要把握这个难得的机遇，加快互联网金融发展的步伐。迄今为止，一方面，中国人民银行已发放 250 多张第三方支付牌照，显示出鼓励创新的理念，积极响应《国务院关于促进信息消费扩大内需的若干意见》中"推动互联网金融创新，规范互联网金融服务"的要求，引导市场机构优化产品创新机制、加强基础设施建设，促进互联网金融持续、健康、稳步发展；另一方面，政府不仅大力支持互联网金融业的发展，同时还出台了相关整改措施防控风险，这也增加了公众对其的信任感。

（二）成长链金融的经济环境

改革开放使我国经济全面苏醒，呈现高速增长的走势，由此我国居民的财富水平也有了非常大的提高，同时居民的消费水平也保持着增长趋势。这种良好的经济发展环境更有利于成长链金融的推行。

我国居民的消费水平和可支配收入总体呈上升趋势，2015 年的人均消费水平是 2005 年的近三倍，上升幅度巨大。2015 年的可支配收入比 2005 年增长两倍，这充分说明我国居民的可控资产在增加，从而理财需求也应有巨大的上升空间。这都为成长链金融的发展奠定了经济基础。

（三）成长链金融的社会环境

"互联网＋"的热潮居高不下。这一年，"国家队"频频出手，从宏观指导到行业细分，从行业监管到信用评级，多个政策的颁布出台，让中国的互联网金融发展更趋规范。"十三五"规划第一次提出"规范发展互联网金融"，不仅意味着互联网金融升级为国家重点战略，同时也表明行业的监管动作将加速升级，业内人士称，互联网金融特别是网络借贷将迎来黄金机遇期。

据前瞻产业研究院发布的《2016—2021 年中国 P2P 网贷行业市场前瞻与投资战略规划分析报告》数据统计，2015 年 P2P 网贷行业较 2014 年增长405%。2015 年，P2P 行业发展状况非常好，进入了监管元年，政府不断改进政策，为网贷行业创造了良好的环境，不仅 P2P 投资者有了很好的收益，而且为想理财的居民提供了便捷的途径。

（四）成长链金融的技术环境

大数据为互联网金融的发展提供了便捷的操作流程。大数据是基于云计算的数据处理与应用模式，通过数据的整合共享、交叉复用，形成的智力资源和知识服务能力。大数据技术具有四个基本特征，即业内人士常说的 4V：数据巨大（Volume）、多样化（Variety）、变化快（Velocity）、价值密度低（Value）。因为个人信息数据分布的相对不集中，大大提高了金融机构收集、分析及运用信息数据的成本。然而，当互联网这股热风涌进，随之而来的云计算、大数据等网络技术的出现，奠定了成长链金融发展的技术基础。虽然现在金融机构已经对个人信息数据高度重视，但对于高频发的事情处理和高作业的数据分析需求十分迫切。大数据和云计算等的诞生，实现了个人信息数据操作运用的可行性。

五、成长链金融的 SWOT 分析

（一）成长链金融的优势

成长链金融作为互联网金融的新的衍生物，具有新事物的惯有特征，从哲学的角度讲，即新事物不仅摒弃了旧事物中腐朽、消极的成分，而且继承了旧事物中积极的东西。与以往的网络信贷，如众筹、P2P、拍拍贷等平台相比，成长链金融更注重对客户金融需求的深度挖掘，改变了银行等传统金融机构个人单一阶段的授信模式，充分发挥"量体裁衣"定制的特质，围绕着整个生命阶段，综合考虑了人在不同时期的金融需求、消费特征、偿还能力、信用状况等整个个人成长链的金融服务，使其效用服务持续提升。此外，成长链金融采用动态、跨期的形式进行授信，实现终身服务，符合不同人群对金融投资的需求。

（二）成长链金融的劣势

新产品投放市场首先遇到的问题就是信任问题，如何向客户推销产品，与客户之间建立一层坚固的信任围墙，在理财类网络平台，授信尤为重要。由于成长链金融是新的金融形式，较之以往的网络信贷缺乏一些固定的客户源，前期需要投入大量资金来开展宣传、获得客户。

此外，成长链金融收益最少或者基本无收益的是在成长期，这一阶段的客户主要是大学生，他们思想前卫，容易接受新事物，支持新的经济形态，但是没有固定收入来源。而已经进入财富巅峰期的中老年人，这类人群虽然有大量的资金资本，但由于他们保守的思想观念造成他们的理财模式容易固定，很难接受新的理财产品。

（三）成长链金融的机会

成长链金融符合未来金融发展的趋势，是互联网金融的创新杰作，同时也是个人消费金融理论发展的产物，彻底改变了传统金融中单一的授信方式。对于成长链金融而言，过度的进行授信反而是其独特的地方，使其较之其他金融理财产品更具有发展市场。如今，成长链金融这个新的经济理念已经从概念理论发展成产品，在信贷的端口，理财平台付融宝推出的"麦芽贷"APP已经上线，这是一款专门面向年轻人士的小额贷款产品，方便又快捷。上线之后非常受欢迎，已突破 15 万的用户量，超过 94% 的借款得以转化。接下来在理财方面，付融宝也将根据不同人生阶段推出不同的理财产品，从而通过借、贷两端的操作完成个人成长链金融服务的闭环，达到终身服务的目标。

(四) 成长链金融的威胁

尽管成长链金融的发展前景良好，但仍存在不可避免的信用风险。有关授信额度的问题，该不该上浮，要怎样上浮，上浮的程度是多少，是否能够用量来计算，依据什么标准进行上浮等，这些都需要一个精确的设计和估算。成长链金融的市场发展前景虽然十分具有诱惑性，但是如果贸然过大比例的提高授信额度，同时又没有制定出良好的控制制度，这必然引发信用风险。尤其在成长期的时候，更要关注控制授信程度，因为成长期的大学生们没有很强的风险意识，消费心理不太成熟，易冲动消费，又没有稳定的收入作为还贷保障，很容易造成久贷不还，使企业的应收账款增加，带来严重的财务问题。

六、成长链金融产品的发展战略

理论的推行与实际运用密不可分，成长链金融理论需要实践来检验其存在的合理性。从 PEST、SWOT 两种科学的市场分析方法中可知，成长链金融的发展前景是广阔的，但同时也存在风险。所以，需要制定、实施可行的发展策略，纵观世界权威性较高的金融品牌排行榜，虽然各自的战略目标、侧重点不一，但都强调发展战略思维、重视金融产品的品牌建设。成长链金融这一新生金融业态，具有终身服务的有别于其他金融产品的独特属性，其发展策略更需要关注客户的长期金融需求，培养终身型的客户源。

(一) 打造金融平台

金融产品发展的最高境界是打造平台。在互联网热潮下，金融产品向平台化发展已是大趋势，越来越多的企业把打造平台作为发展战略。成长链金融持续发展的关键在于打造成功的开放平台，打造平台是成长链金融进军理财领域的通行证。综观阿里巴巴、京东供应链、微信理财通、Kickstarter 等许多发展互联网金融产品的企业，其成功的首要因素都是打造平台。他们通过制定明确的战略定位、持续推进产品创新、建立良好的生态系统、努力提升客户体验、制定平台游戏规则，不断做大平台和扩大平台的影响力。成功的平台建立起来，必将是一个成功的开始。未来互联网金融平台将是金融企业与互联网企业共同开发的金融业务，两者优势互补、合作共赢。两类企业既会因为激烈的竞争而导致明确各自的角色与市场分工，也会由于各自的比较优势而加强合作。成长链金融的首创者付融宝当然也不会落后于潮流，随着推出的"麦芽贷"APP已成功上线，此小额贷款平台已发行，受到了青年网友的大力追捧。由此，要阶段性地调查平台营运状况，做好总结，策划好下一步的发展战略，在成长链理财期还要推出新的平台。

（二）明确差异定位

金融产品的内涵取决于发展策略如何定位，正确地定位发展战略能够成功地为成长链金融塑造完美形象，突出它的特色，从而从客户定位、产品定位、分类定位实现成长链金融差异化发展。

1. 客户定位。消费者在市场运作中占据主导权，客户是每个企业的上帝，金融产品的发展必须要围绕客户这一中心。成长链金融要针对不同成长阶段的客户，制定不同的发展策略。

2. 产品定位。今后从功能上体现产品的差异越来越难，产品的差异化将由产品本身转到信息附加。在外观上加上感性的设计因素能够突出产品魅力，吸引消费者关注。此外，也要考虑文化地域差异，设计符合当地的特色产品，体现以人为本。

3. 分类定位。分类定位的重点在于让有金融产品需求的客户能够在第一时间想到成长链金融，不管在哪个细分的金融产品市场都占有一席之地。这就需要把成长链金融贯穿到不同的消费群体中。

（三）推进持续创新

1. 产品要创新。产品永远是企业品牌的承载体，而产品创新又是品牌创新的重心。产品与客户之间的关系是成长链金融创新需要突破的地方，必须时刻关注市场以及客户的真正需求，依据实际需要完善产品体系。加强本企业金融产品的重组和再升级，提高产品的综合化程度，增进与客户群的交流与沟通，满足客户的实际需求。

2. 技术要创新。充分利用大数据技术、互联网关系，加上强大的技术分析，共同打造完善的产品系统，磨合各阶段的差异性，求同存异。做实客户的终身体验，切实体现出成长链金融的终身理念，时刻注意市场动向，通过技术革新来带动产品的革新。

3. 渠道要创新。加强与主流社交媒体的合作，如移动、电信、联通等电信企业，以及腾讯微信、新浪微博等社交产品运营商。通过市场营销推动成长链金融产品的创新升级，品牌营销策略时刻更新、与时俱进。通过公关、媒体广告、大众公益活动等方式进行市场营销，扩大成长链金融产品的品牌影响力。

（四）完善管理战略

1. 品牌延伸。一方面，从微观的产品种类入手，加强产品质量和价值的定位，将成长链金融产品按价格和质量依此打入到不同的阶层；另一方面，从宏观的产品线入手，细化现有的金融消费市场，锁定目标客户群体，有针对性地推出新产品。

2. 多品牌组合。积极地开发出多个成长链金融产品品牌，尽量增加各产品之间的特色，分散各产品本身的金融风险，使各产品品牌形成一个完整的生态体系，并加强之间的联系。对所有品牌和品牌线进行组合规划，扩大自有企业品牌产品的市场占有份额，提高成长链金融服务客户生命周期的完整性地位。

3. 品牌联盟。虽然现在的金融市场是开放的、共享的，但个人成长链间品牌战略同样适应竞争与合作共存的理念。即使是属于不同金融企业的成长链金融品牌，也可以通过价值互换、风险分担等方式来进行资源的共享，一起谋求更大的市场价值。

七、结束语

成长链金融作为一个全新的金融理念，如今已被推到互联网金融的风口浪尖。本文先阐述了成长链金融的理论，再从政治、经济和技术环境因素分析，同时还分析优势、劣势以及机会、威胁，最后基于市场前景的综合分析对成长链金融的发展提出战略。得出以下结论：

1. 成长链金融是互联网金融的创新，它是以往互联网金融产品的综合，面向的消费群体非常广泛，包含了自然人一生的金融需求，其范围涉及贷款、投资理财、保险等方面，是一个系统性的金融产品链，市场前景良好。

2. 在成长链金融的发展过程中，一定要时刻关注信用风险，特别是在成长期的时候，对于向学生群体贷款要控制好信用额度，降低信用风险。在理财端，适当增加优惠措施，吸引中老年人投资，因为他们的资产已达到人生阶段的顶峰。

3. 成长链金融一定会是互联网金融的主流，其实成长链金融与个人消费金融有本质的差别，随着其产品服务质量的不断提高，金融产品培育的内涵、形式也将更加丰富，但最重要的还是要不断推进产品创新、技术创新，持续保持特有的差异性竞争优势，为金融产品发展战略提供强大的支撑力，打造出强势的成长链金融产品。

参考文献

［1］谢平，邹传伟．互联网金融模式研究［J］．金融研究，2012（12）：11－22.

［2］张劲松．互联网金融经营管理之道［M］．北京：机械工业出版社，2014.

［3］坚鹏．互联网金融——信用撬动财富［M］．北京：北京理工大学出版社．2014.

［4］侯敬文，程功勋．大数据时代我国金融数据的服务创新［J］．财经科学，2015（10）．

［5］龚明华．互联网金融：特点、影响与风险防范［J］．新金融，2014（2）：56－59.

［6］陈敏轩，李钧．美国行业的发展和新监管挑战［J］．金融发展评论，2013（2）：1－32.

［7］刘英，罗明雄．数据金融促进跨界整合［J］．北大商业评论，2013（11）．

［8］Christian Ambrosius，Alfredo Cuecuecha. Remittances and the Use of Formal and Informal Financial Services［J］．World Development，2016，Vol. 77.

［9］Rihab Grassa，Kaouthar Gazdar. Financial development and economic growth in GCC countries：A comparative study between Islamic and conventional finance，International Journal of Social Economics，2014，Vol. 41（6）：493－514.

［10］中国经济新闻网．2016年我国互联网金融行业现状分析：面临洗牌，2016. 3.

［11］莫易娴．网络借贷国内外理论与实践研究文献综述［J］．金融理论与实践，2012（12）：101－104.

［12］张职：网络借贷平台营运模式的比较、问题及对策研究［D］．华东理工大学，2013.

［13］陆岷峰，杨亮．关于成长链金融规律分析与对策研究［J］．南都学坛，2016（3）：3－9.

中小型科技创新企业成长链金融契约选择[①]

——基于关系专用性投资模型的应用

季子钊[②]

一、引言

党的十八大报告明确提出，科技创新是提高社会生产力和综合国力的战略支撑，必须摆在国家发展全局的核心位置。在市场经济体系中，中小型科技创新企业是中小企业的重要组成部分，是科技创新的源头和成果转化的直接载体（许珂、卢海，2013）[1]。但中小企业融资难问题在世界各国普遍存在，即使在金融资源丰富、中小企业支持体系齐全的发达国家也依然存在（郭田勇，2003）[2]。然而在中国这样一个信贷市场以大型银行为主导且资本市场尚不发达的国家，中小企业融资难这一问题就格外突出。

时至 2016 年，中国正处于经济增速换挡期，经济步入"新常态"，在国内资源环境约束加强、国际经济复苏不稳定依旧的双重压力下，具有全要素生产率地位[③]的科学技术创新，是保持国家经济稳定长期增长的重要生产要素。据统计，2014 年的全国专利申请量高达 236.1 万件，其中专利授权量为 130.3 万件，高技术产业及技术贸易出口额占商品出口总额的比重约为 28.2%[④]。在现在及未来的整个经济社会中，中小型科技创新企业是最具活力和发展前景的

---

① 本文刊载于《宝鸡文理学院学报》，2016（3）。
② 季子钊，南京财经大学金融学院。
③ 所谓"全要素生产率"（Total Factor Productivity）的增长，通常叫做技术进步率，系新古典学派经济增长理论（索洛模型）中用来衡量纯技术进步在生产中的作用的指标的又一名称。
④ 《中国科技统计资料汇编 2015》。

企业集群。融资难的问题是制约中小型科技创新企业发展的关键课题，对其不同生命周期阶段的最优化融资契约选择的研究具有十分重要和迫切的实际意义。

二、文献综述

（一）中小企业融资理论研究

谭之博、赵岳（2012）[3]在对企业规模与其融资来源的实证研究中提到，企业融资的主要来源可以分为内源性融资和外源性融资。内源性融资指企业用自身留存收益为项目进行融资，外源性融资可以分为两大类：债务融资和股权融资。中小企业面临融资瓶颈主要是指其外源性融资受到了抑制。而对于中小型科技创新企业融资契约选择的系统研究，有必要讨论其不同的企业生命周期阶段的不同资金需求特征，罗丹阳和宋建江（2004）[4]通过实地调查数据，发现中国中小企业的融资行为随着中小企业生命成长周期而表现出不同的阶段性特征。

（二）企业成长链金融

企业成长链金融，是一个全新的金融服务理论概念，它是基于企业生命周期理论①和互联网金融"长尾"理论②思想的、有利于解决广大中小企业融资难问题的新金融服务模式。关于企业成长链金融的研究，国内外尚无系统性的专著理论支持，可提供参考的概念就是"个人成长链金融"：陆岷峰、杨亮（2016）[5]创新性地提出了"个人成长链金融"的概念，强调利用多元化金融工具为自然人客户提供终身性金融服务，基于整体性与阶段过度授信等原则提升个人金融业务的服务效率。相类似地，企业成长链金融就是强调正确分析企业生命周期不同阶段的融资需求特征，对企业的整个发展过程提供金融服务。然而中小企业在其各个发展阶段，在融资关系的处理上，是更偏好于长期关系还是短期关系；在融资契约形式的选择上，是更倾向于正式契约还是关系契约？这些都是企业成长链金融研究中需要解答的问题。从经济学原理的角度看，成长链金融借助于生命周期理论和供需理论的支持，将个人、家庭或是中

---

① 企业生命周期理论由美国管理学家伊查克·爱迪思（Ichak Adizes）创立。

② "长尾"理论认为，需求较小但商品数量众多的尾部所占份额与需求较大但商品数量较少的头部所占份额大体相当。

小企业的各个发展阶段的金融供给与需求进行理论分析，从而达到更有效率的金融资源配置和金融普惠性。因此，我试图在"关系专用性投资"模型理论的基础上，对中小型科技创新企业成长链中不同阶段的金融需求和融资契约选择进行研究，然后提出合理化融资对策。

(三) 中小企业的融资契约形式

根据融资关系的不同，Berger 等（2002）[6]把中小企业贷款分为交易型借贷（transactions – based lending）和关系型借贷（relation – based lending）。交易型借贷所涉及和依赖的主要是易于编码、量化和传递的"硬信息"（hard information），如企业的资产抵押品和财务报表信息等。这类信息不具有人格化特征，可以用统一的标准衡量。正如具有一定规模的企业与银行之间的融资交易较少采用直接的人际接触，而是更多地使用通信手段和信函，所以也可以称之为保持距离型借贷（arm's length）。关系型借贷则不同，它所依赖的主要是难以量化、检验及传递的"软信息"（soft information），这种信息具有强烈的人格化倾向，通常无法从公共市场渠道获得，而是由投融资双方通过长期多渠道、多维度的人际接触。青木昌彦（2001）[7]在融资关系的基础上考虑进契约形式等要素，进一步把企业融资分为保持距离型融资（arm's length financing）和关系型融资（relational financing）两种模式。进一步地讲，保持距离型融资是指企业与投资者之间通过规范正式的融资契约和程序建立具有法律效力的融资关系；而关系型融资则是指，在一系列事先未确定的事件状态下，投资者预期到未来的额外经济价值和租金情况下，愿意长期地提供额外资金的融资方式。

(四) 关系专用性投资

无论是关系型借贷还是关系型融资，其核心在于融资双方为了维持彼此关系、加强信息沟通的关系专用性投资。对于中小企业融资方式，从结果上来看，关系专用性投资可能产生正反两方面的效应。一方面，专用性投资可充当缺少固定资产或财务信息的中小型科技创新企业的交易质押物，交易者就会形成自我实施（self – enforcing）的单边协议，并自动约束自己的投机主义行为，自我增加合作破裂的机会成本，从而通过关系专用性投资创造较高水平的关系租金（Heide 等人，1990）[8]。另一方面，由于投资边际效率递减的原因，随着资产专用性的提高，投资在其他用途上的价值就会趋于下降，导致交易者承受的机会主义风险趋于增大。因此，在中小型科技创新企业的融资过程中，在各个生命周期阶段，企业采用怎样的行为可以帮助交易双方提高关系专用性投资的正面效应或降低其负面效应，进而能够结合企业成长链金融进一步优化金融资源配置？我们将通过博弈模型的建立和分析来说明。

三、关系专用性投资理论模型

（一）基本模型

如上文所述，中小企业主要采取外源性融资的方式，进而中小型科技创新企业面临的融资契约形式选择主要包括两种：保持距离型融资和关系型融资，其核心就是融资双方的关系专用性投资。基于前人对关系专用性投资模型的研究成果，我们将对模型的最优化目标价值函数形式作出改进，使其解释现实情况的能力有所提高。

1. 中小型科技创新企业。我们假设一科技创新企业为中小企业 F，为了寻求外源融资，向外部投资者 I 披露企业或项目相关信息。假设该企业的全部真实信息集为 $\theta \geq 0$，如果 F 对 I 表现出诚信的态度，如实反映了企业信息，即 $x = \theta$；如果 F 对信息披露选择"隐匿行为"，则有 $x = 0$，即有 $x \in \{0, \theta\}$。企业可能出于某种目的隐匿信息，从而获得融资或其他可能的利益，同时增加了外部投资者的信息不对称程度，造成投资收益的不确定性。我们假设 F 的"隐匿行为"的机会成本为 $A(x - \theta)^2$，其中 $A > 0$，表示 F 主动披露和传递企业真实信息的重要程度。对机会成本的表达形式，符合以下经济学假设：一是企业信息披露越完善，即信息不对称程度越低，融资效率越高，机会成本越低；二是边际成本递增。显然，当 $x = 0$ 时，F 的机会成本最大，为 $A\theta^2$。

同时，我们认为企业拥有财务报表等形式的"硬信息"，根据中小企业融资特征，更多中小企业有的诸如企业家人格魅力、管理能力、家族价值取向等难以量化、检验证明及传递的"软信息"，则通常无法从公开市场渠道中传递给外部投资者，这也是造成信息不对称的主要因素。这里就需要企业和外部投资者通过建立长期的、多维度的接触了解，甚至需要双方在信息交流和人际关系往来方面作出一定的投资，即关系专用性投资。这里假设 F 需要花费的关系专用性投资为 $C_F(\rho)$，其中 $\rho \in [0,1]$ 就是 F 进行关系专用性投资的努力程度，又可以理解为 $\rho \in [0,1]$ 的概率下 F 充分披露和传递了企业信息 $x = \theta$，$(1-\rho)$ 的概率下企业采取"隐匿行为"（$x = 0$）。假设 $C_F(\rho)$

符合以下条件：

$$C'_F(\rho) \geqslant 0, C''_F(\rho) > 0, C'_F(0) = 0, C'_F(1) = +\infty$$

由 $C''_F(\rho) > 0$，$\rho \in [0,1]$，我们不妨假定 $C'''_F(\rho) > 0$。

F 花费于关系专用性投资的 $C_F(\rho)$ 成本的性质，符合边际成本非负、边际成本递增的经济规律。

2. 外部投资者。考虑 F 披露的信息 x，假设外部投资者 I 所选择的投资为 y。当 I 与 F 之间都进行了关系专用性投资，建立了长期的合作关系，I 会充分信任 F 所披露的信息，I 将会作出与 F 披露信息匹配的投资额，即有 $y = x$。由于现实中存在信息不对称，导致了"逆向选择"或信用风险，外部投资者 I 将不会进行投资，即 $y \neq x$，所以 $y \in (0, x)$ 且 $y < \theta$。同中小企业类似，用 $B(y - x)^2$ 表示由于投资 y 与信息 x 不匹配而带来的 I 的机会成本，其中 $B > 0$，表示 y 与 x 相匹配的重要程度。

然而，外部投资者为了获得一些难以量化、检验及传递的"软信息"，也需要与中小企业 F 进行沟通交流，所以也需要进行关系专用性投资。这里假设需要花费的关系专用性投资为 $C_I(\mu)$，其中 μ 为 I 进行关系专用性投资的努力程度，同时设 $k\mu \in [0,1]$ 的概率下能够成功与 F 交流沟通，反之，$(1 - k\mu)$ 概率下可能失败。k 为信息交流的容易程度，这又取决于现代信息科技水平和社会信用评级水平。假设 $C_I(\mu)$ 符合以下条件：

$$C'_I(\mu) \geqslant 0, C''_I(\mu) > 0, C'_I(0) = 0, C'_I(1) = +\infty$$

由 $C''_I(\mu) > 0$，$\mu \in [0,1]$，我们不妨假定 $C'''_I(\mu) > 0$。

I 花费于关系专用性投资的 $C_I(\rho)$ 成本的性质，亦符合边际成本非负、边际成本递增的经济规律。

（二）总费用

总费用可以表示为，对 F 和 I 的各自机会成本求期望，再记入各自的关系专用性投资可得

$$C(\rho, \mu) = A(1 - \rho)\theta^2 + B\rho(1 - k\mu)\theta^2 + B(1 - \rho)(1 - k\mu)y^2$$
$$+ C_F(\rho) + C_I(\mu) \tag{1}$$

对式（1）进行最小化求解：

$$\min_{(\rho, \mu) \in [0,1]^2} C(\rho, \mu) = C^*(\rho^*, \mu^*)$$

假设最优解为 FI 点 (ρ^*, μ^*)，最小总费用为 $C^*(\rho^*, \mu^*)$。已知一阶条件可得

$$C'_p = 0 \Rightarrow \rho^*(\mu) = C'_F [A\theta^2 - B(1-k\mu)(\theta^2 - y^2)] \quad (2)$$

$$C'_\mu = 0 \Rightarrow \mu^*(\rho) = C'_I \{kB[\rho(\theta^2 - y^2) + y^2]\} \quad (3)$$

从式（2）、式（3）可得 $\rho^*(\mu)$ 和 $\mu^*(\rho)$ 均为单调递增的凹函数：

$$[\rho^*(\mu)]' = \frac{Bk(\theta^2 - y^2)}{C''_F} > 0, [\rho^*(\mu)]'' = -\frac{[Bk(\theta^2 - y^2)]^2 C'''_F}{(C''_F)^3} < 0$$

$$(4)$$

$$[\mu^*(\rho)]' = \frac{Bk(\theta^2 - y^2)}{C''_I} > 0, [\mu^*(\rho)]'' = -\frac{[Bk(\theta^2 - y^2)]^2 C'''_I}{(C''_I)^3} < 0$$

$$(5)$$

同时，为了确定最优解值函数的截距，分别计算：

$$\rho*(0) = C'_F{}^{-1}[(A-B)\theta] （当 \mu = 0 时，假定 y = 0） \quad (6)$$

$$\mu*(0) = C'_I{}^{-1}[0] = 0 （当 \rho = 0 时，假定 y = 0） \quad (7)$$

（三）内点解和角点解——关系型融资和保持距离型融资

根据以上公式和论述可知：

1. 关系型融资。当 $A \geqslant B$[①]时，由 $C_F(\rho)$ 和 $C_I(\mu)$ 函数性质的假设，内点解[②] $F(\hat{\rho}, \hat{\mu})$ 一定是最优解（如图1所示），对于中小企业 F 来说，此时隐匿信息所带来的机会成本较大，更愿意积极进行信息披露和传递活动，进行关系专用性投资。同时，投资者在资本市场信息不完全、信息披露不规范的情况下，他们通常依赖于 F 披露的"软信息"而不是公开市场的"硬信息"，也会积极进行与 F 的沟通交流，进行关系专用性投资。因此，在此情况下，不管是 F 还是 I，都愿意对对方进行关系专用性投资，称之为关系型融资模型。

2. 交易型融资。当 $A \leqslant B$ 且 A、B 之间差距[③]足够大时，角点解 $F(\rho,\mu) = (0,0)$[④]即最优解（如图2所示）。此时，对于中小型科技创新企业 F 来说，

---

① $A \geqslant B$ 说明此时的中小型科技创新企业主动披露和传递企业真实信息的重要程度更大，直观地理解是该企业处于资金需求较强、融资地位处于劣势的情况。

② 内点解 $F(\hat{\rho}, \hat{\mu})$，说明在该情况下的最优解处，融资双方都有意愿并实施关系专用性投资，有利于缓解信息不对称程度，保证融资交易的进行。

③ $A \leqslant B$ 且差距较大，说明此时中小型科技创新企业的融资需求相对较弱，努力披露其企业信息的重要程度相对较低，它的规模一般达到一定的水平，在融资交易中处于优势地位。

④ 最优解为原点解的含义在于，在这样一个极端的状态下，融资交易双方都不打算进行关系专用性投资。

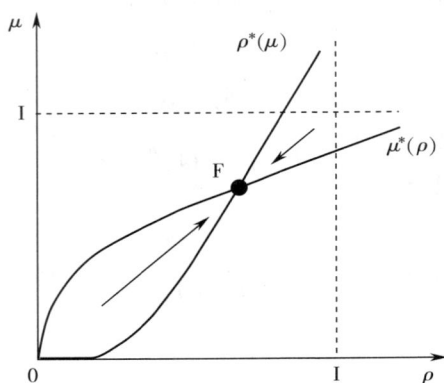

图1 $A \geqslant B$ 的情况

由于隐匿信息所带来的融资失败的机会成本相对较小，处于融资交易中强势的地位，因此不排除有隐匿信息的动机存在。在这样的情况下，外部投资者 I 会预见双方之间的信息不对称，信任问题、逆向选择或道德风险的存在，他将不再依赖于企业 F 所提供的信息，而是更倾向于事先约定的标准化契约或公开市场融资交易。我们称之为保持距离型融资模型或交易型融资模型。

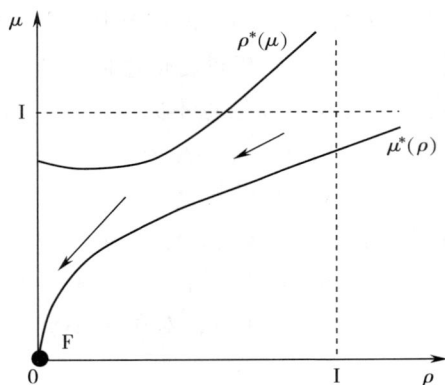

图2 $A \leqslant B$ 且差距足够大的情况

3. 关系型融资或交易型融资。当 $A \leqslant B$ 且 A、B 之间差距较小时，同时存在两个可能的解：内点解 $F_1(\hat{\rho}, \hat{\mu})$ 和角点解 $F_2(0,0)$。此时企业应该选择哪种融资契约，取决于两种解点所代表各自的总费用谁最小（如图 3 所示）。

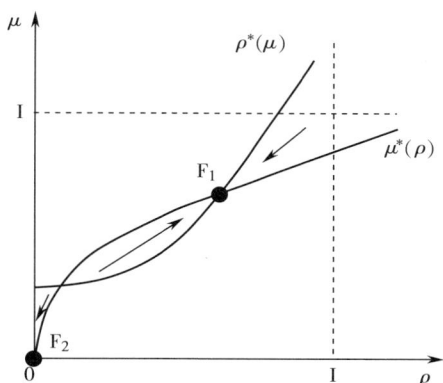

图3　$A \leqslant B$ 且 A、B 之间差距较小的情况

（1）内点解 $F_1(\hat{\rho},\hat{\mu}) = (\hat{\rho}(A,B,k,\theta),\hat{\mu}(A,B,k,\theta))$ 所代表的总费用为

$$C^N(A,B,k,\theta) = (\hat{\rho}(A,B,k,\theta),\hat{\mu}(A,B,k,\theta);A,B,k,\theta) \qquad (8)$$

（2）角点解 $F_2(\hat{\rho},\hat{\mu}) = (0,0)$ 所代表的总费用为

$$C^J(A,B,k,\theta) = (0,0;A,B,k,\theta) = A\theta^2 + By^2 \qquad (9)$$

建立新的目标函数为

$$C^*(A,B,k,\theta) = \min\{C^N(A,B,k,\theta),C^J(A,B,k,\theta)\} \qquad (10)$$

对代表两种情况下的总费用作差为 $C^N(A,B,k,\theta) - C^J(A,B,k,\theta)$。对 (A,B,k,θ) 分别进行求导，根据包络定理[①]，可得到以下四种情况：

① $\dfrac{d(C^N - C^J)}{dA} = -\rho\theta^2 < 0$，即 A 越大，内点解（关系型融资契约）则越可能成为最优解。

② $\dfrac{d(C^N - C^J)}{dB} = \rho(1 - k\mu)(\theta^2 - y^2) - k\mu y^2$，考虑 $y = 0$ 的情况，$\dfrac{d(C^N - C^J)}{dB} > 0$，说明 B 越小，角点解（交易型融资契约）则越可能成为最优解。

③ $\dfrac{d(C^N - C^J)}{dk} = -\mu B\rho\theta^2 - kB(1 - \rho)y^2 < 0$，说明 k 越大，信息沟通的方

---

① 包络定理指出，当目标函数与最大值函数恰好相等时，相应的目标函数曲线与最大值函数曲线恰好相切，即它们对参数的一阶导数相等。

便程度越高，融资双方进行关系型融资的概率越高，即内点解越可能成为最优解。

④ $\dfrac{d(C^N - C^J)}{d\theta^2} = -\rho[A - B(1 - k\mu)] < 0$，说明科技创新企业内信息量 θ 大而且负债不容易披露和传递时，内点解（关系型融资契约）则越可能成为最优解。

综上所述，可得到如下结论：总费用最小化的最优解点 $F(\rho^F(A,B,k,\theta),$ $\mu^F(A,B,k,\theta))$，会随着 A 和 B 之间大小差异的变化而变化，并在内点解或角点解中选择，中小型科技创新企业可以据此来选择融资契约形式，即关系型融资模式或是交易型融资模式。

四、企业成长链融资契约选择分析

现代企业生命周期理论认为，任何企业的发展过程都有一定的周期性，中小型科技创新企业也不例外。企业的整个成长链中可以划分为创业期、成长期、成熟期和衰退期四个不同的阶段。从产业定位的角度来看，中小型科技创新企业主要以高新技术产品为研发对象，产品具有较高的知识集约度。从财务管理的角度来看，中小型科技创新企业是资本密集型企业，具有灵活的产品研发机制和激励性较强的经营机制。这里我们绘制了企业生命周期曲线①（如图4 所示），对中小型科技创新企业的不同成长链阶段的不同特性和融资契约选择进行分析。

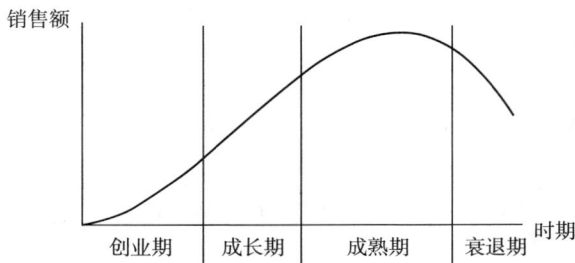

图4 企业生命周期曲线

---

① 企业生命周期理论创立人伊查克·爱迪思（Ichak Adizes）绘制了一条像山峰轮廓的企业生命周期曲线。

（一）中小型科技创新企业创业期——关系型或交易型融资契约形式

科技创新企业处于最初的时期，是科技人员将智力成果转化为企业财富的过程，企业的现金流入即是投资者投入的资本金，前期基本无盈利，而现金流出主要用于支付科技研发人员的工资薪酬。在这一阶段，中小型科技创新企业需要一定数额的资金支持，同时现金流出项目并不多，企业依靠自有资金或无须过度融资就可以满足创业期的企业资金需求。因此，创业期的科技创新企业融资契约选择就属于前文所论述的第三种情况：$A \leqslant B$ 且 A、B 之间差距较小，即企业既可以选择关系型融资（通过亲缘、地缘等关系进行股权融资），也可以选择交易型融资（比如债权融资）。从企业成长链金融的角度看，处在创业期的科技创新企业风险性较大，主要的信息都是非财务信息，风险控制是关键环节，因此对企业领袖建立长期关系进行多维度的了解是有必要的，关系型融资契约是可取的。

（二）中小型科技创新企业成长期——关系型融资契约形式

当科技创新企业进入成长期，由于其产品的高科技高附加值性质，它将保持较高的增长速度。因此，企业管理的重点就是实现企业的正常运营并且维持高速发展。然而，为了维持高速的发展速度，就必须投入更多资金进行科技研发，这必然导致企业固定成本提高，经营杠杆、财务杠杆提高，整体风险增大（赖靖华，2006）[9]。在这一阶段企业现金支出项目很多，主要包括生产设备的更新和升级、原材料采购支付、产品质量检验费用、产品市场营销支出以及科技研发人才的引进等。因此，一方面，在成长期的科技创新企业存在较大的资金缺口，拥有大量金融需求；另一方面，大多数中小型科技创新企业的规模尚小，在现实融资过程中存在着"规模歧视"。根据张捷和王霄（2002）[10]的研究，"规模歧视"是指由于借款者以及借贷双方的规模差异所产生的融资偏差，反映了市场经济下产生中小企业融资壁垒的一般因素；"所有制歧视"是指由于借款者以及借贷双方产权差异所产生的融资偏差，是分析中国中小企业融资壁垒时应加以考虑的特殊因素。中小型科技创新企业拥有的只是一些科学技术专利、先进的企业理念等无形资产或轻资产，并不能达到传统金融机构的融资约束条件。因此，成长期的科技创新企业融资契约选择就属于前文所论述的第一种情况：$A \geqslant B$，即此阶段的科技创新企业是否努力披露企业信息及进行关系专用性投资的重要程度要更大，也就是说，其在融资交易中的机会成本相对于投资者更高。从企业成长链金融的角度看，一方面，处在成长期的科技创新企业，正处于高速发展的时期，同时高收益高风险并存，根据其科技水平的发展状况，具有相当的投资价值；另一方面，由于科技创新企业的技术风险、市场风险、经营风险等的存在，对投资过程中的风险防控就更为重要。

（三）中小型科技创新企业成熟期——交易型融资契约形式

成熟期是该企业成长链中的高峰，同时企业内部结构与资产都在"变革"的阶段。这种"变革"，一方面表现为企业生产能力的提高，产品的产量由小批量转到大批量；另一方面表现为由于企业规模的扩大，企业的组织结构、营销模式、信息处理系统、资产设备等都发生了质的改变。这种"变革"的过程是极其艰难复杂的，不仅是企业"技术转型"与"观念制度转型"的有效结合，而且是企业家的主观能动性引发的"自觉性行为"和日益严峻的企业外部社会环境因素引发的"非自觉性行为"的复合。其既包括企业战略方向、经营模式的转型升级，也包括企业内部股东利益关系的重新组合及资源的重新配置。

因此，处于成熟期的科技创新企业应属于前文所论述的第二种情况：$A \leqslant B$ 且 A、B 之间差距足够大。在这一阶段的科技创新企业已达到较大的规模，拥有系统的财务信息、实物资产和技术专利权等"硬信息"，销售额和净利润率都达到了高峰，其资金缺口不断减小，对资金的需求不再如成长期那么多，所以关系型融资契约已经无法满足科技创新企业的融资要求，而是通过公开的资本市场采取交易型融资。

（四）中小型科技创新企业衰退期——不存在融资需求

当企业处在衰退期，其共同的特征是：规模偏大、管理层次增加、管理成本上升、官僚主义现象出现等。同时，其科技创新能力下降，决策效率低下，科技人才流失严重。在这一阶段，企业产品销售量急剧下降，企业的现金流入逐步衰竭，所以在衰退期的企业不需要从外界筹集资金。

五、结论与建议

（一）结论

科技是第一生产力，作为推动科技进步最活跃的中小型科技创新企业，在其企业整个成长链中的四个阶段存在不同的资金供求矛盾和融资契约选择问题。我们利用系统的经济模型对融资交易中的总费用进行最优化求解，得到如下结论：最优解会随着 A、B 的大小关系而变化，并出现在内点解或角点解，即中小型科技创新企业可以据此选择关系型融资或者是交易型融资契约形式。

（二）建议

中小型科技创新企业所需资金来源，从来源性质上看，可分为权益资金和债务资金；从融资渠道上看，可分为内源性融资和外源性融资。中小企业融资难的问题主要集中于外源性融资上，按照前文科技创新企业成长链分四个阶段的思路，我们分别简要提出各个阶段的融资策略（如图 5 所示）。

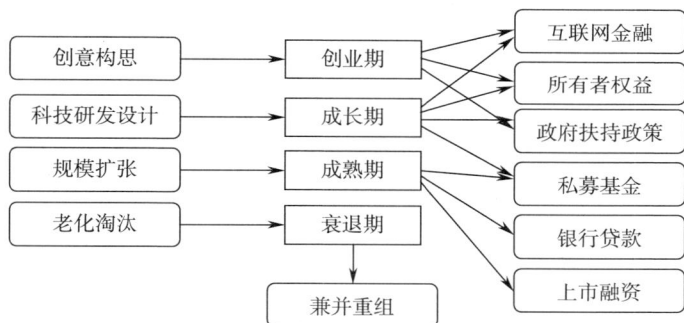

图 5 中小型科技创新企业成长链融资对策

1. 创业期的融资对策。处在创业期的中小型科技创新企业致力于将智力成果转化为产品，其过程充满艰辛和不确定性，传统金融机构不会轻易向其提供金融服务。因此，一般情况下，只有企业依靠所有者权益融资和政府扶持政策进行融资。然而正处于互联网金融时代的今天，科技创新企业可以借助于互联网金融的普惠性和"长尾"效应来缓解创业期的融资困难。按照麦特卡夫定律（Metcalf law）[①]，互联网的价值用互联网节点数量的平方来衡量，伴随互联网客户的不断增长，互联网产生的效益按照指数量级增长，可见互联网金融的融资效率相较于传统金融机构更适用于创业期的中小型科技创新企业。

2. 成长期的融资对策。在中小型科技创新企业步入成长期后，企业已经将部分智力成果转化为产品，随着产品销量的提升，企业盈利水平不断提高，可以寻求风险投资者和私募基金的资金支持。与其他金融投资机构相比，私募基金更加重视被投资方的商业模式与竞争壁垒，且限制条件较少，更符合中小

---

① 麦特卡夫定律，被称做 IT 界三大定律之一，由以太网的发明人鲍勃·麦特卡夫创建，意为网络价值同网络用户数量的平方成正比，即 N 个联结能创造 N 的 2 次方效益。

型科技创新企业成长期的融资需求特点。随着企业不断成长，生产规模不断扩张，权益资金已经不能满足企业迅速发展的需求，因此，企业应该采取以银行贷款为主的筹资方式，更加偏于保持距离型的融资契约选择。

3. 成熟期的融资对策。处于成熟期的中小型科技创新企业，由于其盈利水平增强，内源性资金增加，规模扩张，抗风险能力进一步增强，商业银行会更愿意向企业提供贷款，企业逐渐标准化了其融资契约的形式，即采取交易型融资。在成熟期后期，企业要实现对内部的优化"变革"，需要投入大量资金，在银行贷款和良好的内源性资金的基础上，可以通过发行企业债券或上市融资等方式获取资金。

参考文献

［1］许珂，卢海. 中小型科技创新企业融资模式选择［J］. 金融经济，2013（4）：36 – 39.

［2］郭田勇. 中小企业融资的国际比较与借鉴［J］. 国际金融研究，2003（11）：33 – 43.

［3］谭之博，赵岳. 企业规模与融资来源的实证研究［J］. 金融研究，2012（3）：166 – 197.

［4］罗丹阳，宋建江. 私营企业成长与融资来源选择［J］. 金融研究，2004（10）：120 – 127.

［5］陆岷峰，杨亮. 关于成长链金融规律分析与对策研究［J］. 南都学坛，2016（3）：3 – 9.

［6］Berger，A. N. and G. F. Udell. Small Business Credit Availability and Relationship Lending：The Importance of Bank Organization Structure［J］. Economic Journal，2002（112）：32 – 54.

［7］青木昌彦. 比较制度分析［M］. 上海：上海远东出版社，2001.

［8］Heide Jan B. and G. John. Alliances in industrial purchasing；the determinants of joint action in buyer – seller relationships［J］. Journal of Marketing Research，1990（27）：24 – 36.

［9］赖靖华. 中小型科技创新企业生命周期与融资选择［J］. 现代企业，2006（10）：49.

［10］张捷，王霄. 中小企业金融成长周期与融资结构变化［J］. 世界经济，2002（9）：63 – 70.

成长链金融发展探索

——基于校园金融市场的分析

韩齐飞[①]

一、引言

2016年3月，付融宝公司根据市场客户的真实需求提出一种未来普惠金融发展方向的新概念——成长链金融。之后，由南京财经大学陆岷峰博士（2016）从金融理论上对其进行定义：成长链金融是以个体消费者为研究对象，基于生命周期理论、消费金融理论，将个体消费者的一生分为成长期、就业期、成熟期、退休期，然后根据个体所处不同阶段内的不同金融需求进行金融产品的定制供给。[1]成长链金融作为一种全新概念，其未来如何发展还需探讨。而校园金融作为一个已经成型的市场，其发展现状对成长链金融有无启示呢？要解决这个问题应首先分析二者有无联系。

首先，校园金融与成长链金融都是以互联网技术为基础、糅合了互联网思维的新事物。校园金融的爆发依赖于移动终端——智能手机的普及，翻看当下校园金融公司的成立时间，会发现它们大多都是在2013年之后成立的，而我国智能手机的普及也是在2013年之后。并且校园金融公司大多是依赖手机APP推送公司的产品，让用户通过其开发的APP来体验其相关金融产品。再看成长链金融，根据定义可知，成长链金融要针对客户终身进行一次性授信，需要依赖互联网技术收集消费者的大数据进行分析，然后对客户进行信用综合评定。而且成长链金融还要针对消费者的需求进行产品的定制供给，这里也需

---

① 韩齐飞，河南师范大学商学院在读研究生。

要利用大数据来分析消费者的偏好，然后进行产品的推送。因此，无论是校园金融还是成长链金融都少不了互联网技术的支撑。

其次，校园金融和成长链金融是在我国金融资源错配的现实背景下产生的。所谓金融资源错配就是指整个社会金融资源配置的不均衡，从经济学角度来看就是金融资源在社会中没有达到最优配置，存在帕累托改进的空间。下面，以南京财经大学中国区域金融研究中心的调查结果为例（见图1）。

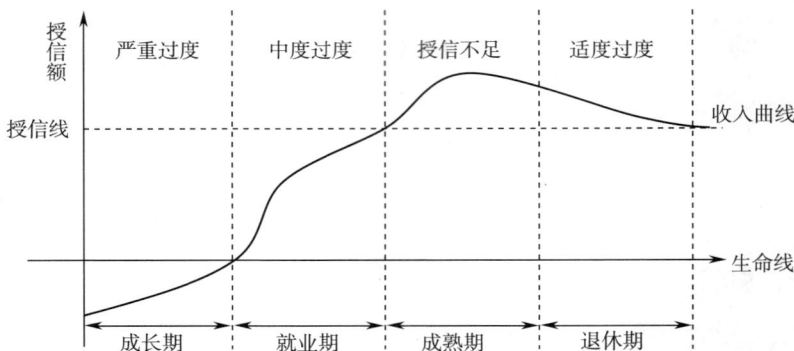

图1 成长链金融授信曲线

图1中，横轴表示个体生命线，纵轴表示授信额。从个体收入曲线可以看出，消费者的收入从成长期到成熟期的中期呈递增趋势，在成熟期个人财富达到最高值。在各个阶段，由于个体收入的不同导致其所能占有的金融资源也不同，即在消费者一生中都存在着金融资源配置不均衡现象。处于成长期的消费者有很强的消费欲望，但并没有匹配的财富（即金融资源）来支撑；成熟期的消费者消费欲望不高却占有大量的财富（金融资源）。基于这种现实背景，校园金融公司的功能就是将成熟期个体的闲置金融资源转移到成长期的大学生，使得整个社会的金融资源配置更加合理。成长链金融基于这种现实背景提出对消费者进行终身一次性授信，使得消费者一生的金融资源配置更加有效，同时针对不同阶段的消费者进行金融产品的定制供给。按其对各阶段的主体进行的授信水准，成长期严重过度授信，就业期中度过度授信，成熟期则授信不足，退休期适度过度授信。本质上成长链金融是为了金融资源在个体生命周期内的配置更加合理有效，从经济学上看是让消费者降低未来消费增加当期消费，进而使得其总体效用提升。

最后，从微观角度来看，校园金融与成长链金融拥有相同的消费者群体。校园金融是指在校园内发生的以大学生为主体的资金融通行为。因此，校园金融的消费者群体是大学生。而根据陆岷峰、杨亮（2016）把成长链金融划分为四个阶段来看，其认为成长阶段——财富透支期的主体为24岁以下的学生，可见从消费群体来看，二者有高度的一致性。我们也可从付融宝公司与拍拍贷公司的用户数据中看出（见表1）。

表1　　　　　　　　付融宝与拍拍贷用户年龄构成（2015 年）

	18～22岁	22～30岁	30～36岁	36～56岁	56岁以上
付融宝	12%	50%	15%	19%	4%
	0～25岁	26～36岁	36～46岁	46～56岁	56岁以上
拍拍贷	21%	46%	20%	9%	4%

数据来源：官网收集整理。

付融宝公司的用户数据显示，其用户中18～22岁的占12%，22～30岁的占50%，30～36岁的占15%，而56岁以上的只占4%，综合来看，其用户中77%都来自80后、90后。而拍拍贷虽然不是主营校园金融市场，但其业务中的小额消费贷的需求主体很大一部分就是大学生，以上面的数据为例，其25岁以下占21%，26～36岁占46%，也就是其67%的用户是80后、90后。

因此，笔者认为，分析当前校园金融的模式与市场发展状况、借鉴现有已成型校园金融模式的优点与不足，对推进成长链金融的发展有很好的借鉴作用，对此研究具有重要的现实意义。

二、文献回顾

（一）校园金融的研究现状

2009 年，面对我国信用卡不良贷款率增加，银监会规定商业银行禁止向未成年人发放信用卡。此举措在一定程度上遏制了银行贷款不良率的增长，但也导致校园金融的发展停滞不前。现实中的停滞，使得近年来理论上关于校园金融的研究并不多。在现有研究中，笔者发现根据研究方法的不同可归为两类：一类是用实证的方法研究，一类是用规范的方法研究。周丽（2007）采取问卷调查的方法运用方差分析理论探讨了恋爱状态、性别、年级等因素对大学生消费的影响。[2]但该论文的调查对象只局限于作者所选定的学校，样本范围太小，实证分析的结果也没有考虑我国地区间存在差异性的现实。夏永林、胡冰阳（2009）也是运用调查问卷的方法分析西安高校大学生的消费现状，发现大学生的收入主要来自家庭，且发现大学生随着入学时间的增加消费能力也是逐渐增加的。[3] 相对于周丽（2007）所做的研究，该研究的样本范围扩大了，但也只局限于一座城市的校园金融。可以发现，此类的实证研究更多的是局限于微观主体，或某高校，或某城市，忽略了我国各地区间经济发展水平的差异、人均收入的差异等异质性的因素。

另外一类是用规范性方法进行的研究，方露（2015）从大学生的消费需求角度分析大学生的消费行为，提出要合理引导大学生消费。[4] 贾晓燕（2016）通过分析校园O2O中快消品市场的发展现状，发现其存在人员流动性大、管理成本高，企业流量大、盈利少，平台规模大、质量低等问题，[5] 据此对校园O2O市场的发展前景提出建议。牟昱洁、王献锐（2016）分析当下校园金融市场内分期平台的火爆现状，发现校园金融发展面临着征信困难、用户流动性大等问题。[6] 可以发现，此类文章的研究对象大多是以某个市场为主的，使用规范性的研究方法虽然描述出现状，但作为研究论文数据欠缺、科学性不够。

（二）成长链金融的研究现状

1. 从理论上研究成长链金融的发展。陆岷峰、杨亮（2016）首先定义了成长链金融是基于生命周期理论、消费金融理论，将消费者个体划分为成长期、就业期、成熟期、退休期四个阶段，根据消费者在不同阶段内的金融需求进行金融产品的定制供给。其次，从个人金融角度出发，阐释成长链金融的形成与发展前景，提出校园金融主体的两大特征：一是发散性，即学生的消费习惯很容易影响并带动其身边的人；二是跟随性，即学生作为消费者用户黏性大，不易更改已有的消费习惯，认为校园金融是成长链金融未来发展的重点。

2. 研究成长链金融产品的发展。此类研究更偏向于实际应用。陆岷峰、张欢（2016）认为，要实现成长链金融产品发展，内部要完善风控体系、加强专业人才的培养，外部要以客户的体验为中心，优化产品创新，进而提高产品的竞争力。[7]

通过上面的分析可以看出，已有的研究虽然对校园金融和成长链金融有较为详细的探讨，但并没有从二者的关联处入手进行研究。成长链金融作为全新的概念，其未来的发展还有待研究，如何借鉴已有的校园金融市场的发展去完善成长链金融是一个值得研究的课题，本文将对此进行探讨。

三、校园金融市场产生的现实背景分析

校园金融市场是指在校园内发生的由资金供求双方进行资金融通活动所形成的金融市场。从定义中可看出其有三个关键因素：一是特定场景——校园；二是特定的行为主体——资金的供求双方；三是行为主体所从事的行为活动——资金的融通。在这里将行为主体定义为资金的供给方与需求方，其中资金的需求方是大学生，资金的供给方定义为校园金融公司（这里的假定虽然不太符合现实中真正的资金供给方，但作为校园金融市场中的行为主体还是符合现实的）。下面，将从宏观和微观两个层面分析校园金融市场产生的现实背景。

（一）基于宏观层面的分析

首先，我国的校园金融市场自 2009 年国家明令禁止银行向大学生发放信用卡后开始进入空白期。而随着社会整体经济水平的提高，居民收入水平也在提高，以 2014 年统计数据为例，人均年收入达到 47 140 元（虽然人均并不能准确反映我国居民收入的真实状况，但作为一个宏观层面的参考指标还是可以的）。同时，国家在教育上的投资持续增长，从 2009 年的 1.65 万亿元增长到 2013 年的 3.3 万亿元，足足翻了一倍。虽然相比美国等发达国家在教育上的投资还有差距，但这也说明我国校园市场的潜力。因此，在 2013 年随着智能手机普及，借助互联网技术，校园金融市场开始成为各大互联网巨头的竞争领域。

其次，正如前面所论述的那样，我国目前存在个体生命周期内金融资源的错配现象。处于成长期内的大学生比成熟期的消费者的边际消费倾向高，但成长期的大学生并没有与其消费需求相匹配的财富。正是在这种金融资源错配的宏观背景下才衍生出校园金融市场。

（二）基于微观层面的分析

微观层面从市场参与主体的行为分析整个市场的发展则会更加符合现实，并且使得研究更具逻辑性。前面已经假定校园金融市场中存在两个参与主体：资金的需求方——大学生；资金的供给方——校园金融公司。从资金的需求方角度分析校园金融市场的产生，如图 2 所示。

从大学生的需求角度来看，其有两种需求：一是物质消费的需求；二是小

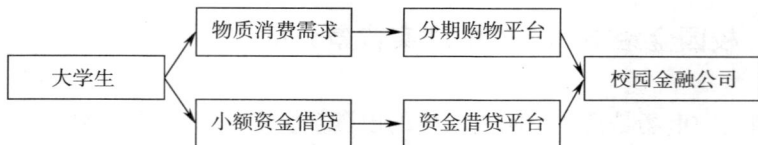

图 2　大学生需求行为分析

额资金借贷的需求。其中，大学生的第一种需求在市场作用下衍生出分期购物平台，第二种需求衍生出校园资金借贷平台，而这两种平台的提供方就是校园金融公司，也就是我前面所定义的资金的供给方。基于此，一个校园金融市场就诞生了。

四、校园金融的经营模式分析

本文搜集了目前国内发展最好的 10 家校园金融公司（见表 2）。

表 2　　　　　　　　　校园金融公司排名（2016 年）

企业名称	总部	融资轮次	融资金额	投资方
趣分期	北京	E	2 亿美元	蚂蚁金服等
分期乐	深圳	D	2.35 亿美元	华晟资本等
名校贷	上海	A	8.7 亿元人民币	海通开元
爱学贷	浙江	B	3 亿元人民币	暂不公开
优分期	北京	B	亿元人民币以上	暂不公开
仁仁分期	杭州	B	数千万美元	纪源资本 GGV
99 分期	北京	A	3 000 万元人民币	磐石资本
喵卡	上海	无	暂不公开	暂不公开
人人分期	北京	无	暂不公开	暂不公开
学贷网	四川	天使	暂不公开	暂不公开

数据来源：亿欧网。

上述数据总体来看，首先，从总部所在地可以看出 10 家公司中位于一线城市的有 7 家，这也符合当前我国一线城市吸引大量金融资源的现实。其次，从融资轮次来看，10 家公司中的前两名趣分期和分期乐遥遥领先于其他公司，并且融资额度也是远高于其他公司。最新数据显示，趣分期更名为"趣店集团"，并且在 7 月进行 PRE – IPO 系列融资高达 30 亿元人民币。最后，从投资方来看，此 10 家公司大多受到风险资本的一轮又一轮的注资。因此，目前的校园金融市场在高额资本的驱动下衍生出趣分期和分期乐这样的被称为"独角兽"的公司。

查阅上述公司的资料后发现，10 家公司的经营业务范围恰好符合前面关于大学生群体的行为需求分析。一是对商品的需求，此种需求衍生出趣分期、分期乐等公司提供的分期购物平台。二是小额资金需求，此种需求则衍生出名校贷、爱学贷等相关的小额资金借贷平台。但是现实中只做分期购物业务的公司基本上没有，大部分公司是两者兼营，如趣分期和分期乐；少数公司是只做小额资金借贷业务，不做分期购物业务，如上述公司中的名校贷。鉴于此，按照其经营业务的不同将校园金融分为两种模式：一是兼营模式，即主营分期购物业务和小额资金借贷业务；二是单一模式，即只做小额资金借贷业务。

（一）兼营模式

兼营模式下的校园金融公司是指那些既做分期购物业务、又做小额资金借贷业务的公司。比较典型的就是趣分期和分期乐，这两家公司由于背靠淘宝与京东，因此拥有大量的资源与平台支撑其前期的市场扩张，使得其在校园金融市场中处于领先地位。下面将从业务范围和风控审核两个方面分析二者的发展。

趣分期自 2014 年 3 月上线，从分期购物业务起家，后又发展白条业务，主打 1 000 ~ 10 000 元的小额贷款；offer 贷业务，满足毕业大学生的贷款需求，贷款额度也比白条业务高，在 10 000 ~ 50 000 元之间；趣店业务则是针对在校大学生提供的创业平台。趣分期的风控审核是采用线下、线上相结合的方式，线上申请线下签约，趣分期想通过这种方式最大化地核实申请人的信用资质，降低信用风险。而其资金的风控则是依托蚂蚁金服进行。

分期乐于 2013 年 8 月成立，主打大学生分期购物商城，依托京东的资源与平台做好其自身的产品控制和仓储物流，并且作为京东最大的分销商可以更好地向大学生群体销售 3C 产品。据其官方宣称，其注册用户突破 800 万人，2015 年销售额突破 100 亿元。其主营业务除了分期购物外，还有小额资金借贷与大学生理财。分期乐的资金风控由其旗下的桔子理财负责，其官网称之为小微消费金融模式，如图 3 所示。

根据上述分析可以看出，兼营模式下的校园金融公司由于能够更好地满足消费者需求，所以发展前期能快速占据市场份额，但由于既涉及商品分期购，又涉及小额资金借贷业务，因此其除了承担相关的金融风险外，还要承担商品经营风险。

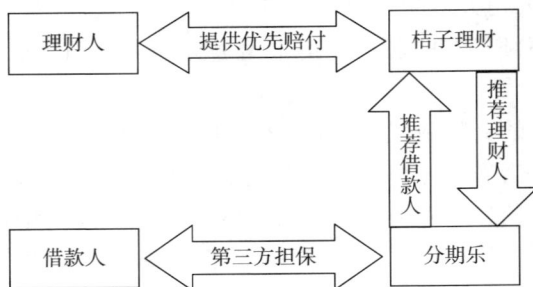

图3 分期乐小微消费金融模式

（二）单一模式

单一模式下的校园金融公司是指只做小额资金借贷业务的公司。典型的例子就是名校贷。

名校贷于2013年12月上线，是复制美国的一家专做学生贷款平台Social Finance的经营模式。相比其他校园金融公司，名校贷只做大学生信用贷款，其主要业务也是基于大学生的现实需求所开展的，有创业贷款、就业贷款和助学进修贷款。而其风控是由其母公司上海麦子资产管理有限公司负责，其官方称为"水滴"，此风控系统的创新在于审核方式采用智能脸纹审核以及声波审核。此类模式下的校园金融公司只做小额资金借贷业务，其在经营过程中不涉及商品的分期购，因此其虽然不能很快地占据市场份额，但是其只承担相关的金融风险而不需要承担商品经营的各种风险。

五、校园金融市场供需主体的行为分析

（一）对需求方的行为分析

根据前面已经构建出的简易的校园金融市场可知，其中有两个参与主体：资金的需求方——大学生（记为A），资金的供给方——校园金融公司（记为B）；在这个市场中只存在两种商品，X1代表分期购物产品，X2代表小额资金借贷产品；用Y表示A的收入。则根据微观经济学关于市场分析的基本假定，现假设：

假设市场是完全竞争市场；

假设A追求自身效用最大化；

假设 B 追求自身利润最大化；

假设市场中的两种产品的价格不变。

则 A 的无差异曲线方程为 U（X1，X2）；

A 的预算线方程为 Y = P1X1 + P2X2。

如图 4 所示：

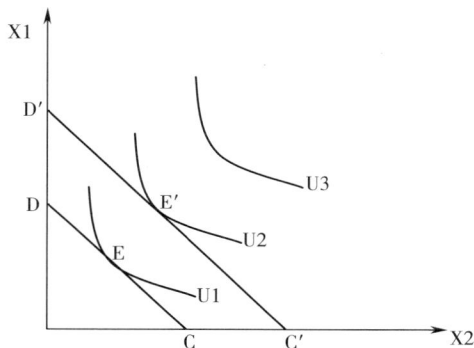

图 4　消费者均衡分析

图 4 中，CD 为 A 的预算线；U1、U2、U3 为 A 的无差异曲线，其中对于 A 来说三条无差异曲线为其带来的效用大小是 U1 < U2 < U3。

根据消费者均衡我们知道，开始时 A 的均衡点就在 U1 与 CD 线的交点 E 处，此时 A 的效用就是 U1 水平。当 B 进入市场中后，则 B 对 A 的影响是使得 A 的预算线向右移动到 C′D′。为什么 A 的预算线会右移？因为对于 A 来说，由于 B 为其提供的金融产品使得其以减少未来消费的代价增加当期消费，即表现为现在的收入增加，也就使得其预算线右移至 C′D′，此时 A 的均衡点就在 C′D′与 U2 的交点 E′处，此时 A 的效用就增加到 U2 水平；很明显 U1 < U2，对于 A 来说其达到了自己效用最大化的目标，在现实中表现为校园金融市场的兴起能让大学生群体的消费得到满足，因此大学生纷纷选择分期购物和小额资金借贷来使得自己的效用得到最大化的满足。

上述分析在严谨的经济学的假设下能够成立，现实中，由于大学生理财能力和识别风险能力不强，因此在选择 X1 与 X2 时更多的是在其消费需求的驱动下进行的。但是个体之间的消费需求是存在差异的，因此现实中会出现这种情况：当消费需求强的个体为了达到其效用最大化目标疯狂地进行分期购物和小额资金借贷时，此个体未来的负债会迅速累积，累积额度超过个体承受能力时就会出现"大学生负债百万，无力偿还后跳楼"的新闻事件。

（二）对供给方的行为分析

校园金融市场中的供给方为校园金融公司，根据微观经济学基本假定可知，公司的目标是追求利润最大化。也就是说，其行为目的是为了实现自身的利润最大化，从这个角度出发我们来分析其行为。

以前面的趣分期、分期乐为例，在已公布的可查阅资料中没有二者的盈利分析报告，因此很难从具体的盈利指标来判断二者是否盈利。而关于其占据的市场份额很好查到，根据二者官方宣称，趣分期占据 30% 以上的市场份额，而分期乐占据 60% 以上的市场份额。在这里无法辨别此数据的真实性，但翻看二者的发展历程发现一个相同点（见表3）。

表3　　　　　　　　　　　趣分期与分期乐各轮融资

	天使轮	A 轮	B 轮	C 轮	D 轮	E 轮	IPO 融资
趣分期	数百万元人民币	数百万美元	千万美元	数千万美元	1 亿美元	2 亿美元	30 亿元人民币
分期乐	数目未公布	数千万美元	千万美元	京东投资	首笔 2.35 亿美元	无	无

数据来源：官网收集整理。

不难看出，两家公司都经历了多轮融资，而且呈现逐轮递增的趋势。校园金融市场内有很多家公司，为何只有这两家公司受到资本的青睐呢？在刚开始的时候，校园金融市场的空白吸引大量追逐利益的公司进入其中，这些公司在发展初期采取的经营模式是战略上的亏损以换取市场份额的增加，使得资金薄弱的公司被迫退出市场。这样市场中剩余公司越来越少，进而使得市场中剩下的公司所占市场份额上升成为资本市场的宠儿，获得一轮又一轮的高额融资。正是在这种商业模式下诞生出趣分期和分期乐这种被称为"独角兽"的公司。

根据上面的分析可以看出，此类公司的发展是在其背后风险资本的驱动下进行的，这是资本的逐利性的体现。但是作为一家服务大学生群体的校园金融公司，当其为了获得一轮又一轮的资本市场的高额融资带来的利益而疯狂占领市场份额时，其必然忽略一些最基本的问题。首先，学生群体是受到道德保护的群体，因此当校园金融公司以纯粹的商业利益面对大学生时必然面临道德上被谴责的风险。而此类公司由于受到风险资本驱动，因此风险资本具有的短期逐利性的特点必然影响此类校园金融公司的经营，最明显的就是此类公司在宣传时弱化其金融产品的风险以获得更大的市场份额。其次，由于此类公司大多是兼营模式，因此也承担更多的风险，而无论是金融风险还是商品经营风险一般都会随着时间周期的延长而递增，因此为了降低自身风险其在经营中必然采取短期操作。以此类公司提供的小额资金借贷业务为例，在这些针对大学生群体的资金借贷金融产品的设计上，借款期限大多是一个月到一年不等。如此短的借款期限对于大学生来说很容易累积成高额负债，因为现阶段我国的大学生理财能力和辨别风险的能力不强，且大多是在自身消费需求的驱动下选择金融产品，这很容易造成当期消费过多、未来负债增加，而短的时间期限给予大学生很大的还债压力，最终酿造出"大学生负债百万，无力偿还后跳楼"的新闻事件。关于还款期限设计的不合理可以用国家大学生助学贷款作为对比，其满足校园金融的三个要素，因此国家大学生助学贷款实质上也是一种校园金融产品，不过是由国家作为资金的供给方。根据最新的规定，大学生助学贷款的还款期限最长为 20 年。显然与国家助学贷款相比，校园金融公司所提供的还款期限对大学生群体来说还款压力很大。而这正是校园金融公司在其背后风险资本的驱动下追逐商业利益的体现。

六、校园金融对成长链金融的启示

从上面的分析中可以得出，在理论上，校园金融市场中资金需求方——大学生是追求自身效用最大化，但在现实中大学生是一个理财能力和识别风险能力薄弱的群体，且在选择金融产品时大多受到自身消费需求的驱动，容易在某些特定的场景下失去理性、过度消费。而资金的供给方——校园金融公司受到其背后风险资本的驱动追逐商业利益，使得其在产品设计上忽视了其产品对消费者的影响。鉴于校园金融市场的发展现状，笔者认为，成长链金融在未来的发展中应当从以下四个角度出发：

（一）重视大学生群体的金融需求

通过对校园金融市场中资金需求方——大学生的分析，发现大学生群体具有真实的金融需求，而且根据陆岷峰、杨亮（2016）提出的大学生的行为特征：发散性和跟随性可知，成长链金融作为一种全新概念在大学生群体中是最容易被接受的。因此，成长链金融在未来的发展中要重视大学生群体的金融需求，牢牢地抓住大学生群体，如此待大学生群体进入就业期、成熟期、退休期时就能更好地享受成长链金融为其带来的更大效用。

（二）不以商业利益为目的开发校园市场

首先，通过对校园金融市场中资金供给方——校园金融公司的分析，发现其在风险资本驱动下追逐商业利益，为了占据市场份额在营销中弱化其金融产品的风险，忽略金融产品对大学生群体的影响。其次，目前我国的大学生群体理财能力和识别风险能力都不强，容易受到物质消费诱惑而过度消费。正是由于这些原因，使得大学生群体盲目选择金融产品，造成目前校园金融市场的乱象。而且大学生群体受到道德上保护，若以纯粹的商业利益目的去赚取学生的财富必然会遭到社会的谴责。鉴于此，笔者认为，成长链金融企业不能以纯粹的商业利益开发校园金融市场，可以把成长期的大学生作为种子培养，在满足其金融需求的基础上引导其提高金融理财能力，普及金融风险知识，让大学生群体认可成长链金融产品，然后在未来其进入就业期、成熟期、退休期时，成长链金融企业就可以通过不同类型的金融产品的定制供给来实现盈利。

（三）根据不同阶段的消费者特点进行金融产品研发

在上述对校园金融市场的分析中，发现校园金融公司在发展过程中受到其背后风险资本的驱动追逐商业利益，因此忽略了其产品对消费者的影响，尤其是没有充分考虑大学生群体的特点。鉴于此，成长链金融企业在发展时一定要根据不同阶段消费者的特点进行金融产品的研发。比如，在面对成长期的大学生群体时，应以树立成长链金融企业的品牌影响力为目的，满足该群体的金融需求，让其信赖成长链金融企业的品牌，为之后该群体进入就业期奠定基础。

（四）严格把控风险，警惕金融风险的累积

成长链金融的本质也是资金的融通，那么其必然面对各类金融风险。[8]从南京财经大学根据调查数据所作的授信曲线中可以看出，成长链金融在面对成长期和就业期的消费者时都是过度授信的。这意味着消费者当期的消费能力提升，有更多的钱消费，但是消费者自身承担风险的能力在短期是没有变的。而且根据现阶段付融宝公司的用户数据显示，其金融产品的需求者77%都是80后、90后，也就是处于成长期和就业期的消费者。因此，如果此阶段的风险不能得到严格控制，将会使得成长链金融企业自身风险迅速累积，进而导致企业经营困难甚至出现破产危机。

七、结束语

本文旨在通过分析现有的校园金融市场为成长链金融的发展提供建议。通过对校园金融市场的分析发现：资金的需求方——大学生具有真实的金融需求，但理财能力和识别风险能力不强，在自身消费需求的驱动下容易过度消费；资金的供给方——校园金融公司在背后风险资本的驱动下追逐纯粹的商业利益，忽视其金融产品对大学生群体的影响。基于上述结论为成长链金融的发展提供建议。

关于本文，笔者认为创新之处有两点：一是从校园金融与成长链金融的联系出发，分析校园金融市场现状，为成长链金融的建设提供建议；二是在分析校园金融市场的过程中，从市场参与主体的角度进行，得到的结果更加符合现实。但由于本人还处于研究生阶段，在看待问题的角度和分析问题的能力上都有所欠缺，因此本文的不足之处同样明显：如文中关于校园金融模式的分析，数据的缺乏使得不同模式下的校园金融公司的现状论述比较薄弱，科学性欠缺；再如，分析校园金融市场中大学生群体的行为时，更多的是从理论上推导大学生的行为需求，缺乏具体调查数据的支撑。

参考文献

[1] 陆岷峰，杨亮.成长链金融的探索与展望 [J].南都学坛，2016 (3)：102 – 109.

[2] 周丽.影响大学生消费的因素分析 [J].统计与决策，2007 (22)：100 – 101.

[3] 夏永林，胡冰阳.西安高校大学生消费状况调查研究 [J].经济研究导刊，2009 (32)：161 – 163.

[4] 方露.当代大学生消费现状和消费影响分析 [J].新经济，2015 (17)：46.

[5] 贾晓燕.校园 O2O 运营模式浅析——以快消品为例 [J].现代经济信息，2016 (1)：338 – 339.

[6] 牟昱洁，王献锐.校园金融发展现状及其研究 [J].中国管理信息化，2016 (5)：144 – 145.

[7] 陆岷峰，张欢.成长链金融产品创新研究 [J].华北金融，2016 (3)：15 – 20.

[8] 陆岷峰，徐阳洋.成长链金融风险及其化解策略研究 [J].湖南财政经济学院学报，2016 (2)：31 – 37.

基于成长链金融理论的科技型中小企业融资研究

冯丹　蒋婷婷　杨艳[①]

近两年，随着我国经济转型的日益深入，经济新常态攻坚期的到来，以及信息技术、生物技术、材料技术、航天技术等飞速发展并由此引发的席卷全球的科技革命，高新技术产业已经成为世界经济发展的先导力量，也日益成为国际竞争的制高点和提升综合国力的关键因素。科技型企业数量众多，发展潜力巨大，已经成为高新技术产业的核心组成部分，也成为一国科技创新和经济发展的重要源泉。长期以来，我国政府也一直在扶持科技型中小企业的发展，然而科技型中小企业的融资问题仍然是阻碍我国高新技术产业发展的重要因素。

个人成长链金融，是指基于人生不同成长阶段对应有不同的金融消费需求、偿还能力以及信用特征，对整个生命周期成长链的个人提供全流程金融服务，以最大化满足其金融需求，提升金融机构在个人金融服务方面整体化效用水平的产业生态。基于生命周期的金融特征，可将人生分为成长、就业、成熟及退休四个阶段，而由于人生不同阶段的生活消费、金融需求及风险偏好具有差异性，因此金融机构所设计的金融服务与个人理财规划也应具有区别性[5]。

那么类似的企业成长链金融，是指基于企业不同的发展阶段对应有不同的资金需求、偿还能力以及信用特征，对整个生命周期成长链的企业提供全流程金融服务。把企业类似于"人"，其本身也有其生命周期，可划分为种子期、初创期、产业化阶段、成长期、扩张期、成熟期以及衰退期[1]。

---

①　杨艳，南京审计大学国际文化交流学院。
　　冯丹，南京审计大学金融学院。
　　蒋婷婷，南京审计大学金融学院。

一、科技型中小企业的生命周期

（一）种子期

该阶段科技型企业并没有正式成立，仅仅处于拟创立阶段，创业团队尚未形成，资金与技术没有有机结合，但已经有创业动机或者创业思路。

（二）初创期

该阶段科技型企业刚完成登记注册，创业团队已经初步形成，仅有部分资金和不成熟的技术思路，尚未形成完整的商业模式。企业面临的主要问题是明确公司战略、创业团队磨合和技术研发[2]。

（三）产业化阶段

该阶段科技型企业创业团队已经初步磨合，公司战略已初步形成。企业在该阶段面临的主要问题是产品中试和科技成果产业化，即如何将现有科技成果转化为顾客需要的商品并在市场上实现销售。此时，技术风险、市场风险和管理风险一起成为企业成败的关键因素，能否有效地开拓市场是至关重要的问题，具体问题则通常表现为缺乏研发经费和市场开拓经费[3]。

（四）成长阶段

该阶段企业产品已经定型，开始建立销售体系并有产品批量进入市场，但尚未达到规模经济，多数企业利润较少。成长期企业资金需求大幅度上升，融资需求通常在千万元以上，很难依靠内部积累或银行信贷获得。同时，企业成长带来的人力资源匮乏的状况日益突出，原有的管理模式受到挑战，市场营销部门成为与研发部门同等重要的部门。

（五）扩张阶段

该阶段企业产品已经形成一定市场知名度，有稳定的客户，销售收入不断扩大并开始达到规模经济，已形成一定市场占有率，企业已能从现有的项目中获得较高收益。此时，企业仍然面临发展所需资金缺口，原因主要是扩大再生产、后续技术创新、完善管理体系和新投资项目等需要更多的资金。其中部分企业开始将股票上市列为企业目标，并开展相关工作。

（六）成熟阶段

该阶段企业已经形成特有商业模式、技术优势和核心竞争力，并发展成为该行业国内细分市场的前几名；企业研发能力突出，能不断推出新产品；公司治理结构完善，管理团队相对成熟；期间财务状况稳健，销售收入、盈利能力不断提升；公司基本指标达到股票上市要求，并进入上市辅导期（或者已经实现股票上市）。

（七）衰退期

该阶段科技型企业研发产品渐渐被市场淘汰，企业科技产品市场占有率逐渐减少，利润减少，企业的研发力度与竞争力持续下降，公司投资失败，资金回转不灵，有可能面临破产和兼并。

二、科技型中小企业各生命阶段资金需求及资金来源

（一）种子期

该阶段科技型企业处于发展初期，人员初步确定，有着初步的创业想法但并没有明确，资金需求量也较少，基本上是成员自己出资或者向熟人借款，一般的融资机构也不会在该阶段进行投资。

可以说，该阶段科技型中小企业的启动资金基本上是自筹资金，自筹资金虽然说数量较少，但是足以应付该阶段的企业花费，而且使用自由灵活，在使用期限、使用用途等方面受到的制约较少。

（二）初创期

该阶段科技型企业刚刚有初步的规划，但是这些规划还不成熟，多数科技型企业尚未形成成熟的产品、技术、管理和战略，因此创投公司一般也不敢轻易投资。而银行出于对科技型企业初创风险、资产规模和现金流量的担忧，一般也不会对科技型企业提供信贷支持。企业的资金一般来自创业者的自有资本或合伙人的股本投入，或是亲友借款及企业内部职工借款，资金十分有限。此时，政府的扶持较为关键，中小企业创新基金等类似的政府资金虽然金额不大，但是对于初创期的企业而言弥足珍贵，可以有效地支持科技型企业的创立和初步发展。国外的政府资金支持也主要针对这个阶段的科技型企业。

政府扶持主要通过投资补助、贷款贴息、税收优惠等形式支持科技型企业。我国从中央到地方都设置了很多项目基金来支持其发展。这些基金虽然数量较之银行、风投较少，但是对该阶段的企业大有用处。

（三）产业化阶段

该阶段公司战略已经初步形成，面临的主要问题是科技成果产业化，即如何将现有科技成果转化为顾客需要的商品并在市场上实现销售。企业资金需求进一步扩大，政府资助已经不能满足企业发展需要。同时，这个阶段的科技型企业在资产规模、现金流量等方面依然难以满足银行的要求，多数银行仍然不愿意对其提供信贷支持。企业资金主要来源于销售收入、票据融资和应付账款，这些资金难以满足企业研究开发、市场开拓、扩大生产等方面的需要。由于创投公司本着"高风险、高收益"的原则支持科技型企业，因此通常愿意以增资扩股或者股权转让的方式进入科技型企业，通过提供资金、管理、人才等各种形式的支持，从而与科技型企业"共担风险、共同发展"。因此，在这个时期创投公司可以较好地满足科技型企业的资金需求[4]。

（四）成长阶段

该阶段企业产品已经定型，销售体系初步建立并有产品批量进入市场，但尚未达到规模经济。此时，企业为了生产，所需要的资金进一步增加。企业本身的运营获得的利益可以支撑企业进一步生产，但是资金远远不够，仍然需要外部资金的投入，需要风投的进一步资助。

（五）扩张阶段

该阶段企业已经完全度过了生存期，进入发展阶段。此时，企业产品已经形成市场知名度，有稳定的客户，销售收入不断扩大并开始达到规模经济。一方面，企业已经培养出自己的核心竞争力，能够依托技术优势开发出系列产品，在市场上占领一定的份额，获得大量的利益。另一方面，企业能够看得出未来的发展情形，在资产规模、生产规模、市场规模等方面都取得了显著进步，因而科技型企业在扩张期已经比较容易获得银行信贷支持。

银行信贷是外部融资中科技型中小企业融资的主要渠道，主要为科技型中小企业提供中期或者长期贷款。银行经营坚持安全性、流动性、盈利性原则，也就是说银行坚持在安全的情况下追求利益，然而科技型企业的风险较大、未来发展不确定，一般不会轻易对其进行投资。而在该阶段，科技型中小企业发展已较为规范，未来前景可观，所以银行愿意给企业提供信贷。

（六）成熟阶段

该阶段企业已经形成具有特色的商业模式和核心竞争力，基本上资金能够支持基本的运营。而进一步研发新产品需要的资金，大多数企业会选择公司上市，进行资本市场的融资。

上市不仅是科技型中小企业融资的一种途径，也是风险投资者收回投资、实现投资收益的一种出口。上市使公司更加容易募集资金，也为企业建立价值衡量标准，有利于企业规范运营。众多科技型中小企业的上市不仅推动了高新科技产业的进一步发展，也为风险投资形成了良性循环。该阶段企业融资简单、途径多样。

（七）衰退期

在该阶段，企业进展缓慢，逐步衰退，产品逐渐被市场淘汰，企业面临的主要是破产或是兼并，对资金的需求并没有多大意义，也很少有人或机构对该阶段的企业进行投资。

三、基于成长链金融视角的科技型中小企业融资特点

（一）科技型中小企业具有创新性、高投入性、高风险性和高收益性等特点

1. 创新性。在生产经营上，科技型中小企业和一般企业相比，最大的特征是以科技创新为核心，通过创造出新的资源以及对生产要素的重新组合获得技术优势和垄断地位。从技术创新的方式来看，科技型中小企业更注重自主创新，将逐步发展和完善的自主创新和拥有的知识产权的创新视为企业自身技术创新的最终模式，以获取高额的边际利润。从终极产品的市场价格来看，科技型中小企业产品的技术附加值相对较高，产品的边际利润呈上升或较高的状况，产品价格相对较高。

2. 高投入性。与一般的经济活动相比较，科技型中小企业要投入更多的人力、物力、财力与实践来从事技术创新。新技术的研究与开发、样品试制、中间试验、生产流程的重新组织与改进，以及试销活动，都伴随着新资源的大量投入。科技型中小企业技术创新的强度越大，其投入强度也就越高。现代技术的发展日益复杂，而且伴随着学科的相互交叉与渗透，更加大了投入

强度[4]。

3. 高风险性。技术创新是一项具有高风险性的活动，即使在发达的工业化国家，也有近90%的技术创新项目在进入市场实现商业化之前的阶段宣告失败。同时，来自技术、市场和一般商业三方的不确定性更加剧了科技型中小企业所面临的高风险。

4. 高收益性。高投入、高风险必然伴随着高效益。新技术的投入，造成了科技型中小企业相对于竞争对手技术上的优势，形成在一定时期的市场垄断。这种优势或垄断的经济实现，表现为垄断的高额利润。正是这种垄断利润的存在，驱使众多企业不惜以高投入从事创新活动，取得技术优势和市场优势。

（二）科技型中小企业融资具有动态性

科技型中小企业的技术创新具有高风险、高收益的特征，但是技术创新的风险分布又是不均衡的。在一个技术创新的过程中，技术风险和投资风险的最大值分别出现在创新过程的初期和中前期，在中后期的风险逐步减少。再根据科技型中小企业的生命周期，其各个阶段对资金需求不同的特点，这就造成了其融资的动态性，需要根据当时情况重新作出投融资策略调整。在企业发展的前期和中期，应当筹措风险性、收益性高的资本；在企业发展的中期和后期，可以筹措风险性、收益性低的资本。当前期科研成果开发成功后，则追加科技成果商品化所需的后续投资，投融资呈现阶段化特征；如果市场前景不好或者其他原因，投资者可以根据研究进度和对市场信息的把握，重新对科研成果价值进行评估并作出新的决策，暂停投资甚至放弃该项目。

因此，科技型中小企业在初期的融资较为困难，渠道也较为单一，多为自筹资金或者天使投资，或者是政府扶持资金；等发展到了成长阶段，大多数为风险投资；然后再到后期成熟阶段，银行开始愿意对企业进行投融资，或者企业选择上市来筹集资金。总之，科技型中小企业在早期融资约束多、渠道窄，随着企业的稳步发展，企业的融资约束变小、渠道拓宽。

四、基于 PEST 的科技型中小企业融资环境分析

如上文所述，科技型中小企业的融资需求出现在企业的产业化阶段、成长阶段、扩张阶段和成熟阶段，总的来说，科技型中小企业在早期融资约束多、渠道窄，随着企业的稳步发展，企业的融资约束变小、渠道拓宽。

（一）政治

科技型中小企业由于其自身的发展及融资特点，在融资过程中，特别需要政府的扶持和引导。这是因为：

1. 市场反映出来的是当时的信息，而不能反映较长时期以后的信息；每个投资者获得的也只是局部的信息，而不是整体经济的信息。科技型中小企业融资涉及企业界、金融界等社会各个方面，需要经济与金融的互动和各部门的配合。在这方面，仅靠市场是难以奏效的。经济社会中的信息是不完全和不对称的，信息传递机制也是不通畅的，在市场上通常会出现"有资金找不到科研成果，有科研成果找不到资金"的情况，因而获取信息的成本也成为市场交易成本中的重要部分。

2. 科技型中小企业的发展是一种高风险的经济行为，具有极大的不确定性。对于一些能够带来巨大经济效益的技术而言，民间部门的投资者由于其自身资本以及能力所限，他们付出的成本明显大于他们获得的收益。根据西方经济学原理，某种投资行为如果存在外部正效应，就会出现市场失灵，即依靠市场自发力量诱致的该种投资行为就会不足。此外，科技型中小企业发展中所面临的不确定性会进一步减少市场上的有效供给。

3. 目前，我国尚处于经济起飞的发展阶段，无论是经济、金融还是科技创新，都与发达国家存在较大的差距。若完全依靠市场作用，那么科技型中小企业的发展将是一个漫长而艰辛的过程。所以，为了尽快缩小我国与发达国家的发展距离，提升我国科技型中小企业的竞争力，就必须借助政府的力量。

而目前政府正逐步提高科技型中小企业融资的协调层次，通过设立融资担保基金、规范社会信用秩序等手段来打破信用屏障，沟通各方面的信息，加强经济与金融的互动。为了增加整个社会的福利，政府已采取包括融资支持在内的一系列措施纠正科技型中小企业投资领域的市场失灵，增加有效供给。并且我国政府根据本国的国情、需要、目标和现实条件，以设立科技型中小企业创新基金等方式帮助科技型中小企业实现技术创新的跨越式发展。这些有利的政治条件都对科技型中小企业的发展起到了很好的促进作用。并且近年政府由于对科技创新带动社会经济发展的重视，与科技型中小企业相关的政策也较为宽松，为其发展创造了一个良好的政治环境。

（二）经济

企业是处于宏观大环境中的微观个体，经济环境决定和影响其自身战略的制定。经济形势、财政货币政策、行业竞争等均影响融资活动。在众多的经济环境组成中，金融环境是经济环境的重要组成部分，是科技型中小企业融资最直接的外部环境。市场经济条件下，一个地区或国家拥有金融机构的种类和数量，金融业务的范围和质量，金融市场的发展程度，有价证券的种类等都对企业的资金流动具有重要影响。具体而言，资本市场、银行体系、风险投资是科技型中小企业融资最重要的金融环境。

1. 资本市场。（1）主板市场。就主板市场的定位和政策取向而言，主要是为大中型国有企业、已经产业化了的成熟企业服务的，上市门槛太高，同时其容量也远远不能满足科技型中小企业的融资需求。主板市场发展至今，积淀了较多的矛盾和问题，若贸然准入仍处于初创期的科技型中小企业，必然会导致严重的社会问题。（2）中小企业板。2004年6月诞生的中小企业板，其服务对象明确定位为中小企业，为科技型中小企业搭建了进行直接融资的市场平台，从而也就为科技型中小企业的发展极大地拓展了市场空间。但中小企业板在现行的法律制度下，遵循"两个不变，四个独立"的原则。"两个不变"是指遵循现有法律标准不变，发行上市标准不变；"四个独立"是指运行独立、监察独立、代码独立、指数独立。所以，中小企业板不可能解决大多数科技型中小企业的融资问题。（3）创业板。创业板又称二板市场，即第二股票交易市场，是在主板之外且专为暂时无法上市的中小企业和新兴公司提供融资途径和成长空间的证券交易市场，是对主板市场的有效补给，在资本市场中占据着重要的位置。在创业板市场上市的公司大多从事高科技业务，具有较高的成长性，成立时间较短，规模较小，业绩也不突出，但有很大的成长空间。可以说，创业板是一个门槛低、风险大、监管严格的股票市场，也是一个孵化科技型、成长型企业的摇篮。（4）新三板。新三板原指中关村科技园区非上市股份有限公司进入代办股份系统进行转让试点，但目前已成为全国性的非上市股份有限公司股权交易平台，主要针对创新型、创业型、成长型中小微型企业。新三板不设财务门槛，申请挂牌的公司可以尚未盈利，只要股权结构清晰、经营合法规范、公司治理健全、业务明确并履行信息披露义务即可。新三板的存在，使得科技型中小企业的融资不再局限于银行贷款和政府补助，更多的股权投资基金将会因为有了新三板的制度保障而主动投资。

2. 银行体系。比较而言，由于从资本市场融资需要更苛刻的条件和质量较高的数码信息，加之我国目前金融市场体系发展不完善、层次较低，因此科技型中小企业融资更多地依赖银行信贷。但我国各商业银行现行的信贷管理制度可以说是完全基于数码式信息基础上的保持距离型融资，从制度上制约了对难以提供数码式信息的科技型中小企业资金的供给，直接造成科技型中小企业融资难的困境。现行的商业银行信贷管理制度排斥科技型中小企业。

3. 风险投资。我国的风险投资经历了三个发展阶段：1986—1996 年，是风险投资概念的引进阶段；1996—1999 年，是有关构建风险投资体制的系统研究阶段；从 1999 年至今，是全面推进风险投资体系的建设阶段。但是总体而言，我国的风险投资基金运作并不成功，没有达到预期效果，对我国科技成果转化为现实生产力并没有起到催化剂的作用。

（三）社会

多数科技型中小企业集中在通信、电子信息、生物工程、新医药、新材料、新能源以及环保等领域。如今第四次工业革命到来，其实质和特征，就是大幅度地提高资源生产率，经济增长与不可再生资源要素全面脱钩，强调绿色生产，新材料、新能源以及环保等领域将是第四次工业革命变革的重要领域。与此同时，我国人口老龄化问题严重。数据显示，我国 65 岁以上人口占总人口比重 1990 年为 5.6%，2000 年为 7.1%，2010 年为 8.9%，2014 年为 10.1%。从这组数据中可以看出，中国的人口老龄化正呈加速度上升状态。按此预测，从 1990 年到 2035 年，短短 45 年，中国将跨越各阶段，成为超级老龄化社会。与此相适应的，社会对医药的需求也会大幅增长，这种社会需求会大大推动新医药领域科技型中小企业的发展。而在通信、电子信息领域，由于目前行业内已经存在垄断企业，市场份额大量被占有，该行业内的科技型中小企业在专利技术市场化的道路上困难重重。但无论如何，统观全局，如今这个时代，为科技型中小企业提供了良好的发展机遇。

（四）技术

科技型中小企业以技术创新为核心，技术要素是科技型中小企业的生命要素。总体上来看，《中国知识产权指数报告 2013》年度报告指出，根据世界知识产权组织发布的最新一期全球专利报告，我国在 2013 年专利数量位居全球第一。自 20 世纪 90 年代开始，我国专利申请每年以 48% 的速度增长，但与国外高达 80% 的实施率和企业申报率相比，企业申报的专利仅占 15%。此外，对专利价值的评估、市场开发前景预测等并无一个有序的市场管理机制，导致了许多专利在申请人手中难以转化为生产力。同发达国家相比，我国专利的科学技术含量也不同程度地制约了专利的应用市场。而且，中国已经成为美国"337 调查"的最大受害国。在 2012 年已判决的相关案件中，中国企业"侵犯美国知识产权和不公平竞争"的行为败诉率高达60%，远高于世界平均值。

自2008年6月5日国务院颁布《知识产权战略纲要》以来，我国制定的知识产权相关措施达到812项，法律15部，法规4部，仅司法解释就出台9部，凸显了民众对知识产权的认识和国家知识产权战略实施推进计划。但是直到2012年、2013年相关研究数据出炉，我国的知识产权市场情况并未得到较大的好转，整体上处于试水期，仍处于萌芽期。面对这样的市场状态，科技型中小企业在尽力应对市场变化的情况下，只有加大科技创新力度、加快科技创新速度，建立核心技术披露制度，吸引融资，进行专利技术市场化，在短期内获得高额的边际利润，才能继续在市场中生存。

参考文献

[1] 秦汉锋，黄国平. 科技型中小企业融资问题的探讨 [J]. 武汉金融，2001（7）.

[2] 仲灵. 科技型中小企业融资的理论与实证研究 [J]. 吉林大学学报，2006.

[3] 杨波. 科技型企业投融资体系建设研究——基于企业成长周期视角 [J]. 宏观经济研究，2011（5）.

[4] 李巧莎. 基于金融成长周期理论的科技型中小企业融资问题研究 [J]. 科技管理研究，2013，33（10）.

[5] 陆岷峰，杨亮. 成长链金融的探索与展望 [J]. 南都学坛，2016（3）.

新时代的金融创新：成长链金融

冯诚[①]

一、引言

中国经济已经进入到新常态，而 2016 年正是我国"十三五"规划开局之年。新常态背景下，随着我国产业结构的不断优化调整，驱动我国经济快速增长的投资和出口已经乏力。根据国家统计局公布的资料显示，2015 年，我国全年固定资产投资总额为 551 590 亿元，全年出口总额为 141 357 亿元，同比下降了 1.8%。而"三驾马车"中的消费则表现突出，2015 年全年社会消费品零售总额为 300 931 亿元，比上年名义增长 10.7%，消费对我国 GDP 的贡献率已经达到了 66.4%，充分地体现出其对我国经济增长的"稳定器"作用。但是作为促进消费重要因素之一的消费信贷在我国的金融市场上却表现不佳，与消费金融联系紧密的个人金融业务则相应具备了强劲的增长力。

个人成长链金融能够有效地丰富我国金融市场上的个人金融业务内涵，其基于生命周期理论，将自然人分为成长、就业、成熟及退休四个阶段，针对各阶段间金融需求、消费特征及信用水平的差异化与潜在关联性，为个人提供全生命周期的金融产品及服务[3]。随着互联网技术在金融领域的大力推广和应用，金融机构能够对个人生命阶段的金融需求、信用水平、偿还能力实现低成本跟踪分析，基于自然人整个生命周期因素对其进行综合授信，打破了传统金融机构授信原则的封闭性。个人成长链金融具有广阔的市场前景，一方面，随着我国经济的不断发展，居民收入水平不断提高，由此带来的居民财富不断积

---

① 冯诚，南京财经大学金融学院。

累是个人成长链金融需求的宏观经济基础；另一方面，处在成长、就业、成熟、退休不同阶段自然人的收入水平和信用状况都有所不同，因此不同阶段自然人的金融需求目标有一定的差异性，针对不同阶段的自然人提供对口的金融产品能够极大地改善客户体验，增强金融机构的顾客黏性和扩散性，最大化金融机构的收益。

二、文献综述

随着金融业的不断成长发展，个人金融业务的重要性逐渐凸显，对于个人金融与消费金融等领域的研究也在逐步深化，国内外经济学家们对个人金融业务的发展起源、现状以及影响因素展开了较为全面深入的研究探讨。当前，研究重点主要围绕以下三方面。

（一）个人金融概念及发展现状

康承东认为，改革开放以来，我国居民积累了大量的财富和人口密度基数，从市场供需角度来看，我国已经具备了发展私人银行业务的基本条件。殷勤凡、郑喜平从产品的角度出发，对个人金融业务进行了新的分类，并指出了各类别的发展现状、发展趋势、产品业务、市场特点和营销策略等方面存在的问题，同时阐述了国外商业银行及我国港台地区主要商业银行的个人金融业务发展现状，从包括国家经济体制改革的外部动力、银行业寻求新的利润空间的内部动力以及技术的外部推力作用出发，指出个人金融服务已获得我国银行业的高度重视，并指出我国已在发展该项服务上的一些进展。同时，从供需角度出发，指出由于中国经济的持续飞速发展，我国居民私人财富的不断累积增长，私人银行业务的需求正越来越大，从个人金融业务盈利的角度，说明了个人金融业务能够给银行带来相对安全稳定的利润，并提出建议在安全性、流动性的前提下，有计划、多层次、有重点地开展个人金融服务[8]。

（二）个人消费金融的影响因素

Kartik 认为，周边经济金融环境的影响，尤其是宏观经济政策和一些具体的政府行为对消费金融的影响不容忽视。他指出，外部环境常常与金融市场和消费者行为之间存在相互作用，因此，为了深入研究消费金融，必须拓展消费金融的研究内容和范围[1]。Cardak，Wilkin 从信用约束这一全新视角来考察消费金融行为，他认为，信用约束直接影响居民消费；申请贷款被拒绝的概率越大、贷款越难，则消费者的信用约束越大；反之，被拒绝的概率越小、贷款越容易，则消费者的信用约束越小[2]。

（三）家庭金融的资产配置方面

Cambell 指出，资产配置视角下的家庭金融研究继承和扩展了传统的投资组合选择理论，因为家庭金融以家庭投资者的效用目标为关注点，通过合理配置股票、债券、基金、外汇等金融资产实现资源的跨期优化，从而达到平滑消费和效用最大化。Bernheim 发现，家庭储蓄问题与金融教育之间存在关联，金融教育与家庭储蓄呈正相关关系，在中低水平储蓄家庭中表现尤为显著。陈建宝、李坤明从中国人口结构和居民消费习惯视角出发，从储蓄率提高的对应面，即从消费率持续降低问题进行研究，发现人口结构变化对消费率变动影响不显著，而稳定的消费习惯却在经济持续发展的情况下对消费率有负方向影响。Disney 通过调查英国家庭的数据发现，较低的金融教育水平使得借款人持有更高成本的借款，并且借款人对信贷条款的理解更加缺乏自信，也较少参加活动，应增进他们对金融及信贷市场的了解。

虽然国内外学者对于金融服务体系的研究已打下一定基础，对居民各个阶段的金融需求进行了较为深入的研究，但当前研究仍存在明显的局限：其一，商业银行未能综合考虑多样化金融工具，尚未充分运用互联网金融等创新金融；其二，宏观环境与战略背景仍需深入考虑，尤其应关注"十三五"规划与供给侧结构性改革；其三，基本上是基于阶段独立性的分析，将自然人成长各阶段割裂开来分析，忽略了各阶段间的整体性与关联性，缺乏整体优化思维。成长链金融根据生命周期理论，可将自然人分为成长期、就业期、成熟期和退休期共四个阶段，不同阶段金融消费、偿还能力及信用特征兼具独特性与潜在关联性。

三、成长链金融理论基础

（一）成长链金融概念的提出

成长链金融是以自然人为研究对象，以提供终身性金融为服务理念，实行终身授信等全方位、全流程的金融服务行为总称，具有终身性、整体性、不同阶段不同金融服务等特质[4]。基于自然人不同成长阶段对应有不同的金融消费需求、偿还能力以及信用特征，成长链金融能够对整个生命周期成长链的自然人提供全流程金融服务，以最大化满足其金融需求，提升个人金融服务方面整体化效用水平。成长链金融是在融合了个人消费金融、消费理论、生命周期理论等多门学科的基础上，综合考虑各生命阶段金融需求与信用水平，并通过整体性理念与多样化金融工具熨平金融需求的生命周期曲线波动，基于此创新延伸出的可替代传统消费金融理念的一门新学科。

成长链金融区别于消费金融。消费金融是向各层次消费者提供消费信贷，是现代金融服务的创新。而成长链金融的外延与内涵更加丰富，一方面提供更多样化的金融工具以迎合客户各类金融需求，另一方面克服了分段授信模式的局限，综合考量授信水平的生命整体性。成长链金融并非是单一的业务或产品，根本上改变了银行等传统金融机构基于个人单一阶段的授信模式，并围绕着整个生命周期，从成长期、就业期、成熟期及退休期的成长链链条，将个人的金融需求、消费特征、偿还能力、信用状况等连接成一个整体，全方位地为该成长链的多个自然人阶段提供金融服务，实现整个成长链的金融服务效用持续提升。

（二）成长链金融理论基础是基于生命周期和金融业务等原理而形成

基于生命周期的金融特征，可将自然人分为成长、就业、成熟及退休四个阶段，而由于自然人不同阶段对于生活消费特征、金融需求及风险偏好具有差异性，因此，金融机构所设计的金融服务也应具有区别性。

1. 成长阶段——财富透支期。主要为小于 24 岁的学生群体，该类青年已有一定的消费需求，由于尚无固定薪水收入，独自还款能力较弱，因而超前消费的还款仍基本依靠于监护人的经济支持。但该群体也可通过积攒压岁钱、零用钱、奖学金构建自己的收入来源，也逐步拥有独立决策的理财思想。由于该类群体金融观较为保守，刚刚开始学习理财投资知识，且消费明显大于收入，该阶段属于财富透支期。

2. 就业阶段——财富积累期。就业阶段的自然人群体基本为开始进入职场、筹备结婚生子的 25～40 岁人群。由于在拥有较好的未来收入期望的同时，也有购房、购车等大件消费，该类群体投资风格为进取型，投资品种多样化，并对购房贷款、车贷、消费信贷等有较强需求。基于对该阶段群体期望资产增值、耐用品消费需求旺盛的考虑，就业阶段是极其关键的财富积累期。

3. 成熟阶段——财富巅峰期。该阶段主要为 40～55 岁的中老年人群，子女已逐步走入社会参加工作，自己开始拥有独立空间，同时也开始为退休后的生活做准备。该阶段人群的财富水平、经验能力等均上升至巅峰状态，儿女基本经济独立，债务压力逐步削减，因而扩大投资、实现保值增值成为其投资目标。因此，成熟阶段人群为财富巅峰期，融资贷款需求大幅下降，理财风格以稳健型为主，更加注重金融风险的规避。

4. 退休阶段——财富享受期。作为退休阶段群体，其主要目标就是安享晚年，尽管收入处于较低的固定水平，但生活消费、旅游、医疗开销将大幅增加，正处于财富的享受期，理财风格变得比较保守。因而，该群体需要更为稳健安全、更高效便捷的金融服务，在兼顾安全性的同时，追求财富随着资本市场趋势得以稳健增长，以实现财富的代际传承。

（三）成长链金融核心内容与特点

1. 终身性服务理念。成长链金融是基于互联网金融的快速发展等外部环境的变化提出的，特别是身份证管理一证化、大数据建设系统化、个人征信制度终身化，从多个维度锁定了各个自然人一生的运行轨迹。正常情况下，自然人不会因为非客观原因而失信，或失信成本极高，更不会因为信息不对称而得不到应有约束。根据这一现实条件，成长链金融完全可以树立自然人终身服务的理念，即对任何一个自然人可以进行终身性一次授信，期间可以根据各种变量进行微调，自然人一旦成为一个金融机构的服务对象，金融机构完全有可能以服务锁定客户的终身。

2. 阶段性过度授信。过度授信是各金融机构风险管理过程中的大忌，但成长链金融是基于自然人一生来考虑其授信的，对于某个阶段是过度授信，但对于自然人的一生来说并没有过度授信。而对于整个社会来讲，根据这一原则进行的信用杠杆将会得到充分发挥，从总体上是在有效控制风险的前提下将金融工具的作用发挥到极致。

3. 更加人性化。多年来形成的自然人收入能力与消费需求能力相冲突的现实，即当年轻无收入或低收入需要相应的消费时，却无相应或有限的经济来源作支撑，当年老消费需求能力大幅度下降时，却积蓄了过多的财富，其现实就是人类生存幸福感不高。成长链金融可以有效地解决这一问题，因为是基于人的一生的综合金融服务，自然人完全可以根据不同阶段进行适当调节，而金融的服务条件又是可能的，这样可以有效地解决财富收入与人类消费需求的反周期问题，不断提升人类的整体幸福感。

4. 金融产品及服务的个性化。成长链金融更注重对自然人金融需求的深度挖掘，按照生命各阶段的消费特征、收入水平、投资风格与信贷需求，定制具有针对性的产品组合策略，以差异化服务方式与多样化服务渠道，最大程度上迎合客户的金融需求[7]。并且与私人定制的高端客户不同，成长链金融是在普惠金融主题下低准入门槛的大众金融服务，目标是为不同阶段、不同类型客户提供定制化服务。成长链金融还具有显著的普惠金融性，服务范围包括学生、青年、老人等所有自然人各群体，可帮助各年龄段自然人选择最为适宜的金融服务。因此，金融机构可基于自然人初期的低端客户，培养具有终身性、高黏性的客户群，实现不同生命阶段提供不同的金融产品与服务。

四、成长链金融特征分析

个人成长链金融将自然人的一生分为成长、就业、成熟及退休四个阶段，并对自然人进行跨期动态授信。整合了传统的个人消费金融、个人零售银行、个人理财等金融业务并确立终身性服务的新理念，对自然人终身性授信及综合化的金融服务，体现了整体与局部并重优化原则。

（一）成长链金融是研究自然人的消费需求

成长链金融是在消费呈现爆炸式增长的背景下发展的。消费金融是向各层次消费者提供消费信贷，是现代金融服务的创新，而成长链金融的外延与内涵更加丰富。它将个人的金融需求、消费特征、偿还能力、信用状况等连接成一个整体，全方位地为成长链的自然人各个阶段提供金融服务，关注自然人一生动态消费情况，实现整个成长链的金融服务效用持续提升。成长链金融并非是单一的业务或产品，根本上改变了银行等传统金融机构基于个人单一阶段的授信模式，并围绕着整个生命周期，从成长期、就业期、成熟期到退休期的成长链链条。一方面提供更多样化的金融工具以迎合客户各类金融需求，另一方面克服了分段授信模式的局限，综合考量授信水平的生命整体性。

（二）成长链金融是研究自然人的金融服务

传统的银行业提供的金融服务已经不能满足人民日益增长的金融服务需求。储蓄、贷款、结算、保险等一系列金融服务仍然处于分散经营的状态。这些金融服务之间往往又存在一定的联系。客户日益增长的金融需求，对整体性金融服务的呼声越来越高。成长链金融就是基于大数据云计算，对生命各阶段的居民金融需求、信贷偿还能力及信用状况进行系统性、整体性研究。对个人信用记录做出综合统计分析之后，形成"个人信用档案"，对个人信用记录进行综合评估，从而有效降低风险。成长链金融不仅强调每个时期个人的偿贷能力有差异，而且从整体性、全局性的角度，注重潜在关联性。

（三）成长链金融是研究自然人的整体性服务

消费金融是向各层次消费者提供消费信贷，消费金融可理解为研究消费者如何通过跨期配置资源实现自己的目标，家庭的目标被设为消费效用最大化。研究大多以家庭为单位，忽视个人金融消费需求[5]。而成长链金融一方面提供更多样化的金融工具以迎合客户各类金融需求，另一方面克服了分段授信模式的局限，综合考量授信水平的生命整体性。成长链金融将个人的金融需求、消费特征、偿还能力、信用状况等连接成一个整体，全方位地为该成长链的多个自然人阶段提供金融服务，实现整个成长链的金融服务效用持续提升。

五、成长链金融发展对策

基于生命周期理论，成长链金融将自然人分为成长、就业、成熟及退休四个阶段，并根据各阶段间金融需求、消费特征与信用水平的差异化和关联性，可提供全方位、多层次的金融产品与服务。对于市场机会的实证分析同样证明，成长链金融具有极大的成长空间，但该业务的快速成长，还需从以下五点着手，重点发挥出整体授信、成长期过度授信、终身客户终身授信等特点。

（一）推进成长链金融的"三个一"基础工程建设

基于上述分析，将自然人划分为成长、就业、成熟、退休共四个阶段，即对应成长链金融的第一季、第二季、第三季、第四季，每个季中也可再细分成若干段。而依据不同阶段差别化的金融需求、收入水平、消费特征、信用状况，金融供应商应提供具有针对性、多元化的金融产品与服务，包含贷款、存款、理财、保险、资本市场、互联网金融等应有尽有的金融服务集合。

（二）建立客户数据储存与整合体系

成长链金融是基于海量的客户信息数据，针对金融需求、信用状况等方面进行分析及预测。而建立客户数据储存与整合体系，协助完善个人资信登记系统，既是拓展大数据技术应用的信息基础，也是推进个人信用评价体系发展的前提，更是加快实现成长链金融快速成长的关键基础。在金融机构层面，应基于个人客户数据资源库的构建，大力推进各服务流程的个人客户信贷融资、交易结算等信息数据整合，能够促进各生命阶段个人客户的金融信息贯通，实现金融机构各部门间个人客户信息的共享共用。同时，还需注意保障客户信息安全，加快客户信息数据库的安全防范机制构建。在政府层面，应基于央行现有的个人征信体系及信息数据库，逐步开展国内居民的信用信息收集与整理工作。一方面，政府应增加在征信系统建设方面的资金投入，尤其需加快个人信用信息数据采集的电子设备建设，提高个人信息收集工作的真实性、高效性、便捷性、全面性；另一方面，应确保客户数据收集、处理、分析过程的规范化与科学化，从数据的获取、集中、清洗、矫正及应用的各个流程均严格依照制度实施。

（三）推进个性化金融产品创新

随着国内居民财富水平的不断提高，高资产优质客户成为各机构竞相争夺的资源。因此，金融机构应以客户需求为中心，充分发挥成长链金融的个性化服务优势，持续推进金融产品及理财规划的定制化创新。在内外部信息高度整合与大数据技术的基础上，围绕个人客户各阶段金融需求的变化，设计基于互联网渠道的快捷个人金融产品，并通过整合客户基础材料、交易数据、家庭成员、未来收支等情况，提供差异化的金融产品及理财计划的定制服务。其一，基于客户分级分类制定服务策略。设计金融产品与服务的分层体系，根据风险偏好、收入水平等因素合理设定不同理财规划的客户准入标准；其二，科学设置金融产品体系，重点培育品牌产品。对大众性客户提供标准化、便捷化产品，以加快业务规模扩张；对高资产人群提供功能优越性与个性化产品，强调产品的私人定制性，并根据客户反馈及建议，及时优化服务质量及产品设计。

（四）构造终身性营销服务体系

传统的个人金融业务将各类业务人为分离，导致个人客户往往为阶段性。终身性营销服务体系的构造，能够有效地培育高度忠诚的个人客户，而终身性客户是成长链金融发展的重要基础。终身性营销服务体系的构造需基于由内而外的三个层次：其一，深化个人金融业务的内在联动。以综合营销服务为抓手，实施各项个人金融服务的一体化推广，利用集约化营销提升整体规模效应，并基于官方网站与服务平台，提升业务信息传播、数据处理的利用效率[10]。其二，进一步健全个人金融业务营销的多层次体系。一方面，基于各网点识别、分流、引导的功能优势，充分发挥其在产品推广、客户挖掘与终身服务等方面的分区效用；另一方面，提供一揽子、标准化的金融产品包，基于一体化产品设计、营销及服务模式，实现"一站式"的金融消费。其三，提升客户生命周期的管理水平。在增强对客户与市场数据获取、整合及处理能力的基础上，不断提升客户预测水平与服务满意度，并加大对服务试点、跟踪、反馈与宣传方面的资金投入。尤其在高端客户的服务方面，应针对各生命阶段提供更为细致的金融服务，推动客户价值的进一步挖掘与获取。

（五）加快个人授信模式转变

传统的个人授信模式是基于对客户历史交易记录、当前收入水平与财富状况等因素的综合考量，但也产生授信整体性被人为割裂的缺陷。因此，成长链金融的推广需要金融机构加快授信模式的转变，将自然人成熟期过多的授信额度相应转移到成长期与就业期，优化金融信贷资源的合理配置。一方面，由传统的只注重担保品、抵押品，向重点关注个人客户的工作性质、信用水平、未来收入等方面转变，通过对自然人生命周期的整体性考量真正实现对个人客户特征的全面了解，进而适当调整授信门槛与额度，以满足各个阶段金融需求特征。另一方面，充分利用信用卡、互联网金融等创新金融工具，构建匹配适应个人客户实际融资需求的综合一体化金融解决方案，改变过往仅仅以流动资金贷款的信贷投放，并在不同阶段提供具有差异化的金融服务，真正意义上构建具有可行性且契合客户需求的授信模式。

六、发展与展望

个人金融业务的进一步优化升级，既有利于我国金融业的长远发展，也能够有效推动"十三五"规划与供给侧结构性改革的贯彻落实。而成长链金融是基于生命周期等多个理论，将自然人分为成长、就业、成熟及退休四个阶段，并针对各阶段间金融需求、消费特征及信用水平的差异化与潜在关联性，提出终身性客户概念，依据生命周期授信，提供全方位、多层次的金融产品与服务。成长链金融基于服务定制性、客户终身性、金融工具整合性以及信用评价动态性等创新金融服务实践，实现个人金融业务的创新升级，并最终成为传统个人金融业务转型的着力点。

成长链金融拥有巨大的成长空间，居民财富水平的持续提升为其奠定了业务发展的经济基础，蓬勃发展的消费金融与校园金融是其重要的拓展领域，互联网、大数据技术的广泛应用为其提供了操作的可行性。为进一步推动我国个人金融业务创新发展，抢占成长链金融市场，持续促进个人金融业务的增长，商业银行、财富管理公司、互联网金融企业均需主动出击，积极推进成长链金融的"三个一"工程，建立客户数据储存与整合体系，推进个性化金融产品创新，构造终身性营销服务体系，加快个人授信模式转变。此外，金融机构还应不断转变经营思维，主动解放思想，树立终身客户理念，以服务对象整个生命周期为观察视角，基于各生理阶段特点，给予具有针对性的个人金融产品与服务，努力在经济新常态下，继续做大做强金融服务业，为实现"十三五"经济发展目标作出应有的贡献。

参考文献

［1］Kartik Athreya. Credit Access，Labor Supply and Consummer Welfare ［J］.

［2］Cardak and. Wilkins. The Determinants of Household Risky Asset Holding：AustralianEvidence on Background Risk and other Facrors ［J］. Journal of Banking & Finance，2009（33）：850 – 860.

［3］陆岷峰，杨亮. 关于成长链金融规律分析与对策研究 ［J］. 南都学坛，2016（3）：3 – 9.

［4］陆岷峰，徐阳洋. 关于化解成长链金融风险的战略研究 ［J］. 湖南财政经济学院学报，2016（3）：10 – 16.

［5］谢世清. 我国消费金融公司发展的困境与出路 ［J］. 上海金融，2010（4）：82 – 85.

［6］张杰. 中国金融压制体制的形成、困境与改革逻辑 ［J］. 人文杂志，2015（12）：43 – 50.

［7］陆岷峰，张欢. 成长链金融产品创新现状与对策研究 ［J］. 海南金融，2016（4）.

［8］殷勤凡，郑喜平. 服务管理和关系营销双视角下的服务忠诚驱动因素研究——金融危机情境下的天津招商银行个人金融业务的实证研究 ［J］. 管理评论，2010（11）：54 – 62.

［9］张显柯. 我国商业银行个人金融盈利溯源——基于定量与定性方法的结合 ［J］. 西南金融，2010（11）：68 – 71.

［10］钱颖一. 我国消费金融公司发展的困境与出路 ［J］. 上海金融，2009（4）：82 – 85.

［11］陈建宝，李坤明. 收入分配、人口结构与消费结构：理论与实证研究 ［J］. 上海经济研究，2013（4）.

个人成长链金融的竞争力分析与策略研究

李慧平①

一、引言

随着当今金融业务的快速发展，金融业务越来越多样化，互联网金融与移动金融发展更加迅速，两者的结合突破了"线上"和"线下"的围墙，满足了更多客户的需求，但是在此基础上发展的传统金融业务却逐渐显示出自身的不足，金融业务创新应运而生。

传统的金融业务对于个人实施阶段性授信，个人成长链金融作为符合市场的一种创新的金融产品，从根本上改变了商业银行等金融机构对个人的授信基于某个阶段的理念，为商业银行、信托、消费金融、互联网金融等金融业的发展开创了新思路，让金融服务具备普适性。

个人成长链金融，是指基于人生不同成长阶段对应有不同的金融消费需求、偿还能力以及信用特征，对整个生命周期成长链的个人提供全流程金融服务，以最大化满足其金融需求，提升金融机构在个人金融服务方面整体化效用水平的产业生态。成长链金融并非是单一的业务或产品，改变了银行等传统金融机构基于个人单一阶段的授信模式，而是围绕着整个生命阶段，从成长期、就业期、成熟期及退休期这一成长链链条，将个人的金融需求、消费特征、偿还能力、信用状况等连接成一个整体，全方位地为该成长链的多个人生阶段提供融资服务，实现整个成长链的金融服务效用持续提升。

---

① 李慧平，南京财经大学金融学院。

二、文献综述

生命周期假说是由 F – Modigliani、A – Ando 于 20 世纪 60 年代提出的，又被称为消费与储蓄的生命周期假说。生命周期假说理论认为，人们的消费主要取决于他们在生命周期内所能获得的全部收入和财产的总和，理性的消费者会根据一生的预期收入在生命各阶段合理安排消费和储蓄，从而在整个生命周期内实现效用的最大化。JANTIN（1998）利用生命周期的消费和储蓄理论分析了美国家庭在不同时期对主要金融资产的需求，通过回归分析发现，拥有不同劳动收入、财富的居民家庭在不同年龄时期持有金融资产的趋向明显不同，年轻家庭更容易在各种价格的金融资产之间转变[1]。Kevin Milligan（2005）通过对加拿大家庭调查数据研究发现，随着年龄的增长，居民持有的流动性资产会增加，在居民退休以后持有的低风险金融资产会增加[2]。

张国华（1999）在生命周期理论的基础上通过研究发现，人口加速老龄化会促使储蓄率提高，由于老龄人口的退休初期也是储蓄额的高峰期，老年人有可能成为资本市场的重要投资者[3]。张学勇（2010）基于河北省居民金融资产的调查问卷数据研究发现，居民性别、年龄、教育程度、职业状况、收入高低会影响其金融资产持有的结构，年龄最大和最小的群体因承受风险能力有限，偏好低风险资产，中青年偏好高风险资产[4]。伦墨华和安玉琢从移动互联网和移动金融的角度进行了各竞争参与方的综合描述，而后运用层次分析方法构建了移动金融竞争力分析模型，比较分析各参与方的优势与劣势，综合得出了移动金融参与方的竞争力评价结果[5]。

综上所述，由于成长链金融起步较晚，所以对其竞争力研究的学者相对较少，本文将会从内部与外部对其竞争力进行较为完备的研究。

三、成长链金融的竞争力分析

（一）内部因素分析

1. 战略支持。金融企业只有制定合理的发展战略，才会使金融品牌在市场上得到大家的认同。品牌是衡量金融产品或服务发展程度的重要标尺，是判断金融企业综合发展实力的基本标准。成长性金融群体在专注品牌策略思维、重视品牌建设上保持高度一致。明显区别于传统个人消费金融，新生的成长链金融以提供终身性金融为服务理念，关注个人成长期、就业期、成熟期及退休期的全方位、全流程的金融服务，是对客户的一种长期承诺[6]。

成长链金融以自然人的生命形态和生活方式为起点，着手金融产品与金融服务的提供，其定位策略自然坚持以市场为导向、以客户为中心。通过品牌名称将其服务对象形象化，进而将形象内涵转化为形象价值，从而准确地反映成长链金融的目标客户群为具有比较竞争优势的高成长性个人金融消费群体。

战略的本质是塑造核心专长，品牌战略就是将品牌作为核心竞争力冲出同质化重围。成长链金融需要抓住当前有利的市场商机，理性地进行品牌延伸。一方面，从产品线着手，细化母产品现有的服务市场，锁定目标客户群体，有针对性地推出新产品；另一方面，从类别着手，在做强品牌质量和特定价值的基础上，将成长链金融品牌按由高至低的定位打入到不同区域、不同年龄段的客群中。在成长链金融实现跨越式发展的过程中，可以对所有品牌和品牌线进行组合规划，开发出多个成长链金融品牌，扩大自有企业品牌产品的市场占有份额，巩固成长链金融服务客户生命周期的完整性地位。

2. 内部运营。

（1）服务运营能力。2015 年是中国促进互联网金融健康发展的开局之年。这一年，政府释放明确支持政策，李克强总理提出"互联网＋"政策，《互联网金融指导意见》成功出台，互联网金融首次被写入国家发展规划纲要。作为互联网金融的代表，网贷行业呈井喷状迅猛增长，2015 年全年总成交量达到 9 823.04 亿元，参与人数突破千万，成为全民第三大理财方式。然而，P2P 平台竞争日益激烈，同质化现象严重，精耕细分领域、打造特色服务成为当前众多 P2P 的转型之路。

成长链金融是由付融宝平台首次提出的概念，付融宝聚焦互联网金融垂直细分市场，以供应链金融和消费金融为核心，通过大数据征信和风控体系，针对供应链、中小微企业和个人，创新成长链金融服务产品，根据用户成长周期，提供安全、便捷的理财和信贷服务。付融宝作为互联网金融重要的平台之一，有充足的资金与能力发展成长链金融，促进成长链金融产品的传播，在互联网金融的强大支持下，成长链金融的运营能力一定会不断地提升。

（2）风险控制能力。成长链金融自身具有的不足会产生很多风险，无论风险大小都会对其品牌的发展产生重大的影响，会影响公司在公众中的形象，对企业的经营业绩造成损害。因此，成长链金融必须将风险控制与危机管理提升至战略高度。

建立风险预警机制。遵循持续提升社会责任的思路，建立高度灵敏的信息监测系统，强化品牌自我诊断，定期开展针对成长链金融的市场调研、合规检查、社会测评等，灵敏感知、及早发现和捕捉危机征兆，培育危机意识，支持风险预警系统。对于发现的风险点及时给予充分揭示，预先制订处理预案，妥善处理风险苗头。一旦危机事件发生，成长链金融经办单位在危机事件中所采取的姿态和措施是能否度过风险的关键，而此时积极主动、协调统一、快速控制最为重要。在清理危机险情的前提下，根据危机的实际情况适当完善标准化的预案程序，通过与主流媒体的互动合作，借助新技术、新信息和新思维，开展自救行动，以恢复形象，消除造成的不良社会影响。

3. 产品服务创新。

（1）产品创新机制。成长链金融是一种全新的金融模式，具备很多独有的特点。

终身性服务理念。成长链金融是基于互联网金融的快速发展等外部环境的变化提出的，特别是身份证管理一证化、大数据建设系统化、个人征信制度终身化，从多个维度锁定了各个自然人一生的运行轨迹。正常情况下，自然人不会因为非客观原因而失信，或失信成本极高，也不会由于信息不对称的缘故而无法受到约束。因此，成长链金融在理论上可以对任何人进行一次性的终身授信。

阶段性过度授信。成长链金融出现之前，任何机构对自然人进行授信都不会过度授信，但是成长链金融则是在考虑一生信用的基础上，可以对自然人某个阶段过度授信，但是相对于自然人一生来讲，却并不是过度授信。

更加人性化。多年来形成的自然人收入能力与消费需求能力相冲突的现实，即当年轻无收入或低收入需要相应的消费时但无相应或有限的经济来源作支撑，当年老消费需求能力大幅度下降时，却积蓄了过多的财富，其现实就是人类生存幸福感不高。成长链金融可以有效地解决这一问题，因为其是基于人的一生的综合金融服务，自然人在不同的人生阶段有不同的金融需求，可以根据其金融需求提供相应的服务。

（2）科技支撑能力。科技金融是付融宝创新服务的基础和本质，成长链金融则是科技创新的必然成果之一。个人成长链金融这一概念由付融宝普惠金融研究院提出，为个人提供全生命周期的金融产品及服务，解决了金融产品授信难题，满足了居民个性化、全方位、终身性的金融需求，更契合了供给侧改革对金融业改革的要求。

个人成长链金融主张"阶段过度授信",但国内征信体系的不完善、国人信用意识的淡薄等因素导致个人成长链金融风险把控难度大大提高。而科技金融创新了金融信用评估和场景化的产品开拓模式,为成长链金融提供了技术基础和前提,有效降低了成长链金融产品的风险,并且为用户提供更多便捷、安全、简单的金融服务[7]。

(二)外部因素分析

1. 个人客户的构成及需求。基于生命周期的金融特征,可将人生分为成长、就业、成熟及退休四个阶段,而由于人生不同阶段对于生活消费特征、金融需求及风险偏好具有差异性,因此,金融机构所设计的金融服务与个人理财规划也应具有区别性。

成长阶段——理财尝试期。主要为小于 24 岁的学生群体,该类青年已有一定的消费需求,由于尚无固定薪水收入,独自还款能力较弱,因而超前消费的还款仍基本依靠于父母的经济支持。但该群体也可通过积攒压岁钱、零用钱、奖学金构建自己的小金库,也逐步拥有独立决策的理财思想。由于该类群体理财观较为保守,刚刚开始学习理财投资知识,属于理财尝试期。

就业阶段——投资理财期。就业阶段的客户群体基本为已开始进入职场,甚至筹备结婚生子的 25 岁至 40 岁人群。由于在拥有较好的未来收入期望的同时,也有购房、购车等大件消费,该类群体投资风格为进取型,投资品种多样化,并对购房贷款、车贷、消费信贷等有较强需求,就业阶段是极其关键的投资理财期。

成熟阶段——财富巅峰期。该阶段主要为 40 岁至 55 岁的中老年人群,子女已逐步走入社会参加工作,自己开始拥有独立空间,同时也开始为退休后的生活做准备。该阶段人群的财富水平、经验能力等均上升至巅峰状态,儿女基本经济独立,债务压力逐步削减,因而扩大投资、实现保值增值成为其投资目标。因此,成熟阶段人群为财富巅峰期,融资贷款需求大幅下降,理财风格以稳健型为主,更加注重金融风险的规避。

退休阶段——财富享受期。作为退休阶段群体,其主要目标就是安享晚年。尽管收入处于较低的固定水平,但生活消费、旅游、医疗开销将大幅增加,正处于财富的享受期,理财风格变得比较保守。因而,该群体需要更为稳健安全、更高效便捷的金融服务,在兼顾安全性的同时,追求财富随着资本市场趋势得以稳健增长。

所以针对不同阶段的人群都有理财和借贷需求，成长链金融都可以根据其阶段特点设计符合其需求的产品，市场前景广阔。

2. 金融市场发展基础。自改革开放以来，我国经济始终保持着高速增长趋势，居民财富水平也得到了极大提升，为个人成长链金融发展提供了良好的经济基础。尽管我国经济转轨进入新常态，但城镇居民可支配收入及农村居民纯收入仍然保持着增长势头。根据国家统计局相关数据显示，2015 年前三季度我国居民人均可支配收入达到 16 367 元，同比名义增长率为 9.2%，而同期我国 GDP 总值为 487 774 亿元，同比增长率为 6.9%，居民收入的增长幅度仍高于 GDP 名义增长率。受益于居民财富水平的不断提升，当前，我国居民可投资财富已排在全球第三位，可投资财富高于 1 000 万元的高净值群体逾 100 万人，可投资财富高于 600 万元的人群达到 300 万人，充分体现出我国存有潜在的巨大个人理财、财富管理需求。我国消费者信心指数与个人经济情况指数均较为稳定，这表明对于个人未来收入及经济走势具有较大信心，这也有效推动了社会消费品零售行业的持续性成长。

过去，校园金融是个人金融业务极少涉及的领域。随着国家教育投资以及校园师生规模的不断增长，我国校园金融的潜在发展空间得到极大拓宽。2014 年我国教育投资规模约为 2.64 万亿元，仅占到当年 GDP 的 4.15%，而发达国家的平均占比在 7% 的水平。作为全球第二大经济体，应以 7% 为目标，从而可推算出我国教育投资缺口至少在 2.45 万亿元。此外，在校师生的消费也是校园金融的重要内容。截至 2014 年底，国内在校专职教师人数达到 1 515 万，并将在 2020 年增至 1 800 万，而全国在校学生总数约为 2.48 亿，可见我国校园金融市场应是千亿规模级别的。而校园主体的两大特征契合个人成长链金融：一是发散性与扩散力。学生是持续流动的，个人的消费习惯极易影响到父母与周围朋友，并且在其流向新工作职位后又能产生相应收益；二是跟随性、永久性。校园主体在接受并认可某项金融服务方式后，极易认准且不再更换，有利于培养终身性客户。

3. 制约因素。

（1）市场的准入与监管。2016 年初，国务院颁发了《推进普惠金融发展规划（2016—2020 年）》，明确提出促进互联网金融组织规范健康发展，提高普惠金融服务水平，使我国普惠金融发展水平居于国际中上游水平。互联网金融被国家寄予厚望，已成为普惠金融、支持"大众创业、万众创新"的一个重要途径。以前由于监管不力，P2P 市场鱼龙混杂，有不少公司借着 P2P 的名义募集资金后消失不见。为此，金融监管机构加大惩处力度，惩处了不少不符合规范的 P2P 网络平台，使 P2P 市场较之前有了很大的改善。付融宝目前交易额已突破 34 亿元，是江苏省唯一一家获得上市公司和知名风投战略投资的 P2P 平台，也是江苏省融资最多的 P2P 平台，获得中国地区一级市场权威榜单估值 28.4 亿元，系全国互联网金融估值榜第 14 名。所以，由付融宝发展成长链金融具备一定的安全性与保证性。

（2）市场自身的不足。成长链金融除了具备一般个人金融风险以外，主要风险是成长期过度授信及阶段性过度授信风险，同时，从风险与期限的关系来分析，期限越长，由于不确定因素的增多，风险可能也会越大。具体表现为：其一，存在信用违约风险。由于个人征信系统尚不健全，难以确保没有恶意违约导致的信用风险。其二，客户失业、犯罪、猝死等意外事件，会导致主要收入来源中断，进而造成还款困难，有些属于中年变故造成终身财富能力不足。其三，自然人人均财富增长状况变化，如果经济出现持续下行趋势，自然人整体收入水平下降，还贷能力可能会不足。但该类风险只要将授信额度控制在适当范围内，则风险发生概率相对较小，金融机构的风控机制基本上是可以防控和覆盖的，且阶段性授信也是可以调整的。

四、提升竞争力的策略

（一）提升企业运营能力

尽管付融宝推出成长链金融产品成绩不错，但是身处现在强大的金融市场之中很容易受到来自竞争对手的冲击，所以只有提升企业的运营能力，将成长链金融产品发展壮大，才能在金融市场中站稳脚跟。要想提升企业的运营能力，需要投入足够的资金，发展一支强有力的运营团队，从前期推广到中期发展再到后期维护，必须制定切实可行的方案与风险预警机制，使越来越多的消费者从闻所未闻到熟知再到接受并参与其中，客户群的多少、交易额的大小是衡量成长链金融产品的重要指标，只有运营能力提升了，才能使这两个指标有所提升。

（二）构建大数据库

互联网金融经过几年的快速发展，如今已面临不得不重视的困境，主要在于业务模式上过于注重传统金融业务的互联网化，若要进一步的发展，必须打破将互联网作为渠道工具的发展现状，向互联网化数据运用、数据信用和信用风险管理为代表的技术驱动模式转型。这是一种全新的业务风控和产业链整合模式，势必成为下一个风口[8]。

由于成长链金融是基于生命周期理论对人一生不同阶段提供金融服务的，它会受到不同阶段人们年龄、收入、理财认知等因素的影响，成长链金融是基于历史数据分析及未来情况预测基础上的，对于个人金融需求变化，尤其在信用水平方面的预测判断上存在一定风险。因此，应构建大数据风控预警体系，实施防控成长链金融风险，提升个人贷款授信效率与收益，从而降低成长链金融的违约风险。充分利用客户数据资源，基于个人客户的融资产品、资金用途、贷后管理及信贷风险传导等，建立全口径的个人贷款客户金融需求、消费特征及信用风险的一体化监控视图，实施分层、分类、分级的专项分析与预警。最后，还应确保成长链金融的操作合规性，健全信贷授信全流程的监管机制[9]。

（三）加强市场监管

由于成长链金融是以互联网金融为支撑的，所以加强互联网金融的监管对其健康发展尤为重要。近年来，互联网金融快速发展，成为金融市场中最重要的发展趋势。与此同时，一批违法经营金额较大、涉及面较广、社会危害严重的互联网金融案件陆续发生，对互联网金融监管提出巨大挑战。如何在改善金融效率与维护金融稳定之间实现平衡，需要监管层、从业者共同付出努力。

2015 年，互联网金融在经历了野蛮生长、风险频发和监管收紧的阶段后，已经从巨大的泡沫中走出来，逐渐回归本质。尽管如此，仍然需要相关机构时刻关注风险、加强监管，需要政府监管部门和经营机构凝聚共识、密切协作，走出一条齐抓共管、良性互动的路子。

尽快健全适应互联网金融发展特点的监管体系，进一步完善监管制度，在已出台的《关于促进互联网金融健康发展的指导意见》基础上，区分业务类型，进一步细化管理细则，建立统一的风险警戒线标准、关键指标和考评体系，进一步加大监管处罚力度，净化行业环境，使真正有价值的互联网金融创新得到推广。突出互联网金融经营机构防范风险的主体责任，互联网金融企业要自觉守住法律底线和政策红线，P2P 网络借贷平台要做好信息中介服务，不设资金池，不非法集资，不自融自保，不从事线下营销，切实加强信息披露，提高透明度，有效管理和规避风险。积极营造有利于互联网金融持续健康发展的良好社会环境，加快行业信息化建设，构建新型统计指标体系，建立全国统一的互联网金融信息平台。

五、结束语

个人成长链金融基于生命周期理论，将人的一生分为四个阶段，然后针对各阶段间金融需求、消费特征及信用水平的差异化与潜在关联性，研究自然人生命周期金融需求目标的内容及其差异性，为个人提供全生命周期的金融产品及服务，并具有金融服务定制性、客户终身性、金融工具整合性以及信用评价动态性等特点。

尽管成长链金融具有很多的优点，但是在其发展过程中金融机构仍要对影响其发展的因素进行全面的分析。本文充分分析了影响个人成长链金融发展的内部与外部因素，全面剖析了其优势与缺陷，并针对运营、监管、数据库的建立提出了相应的措施。

由于成长链金融发展较晚，所以缺乏足够的数据对竞争能力进行定量的分析，这是本文最大的不足。实证分析可以使文章更具可信性，得出的结论有充足的依据，在今后的研究中将会着重改进这一点。

参考文献

［1］JAN TIN. Household Demand for Financial Assets：A Life – Cycle Analysis［J］. The Quarterly Review of Economics and Finance，1998（38）：875 – 897.

［2］Courtney Coile，Kevin Milligan. How household portfolios evolve after retirement：The effect of aging and health shocks［J］. Review of Income and Wealth，2009（55）：226 – 248.

［3］张国华. 人口结构变化对居民储蓄和投资的影响［J］. 上海统计，1999（12）：5 – 8.

［4］张学勇、贾深. 居民金融资产结构的影响因素：基于河北省的调查研究［J］. 金融研究，2010（3）：34 – 43.

［5］伦墨华、安玉琢. 移动金融竞争力分析与策略研究［J］. 河北工业大学学报，2014（04）：112 – 118.

［6］鲁志勇，于良春. 中国银行竞争力分析与实证研究［J］. 改革，2002（6）：44 – 46.

［7］陆岷峰，徐阳洋. 关于化解成长链金融风险的战略研究［J］. 湖南财政

经济学院学报，2016（03）：31 – 37.

　　［8］杨亮. 个人成长链金融初探［J］. 金融时报，2016（009）：1 – 3.

　　［9］陆岷峰、杨亮，商业银行新蓝海：个人成长链金融［J］. 银行家，2016（05）：38 – 41.

成长链金融视角下职业性质、成长阶段与融资规模研究

——基于付融宝个人贷产品的分析

史修松[①]

一、文献回顾

互联网发展已改变了我们传统的行为方式和思维方法，当互联网思维渗透到金融领域之后产生了新的金融业态——互联网金融。互联网金融的发展，使传统金融的服务对象与服务方式发生了改变，金融不再是大企业、大财团的专享服务，让金融能够服务于社会的弱势群体，服务于个人与小微企业，让普惠金融成为现实。成长链金融就是普惠金融在互联网背景下的创新实践，目前，对成长链金融的研究刚刚起步，从已有文献来看，主要是陆岷峰及其研究团队在进行研究（陆岷峰、张欢，2016a，2016b；陆岷峰、汪祖刚，2016；陆岷峰、葛和平，2016），已有研究主要在以下几个方面。

（一）成长链金融基本内涵

陆岷峰、杨亮（2016a）对成长链金融进行了较为系统的研究，认为成长链金融是基于人生不同成长阶段对应有不同的金融消费需求、偿还能力以及信用特征，对整个生命周期成长链的个人提供全流程金融服务，以最大化满足其金融需求，提升金融机构在个人金融服务方面整体化效用水平的产业生态。从

① 史修松，淮阴工学院管理工程学院副院长、苏北发展研究院副院长，中国普惠金融发展研究中心研究员。

成长链金融的服务模式与对象来看，它并非是单一的业务或产品，改变了银行等传统金融机构基于个人单一阶段的授信模式，而是围绕着个人生命周期，从成长期、就业期、成熟期及退休期这一成长链链条，将个人的金融需求、消费特征、偿还能力、信用状况等连接成一个整体，全方位地为该成长链的多个人生阶段提供融资服务，实现整个成长链的金融服务效用持续提升[5]。

（二）成长链金融理论基础

成长链金融研究的理论基础是生命周期理论[10]（陆岷峰、杨亮，2016c）。将目前被人为分离、各阶段关联性被隔断的金融业务用生命周期理论进行整合熨平。成长链金融则是基于生命周期理论，将自然人分为成长、就业、成熟及退休四个阶段，针对各阶段间金融需求、消费特征及信用水平的差异化与潜在关联性，为个人提供全生命周期的金融产品及服务[6]（王婷婷、吴建平，2016）。对于个人而言，成长阶段是财富透支期。主要为小于24岁的学生群体，该类青年已有一定的消费需求，由于尚无固定薪水收入，独自还款能力较弱，因而超前消费的还款仍基本依靠于监护人的经济支持。就业阶段是财富积累期。就业阶段的自然人群体基本为开始进入职场、筹备结婚生子的25～40岁人群。该类群体投资风格为进取型，投资品种多样化，并对购房贷款、车贷、消费信贷等有较强需求[1]。基于对该阶段群体期望资产增值、耐用品消费需求旺盛的考虑，就业阶段是极其关键的财富积累期。成熟阶段是财富巅峰期。该阶段主要为40～55岁的中老年人群，子女已逐步走入社会参加工作，自己开始拥有独立空间，同时也开始为退休后的生活做准备。该阶段人群的财富水平、经验能力等均上升至巅峰状态，债务压力逐步削减，扩大投资、实现保值增值成为投资目标。退休阶段是财富享受期。作为退休阶段群体，其主要目标就是安享晚年。尽管收入处于较低的固定水平，但生活消费、旅游、医疗开销将大幅增加，正处于财富的享受期，理财风格变得比较保守[10]。

（三）成长链金融风险防范

成长链金融的主要风险来自于两个方面（陆岷峰、徐阳洋，2016a），即内部风险与外部风险，风险主要来自于对自然人在成长期过度授信及阶段性过度授信所产生的风险，同时，从风险与期限的关系来分析，期限越长，由于不确定因素的增多，风险可能也会越大。内部风险主要指成长链金融公司对客户进行授信而面临的风险，表现为流动性风险、违约风险和意外风险；外部风险主要有同行竞争、社会保障体系不完善和社会征信体系不健全[7]。陆岷峰、徐阳洋（2016a）认为，这些风险可以通过这样几个途径进行防范：推行成长链金融资产证券化，通过成长链金融资产证券化，当成长链金融公司面对资金枯竭时，可以将手中的借款合约打包成资产在二级市场上流动，从而获得流动资金来化解成长链金融流动性风险[8]。建立完善的个人破产制度，借助欧美国家的个人破产制度，当个人无法偿还债务时可以申请破产[6]。建立大数据预警体系，通过大数据分析贷款人的资产变动状况，提前采取相应的措施。还可以通过保险、信用评级和社会保障等途径进行风险防范[10]（陆岷峰、杨亮，2016b）。

综上所述，成长链金融研究还处在理论探索阶段，从目前看，主要是从理论基础、特征分析与体系建立等方面的定性研究较多，而运用统计数据进行计量实证研究的文献较为少见，这可能是今后一个阶段的重要研究方向。本文运用已有理论，建立计量模型，以付融宝个人贷产品为例，探讨成长链金融视角下职业性质、成长阶段对融资规模影响。本文余下部分结构安排如下：第二部分是研究设计；第三部分是计量结果与分析；第四部分是结论与建议。

二、研究设计

（一）变量选择

付融宝个人贷业务是个人消费贷款，主要针对机关事业单位工作人员、教师、医生、律师等优质单位在编人员以及其他一些工作收入稳定、征信良好的人员推出的一种用于资金周转、房屋装修、购买耐用品乃至买车等方面的个人消费，具有消费用途广泛、贷款额度较高、贷款期限较长等特点。对贷款人的审核严格，贷款人的信息主要包括贷款类型、金额、期限、姓名、年龄、学历、性别、婚姻状况、公司地点、公司性质、户籍城市、房产、车产、公司主业、工作收入、身份职业、工作年限等。本文选择学历、年龄、性别、婚姻状况、职业性质、工作年限等指标，变量解释见表1。

表1 变量说明与解释

变量	含义	说明
scale	融资规模	月盈宝个人贷贷款人融资规模
age	年龄	贷款人年龄
study	学历	贷款人学历
sex	性别	贷款人性别
marriment	婚姻状况	贷款人婚姻状况
occupy	职级	贷款人在单位中职务级别
workage	工龄	贷款人工作年限

学历中初中、高中、大专、本科、研究生分别用 1、2、3、4、5 表示，性别男、女用 1、2 表示，已婚与未婚用 1、2 表示，职级中一般员工、普通上班族、基层管理人员、中层管理人员、普通科员、中级职称（主管）、私企老板、法人、个体工商户分别用 1、2、3、4、5、6、7、8、9 表示。

（二）计量模型

付融宝对贷款人通过五重审核，即严谨的风控政策，规避高风险行业，过滤非目标客户；审慎的信用审核，覆盖所有风险点，形成全环节闭环；专业级大数据挖掘，通过深入分析挖掘各类数据，系统化识别各类欺诈风险；多渠道数据对接，丰富黑名单资源，通过精细化评分，精选优质客户；完善的贷后管理，多种手段针对不同种类逾期客户的催收体系，并根据审核结果发放贷款及贷款规模。本文根据数据可得性建立如下模型：

$$scale_i = age_i + study_i + sex_i + marriment_i + occupy_i + workage_i + \varepsilon$$

（三）数据来源

本研究的样本以付融宝业务中月盈宝的个人贷为数据来源。付融宝普惠金融主要有定期宝和月盈宝，月盈宝贷款对象是小微企业与个人，本文所用数据为 2016 年 1 ~ 7 月月盈宝个人贷业务数据，贷款期限分别为 12 个月及以下和 12 ~ 24 个月两类，共 727 条数据，其中贷款期限为 12 个月及以下的数据为 549 条，12 ~ 24 个月为 178 条。

三、计量结果与分析

（一）整体样本回归分析

根据上文计量回归模型进行计量回归，结果如表 2、表 3 和表 4 所示。根据表 2，从模型 1 至模型 6 看，当融资规模与年龄、学历、性别、婚姻状况、职级和工龄进行独立回归后，结果是除了婚姻状况外，其他变量都是正相关。年龄、学历、职级和工龄都通过了显著性检验，特别是学历、职级与工龄通过了 1% 的检验，很显然，学历、职级和工龄对融资规模有显著的正向影响。而性别虽然是正向的，但是没有显著性检验。婚姻状况负向作用表明，成长链金融在审核贷款人资质时有偏向已婚者倾向。从模型 7 来看，年龄与学历同时进行回归表明，年龄与学历对融资规模的作用都增强，说明随着年龄增长高学历人员更受青睐，从选择样本中的年龄在 20～55 岁之间，这与成长链金融理论分析一致。从模型 8 来看，当把职级加入进行回归后，学历与职级的作用都增强，职级的显著性也增强，年龄的影响减弱。由此说明，高学历且同时具有高职级更是成长链金融的最优客户群体，我们的样本中职级高且收入也高。从模型 9 来看，当考虑工龄因素时，学历的作用减弱，职级因素增强，年龄起到了负向作用。由此说明，在成长链金融的成长链上，接近退休期的群体对融资规模需求呈减弱趋势。

表 2　　　　　　　　　　整体月盈宝个人贷业务计量结果

	模型 1 scale	模型 2 scale	模型 3 scale	模型 4 scale	模型 5 scale	模型 6 scale	模型 7 scale	模型 8 scale	模型 9 scale
age	0.0215 * (2.19)						0.0237 * (2.46)	0.0209 * (2.18)	−0.00122 (−0.10)
study		0.586 *** (5.18)					0.599 *** (5.30)	0.632 *** (5.62)	0.567 *** (4.99)
sex			0.145 (0.72)						
marriment				−0.276 (−1.43)					
occupy					0.128 ** (3.10)			0.140 *** (3.46)	0.155 *** (3.83)
workage						0.0404 *** (4.24)			0.0370 ** (3.18)
cons	3.980 *** (10.31)	3.042 *** (8.68)	4.628 *** (17.70)	5.152 *** (20.08)	4.494 *** (34.34)	4.400 *** (34.70)	2.095 *** (4.03)	1.758 *** (3.35)	2.396 *** (4.29)
样本数	727	727	727	727	727	727	727	727	727

t statistics in parentheses

$^*p < 0.05$, $^{**}p < 0.01$, $^{***}p < 0.001$

（二）12 个月期限样本回归分析

选择 12 个月样本数据进行回归，结果如表 3 所示。从表 3 整体来看，所有因素对融资规模影响与表 2 相比都在减弱。根据模型 1 至模型 6 分析，贷款人学历、职级和工龄仍然是主要影响因素。根据模型 7 至模型 9 分析，在同时考虑工龄、学历、职业性质与职级影响时，学历作用呈减弱、职级呈增强趋势，这与表 2 分析结果基本一致。

表3 12个月期限月盈宝个人贷业务计量结果

	模型1 scale	模型2 scale	模型3 scale	模型4 scale	模型5 scale	模型6 scale	模型7 scale	模型8 scale	模型9 scale
age	0.0103 (0.84)						0.0131 (1.08)	0.00883 (0.73)	−0.0121 (−0.82)
study		0.522 *** (3.75)					0.531 *** (3.80)	0.574 *** (4.15)	0.514 *** (3.68)
sex			0.0449 (0.17)						
marriment				−0.408 (−1.73)					
occupy					0.181 *** (3.62)			0.195 *** (3.92)	0.210 *** (4.21)
workage						0.0312 ** (2.61)			0.0355 * (2.47)
cons	4.259 *** (8.89)	3.116 *** (7.37)	4.597 *** (13.97)	5.170 *** (16.26)	4.202 *** (25.93)	4.351 *** (27.94)	2.592 *** (4.02)	2.145 *** (3.32)	2.735 *** (3.98)
样本数	549	549	549	549	549	549	549	549	549

t statistics in parentheses

$^*p < 0.05$, $^{**}p < 0.01$, $^{***}p < 0.001$

（三）24 个月期限样本回归分析

24 个月样本数据回归结果如表4 所示。根据模型1 至模型6 分析，在24 个月样本中，贷款人职级没有通过显著性检验，而年龄、学历、工龄的影响作用比12 个月样本、整体样本明显增强，说明在较长周期的融资中，学历与工龄对融资规模影响更大，或者说在成长链金融中服务对象以中短期消费为主。

表4 24 个月期限月盈宝个人贷业务计量结果

	模型1 scale	模型2 scale	模型3 scale	模型4 scale	模型5 scale	模型6 scale	模型7 scale	模型8 scale	模型9 scale
age	0.0476 *** (3.87)						0.0496 *** (4.21)	0.0504 *** (4.26)	0.0259 (1.75)
study		0.619 *** (3.81)					0.647 *** (4.16)	0.635 *** (4.06)	0.557 *** (3.56)

续表

	模型 1 scale	模型 2 scale	模型 3 scale	模型 4 scale	模型 5 scale	模型 6 scale	模型 7 scale	模型 8 scale	模型 9 scale
sex			0.304 (1.23)						
marriment				0.361 (1.36)					
occupy					−0.0488 (−0.85)			−0.0460 (−0.86)	−0.0318 (−0.60)
workage						0.0599 *** (5.12)			0.0389 ** (2.67)
cons	3.399 *** (6.84)	3.287 *** (6.17)	4.895 *** (14.82)	4.840 *** (14.28)	5.391 *** (31.37)	4.603 *** (27.64)	1.240 (1.76)	1.356 (1.89)	2.101 ** (2.77)
样本数	178	178	178	178	178	178	178	178	178

t statistics in parentheses

$^{*}p < 0.05$, $^{**}p < 0.01$, $^{***}p < 0.001$

四、结论与建议

互联网与金融业相互渗透催生普惠金融快速发展，个人消费金融业务将会进一步升级。成长链金融是普惠金融的创新，也是商业银行参与科技金融竞争的重要途径。从本文以付融宝个人贷业务为例的计量分析结果来看，个人成长周期中不同因素在不同时期的作用不同，在人的一生中，财富积累期、财富巅峰期是成长链金融业务利润区，同时个人的学历、职业性质与职业级别、工作年限都对个人融资规模具有重要影响。

成长链金融的创新实践证明其具有很大的发展空间，也体现了成长链金融服务理念的系统性、先进性和整体性。从目前来看，成长链金融的提出是基于互联网金融的实践，其理论研究有待进一步系统化，其风险控制、防范体系与制度建设还需进一步加强。

参考文献

[1] 陆岷峰，张欢. 成长链金融产品创新研究 [J] . 海南金融，2016a，04.

［2］陆岷峰，汪祖刚．基于成长链金融理论的模型设计分析［J］．河北金融，2016，07.

［3］陆岷峰，葛和平．成长链金融学科建设之我见［J］．企业研究，2016，05.

［4］陆岷峰，杨亮．商业银行新蓝海：个人成长链金融［J］．银行家，2016a，05.

［5］陆岷峰，杨亮．成长链金融原理推导与发展研究［J］．华侨大学学报（哲学社会科学版），2016b，02.

［6］王婷婷，吴建平．生命周期理论在金融产品上的应用——个人成长链金融创新研究［J］．金陵科技学院学报（社会科学版）2016.07.

［7］陆岷峰，徐阳洋．成长链金融风险及其化解策略研究［J］．湖南财政经济学院学报，2016a，02.

［8］陆岷峰，徐阳洋．从战略上化解成长链金融风险［J］．企业研究，2016b，04.

［9］陆岷峰，朱卉雯．成长链金融：个人融资新生态［J］．首席财务官，2016，08.

［10］陆岷峰，杨亮．成长链金融的探索与展望［J］．南都学坛，2016b，03.

三、成长链金融风险管理研究

关于化解成长链金融风险的战略研究

胡键　徐阳洋[①]

一、引言

2008 年国际金融危机以来，中央以及地方各级政府都强调扩大内需、增强消费对经济的推动作用。中央银行不断地刺激银根，鼓励商业银行将资金更多地投放到消费领域；地方政府制定例如"家电下乡"的政策，鼓励居民进行消费。国内经济增长的动力由以投资和出口为主，渐渐地转到以消费为主，其中在 2015 年，消费对经济的贡献度达到 66.4%，这充分体现了消费对经济增长的"稳定器"效用。但是反观当前国内信贷市场，目前信贷结构中消费信贷的比重仅有两成，而欧美等信贷发达市场的消费信贷比重已逾 60%。这显示出消费信贷在未来尚有较大的成长空间，其中尤其是个人金融需求规模及类型将会有极大的发展潜力及后劲。

得益于数据信息和高渗透性的信息技术的发展，个人金融需求、信用水平、偿还能力均能实现低成本跟踪分析，将极大地推动个人金融业务升级创新，从而衍生出成长链金融。成长链金融是对自然人实行终身授信、过度授信，授信期间长，这是个人金融的重大创新，可以极大地促进居民的消费。但是由于授信时间过长，不可避免地会遇到一系列风险，而且这种风险具有很大的传染性，不单单会造成整个金融行业的损失，而且还可能导致整个金融市场的"多米诺骨牌效应"，在很短的时间内影响到其他行业，进而使得整个社会动荡不安，并引发社会恐慌。所以，必须时刻保持对金融创新的风险控制，而

---

① 胡键，现供职于江苏中地控股集团江苏宝贝金融信息服务有限公司。
徐阳洋，南京财经大学金融学院。

当前研究成长链金融的风险以及可能的化解策略，对于成长链金融行业的健康发展、扩大消费信贷的规模以及防范金融风险有着重要的意义。

二、文献综述

成长链金融是一个全新的概念。这一概念由陆岷峰（2016）首先提出[1]，国内的其他学者目前还没有对其尤其是风险防范进行专门的研究，但是对于个人金融和消费金融的风险防范，学者们进行了广泛的研究。

（一）个人金融的风险防范研究现状

国内的专家学者对个人金融的风险的研究主要站在金融机构的角度上。蒋亚利、廖焱（2009）认为，个人金融业务将会是商业银行今后一个新的利润增长点，但是由于目前我国风险管理的滞后，个人金融业务仍然面临着信用风险、流动风险等风险。当前，商业银行应该加强对客户信息管理系统的管理，加强对个人风险和市场风险的监测，完善内部控制机制，加强法制建设。[2]

（二）消费金融的风险防范研究现状

李燕桥（2014）从需求、供给、外部环境三个方面分析了消费金融的发展劣势和不足。为应对这些问题，她认为，国家首先应该抓住消费金融对扩大国内消费的战略机遇，对消费金融进行布局，同时，商业银行要不断地强化风险管理，并推动消费金融产品的创新[3]。龚晓菊、潘建伟（2012）运用SWOT分析法介绍消费金融的发展情况，他们认为，虽然消费金融的市场空间较大，但是发展经验严重不足，并且受到外部环境的制约，同时从消费金融公司的内部和消费金融外部发展环境提出了相应的解决措施。[4]

上述学者对个人金融业务尤其是消费金融的风险研究比较透彻，但是仍然存在一定的局限性，最大的问题是考虑风险是基于阶段独立性的分析，将自然人成长各阶段割裂开来分析，从而忽视自然人各阶段之间的联系，缺乏整体性和关联性。但是成长链金融则是基于生命周期理论，将自然人的一生分为成长、就业、成熟、退休四个阶段，并且在充分考虑了各个阶段之间关联性的基础上，为个人提供个性化、全能的金融产品及服务。① 基于这样的特点来分析成长链金融的风险，进而提出可行的对策建议，对于这个行业的健康发展有着重要的作用。

三、成长链金融的概念及核心特点

（一）成长链金融的概念

成长链金融是以自然人为研究对象，基于整个生命周期，对自然人实现跨期动态授信，并提供出生到死亡各链接过程中的个性化、全能金融服务。自然人一生的四个阶段有着不同的金融消费需求、偿还能力以及信用特征，成长链金融能够对整个生命周期成长链的自然人提供全流程金融服务，从而使其金融需求得到最大化的满足，进而提高机构对个人金融服务的总体效用。这一概念融合生命周期理论、消费金融理论等多个理论，充分考虑了人一生各阶段的信用以及金融需求，通过运用整体性思维和多个金融工具来熨平个人金融需求在其一生中的波动。

（二）成长链金融的核心特点

1. 终身性服务理念。成长链金融是基于互联网金融的快速发展等外部环境的变化提出的，特别是身份证管理一证化、大数据建设系统化、个人征信制度终身化，从多个维度锁定了各个自然人一生的运行轨迹。正常情况下，自然人不会因为非客观原因而失信，或失信成本极高，也不会由于信息不对称的缘故而无法受到约束。因此，成长链金融在理论上可以对任何人进行一次性的终身授信。

2. 阶段性过度授信。成长链金融出现之前，任何机构对自然人进行授信都不会过度授信。但是成长链金融则是在考虑一生信用的基础上，可以对自然人某个阶段过度授信，相对于自然人一生来讲，并不是过度授信。同理，在控制风险的前提下，可以将这样的信用杠杆运用到整个社会中去。

3. 更加人性化。多年来形成的自然人收入能力与消费需求能力相冲突的现实，即当年轻无收入或低收入需要相应的消费时，却无相应或有限的经济来源作支撑，当年老消费需求能力大幅度下降时，却积蓄了过多的财富，其现实

---

① 陆岷峰，杨亮. 关于成长链金融规律分析与对策研究 ［J］. 南都学坛，2016（3）：3–9.

就是人类生存幸福感不高。成长链金融可以有效地解决这一问题，因为是基于人的一生的综合金融服务，自然人在不同的人生阶段有不同的金融需求，成长链金融可以根据其金融需求提供相应的服务，从而很好地解决这一反周期难题，进而提升社会的幸福感。

4. 金融产品及服务的个性化。成长链金融根据自然人生命各阶段的不同消费需求、信用特征、投资风格等，制定出有针对性的、专门的产品或者服务，通过这种差异化、多样化的服务在最大程度上满足自然人的金融消费需求。与此同时，成长链金融属于普惠金融，不仅仅重视高端客户，更重视中低端客户，其服务的对象包括在校学生、社会中青年以及退休的老年人等，为各个年龄阶段的自然人提供最适合的金融服务。因此，机构可基于自然人初期的低端客户，培养具有终身性、高黏性的客户群，实现不同生命阶段提供不同的金融产品与服务。

四、成长链金融的风险分析

成长链金融的主要风险是对自然人在成长期过度授信及阶段性过度授信所产生的风险，同时，从风险与期限的关系来分析，期限越长，由于不确定因素的增多，风险可能也会越大。因此，成长链金融的风险主要表现为内部风险和外部风险。

（一）内部风险

内部风险主要指成长链金融公司对客户进行授信而面临的风险，主要表现为：

1. 流动性风险。成长链金融公司对客户提供授信时主要为其提供贷款，若提供长期贷款时，贷款的期限较长，但是非金融机构在法律上是无法吸收存款的，只得依赖投资人的投资和公司的自有资产，过多的贷款投放会侵占成长链金融公司的资金。同时，由于合同的约束，公司无法要求客户提前还款，并且信贷类的资产很难像证券资产那样，能够在二级市场上贴现转让，从而使得成长链金融公司面临着巨大的潜在流动性风险。

2. 违约风险。这是成长链金融最主要的风险。在成长链金融的业务中，资金提供方对风险的控制往往处于弱势地位。当产品提供给买方以后，因为合同的约束，资金提供方无法根据自身经营状况改变产品的结构而要求借款者提前还款，贷款的违约完全取决于客户，资金提供方只能被动地接受违约现实，加上一般的机构往往只重视贷前审核，忽略贷后监督与跟踪调查，使得违约风险极大。以一个简单的动态博弈模型为例，假设在没有风险转移的情况下，成长链金融公司提供一笔贷款给客户，贷款金额为 L，贷款的利率为 r，公司最终获得的本息为 K（L，r）；客户用这笔贷款购买某项产品，例如商品房，获得的总效用为 F（L，r），商品房在市场的价值为 M，客户将商品房作为抵押，假如客户违约，商品房将归成长链金融公司。因此，当客户不违约时，成长链金融公司将会获得 K（L，r）－L 的收益，客户获得 F（L，r）－K（L，r）的收益。但是假如客户发生违约，在成长链金融公司不对客户进行起诉时，资产亏损 L，收益为 －L；此时的客户获利为 L。假如公司向法院提起诉讼，诉讼过程的总花费为 N（L），当 M－L－N（L）＜－L 时，即 M＜N（L），成长链金融公司会因过高的诉讼成本而放弃诉讼。当 M－L－N（L）＞－L 时，即 M＞N（L），成长链金融公司会向法院提起诉讼，此时公司获得的收益为 M－L－N（L），而客户的最终收益为 L－M。整个博弈的过程如图 1 所示。

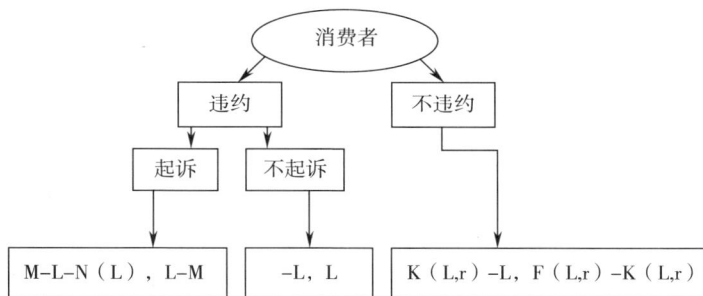

注：最后一行矩形内，逗号前为成长链金融公司获利，逗号后为客户获利。

图 1　客户是否违约的博弈示意图

根据上面的动态博弈，在利用逆推法分析已经形成的纳什均衡，在实际的生活中，M－L－N（L）＞－L，也就是 M 的值一般都会远超 N（L）的值，在客户发生违约的情况下，成长链金融公司一般都会向法院提起诉讼。对于客户，在 L－M＜F（L，r）－K（L，r）的情况下，表示客户购买的产品例如商品房，剩余价值比较大，而且在中国现在的经济中，一般商品房的市场价值都会比较大，因此，客户基本不会违约，但是假如 L－M＞F（L，r）－K（L，r），这就说明此时的产品剩余价值不大，客户会选择违约。根据这些分析很容易看出，博弈的主动权完全掌握在客户手中，成长链金融公司只能处于被动的接受地位。

3. 意外风险。这也是成长链金融比较独特的风险。意外风险具体可分为三类：死亡风险、犯罪风险、失业风险。成长链金融对自然人进行授信时，授信时间可能会达到二三十年，授信时间太长，所以成长链金融在发展过程中面临着很多难以预测的意外风险。当发生客户意外猝死、中年变故造成财富收入下降、失业等意外事件，会导致主要收入来源中断，进而造成还款困难。

（1）死亡风险。根据世界卫生组织在 2014 年的统计，人在一生中猝死的概率为 0.03%；另外根据张志强（2004）的研究，我国未成年人发生意外的概率为 0.00324%～0.02483%（见表 1）。这种风险虽然不是成长链金融中最主要的风险，而且发生的概率也不高，但是这种风险一旦发生，自然人将无法还款，这将会给成长链金融公司带来很大的损失。

表 1   0～14 岁发生意外死亡的概率①   单位：%

年龄	意外死亡概率	年龄	意外死亡概率
0	0.02483	8	0.00413
1	0.01984	9	0.00324
2	0.01586	10	0.00378
4	0.01013	12	0.00427
5	0.0081	13	0.00479
6	0.00647	14	0.00518
7	0.00517		

（2）财富收入下降风险。财富收入下降风险将会是自然人在未来遇到的意外风险中最常态的现象。从表 2 可以看出，我国农村居民收入增长率连续五年下降，城镇居民收入增长率也基本呈现下降趋势。并且随着我国经济进入"新常态"，GDP 增长率也连续五年下降，各种经济矛盾层出不穷，可能会导致居民总体收入水平下降，使得还贷能力不足。

表 2   2011—2015 年农村、城镇居民收入增长率   单位：%

年份	农村居民收入增长率	城镇居民收入增长率
2011	11.40	8.40
2012	10.70	9.00
2013	9.30	9.30
2014	9.20	6.80
2015	8.90	8.20

数据来源：国家统计局官网整理。

---

① 张志强，张润楚. 调整未成年人死亡概率及实证分析［J］. 数理统计与管理，2004（1）：7 – 10.

（3）失业风险。我国目前城镇登记人口失业率为4.5%，大学生的失业率更为严重，城市户口的大学毕业生失业率为12.8%，农村户口的大学毕业生失业率为18.8%。[1] 另外，我国目前的经济结构处于调整期，不可避免地会造成结构性劳动力失业，同时，由于科技生产力的飞速提升，传统的第一、第二产业将会更多地依赖机器，再加上很多失业人员自身的素质不高，导致自然人的失业风险很高，从而影响还贷。

（二）外部风险

外部风险主要是指成长链金融行业在发展过程中会受到竞争对手、社会保障体系、个人征信系统等外部环境的影响，主要表现在：

1. 竞争对手的威胁。成长链金融公司对客户进行授信时，面临着商业银行、小额信贷公司、典当行和互联网金融公司等竞争对手的威胁。在这些竞争对手中，成长链金融公司对客户进行短期授信时，面临的最大的外部风险就是商业银行信用卡。成长链金融属于全新的概念，其知名度肯定不如信用卡的知名度高，根据偏见理论，消费者一般会选择信用卡。同时，成长链金融公司给客户进行授信时，其贷款利率肯定会高于信用卡的利率，并且信用卡还有50多天的免息期，因此成长链金融对客户进行授信，客户的利息负担较重。而在对客户长期授信时，又面临着商业银行、互联网金融公司其他业务尤其是房贷、车贷的竞争。

2. 社会保障体系的不完善。虽然成长链金融主要面向的是青年群体，但是忧患意识在居民心中根深蒂固。我国虽然已经基本建立了医疗体系、养老体系、教育体系，但是还很不完善，享有医保的居民在医药费的自付比例要达到50%，养老金的缺口达到40%，[2] 地区教育资源不平衡使得农村学生到城市念书，城市学生往重点学校念书，而这需要付出昂贵的学费，同时国家财政在具体的资金支出上较少。当前，我国的社会保障和就业总支出占GDP的比重为2.5%左右，对教育经费的支出占GDP的比重只有不到4%，而医疗卫生支出更少、约占GDP 1.5%的规模（见表3）。反观美国，仅在2012年，其社会保障支出、教育支出、医疗支出占GDP就分别达到了17%、8%、12%；欧盟的社会保障支出更大，在2010年就占其GDP的29.4%[3]的比重。可以说，中国

---

[1] 社科院发布的《社会蓝皮书：2014年中国社会形势分析与预测》。

[2] 国家统计局官网。

[3] 经济学人官网。

对社会保障和就业、教育、医疗卫生的支出远远落后于西方国家，也在一定程度上导致了我国社会保障体系的不完善。养老、教育、医疗这三个方面严重影响了居民超前的消费意识，制约成长链金融的发展。

表3 　　　　 2011—2014 年国家财政对社会保障和就业、教育、
医疗卫生支出及占 GDP 比重 　　　 单位：亿元、%

年份	社会保障和就业支出	占 GDP 比重	教育支出	占 GDP 比重	医疗卫生支出	占 GDP 比重
2011	11 109.4	2.36	16 497.33	3.50	6 429.51	1.36
2012	12 585.52	2.42	21 242.1	4.09	7 245.11	1.40
2013	14 490.54	2.55	22 001.76	3.87	8 279.9	1.46
2014	15 968.85	2.51	23 041.71	3.62	10 176.81	1.60

数据来源：国家统计局官网。

3. 征信体系的不完善。首先，人民银行的征信系统从 2006 年才正式运行，起步比较晚，虽然现在人民银行已经有十多亿人的个人信用数据，但是数据还不是很完整，很多零散的信息分布在公安、税务等部门，并且这些部门在信息收集与信息共享方面的合作程度较低，导致征信机构很难评价出一个人真实的信用；其次，对于个人信息的保护还不完善，法律还未明确哪些个人信息可以被公开，哪些个人信息需要保护，同时，我国目前还没有建立完善的失信惩罚机制，对于提供虚假信息骗取贷款的借款者缺乏有力的惩罚措施；最后，在征信系统的建设上，政府的支持力度不足，征信系统的建立需要很多部门相互之间的协调、合作，光靠人民银行很难完成，部门、机构之间信息传导交流平台的建立需要大量的资金投入，但是政府的资金投入力度却不足。

五、成长链金融风险的化解策略研究

成长链金融有着巨大的成长空间，但是其过度授信的特点又决定了其在发展过程中面临很多风险，如何化解成长链金融风险将会是一个很大的系统性工程。

（一）尝试成长链金融资产证券化的探索

成长链金融的授信期较长，其流动性风险和利率风险较大，成长链金融公司除了要面对这些风险外，还得面对借款者出现事故、家庭变故、健康等对还

款不利的因素。公司在经营不善的情况下，将不得不面对资金流动性不足的问题。根据国外商业银行化解消费信贷的流动性风险经验分析，最好的解决办法就是推行成长链金融资产证券化。通过成长链金融资产证券化，当成长链金融公司面对资金枯竭时，可以将手中的借款合约打包成资产在二级市场上流动，从而获得资金，很好地化解成长链金融流动性风险问题。当前应该从以下三方面着手：一是完善关于资产证券化过程中关于物权、信托、合伙等的法律配套措施；二是提高从业人员的基本素质；三是强化对信托机构、信用增级机构的监管。

（二）建立完善的个人破产制度

当一个企业发生资不抵债而无法经营时就会发生破产。同样，对于自然人，当发生无法偿还成长链金融公司的贷款时也应该建立个人破产制度，这是应对违约风险的重要措施。在欧美国家，个人宣布破产是经常发生的事情，这属于个人信贷制度的内容，个人破产制度既是制裁方式，也是安全阈值。法律必须明确，当自然人发生破产时，哪些资产必须用于偿还成长链金融公司债务，假如企业的破产是以法人的终止为标志，那么个人破产终止的标志应该是偿还债务本身，而自然人的生活则正常进行。这项制度主要是为了解决自然人因为极其特殊的情况而无法偿还债务时，如何终止债权债务的关系。由于成长链金融的授信时间较长，肯定会出现自然人无法偿还贷款的现象。建立完善的个人破产制度可以使得自然人向法院申请破产，通过破产制度卸下沉重的债务负担，成长链金融公司也会获得一定的赔偿降低损失，并且也有助于其提高风险意识。

（三）构建大数据风控预警体系

由于成长链金融建立在对历史信息数据分析及未来情况预测的基础上，对于个人金融需求变化，尤其在信用水平方面的预测判断上存在一定风险，因此应构建大数据风控预警体系，实施防控成长链金融风险，提升个人贷款授信效率与收益，从而降低成长链金融的违约风险。首先，以个人客户信贷融资为轴心，充分利用客户数据库资源。基于个人客户的融资产品、资金用途、贷后管理及信贷风险传导等方面，建立全口径的个人客户金融需求、消费特征及信用风险的一体化监控视图，实施分层、分类、分级的专项分析与预警。其次，健全个人信用评价体系，提升高效性与科学性。应充分利用信用卡及网上交易的信息支撑，优化风险指标系统，强化风险交易的实时监控机制，加强重点业务的风险监测及预防，实现个人风险的及时预警和响应处置。最后，还应确保成长链金融的操作合规性，健全贷款授信全流程的监管机制。基于多维度、多层次的身份认证机制，重点强化新产品及风险点的实时监测，持续跟踪客户风险及反馈信息，提升个人金融与中间业务的合规性。

（四）发展成长链金融保险业务

成长链金融保险业务势必会随着成长链金融的诞生而诞生。成长链金融将人的一生各阶段联系起来，因而对自然人的授信主要集中在长期贷款上，授信时间可能会有几十年。在这几十年的时间里，难免会出现意外，产生死亡风险、财富收入下降风险、失业风险等。根据欧美国家关于消费信贷的发展经验，个人进行消费信贷时，都有相应的贷款保证保险体系与之相配套，这就避免了很多意外风险，而成长链金融也可以借鉴这样的发展经验，尝试发展成长链金融保险业务，一旦当借款者出现意外而无法偿还贷款时，成长链金融公司可以对保险公司向借款者支付的赔偿金享受优先索取权。因此，发展成长链金融保险业务既很好地分散了成长链金融风险，又促进了保险业的发展，同时还刺激了个人的消费，达到"三赢"的效果。

（五）推进个性化金融产品创新

相比于商业银行、小额信贷公司以及典当行等竞争对手，成长链金融公司最大的优势就是对客户整体授信、成长期过度授信、终身授信。成长链金融公司应该根据客户的需求，充分发挥成长链金融的比较优势。根据对自然人信息的高度整合以及对大数据技术的运用，并且基于自然人各阶段的个人金融需求的不同，从而制定出适合自然人的金融产品或者金融服务，同时根据自然人具体情况的变化，进行相应的微调。其一，基于客户分级分类制定服务策略。设计金融产品与服务的分层体系，根据风险偏好、收入水平等因素合理设定不同理财规划的客户准入标准。其二，设置合理的金融产品体系，着重对品牌产品的扶持。对大众性客户提供基于互联网渠道便捷的产品和服务，从而促进业务的发展壮大；对高资产人群提供功能优越性与个性化产品，强调产品的私人定制性，并根据客户反馈及建议，及时优化服务质量及产品设计。

（六）完善社会保障体系

社会保障体系的不健全在一定程度上制约了居民的消费，使得居民不敢消费，更不敢借贷消费，从而影响了成长链金融的发展。目前，首先应该尽快地扩大社会保障的范围，建立起覆盖所有城乡劳动者的社会保障体系；其次，对于教育和医疗卫生方面，政府应该加大资金的投入力度；最后，加快对社会保障法律体系的完善步伐，尽快制定或者完善例如《贫困救济法》、《失业保障法》等法律，使得我国整个社会保障体系的完善能有一个全面的法律依据。只有完善我国的社会保障体系，才敢解决居民的后顾之忧，居民才敢提前消费，才敢借贷消费。

六、结束语

成长链金融的发展不仅有利于贯彻落实"十三五"规划，也有利于推动我国供给侧改革中关于金融业改革的落实。但是公司在发展成长链金融时可能面临着流动性风险、违约风险、意外风险等内部风险，同时也会受到竞争对手的威胁、国内征信体系以及社会保障体系不完善等外部不利因素，这些不利因素会严重阻碍成长链金融的发展。所以，当前应该推行成长链金融资产证券化，建立完善的个人破产制度，构建大数据风控预警体系，大力发展成长链金融保险业务，同时国家也应该尽快地建立适合成长链金融发展的法律法规，强化对相关人才的培养工作，促进成长链金融的发展壮大。

参考文献

［1］陆岷峰，杨亮. 关于成长链金融规律分析与对策研究［J］. 南都学坛，2016（3）：3–9.

［2］蒋亚利，廖焱. 基于个人金融业务的风险管理探析［J］. 广西大学学报，2009（31）：195–196.

［3］李燕桥. 中国消费金融发展的制约因素及对策选择［J］. 山东社会科学，2014（3）：149–153.

［4］龚晓菊，潘建伟. 我国消费金融的 SWOT 分析［J］. 河北经贸大学学报，2012（4）：34–39.

关于成长链金融风险压力测试临界点的实证研究

王婷婷[1]

一、引言

成长链金融理念认为，面向消费者个人提供终身性金融服务、实行整体性授信思路、结合多元化金融工具契合个人金融需求，可以有效控制信用风险并克服传统阶段性授信模式的局限性。然而受制于个人信用风险、风险控制水平和中国信用体系构建的不完善，金融机构的信贷资金远不能满足人们的金融需求。本文选取江苏省南京市数据为样本[2]，一方面，截至 2015 年底，南京市民的人均地区生产总值增长率约 10%，人均可支配收入增长率约 8%，而人均消费支出增长率只有 7%；另一方面，南京市民对贷款的需求增长率由 2011 年的 11% 逐年增长至 2014 年的 13%。

根据上述数据，我们进而可以认识到的现状是：第一，中国人均生产总值及人均可支配收入的增长率与人均消费支出的增长不相匹配，消费在总体经济增长中的比重不高，消费信贷没能有效促进居民的消费需求；第二，人们对贷款的需求不断增长，其增长率远超过了其他宏观指标。因此，对金融服务模式的不断创新、不断提高信贷资金的有效供给和金融风险控制水平是解决现实问题的关键。借助于互联网信息处理技术和大数据分析技术，相关金融机构对个人金融需求、信用记录、偿债能力评估等均能实现较低成本的跟踪分析，极大

---

① 王婷婷，上海财经大学经济学院博士，现任中泰信托有限责任公司研究发展中心研究员。
② Wind 资讯。

地促进了消费信贷的发展，同时也大大推动了金融服务模式的变革和创新，个人成长链金融模式便应运而生。在传统金融机构中，对个人信用贷款的阶段性过度授信是极具风险性的，是金融资源供给不可涉足的"禁区"，因而大大限制了信贷供给的适用范围。与此相反的是，成长链金融模式理论上解决了对个人阶段性过度授信的问题，它的核心思想是对自然人的整个生命周期实行终身授信。能否有效控制风险是一项金融模式创新的关键问题，所以对个人成长链金融风险可控性的实证研究，对成长链金融行业的健康发展，扩大信贷规模以及防范金融风险暴露具有重要的理论和现实意义。

二、文献综述

（一）对个人金融风险防范研究——信用风险

居民收入的增加致使国内个人金融业务市场愈加活跃，面对巨大的市场需求，各金融机构对个人金融业务的发展重视程度不断提高。个人金融业务将成为国内金融业的新利润增长点，而个人金融产品也是各传统金融机构吸引个人消费者和扩大市场份额的重要途径（肖北滨，2008）[1]。从传统金融机构的角度来看，个人金融业务将是未来商业银行的新增长点，其特点是风险控制的滞后性，面临着信用风险、流动风险等风险。商业银行应该不断更新客户信息管理系统技术，加强对个人风险和市场风险的监测，不断完善内部风险机制和制度（蒋亚利、廖焱，2009）[2]。陈兵（2005）[3]在分析商业银行个人授信业务中认为，个人资产业务面临着一系列风险和约束，对个人资产业务的风险防范也是至关重要的。

（二）对消费金融风险的研究——信用约束①

一些学者探讨了消费信贷与经济发展的关系。Murphy（1999）[4]从家庭的角度在研究其负债与消费的关系时，以家庭债务与收入的比例作为一项度量指标，参考这一实证研究方式，我们类似地可以将个人终身负债与财富的比例作为衡量风险可控性的度量指标之一。Ludivgson（1999）认为，家庭的信用限

---

① 信用约束（credit constraint）为消费金融领域常用术语之一，与之相近的是流动性约束（liquidity constraint）。作者认为，从个人金融服务的角度，流动性约束是指个人流动性资产不足而导致的支付困难，信用约束是指个人对外部进行借贷时可能产生违约风险等所受到的贷款限制。

额与收入呈正相关关系，同时会受到随机波动因素冲击的影响，随着时间变化而变化的信用约束解释了美国消费信用的增长与消费增长之间的正相关关系。另外，偿债行为对家庭消费的影响，Coulibaly & Li（2006）的研究表明，美国家庭在偿还完抵押贷款后，日常消费并无增加，反而增加了金融资产储蓄和耐用消费品的消费。

简单的生命周期理论所得出的最优消费，意味着消费者可以利用消费金融跨期分配来合理分配自有资源。一个家庭可以被看成个人的整个生命周期的呈现，在家庭年轻的成员收入低时可以负债，中年的收入高时可以储蓄或投资，老年时再进行负储蓄。这个理论实际上隐含一个前提假设是无信用约束，即家庭成员在需要进行借贷时，他们总能够从金融机构中得到贷款。实际上，在借贷的过程中，人们常常会受到信用约束的影响，并不是所有人都能够享有金融服务（王江、廖理、张金宝，2010）[5]。Zeldes（1989）[6]基于生命周期理论，分别考察了在强弱信用约束的条件下的消费函数能够满足的最优条件欧拉方程。其结论是：在信用约束的条件下，个人的最优消费要低于没有信用约束条件下的消费。在中国，人们的借贷需求得不到满足时自然会改变他们的消费决策，从而导致国内居民消费不能够有效推动经济增长。

（三）个人成长链金融风险控制理论基础

陆岷峰、杨亮（2016）[7]指出，个人成长链金融解决的最主要风险是信用风险，它是在整合了个人金融业务、消费金融理论、生命周期理论等多门学科的基础上，系统考察个人生命周期阶段性金融需求和信用状况，并通过系统性授信理念与多元化金融工具平滑个人在生命各阶段的金融需求和消费需求曲线的波动。在对成长链金融风险进行分析的研究中，陆岷峰、徐阳洋（2016）[8]认为，从传统金融模式的角度来看，对自然人在成长期和就业期的过度授信及阶段性过度授信所产生的信用风险是成长链金融的主要风险。陆岷峰、张欢（2016）[9]指出，成长链金融服务始于个人成长期，以个人金融产品和消费信贷产品为基础，在成长期和就业期的严重过度授信和中度过度授信，是对传统金融模式的挑战和风控体系的重构。上述研究为成长链金融奠定了理论基础，然而对成长链金融风险的可控性并没有做深入探讨证明和实证分析。本文将基于南京市居民的 10 000 人网络抽样调查数据，基于一定假设和经济学思维绘制成长链金融个人收入曲线和信贷曲线，并提出成长链金融风险控制理论模型，进而分析成长链金融风险的可控性。

三、个人成长链金融风险控制理论模型

本文实证使用的数据来源于南京财经大学中国区域金融研究中心的 10 000 人网络抽样调查数据。抽样方式采取分层抽样法，即对按照生命周期划分为四个年龄区间的自然人分别抽样，对他们的现状年收入和信用贷款状况进行问卷调查，其中四个年龄区间为：成长期（25 岁以下）、就业期（25 岁以上且 40 岁以下）、成熟期（40 岁以上且 60 岁以下）、退休期（60 岁以上）。

（一）个人成长链金融数据图像的绘制与分析

1. 个人收入曲线。利用 Eviews 数据分析软件，针对不同年龄段的抽样调查数据，将个人年收入额（Y）与其年龄（T）建立二维离散图像并绘制 Kernel 拟合曲线（如图 1 所示）。

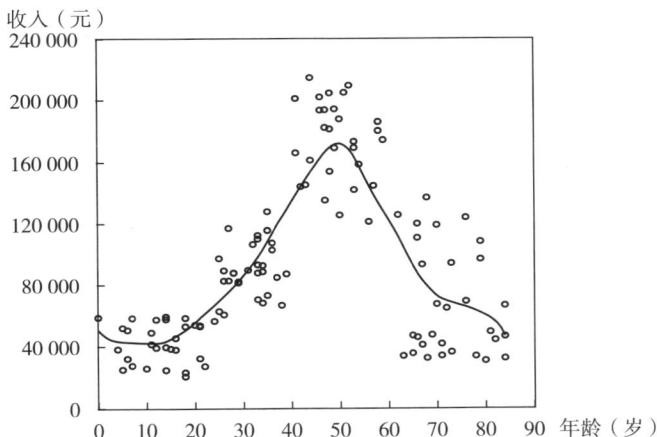

图 1　个人收入曲线

根据图像特点，我们可以认识到个人生命周期各阶段的财富收入特性：

（1）成长期（25 岁以下）——初始禀赋阶段。从数据的角度看，处于该阶段的人群每年个人财富收入处于 40 000 元上下区域，呈相对稳定的趋势，这是由于个人在成长阶段从其家庭中得到的资助。

（2）就业期（25 岁以上且 40 岁以下）——财富积累阶段。处于就业阶段的个人从校园毕业之后参加工作到逐步取得一定社会地位，其收入有逐年增长的趋势，并且其边际收入也不断上升。

（3）成熟期（40 岁以上且 60 岁以下）——财富巅峰阶段。处于中老年的人群，随着自身事业的不断发展，社会地位逐步达到自我巅峰，子女已逐步走入社会参加工作，其财富水平、经验能力均上升到最大值，之后的收入开始逐步下滑，开始为退休后的生活做准备。

（4）退休期（60 岁以上）——财富享受阶段。处于该阶段的人群，其主要生活目标是安享晚年，生活消费、医疗开销、旅游等是其主要支出，收入水平已经下降到了低水平，但由于前期的财富积累，基本可以满足各类消费需求。

2. 个人信贷曲线。利用 EViews 数据分析软件，针对不同年龄段的抽样调查数据，将个人年贷款额（DE）与其年龄（T）建立二维离散图像并绘制 Kernel 拟合曲线（如图 2 所示）。

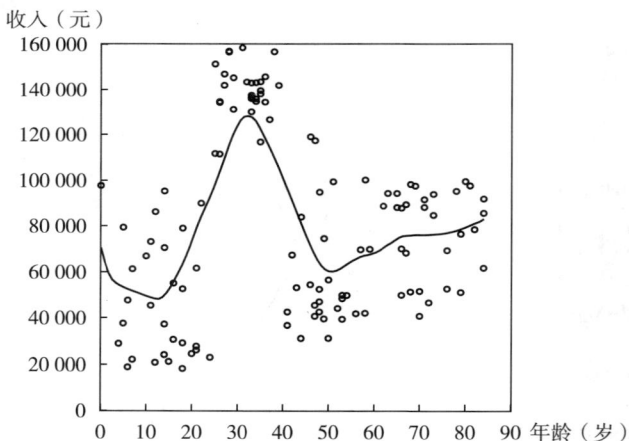

图 2　个人信贷曲线

根据图像特点，我们可以认识到个人生命周期各阶段的信用贷款特性：

（1）成长期（25 岁以下）——严重过度授信阶段。数据表明，处在成长期的个人并没有经济收入来源，基本上是在校园读书的学生，除学费、生活必需品消费外，这一人群对娱乐、奢侈品等的消费欲望更加强烈，对信贷额度的需求更加旺盛。因此，成长链金融机构对无经济收入来源的人群进行授信应属于严重过度授信。

（2）就业期（25 岁以上且 40 岁以下）——中度过度授信阶段。处于就业期的人群自校园毕业后持续工作，逐渐步入中年。随着自身经济收入能力的不断增强、社会地位的不断提升，他们对房贷、车贷等耐用消费品的需求也会不断增大，期间信贷额度需求在达到峰值之后会有所回落。其享受的金融服务主要有消费贷款、住房贷款、购车贷款、互联网金融、股票、基金、重大疾病险等。

（3）成熟期（40岁以上且60岁以下）——授信不足阶段。处于成熟期的人群在自身事业已经发展到巅峰状态，随之其财富积累也达到最大值，偿还了全部债务的同时，他们对信贷额度的需求也达到最低点，开始为老年的生活做准备。其享受的主要金融服务一般是理财服务、投资分红型保险、意外险、健康险、养老保险等。

（4）退休期（60岁以上）——适度授信阶段。处于退休期的人群开始享受退休后的老年生活，对医疗、旅游、保健等投资需求上升，存在一定的信贷额度需求然而是有限的，主要集中在个人理财、养老保险、医疗保险、健康险等方面。

（二）个人终身收入曲线与个人终身信贷曲线的理论假定

通过经济学理论假定对现实问题的简化可以更清晰地分析现象后的本质，基于上述数据规律的观察和一定的经济学模型思想，我们可以得到以下性质：

1. 基于生命周期理论的个人终身收入曲线。当个人处于成长期（0到t_1）的时候，不存在经济收入，靠的是家庭的支持，故假设其初始禀赋为W_0，在这一阶段个人终身收入曲线是一个水平线；当步入就业期（t_1到t_2）时，随着事业的不断发展，其财富收入能力的增长不断提升，也就是说边际收入逐渐上升（即收入函数的二阶导数为正值），最终边际收入达到最大值a1，此时他的年龄为t_2；当步入成熟期（t_2到t_3）时，他的事业达到一种稳步上升的状态，其财富收入能力不断上升而其增长率不断下降，也就是说边际收入从t_2开始逐渐下降（即收入函数的二阶导数为负值），我们假设他于b时达到收入的最高点，然后收入开始加速下降到a2，此时的年龄为t_3；当个人步入退休期之后，其收入将进一步下降，但下降速度有所减缓，也就是说下降的边际收入逐渐上升（即收入函数的二阶导数重新为正值），即从t_3的临界点之后边际收入开始上升，收入不断下降到一定的水平将保持一定均衡不变。基于以上曲线特性分析，可以绘制经济学图形如图3所示。

根据上述分析个人终身收入曲线的特性，我们对连续的收入函数形式作出适当假设：

当$0 < t \leqslant t_1$时，$Y(t) = W_0$；

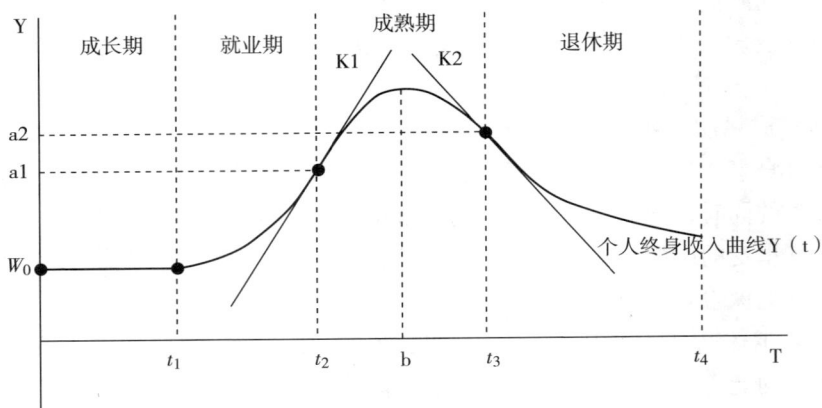

图 3　个人终身收入曲线

当 $t_1 < t \leqslant b$ 时，$Y(t) = a + \sqrt[3]{t - t_2}$；

当 $b < t \leqslant t_4$ 时，$Y(t) = a - \sqrt[3]{t - t_3}$ ①。

2. 基于生命周期理论的个人终身信贷曲线。当个人处于成长期（0 到 t_1）的时候，由于无收入来源、无财富积累和其他经济行为，尚未正式被纳入社会征信系统，但他对信贷的需求却是不断上升的，在此阶段成长链金融机构对其授信属于严重过度授信，在这一阶段个人终身收入曲线是一个边际信贷递减的抛物线，信贷额在 t_1（即就业期的初始）达到了最大值。当步入就业期（t_1 到 t_2）时，随着事业的不断发展，随着个人财富的积累，逐步可以偿还前期欠下的债务，也就是说边际信贷逐渐由原先的正值变为负值，并加速下降（即收入函数的二阶导数为正值），最终边际收入达到最大值 d1，此时他的年龄为 t_2。当步入成熟期（t_2 到 t_3）时，他的事业达到一种稳步上升的状态，其前期债务基本还清，同时个人财富收入也达到峰值，而信贷额继续下降但速度有所减缓，也就是说下降的边际信贷从 t_2 开始逐渐变小（即收入函数的二阶导数为负值），我们假设他同样在 b 时达到收入的最高点。在成熟期的末期个人需要准备退休及养老，信贷需求开始有所加速上升到 d1 水平，此时的年龄为 t_3。当个人步入退休期之后，其收入将进一步下降，但其信贷额上升速度趋于平缓，也就是说上升的边际信贷逐渐减小（即收入函数的二阶导数重新为负

---

① 需要说明的是，为便于下文计算，我们假定 a1 = a2 = a；另外，我们假定了收入函数的连续性，因此这里有一个隐含条件是：$b = \dfrac{t_2 + t_3}{2}$。

值），即从 t_3 的临界点之后边际信贷的上升速度开始减弱，信贷需求趋于一种均衡状态。基于以上曲线特性分析，可以绘制经济学图形如图4所示。

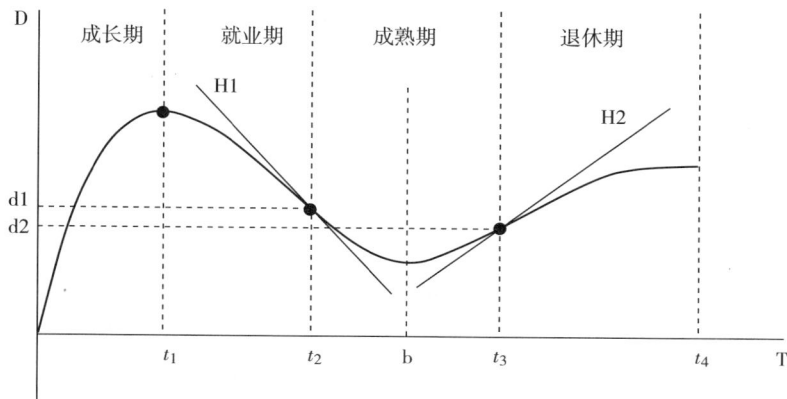

图4　个人终身信贷曲线

根据上述分析个人终身信贷曲线的特性，我们对连续的信贷函数形式作出适当假设：

当 $0 < t \leq t_1$ 时，$D(t) = t_1^2 - (t - t_1)^2$；

当 $t_1 < t \leq b$ 时，$D(t) = d - \sqrt[3]{t - t_2}$；

当 $b < t \leq t_4$ 时，$D(t) = d + \sqrt[3]{t - t_3}$ ①。

（三）模型求解

1. 个人终身净资产曲线。由上述分析不难得到个人终身净资产函数 $\pi(t) = Y(t) - D(t)$ 如下：

$\pi(t) = (W_0 - t_1^2) + (t - t_1)^2$，当 $0 < t \leq t_1$ 时；

$\pi(t) = (a - d) + 2\sqrt[3]{t - t_2}$，当 $t_1 < t \leq b$ 时；

$\pi(t) = (a - d) - 2\sqrt[3]{t - t_3}$，当 $b < t \leq t_4$ 时。

因此可得个人终身净资产曲线如图5所示。

考虑个人不同的初始禀赋状况分为三种：W_0 为正值、W_0' 为零、W_0'' 为

① 需要注意的是，为方便下文计算，我们假定 d1 = d2 = d；另外，我们假定了信贷函数的连续性，因此这里有一个隐含条件是：$b = \dfrac{t_2 + t_3}{2}$。

负值。

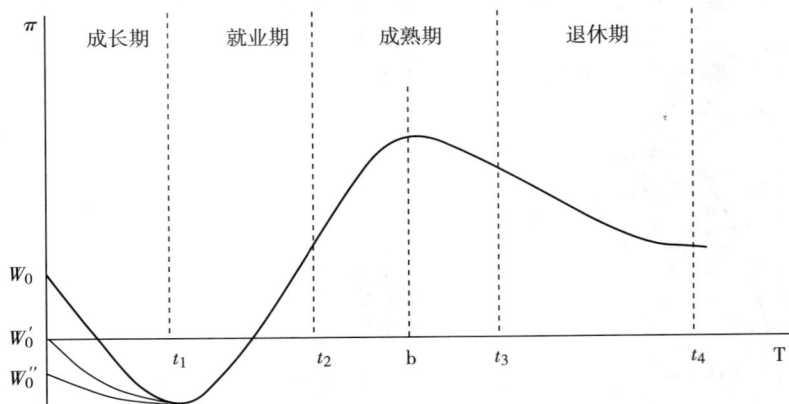

成长期 就业期 成熟期 退休期

图5 个人终身净资产曲线

2. 模型求解。对 $\pi(t) = Y(t) - D(t)$ 的各个区间求积分是判断一个客户的成长链金融风险是否可控的重要指标，如果最终得到的是正值，则说明风险可以在整个生命周期的授信中得到控制，若否则不能。

（1）当 $0 < t \leqslant t_1$ 时

$$\pi_1 = \int_0^{t_1} \left[W_0 - t_1^2 + (t - t_1)^2 \right] dt = (W_0 - t_1^2) t_1 + \frac{1}{3} t_1^3$$

（2）当 $t_1 < t \leqslant b$ 时

$$\pi_2 = \int_{t_1}^{b} \left[2 \sqrt[3]{t - t_2} + (a - d) \right] dt$$

$$= (a - d)(b - t_1) + \frac{3}{2} \left[(b - t_2)^{\frac{4}{3}} - (t_1 - t_2)^{\frac{4}{3}} \right]$$

（3）当 $b < t \leqslant t_4$ 时

$$\pi_3 = \int_b^{t_4} \left[(a - d) - 2 \sqrt[3]{t - t_3} \right] dt$$

$$= (a - d)(t_4 - b) - \frac{3}{2} \left[(t_4 - t_3)^{\frac{4}{3}} - (b - t_3)^{\frac{4}{3}} \right]$$

$$= (a - d)(t_4 - b) + \frac{3}{2} \left[(b - t_3)^{\frac{4}{3}} - (t_4 - t_3)^{\frac{4}{3}} \right]$$

加总以上三种情况如下：

$$\int_0^{t_4} \pi(t) dt = \pi_1 + \pi_2 + \pi_3$$

$$= (W_0 - t_1^2) t_1 + \frac{1}{3} t_1^3 + (a - d)(t_4 - t_1)$$

$$+ \frac{3}{2} \Big[(b - t_2)^{\frac{4}{3}} + (b - t_3)^{\frac{4}{3}} - (t_1 - t_2)^{\frac{4}{3}} - (t_4 - t_3)^{\frac{4}{3}} \Big]$$

根据成长链金融理论的假定，我们可令：$t_1 = 25, t_2 = 40, t_3 = 60, t_4 = 85$，因此 $b = \dfrac{t_2 + t_3}{2} = 50$，代入上式可得

$$\int_0^{t_4} \pi(t) \, \mathrm{d}t = \pi_1 + \pi_2 + \pi_3$$

$$= (W_0 - t_1^2) t_1 + \frac{1}{3} t_1^3 + (a - d)(t_4 - t_1)$$

$$+ \frac{3}{2} \Big[2 \Big(\frac{t_3 - t_2}{2} \Big)^{\frac{4}{3}} + (t_1 - t_2)^{\frac{4}{3}} - (t_4 - t_3)^{\frac{4}{3}} \Big]$$

$$= 60(a - d) + 25(W_0 - t_1^2) + 5\,088.89$$

（四）个人成长链金融风险可控性分析

从个人的初始禀赋和财富收入状况的约束条件，对个人成长链金融风险可控性进行分析：

1. 在 $W_0 > t_1^2$ 且差距足够大的情况下，即个人初始禀赋足够大，也就是说家庭背景足够富裕的个人，其个人终身净财富累积值很可能大于零（$\int_0^{t_4} \pi(t) \, \mathrm{d}t > 0$），此时个人成长链金融风险是可控的。

2. 在 $W_0 > t_1^2$ 且差距不大，$a > d$ 的情况下，即个人拥有一定的初始禀赋，也就是说其家庭背景一般富裕。与此同时，a 表示个人在就业期和成熟期的发展状况，d 表示成长链金融机构根据特定客户在相应期间作出的授信程度，若此指标操作控制得当，保持 $a > d$ 的情况，个人成长链金融风险是完全可控的。

3. 在 $W_0 < t_1^2$ 且 $a < d$ 的情况下，即个人不具备足够的初始禀赋，没有足够能力承受过度授信的责任，同时成长链金融机构未能控制在就业期和成熟期的授信程度，则个人成长链金融风险很可能难以控制。

4. 在 $W_0 < t_1^2$ 且 $a > d$ 的情况下，成长链金融机构能够有效地控制就业期和成熟期的授信程度，个人成长链金融风险适中可控。

5. 在 $W_0 < t_1^2$、$a > d$ 且差距足够大的情况下，在成长链金融机构能够有效控制授信程度的同时，个人在就业期和成熟期的经济发展表现卓越，所以其个

人成长链金融风险可以被有效控制。

四、个人成长链金融风险测度及 H–P 滤波分解分析

Murphy（1999）从家庭的角度研究了其负债与消费的关系，他以家庭债务与收入的比例作为一项度量指标，参考这一实证研究方式，我们可以将个人终身负债与财富的比例作为衡量风险可控性的度量指标之一，即个人终身信贷率，其计算方法为 $DE_t = \dfrac{\sum\limits_{t=1}^{T} D_t}{\sum\limits_{t=1}^{T} Y_t}, (i = 1, 2, 3, \cdots)$。该指标波动范围越小则说明个人成长链金融风险越稳定，其数量上越小则说明个人成长链金融风险可控性越高。本文拟沿个人生命周期时间轴，从个人终身信贷率的长期波动变动趋势与短期波动风险进行分解和评估。叶明华（2015）[10] 在研究农业保险赔付风险的测度与比较时，认为分离长期风险与短期风险从计量经济学的角度可以有两种方法：一是对趋势项进行回归拟合；二是时间序列分解。因此，若采取回归方法进行拟合，并对回归残差序列进行稳定性检验，这对数据特征的要求比较高，不具有适用性。故下文将利用 H–P 滤波分解模型对 10 000 人网络抽样调查数据生成的个人终身信贷率进行分析，来探讨个人成长链金融风险测度和风险可控性的研究。

（一）H–P 滤波分解模型

H–P 滤波分解模型[①]的提出，一定程度上提供了分解时间序列的方法，在宏观经济周期的研究中得到广泛使用，而随着统计居民人数的增大而服从大数定律[②]，站在宏观角度考察个人生命周期，利用滤波分解模型是可行的。其模型核心在于分解原序列而得出序列的长期趋势特征和短期平稳元素，具体计算如下：设定一组财富收入观察值 Y_1 至 Y_t，将序列分解成一个趋势项 $\{u_t\}$ 和一个平稳元素 $\{Y_t - u_t\}$，考察以下最优化公式：

$$\min_{Y_t, u_t}\left\{\frac{1}{T}\sum_{t=1}^{T}(DE_t - u_t)^2 + \frac{\lambda}{T}\sum_{t=2}^{T-1}\left[(u_{t+1} - u_t) - (u_t - u_{t-1})\right]^2\right\}$$

---

① H–P 滤波分解模型是 Hodrick 和 Prescott（1997）提出的。

② 大数定律（law of large numbers），即描述试验次数达到足够大的时候所呈现的概率具有一般规律性的定律。

或可写成：

$$\min_{Y_t, u_t}\left\{\frac{1}{T}\sum_{t=1}^{T}(DE_t - u_t)^2 + \frac{\lambda}{T}\sum_{t=2}^{T-1}[\Delta^2 u_{t-1}]^2\right\}$$

λ 值若增加对趋势进行平滑：若 $\lambda \to \infty$ 则说明序列趋势变化为恒定值，即线性时间趋势；若 $\lambda = 0$，则当 $DE_t = u_t$ 时，上述目标函数取得最小值，即趋势为观测值 DE_t 本身。采用 H－P 滤波分解法相较于其他方法有两个明显优势：第一，其适用于个人成长链金融信用风险的特有周期性研究，滤波分解不要求变量符合线性分布。在现实中，个人的一生受到主观、客观和随机扰动因素的多方面影响，其个人终身信贷率应呈现曲线波动状态，而非单一线性。第二，该方法数据处理包容性强，即使真实数据存在线性和曲线性的共存特征，也可以通过设定 λ 值来调整。

（二）数据样本来源与特征

本文研究个人成长链金融风险是基于个人终身信贷率的时间序列数据的分解和测算，并结合了"10 000 人网络抽样调查"数据和江苏南京市宏观数据进行分析（如图 6 所示）。从宏观数据可以看出，一方面，该城市居民年人均可支配收入自 2010 年底至 2014 年底，以 9% 的增长率相对稳定地持续增长；另一方面，年人均贷款额的增长率逐年快速上升，截至 2014 年底，其增长率已达到 13%，年人均贷款额为 15 628.53 元。这就对金融创新的风险控制提出了新要求，个人成长链金融将逐步成为化解个人金融风险的重要方式。

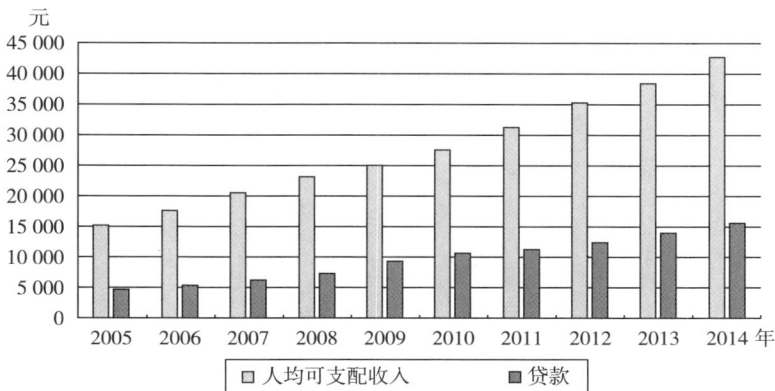

图 6　江苏省南京市居民人均可支配收入与贷款状况

（三）个人终身负债率的滤波分解

设 DE_t 为个人终身信贷率的时间序列样本，$\{u_t\}$ 是拟合值的序列，用来表征个人终身信贷率的长期趋势，数据处理的核心思想是使其对原始序列差分的平方和最小化；剩下的残差部分 $\{DE_t - u_t\}$ 是各时间序列中个人终身信贷率扣除趋势值后的剩余值，表示各时期中实际的个人终身信贷率对远期的趋势信贷率的偏离，若残差值越大，表明偏离趋势的波动越大，个人成长链金融风险越不稳定。将上述相关数据运用 Eviews 进行 H – P 滤波分解可得到分解结果，如图 7 所示。

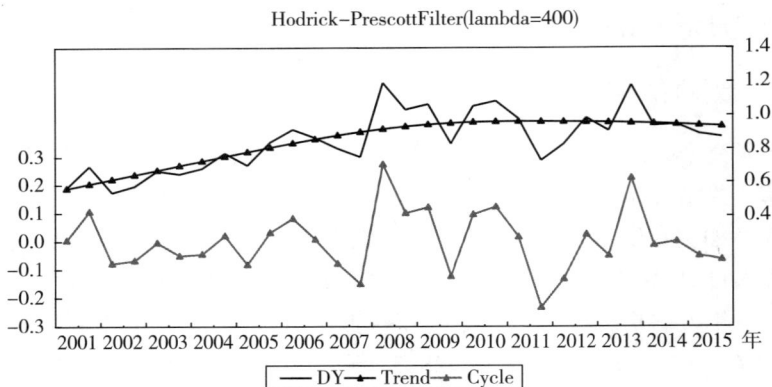

图 7　个人终身信贷率的 H – P 滤波分解结果

其中，DY 表示个人终身信贷率的实际值序列，Trend（即滤波模型中的趋势项 $\{u_t\}$）表示分离出的长期趋势序列，Cycle（即滤波模型中的残差序列 $\{DE_t - u_t\}$）表示残差序列。

第一，从实际的终身信贷率（DY）来看，其平均值在 60% ~ 120% 之间，整体个人终身信贷率始终波动区间较大，波动情况不稳定，说明个人成长链金融整体风险存在可控性，但要求成长链金融机构自身加强对客户针对性和个性化定位的授信工作。

第二，从趋势项（Trend）来看，在 2001 年至 2009 年个人终身信贷率有着上升趋势，成长链金融风险可控性下降，而后的 6 年里终身信贷率有下降的趋势，在 90% 左右，这意味着成长链金融风险控制的可行性增强，为现实的实践提供了操作机遇。

五、结论与对策

（一）结论

综合以上分析研究，我们能得到以下结论：

1. 个人成长链金融风险的可控性取决于现实因素的方方面面，就总体而言，主要取决于两个方面的因素：第一，客户个人的初始禀赋和人生规划如何。如果一个出生家庭富裕的个人和较成功的事业，使得其承担信贷成本的能力提升，在这种情况下，个人成长链金融风险自然可控。第二，客户事业发展的程度与成长链金融机构授信程度的差异化和全程跟踪化。上述模型表明，金融机构在就业期和成熟期的授信力度要与客户财富收入能力相匹配，才能有效地控制成长链金融风险。

2. 从滤波分解的分析中可以看出，个人终身信贷率极具波动性，原因是在不同地域和不同成长环境下，个人的成长会遇到各种意外事件而导致违约概率的提升。如何市场定位、全程跟踪客户成长状况等，都是成长链金融机构需要重点关注和研究的方面。

（二）对策建议

1. 构建互联网大数据风控预警系统。针对每一位客户个体，基于历史信息数据和实时跟踪数据分析情况预测其近期未来的财富收入发展状况、个人金融需求变化等，准确判断风险系数并及时有效地改变个人授信策略。构建大数据风控预警体系，实时防控成长链金融风险。具体措施包括：首先，以个人客户信贷为核心，充分开发利用客户个人信息库，针对其个人的融资特征提供金融服务，做好贷前、贷中、贷后的一体化风险监控工作；其次，健全个人信用评价体系尤为重要，成长链金融所面对的主要风险就是信用风险，完善的信用体系可以降低双方的交易成本和成长链金融机构的经营风险；最后，成长链金融机构应突出个人金融业务对其"就业期和成熟期"的实时监控、信用风险防范和授信力度调控，做好贷款授信全流程的合规性监管。

2. 做好成长链金融产品研发战略。成长链金融机构服务的对象是极具个性化的微观个体，同时他们在不同的生命周期阶段具有不同的财富收入能力、金融需求偏好、信用风险等特性，只有不断地推进金融产品的创新实现多元互动式产品，提升客户体验度和适用性才能保持成长链金融风险的可控性。陆岷峰、徐阳洋（2016）在研究成长链金融风险的化解策略时，提出成长链金融资产证券化的探索。通过资产证券化，成长链金融机构可以将信贷契约打包成相应资产组合在二级市场进行交易流通，既可有效分散风险又可以提高机构内部的资金流动性。

参考文献

［1］肖北溟．国内商业银行个人金融产品若干问题研究［J］．金融论坛，2008（1）：48－53．

［2］蒋亚利，廖焱．基于个人金融业务的风险管理探析［J］．广西大学学报，2009（31）：195－196．

［3］陈兵．商业银行个人金融业务的风险分析［J］．上海立信会计学院学报，2005（5）：21－24．

［4］Murphy, R. G. Household debt and aggregate consumption expenditures［J］. SSRN Working Paper, 1999.

［5］王江，廖理，张金宝．消费金融研究综述［J］．经济研究，2010（1）：5－29．

［6］Zeldes, S. P. Consumption and Liquidity Constraints：An Empirical Investigation［J］. Journal of Political Economy, 1989（97）：305－346.

［7］陆岷峰，杨亮．关于成长链金融规律分析与对策研究［J］．南都学坛，2016（3）：3－9．

［8］陆岷峰，徐阳洋．关于化解成长链金融风险的战略研究［J］．湖南财政经济学院学报，2016（3）．

［9］陆岷峰，张欢．成长链金融产品创新现状与对策研究［J］．南海金融，2016（4）．

［10］叶明华．中国农业保险的赔付风险：风险测度与应对策略［J］．经济问题，2015（4）：92－97．

新时期金融发展新模式

——成长链金融部分实证研究

葛守昆[①]

一、引言

陆岷峰博士首创"成长链金融"新概念，充分体现了创新者对新时期金融发展的敏锐性和战略前瞻性。如何依据经济金融发展的规律，把握新形势下金融发展的重要特征，从理论与宏观层面对成长链金融做实证研究，促进金融经济发展，不仅对促进中国经济转型，而且对全球化的金融创新也有重大的启迪价值。

二、市场经济的深化凸显了为个人服务的金融特征

（一）成长链金融建立在追求个人利益的基础之上

成长链金融在对象定位上，主要强化的是个人色彩，体现的是为个人服务。在理论上，个人是社会生活中不可细分的最小的经济细胞。从人类诞生的那天起，个人就存在。由于人的利己本性特征，追求个人利益最大化是每一个自然人的基本取向。这个属性将伴随人类始终，是亘古不变的经济基因。长期以来，国人受封建主义和"左"的思想影响，根深蒂固地存在着"君子喻于义、小人喻于利"的道德说教，劝导人们"罕言利"，文革时期则达到了登峰造极的地步，要"狠斗私字一闪念""大公无私""毫不利己、专门利人"。但

[①] 葛守昆，现供职于江苏省社会科学院经济研究所。

是在事实上，自私、个人利益、私有观念反映的是人类本性，是消灭不了的客观存在。如果谁要消灭人的利己观念，除非消灭人类自身。我们能做的，不是废除个人利益，而是规范人追求个人利益的行为，平等、法制、自由等均由此而生。这也是西方经济学鼻祖亚当·斯密的基本思想。其实，人的利己本性，也是人的基本权利，还是经济社会发展的动力。不可想象，如果人是利他的，一事当前，都为别人着想，社会发展和进步的源泉从何而来？

（二）市场经济强化了个人的主体性色彩

关于市场经济，人们强调得多的是企业的主体角色，实际上，企业只是一种经济组织形式，企业是个人的集合，企业的主体是个人，企业建立在个人利己取向的合作之上。在著名的西方经济学"纳什均衡"中，合作被看做是最佳的利己策略。

在市场经济以前的社会，是存在着人身依附关系的社会，表现为人对人统治，形式是人治、等级制，个人权利被剥夺，"天下皆为皇室所私有"，个人从属于皇权。在市场经济条件下，是个人利益、个人主义得到张扬的社会。人们为着自己的利益从事生产、交换，将收入用于消费的剩余部分积累转化为资本。这里包含着个人所要求的行为自主权、财产所有权和资本支配权等，个人的经济主体地位凸显，进而出现以个人为对象的商品金融服务。

（三）个人金融在金融服务中日趋居于重要位置

随着改革的深入，中国经济的商品化、市场化发展很快，居民在经济生活中的主体性地位日趋显著，打破了传统的企业和政府居主导地位的格局。从金融业发展的实践来看，银行过去对企业和政府的传统业务比重大大减少，代之以直接为个人的服务。我以前在政府机关时，经常遇到有些专业银行的人为着公积金业务、工资业务来找领导，目的是通过政府获得经营许可。现在不是没有，但情况发生了重大变化，许多商业银行将业务重点范围放在了个人业务方面。根据兴业银行 2016 年 4 月 27 日晚间发布的 2015 年年报和 2016 年第一季度报告显示，兴业银行加快了个人金融的创新步伐，形成新的市场突破。截至 2016 年第一季度报告期末，兴业银行手机银行有效客户达 832.24 万户，较期初增长 57.58%；个人客户数量达到 340 万户，较期初增长 215%。截至 2015 年底，民生手机银行客户总数达 1 902.57 万户，较上年末新增 600.45 万户；年累计交易笔数 3.42 亿笔，较上年同期增长 87.51%；年累计交易金额 6.00 万亿元，较上年同期增长 86.48%，户均交易笔数 17.95 笔，户均交易金额

31.54 万元。说明个人作为客户的交易活空前跃。从我接触的生活圈看，10 年前个人的金融业务主要是银行储蓄存款，当时房贷尚处于起步阶段。现在情况变化很大，越来越多的居民涉足金融投资，除了部分老人外，储蓄的人已经越来越少。根据中国人民银行 2016 年第一季度问卷调查，居民偏爱前三位的金融投资方式依次为："基金及理财产品""债券""实业投资"，这三种投资方式的居民占比分别为 33.4%、14.7% 和 12.5%。这也充分反映了个人金融业务在金融业发展中占据非常重要的位置，今后金融业的发展，在很大程度上就是个人金融业务的拓展。

三、精细化趋势助推个性化的成长链金融服务

今天的时代，是精细化发展的时代，主要突出的是市场细分、个性化和特色化的量身定制。就金融业而言，由过去的以企业和政府部门等大客户为主要对象的服务，将很快转变到以个人为主要对象的服务，由少数客户转向面广量大的无限客户。如果说，在前些年里，人们追求利益最大化的经济行为尚停留于胆略和魄力方面，即看谁胆子大，能找到强大的后台背景，通过"临门一脚"的功夫乱中取胜。今天特别是今后，则主要依靠在共同的体制、原则、思路、战略等基础之上，以技术细节见高低。我们以前挂在嘴边经常说的话是"性格决定命运，细节决定成败"，现在和将来则更倾向于细节的决定性作用。

就成长链金融来说，我以为主要抓住了个人成长和寿命周期，突出了对"个人金融"的进一步细化分析。具体表现在：按照事物发展的内在逻辑和规律，任何事物的发展都是一个由粗放到精细的过程。站在不同的角度，或者从不同层次上，对新时期的金融发展在技术层面上进行细分，学者们会有不同的认知。就成长链金融而言，我以为，主要对应于自然人在生命成长周期不同阶段上不同的金融需求，要求金融服务主体遵循人的生命成长周期，提供全流程整体化设计并跟踪服务，实际也包含着人一生所能享受的金融服务。

基于生命成长周期的金融服务需求特征，我看到有人将人生分为成长、就业、成熟及退休四个阶段[1]，有一定的道理。不过，在人生不同时期所对应的金融服务需求特征上，我倾向于分为这样有显著差异性的四个阶段：

（一）财富消费期

这个时期对应的年龄段是 0～22 岁，包括从婴幼儿到大学毕业的年龄区间。这个阶段，基本属于纯粹的财富消费时期。尽管也可能有零花钱、压岁钱

甚至奖学金，但不影响其没有固定收入、主要作为消费者的客观存在。这个时期，除了培养这类人群的金融意识以外，还包括与这类人群的家庭建立联系，提供与这类人群相关的金融服务[2]。比如，婴幼儿消费信贷、小额财富理财、助学贷款等。

（二）财富创造期

这个时期相对的年龄区间应该在 22 岁到 40 岁。这个阶段主要是就业创造财富的阶段，也是积累财富的阶段。一方面对收入有较高的期望值，另一方面又是人生消费需求旺盛的时期，比如对住房、汽车等大宗消费品有刚性需求。同时，对已经形成的财富也有投资增值的需求，是金融理财比较活跃的时期。

（三）财富投资期

这个时期对应的人群年龄结构应该在 40 岁到 60 岁，子女基本成人，消费负担减轻，收入有了一定的积累，进入了人生贷款需求相对减少、投资增值意识最为强烈的时期。一般来说，这个时期的金融投资理财既以稳健为主，又能承受一定的风险。

（四）财富保值期

这个时期对应的年龄是 60 岁以上的养老人群，主要目标是安度人生的晚年。这类人群，形成了一定的财富积累，有相对稳定的收入，除了有养生、保健、旅游、医疗等方面的消费需求外，还有财富保值增值的需求。在金融理财方面，注重财产的安全性，趋向于稳健型投资，承担风险的意识较弱。

我认为，根据个人成长链金融的特点，金融主体既可以根据人生命的周期性特征做目标性的金融服务设计，做金融知识的普及、咨询和培训，同时又针对不同阶段的金融需求，提供有目的的服务。

四、互联网与大数据是成长链金融发展的重要载体

互联网（Internet）的出现，给人类发展带来了巨大的深刻变化，进入了一个新的时代。互联网金融（ITFIN）则是互联网技术和金融功能的有机结合，主要表现为金融运用互联网的深化发展。目前，中国与发达国家的差距，主要是互联网制造方面的差距，在运用方面的差距并不算大。与非互联网状态下的传统金融相比，互联网金融具有显著的优势。第一，成本低。互联网金融

模式下，资金供求双方可以通过网络平台自行完成信息甄别、匹配、定价和交易，无传统中介、无交易成本、无垄断利润。一方面，金融机构可以避免开设营业网点的资金投入和运营成本；另一方面，消费者可以在开放透明的平台上快速找到适合自己的金融产品，削弱了信息不对称程度，更省时省力。第二，效率高。互联网金融业务主要由计算机处理，操作流程完全标准化，客户不需要排队等候，业务处理速度更快，用户体验更好。如阿里小贷依托电商积累的信用数据库，经过数据挖掘和分析，引入风险分析和资信调查模型，商户从申请贷款到发放只需要几秒钟，日均可以完成贷款1万笔，成为真正的"信贷工厂"[4]。第三，广覆盖。在互联网金融模式下，客户基本不受时间和地域的约束，在网络上可以直接寻找需要的金融资源，金融服务更直接、更灵活、更便捷。

对于成长链金融来说，互联网是必要条件，尚不是充分条件。只有充分利用互联网所内含的海量非结构化数据信息，通过对信息数据的实时收集、归纳、整理、综合、分析等，挖掘对金融主体有价值的个人财富、行为习惯、消费和投资倾向，并准确预测个人的金融需求，进而提供有针对性的低成本、大容量、高性能与高弹性金融服务。大数据为新时期个人金融业务在发现问题、解决问题，掌握规律，创造新的金融模式方面产生了巨大可能性。

五、以新思路发展成长链金融

成长链金融不仅是全新的概念，也是一项新生事物，未来有广阔的发展前景。如何遵循事物发展的规律，构建崭新的金融模式，将面临许多需要深入研究的问题。

（一）确立"个人至上"的金融服务理念

金融企业追求利润最大化是天经地义的事情，问题是必须依据经营主体自身所独有的专业技术优势，为个人提供有增值性的服务，通过高品质服务分享收益。成长链金融必须抱着这样的宗旨和理念，一方面，秉承"客户认为有价值的服务和产品才真正具有价值"；另一方面，注重引导个人更新金融知识，接受有更高利益的有创新价值的金融服务。成长链金融对利润最大化的追求，不应该是短期利益的最大化，而是符合成长链金融特质的带有生命周期的长期利益的最大化。

（二）注重保护个人的信息

成长链金融离不开获取必要的个人信息，但是保护个人信息、防止将个人信息泄露是规范化的金融行为。现在，从银行泄露出去的个人信息时有发生，在一定程度上侵犯了个人的隐私权，损害了个人的利益。当然，在根本上，还是要打击盗用个人信息牟利的犯罪行为，但金融从业者要洁身自好，有基本的道德操守。

（三）突出为实体经济服务

最初的金融是产业分工的产物，金融银行从原来的产业资本中独立出来，成为专门经营货币业务的主体。不过，金融独立化并不能改变金融为经济服务的职能。这几年，金融为实体经济服务的功能相对弱化，金融体内循环的情况比较严重，加剧了经济泡沫。诚然，主要责任不在金融自身，但是必须明确，金融服务于实体经济是永恒的主题，金融发展必须建立在实体经济发展的基础之上，不可本末倒置。作为成长链金融，我认为应该在引导个人金融业务拓展、服务供给侧改革、提高实体经济竞争力方面做更多的探索，有大的作为。

（四）严格控制可能的金融风险

成长链金融建立在互联网大数据的基础上，是依靠数据分析产生的金融行为。问题是如果数据失真、不可靠，或者有很大水分，就势必直接影响到金融企业的经营决策，进而影响到金融服务的质量与效果。这是必须加强防范的事情。我很赞同这样的看法："大数据是人类设计的产物，大数据的工具并不能使人们摆脱曲解、隔阂和成见，数据之间相关性也不等同于因果关系，大数据还存在选择性覆盖问题"①。在微观层面上，大数据技术不能全部代替人类的价值判断和逻辑思考，成长链金融尽管有其独特的技术优势，但面对的仍然是市场竞争的环境，微观主体的信息不对称、不确定性始终存在，甚至危机也难以完全避免，潜在的风险也是巨大的。因此，在新形势下如何应对新金融模式带来的风险，是我们需要解决的难题。

（五）完善金融监管

大数据的使用正在改变金融发展的模式，同时也需要改变监管金融市场的

---

① 凯特·克劳福德. 对大数据的再思考［J］. 外交政策，2013（5）.

方式，以保证市场参与者负责任地使用大数据发展成长链金融。一是确保数据来源的可靠性，防止蓄意凭空杜撰的数据污染金融市场。2013 年 4 月 23 日，道琼斯工业平均指数（Dow Jones Industrial Average）突然大跌，缘由就是美联社的 Twitter 账号发出巴拉克·奥巴马（Barack Obama）遭遇恐怖袭击的虚假消息。二是对已有的信息数据做认真评估和鉴别，有去伪存真的过程。三是规范金融从业者的行为，核心是诚信和合规，关键是设计一套违规成本大于收益的制度，让不守诚信和违规者付出惨痛的高昂代价。

参考文献

［1］陆岷峰，杨亮．关于成长链金融规律分析与对策研究［J］．南都学坛，2016（3）：3－9.

［2］陆岷峰，张欢．成长链金融产品创新现状与对策研究［J］．海南金融，2016（4）：31－36.

［3］陆岷峰，徐阳洋．关于化解成长链金融风险的战略研究［J］．湖南财政经济学院学报，2016（2）：31－37.

［4］侯敬文，程功勋．大数据时代我国金融数据的服务创新［J］．财经科学，2015（10）.

［5］龚明华．互联网金融：特点、影响与风险防范［J］．新金融，2014（2）：56－59.

［6］陈敏轩，李钧．美国 P2P 行业的发展和新监管挑战［J］．金融发展评论，2013（2）：1－32.

［7］刘英，罗明雄．数据金融促进跨界整合［J］．北大商业评论，2013（11）.

"十三五"背景下中国成长链金融的理性审视与实践探索①

——基于 SWOT 战略分析框架研究

孙圣雪②

一、引言

"十三五"背景下，中国经济处于结构调整的关键时期，投资与出口出现明显的回落，消费逐渐成为拉动国民经济增长的第一驱动力。然而，当前个人消费金融市场存在着较为严重的供需不匹配矛盾，传统金融机构观念落后、市场布局不足，忽略了自然人全生命周期中各阶段的潜在关联性，导致消费者阶段性授信不足与过度授信等问题频发，个人消费信贷需求难以得到有效满足。[1]因此，在金融供给侧改革的国家战略推动下，以创新供给拓展需求，探索针对个人全生命周期的新型个人消费金融模式对于促进消费经济增长、实现"十三五"经济社会的发展目标意义重大。

得益于金融创新的需求拉动以及技术进步的供给推动，互联网金融以传统金融的互补形态出现，在个人消费金融领域发挥着更大的作用。据 iiMedia Research 的研究数据显示，截至 2015 年 12 月，中国互联网金融产品（服务）的网民渗透率已超过 70%。③ 互联网金融对传统经济金融渗透力的逐步增强以及大数据分析技术的不断进步，成功地实现了个人消费者金融需求、信用水平、

---

① 本文刊载于《南阳师范学院学报》，2016（07）。
② 孙圣雪，现供职于南京财经大学红山学院会计学院。
③ iiMedia Research（艾媒咨询）《2015 年中国"互联网＋"金融研究报告（案例）》。

经济能力等信用信息的实时跟踪与全方位分析，基于自然人全生命周期的成长链金融模式应运而生。个人消费者成长、就业、成熟及退休四个阶段的内在联系被重新激活，极大地刺激了金融消费者的现实购买力，拓展了个人消费金融业务的发展空间。而随着互联网金融进入创新与规范并存的新阶段，脱胎于互联网金融创新理念及个人消费金融发展实践的成长链金融面临一系列新的挑战与发展机遇。正确认识和合理把握成长链金融内外部环境，最大限度地实现成长链金融的创新发展，对促进消费经济转型升级具有重要的现实意义。

二、文献综述

（一）战略管理相关研究

根据美国学者彼得·德鲁克的事业理论，准确认识企业所处的外部环境，明确企业的核心竞争力及关键性劣势，形成一套清晰、有效的事业理论，并用其指导自身经营是任何成功企业都应当具备的战略思维模式（舒洛建，2006）[2]。早在1938年，巴纳德（1938）[3]在《经理人员的职能》一书中首次将战略的概念引入到管理理论。到20世纪60年代，战略管理理论就已经开始系统地运用于指导企业实践、明确行业发展方向等方面（Chandler，1962[4]；Andrews，1971[5]）。Andrews（1971）在《公司战略概念》中将战略定义为企业能做的与可能做的事之间的相互匹配，并创造性地提出了SWOT分析框架，指出外部环境与内部条件在确定企业核心竞争力中是同样重要的。[5]这些研究成果形成了战略管理的基本研究框架，奠定了战略管理思想发展的基础。

（二）成长链金融相关研究

所谓的成长链金融，是以自然人为研究对象，以终身授信为核心理念的个人金融服务的总称，在融合互联网金融、消费金融、生命周期理论等多门学科的基础上，综合考虑全生命周期各阶段的金融需求与信用水平，通过多样化金融工具熨平金融需求的生命周期曲线波动。[1]它是由陆岷峰（2016）首次提出的一种可替代传统消费金融理念的全新概念。目前，在成长链金融的相关研究成果中，其概念界定、发展特征、产品创新以及风险管理、品牌战略等方面的研究已经逐步成熟。张惠（2016）围绕成长链金融的品牌定位、品牌文化、品牌创新、品牌推广、品牌战略、品牌危机提供了一整套可供参考的品牌建设思路。[6]陆岷峰、张欢（2016）认为，成长链金融在发展过程中同样存在着严重的产品同质化、产品设计难度大、人才队伍建设落后等问题。[7]同时，陆岷峰、徐阳洋（2016）也指出，以凯恩斯有效需求理论和持久收入假定为理论依据的成长链金融对自然人实行终身授信，虽在一定的授信期满足了个人消费的有效需求，但也不可避免地导致金融风险暴露。[8]此外，校园金融作为成长链金融在个人成长期的一种典型模式，在学生群体巨大的消费需求和资金需求的带动下，逐渐成为消费升级的新热点和经济增长的新动力（虞鹏飞，2015）。[9]

三、成长链金融发展战略的 SWOT 分析

一个科学的战略管理流程通常包括明确目标、分析环境、制订方案以及实施和评估四个阶段。这四个阶段层层推进、不断调整，形成一个统一循环的系统。明确战略目标是一个产业持续发展的基础与源泉，而成长链金融发展战略实施的本质就是为了明确其在互联网金融时代的发展方向。在制定和实施成长链金融发展战略前，首先必须对其所处的内外部环境进行深度分析。SWOT 分析法作为一种常用的战略规划工具，可以有效地分析组织的优劣势、面临的机会和威胁，将发展战略与内部资源、外部环境有机地结合。因此，在互联网金融背景下，借助 SWOT 方法对成长链金融发展战略的外部机会、威胁以及内部优势、弱点进行逐一剖析，寻找发展突破点，为最优战略的选择提供依据。

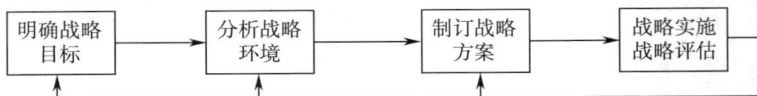

图 1　战略管理流程

（一）成长链金融发展战略的 SWOT 要素分析

1. 成长链金融内部优势分析。成长链金融克服了传统消费信贷分段授信的局限，为客户提供多样化金融服务，是互联网时代最具创新活力的一种个人消费金融模式。其发展优势主要体现在终身性服务理念、综合性金融服务以及灵活性业务模式三个方面。第一，基于全生命周期理论与持久收入假说的终身授信理念是成长链金融模式发展的根本，也是成长链金融区别于传统消费信贷

模式的关键。通过大数据实现从自然人一生的角度进行信用评级，强调授信的动态化与整体性，可以从根本上满足客户从成长期、就业期到成熟期、退休期各阶段不同的金融需求，持续提升金融服务效能，培育终身型客户群体。第二，成长链金融内涵丰富，不仅包括传统银行等服务主体，更涉及到互联网金融等新兴金融，服务的多样性、综合化是其能够迅速拓展市场的重要保障。区别于银行个人信贷、信用卡、财富管理等业务的相互分离，成长链金融服务更具综合性，尤其是可以根据客户不同生命阶段的不同金融需求，进行各类金融产品的私人定制，极大地改善了金融资源配置效率。第三，灵活多样的服务模式、方便快捷的审批流程是成长链金融培育客户、拓展资源的核心手段。个人的消费贷款往往只需提供身份证明、收入证明等基本信息，简化的申请流程可以让用户在极短的时间内获取贷款，同时考虑到个人用户的终身信用，往往并不需要抵押担保，减轻消费者负担，更易吸引客户。

2. 成长链金融内部劣势分析。在成长初期的试点阶段，由于缺乏运营经验以及资金来源不足等问题，成长链金融模式发展面临产品设计难度大、风险积聚严重以及人才队伍建设落后等因素的制约。第一，受传统授信理念与技术的制约，创新型产品设计的难度较大，影响了成长链金融的发展。成长链金融作为一种新型金融模式，其发展道路面临较大的不确定性，如何通过合理的产品设计进行动态授信，实现个人在不同时期消费需求与信用能力的有效协调，是发展成长链金融首先必须解决的难题。第二，不同于传统的个人信贷业务，成长链金融除了受流动性风险、道德风险、意外风险的影响外，同时还会面临更大的阶段性过度授信风险（见图2）。成长链金融以终身授信为主要标志，授信期限越长，不确定性因素越多，风险也就越大，尤其是过度授信的成长

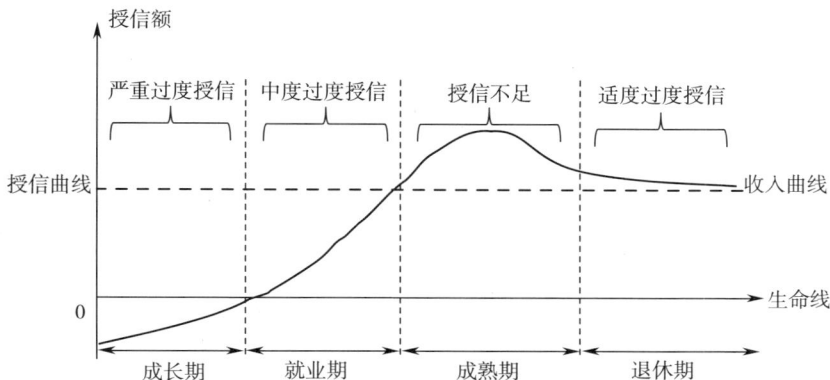

图2　成长链金融收入曲线与授信曲线分析

期，个人客户还款能力较弱，违约概率较高。因此，各类风险相互叠加，难以有效控制，对成长链金融的风控能力提出了更高的要求。

3. 成长链金融外部机会分析。成长链金融是个人消费金融顺应互联网信息时代变革要求的必然选择，展望未来，中国成长链金融市场的发展面临诸多有利条件。第一，国家发展战略与宏观经济金融政策的支持为成长链金融的发展提供了良好的基础环境。2015 年 11 月，国务院印发《关于积极发挥新消费引领作用加快培育形成新供给新动力的指导意见》，鼓励发展消费信贷，优化消费环境，发挥消费促进经济的基础作用。"十三五"规划中也明确指出"适应消费加快升级，着力扩大居民消费。"此外，供给侧改革以及普惠金融发展战略的出台也为成长链金融的发展指明了方向。第二，个人消费理念与消费方式的升级拓展了成长链金融的市场空间。随着中国经济发展，国民收入水平持续增长，消费能力提升，成长链金融目标客户思想前卫，传统的储蓄型消费逐渐向信用型消费转变，将直接推动成长链金融的发展。据艾瑞咨询数据显示，中国个人消费信贷规模从 2010 年的 7.5 万亿元增长至 2015 年的 19.0 万亿元，年均增长高达 20.43%。随着消费经济的不断发展，成长链金融发展潜力巨大，未来十年将成为中国成长链金融发展的黄金期。

4. 成长链金融外部威胁分析。作为一种新型金融业务模式，成长链金融自萌芽以来就受到各种外部不良因素的威胁，主要包括竞争环境激烈、征信体系不健全、法律制度空白以及互联网金融监管趋严四个方面。第一，传统的个人消费金融市场已被商业银行、互联网金融企业以及消费金融公司瓜分，由于模式较新、用户接受度较低，成长链金融在发展前期难以显示出其优势，客户培育难度较大。因此，恶劣的市场竞争环境倒逼成长链金融走差异化发展道路。第二，国内征信体系不健全、信用沉淀数据匮乏，以目前积累的数据量难以有效发挥大数据模式的作用。尤其是，数据的残缺性与分散性导致数据收集难度大，个人征信的不完善导致终身授信难度加大，成长链金融发展受阻。第三，完善的法律制度是建立稳定金融模式的基础条件。目前，我国尚缺乏与成长链金融、消费信贷相关的法律法规，对于违规行为并没有明确的规定与禁令。一旦出现法律纠纷，交易双方的合法权益都难以得到保护，尤其是，经营成长链金融产品的公司在缺乏担保的情况下更容易遭受损失。

（二）成长链金融发展战略的 SWOT 问题对策矩阵

在对成长链金融发展战略进行 SWOT 分析的基础上构建 SWOT 对策矩阵，为树立成长链金融战略的长期目标、制定可选择战略以及具体的实施措施提供基本思路,从而形成一整套相互协调的发展战略来开发核心竞争力,获取竞争优势。根据战略制定的基本思路,通过发挥优势、克服劣势、利用机会、化解威胁,成长链金融发展战略的实施可具体分为四种路径。其中,SO 战略是依靠内部力量、洞察外部环境的增长型战略;WO 战略是克服固有弱点、利用外部机会的扭转型战略;ST 战略是发挥内部优势、规避外部威胁的多元化战略;WT 战略是减少内部阻力、迎接外部冲击的防御型战略(见表1)。

表1　　　　　　　成长链金融发展战略的 SWOT 问题对策矩阵

内部环境 外部环境	优势(S) 服务理念终身性 金融产品综合性 业务模式灵活性	劣势(W) 产品设计难度大 风险积聚问题严重 人才队伍建设落后
机会(O) 国家政策加码 市场空间巨大 大数据技术支持	SO——增长型战略: 强化优势服务,挖掘潜在客户 利用政策引导,扩大知名度	WO——扭转型战略: 加快人才培养,助力产品创新 加强技术管理,完善风控体系
威胁(T) 行业竞争激烈 征信体系不健全 法律制度空白 互联网金融监管趋严	ST——多元化战略: 优化产品服务,提高竞争力 健全数据征信,完善授信模式	WT——防御型战略: 加强内外管理,防范金融风险 依靠监管政策,净化行业环境

从矩阵结构上来分析,四大不同策略绝非互相割裂、对立的。无论是增长型战略、扭转型战略,还是多元化战略、防御型战略,在成长链金融发展战略的不同阶段都有与之相对应的规划内容和实施方式。不同类型金融机构在发展成长链金融战略过程中,不同战略路径的选择必须符合不同转型的特定要求,立足于自身优势及不足之处,积极抓住发展机遇,应对市场挑战,谋求自身转型升级。

四、成长链金融发展战略的实践路径

(一)内部发展路径

1. 树立终身性金融服务理念。成长链金融打破了传统的个人消费金融服务理念和思维,对传统消费金融的客户边界进行了最充分的延伸和拓展,涵盖了个人从出生到生命终止整个生命周期内的金融需求。因此，各类金融机构在制定成长链金融发展战略时应树立终身性金融服务理念。具体而言，第一，培育终身性金融消费文化与金融服务文化。随着主流消费市场的年轻化，社会消费观念逐渐向多元化、超前化方向发展。终身性金融服务文化的培养，有助于行业形成个人消费者全生命周期金融服务模式，满足年轻群体日益丰富的金融需求。而培育终身性金融消费文化的关键在于培育个人成长初期的消费文化。因此，一方面要引导年轻群体树立合理的信用消费观念，培养诚实信用的金融消费意识；另一方面要构建学生失信惩戒机制，督促学生消费者养成良好的消费习惯，促进机构形成科学的金融支持消费观。第二，构建终身性营销服务体系。传统金融营销体系下的个人客户存在阶段性局限，建立终身性营销体系有助于提高客户忠诚度，培育终身客户。构建终身服务体制的核心在于加强个人金融业务各阶段之间的内在联动性。

2. 构建基于大数据的个人征信系统。信用是金融的生存之本，个人征信系统是开展成长链金融的基石。作为以服务个人全生命周期的成长链金融而言，个人从出生开始一旦与金融机构发生金融交易行为，信用便产生并伴随着个人的金融消费不断增加而叠加，信用的叠加将成为成长链金融发展战略的内核因子。为了发挥这一内核因子的作用，必须从个人信用形成初期便开始进行征信。第一，建立客户大数据征信体系的首要任务是建立与完善客户信息储存和整合系统。以客户为中心，加强对个人客户的产品需求、贷后审查、售后服务等业务的统一管理，充分收集客户的各类信息数据，为进行客户的分类、分级数据分析提供基础。第二，基于客户信息数据库，推进成长链金融各服务阶段、各产品模式之间的信息融通，通过优化信用评价指标，强化风险交易的实时监控。

3. 加快个人成长链金融模式创新。随着国民经济与居民财富水平的提高，个人消费者对金融产品与金融服务的需求逐渐提高。充分发挥成长链金融的个性化金融服务优势，持续推进金融产品的定制化创新成为成长链金融拓展个人金融服务市场的核心手段。第一，建立全生命周期的产品体系。成长链金融发展战略需紧紧围绕个人全生命周期内的消费行为建立全生命周期的产品体系，以满足个人消费金融产品的需求。而建立全生命周期产品体系的关键在于围绕消费者各生命阶段的不同需求，设计基于线上线下相结合的快捷金融产品。根据其基本信息、家庭情况、交易数据以及对其未来收支的判断，提供差异化服务。此外，根据不同人群的潜在消费需求，拓展成长链金融产品的使用范围，由数码3C、家电消费向文娱、教育等高端消费转换。第二，打造全流程业务模式。成长链金融发展的最终目的是促进消费经济的增长，打造全流程业务模式需要通过刺激潜在消费、挖掘潜在客户来实现,尤其是加快服务成长期客户的业务模式建立。打破传统商业模式垄断,开创多元化业务模式。

(二)外部支撑路径

1. 拓展成长链金融市场范围。为进一步推动中国成长链金融业务的创新成长,持续改进个人金融服务效率,商业银行、消费金融公司以及各类互联网金融企业均需主动出击,挖掘市场深度、拓宽市场广度。第一,推动金融深化改革,丰富成长链金融市场主体。建立多元化、多层次的市场供给结构有助于提升成长链金融市场的经营效率和服务水平。当前,以传统银行为主导的个人金融服务市场逐渐陷入效率低下、供给不足的困局。因此,在政策允许的范围内,引入更多的市场参与者进入成长链金融市场,通过主体多元化有效提升市场活力,为消费者提供更多的选择,也为成长链金融产品创新提供动力,增强市场的竞争力。第二,鼓励创新,拓宽资本来源方式。资金来源是成长链金融企业成长的血液,投资者投入的传统资金来源方式难以满足日益增长的客户资金需求。随着金融市场准入门槛降低,各类社会资本被允许参与到个人金融市场。因此,明确企业增资扩股的合法性,有助于成长链金融中各类资本的相互融合、取长补短,满足成长链金融业务的发展需要。

2. 完善成长链金融的配套机制体制。发展成长链金融,是实现个人金融业务的转型升级,释放全民消费活力的重要手段,对打破长期以来的金融压抑有重大意义。而目前,中国成长链金融发展处于初级阶段,各类相关配套机制存在空白,完善成长链金融发展所需的法律和政策环境对于规范市场发展至关重要。第一,完善个人信贷法律制度,加快互联网金融法律建设。成长链金融脱胎于个人信贷与互联网金融,基于全周期授信的成长链金融所面临的信用风险较大。通过完善边界厘定、行业准入、操作规程以及消费者权益保护等方面的法律制度,可以有效构建保障居民合理消费的长效机制,提升个人金融的社会需求潜力。第二,加快收入分配改革,完善社会保障体系。社会保障体系的不健全,在一定程度上限制了居民的信用消费,制约着成长链金融业务发展的步伐。因此,要尽快扩大社会保障服务范围,加大对于教育、医疗等方面的资金投入,对冲居民消费的预防性动机,扩大成长链金融的适应主体范围。

五、结束语

成长链金融是在新经济金融生态的演进基础上对传统个人消费金融服务进

行的内涵延伸和理念创新，顺应了当前及未来相当一段时间自然人全生命周期内的消费习惯、消费能力变化趋势。"十三五"时期是中国成长链金融模式发展的关键时期。为实现成长链金融产业化发展，有必要站在战略高度，将其视为一项长期的系统性工程，明确战略实施过程中的内外部环境，立足于自身优势及不足之处，积极抓住发展机遇，有力应对市场挑战，科学确定发展目标及方向，并围绕战略目标和方向开辟前瞻性的战略举措，谋求自身创新性发展。

参考文献

［1］陆岷峰，杨亮. 成长链金融的探索与展望［J］. 南都学坛，2016（3）：3－9.

［2］舒洛建. 从德鲁克的"事业理论"看城市商业银行的战略制定［J］. 金融理论与实践，26（6）：19－21.

［3］切斯特·巴纳德. 经理人员的职能［M］. 王永贵译. 北京：机械工业出版社，2007：11－18.

［4］Chandler, Alfred Dupont. Strategy and Structure：Chapters in the History of the American Industrial Enterprise［M］. M. I. T. Press, 1962：373－375.

［5］Andrews. K.. The Concept of Corporate Strategy［M］. Homewood. Illinois：Irwin, 1971.

［6］张惠. 个人成长链金融品牌建设原则与要点的选择［EB/OL］. 中国金融，（2016－03－28）. http：//www. cnfinance. cn/articles/2016－03/28－23574. html.

［7］陆岷峰，张欢. 成长链金融产品创新现状与对策研究［J］. 海南金融，2016（4）：31－36.

［8］陆岷峰，徐阳洋. 关于化解成长链金融风险的战略研究［J］. 湖南财政经济学院学报，2016（2）：31－37.

［9］虞鹏飞. "互联网＋校园金融"模式研究［N］. 金融时报，2016－02－29，第011版.

基于成长链的校园消费金融研究与风险防范对策分析

汪洋[①]

一、引言

从 2011 年开始，中国的经济增长速度明显不同于改革开放以来的高速增长，开始连续下滑，到 2015 年，经济增长的速度下滑到了 6.9%，增速的下降也意味着中国的经济出现了一系列新的特征，进入了一个"新常态"。"新常态"是一种明显不同于过去的、相对稳定的状态，中国经济处于一个正在转型的关键阶段，伴随着经济的转型，金融服务的需求也发生了变化，各金融系统也要随着需求的变化来进行升级和改革。

从 2005 年到 2014 年，中国的消费信贷余额以平均每年 29% 的速度增长，中国的信贷存在着巨大的发展空间，银行等各大金融机构需要针对特定消费群体的特定行为和群体偏好进行个性化产品和业务来抓住此机遇，但是为了抓住这些机遇，银行必须谨慎地选择产品和消费群体。中国消费信贷急速发展的趋势出现于各个财富阶层和年龄段，基于中国的国情，我国的信贷业务主要集中于大城市的年轻人以及较为富裕的消费群体中，但为了抓住下一轮的增长势头并创造可持续的利润率，金融机构必须进一步提升内部能力，更加了解消费者的重点需求，更有针对性地选择目标市场、消费群体和产品线。

2015 年 6 月 10 日，国务院常务会议决定，放开消费金融的市场准入，将原来 16 个城市开展的消费金融公司试点扩大至全国，增加消费对经济的拉动

---

① 汪洋，东南大学电子商务与互联网经济研究中心。

力，大力发展消费金融，重点服务中低收入人群，释放消费潜力，促进消费升级。放开市场准入的消息立即点燃了消费金融市场，各路资本纷至沓来，消费金融蓄势待发。在一个月内，工商银行等国有大行，"马上消费金融"等民营企业，蚂蚁金服、京东金融等互联网金融巨头纷纷抢滩互联网金融。6月18日，在开放消费金融市场准入8日以后，各路电商阻击京东店庆打折，消费金融产品成为各大电商的战略性手段。同时在这一天，民营企业"马上消费金融"获得银监会批准开业；工商银行也在这一天宣布成立个人信用消费金融中心，也显示出银行已经意识到消费金融领域这一片蓝海，意识到有一大批用户的消费金融需求没有得到真正的满足。2016年，消费金融迎来创新发展元年，各大互联网巨头进一步发力消费金融业务，而以"金融科技"驱动的京东消费金融将站上风口，输出"白条"服务能力、消费信贷系统性产品能力及风控能力。分析人士认为，这客观上在一定程度帮助品牌商家和消费者改变了传统的消费形态和消费模式。

国内权威的第三方数据监测公司艾瑞咨询发布了一份《2016年中国互联网消费金融市场研究报告》（以下简称《报告》）指出，2014年中国消费信贷规模达到15.4万亿元，同比增长23.3%；预计2019年将达到41.1万亿元。波士顿咨询公司则发布报告称，截至2014年，个人消费贷款余额大约是7.7万亿元，这一数字将于2018年增长至17.5万亿元。与此同时，中国网络购物交易规模约为3.8万亿元，同比增长37.2%，未来几年，中国西部省份及中东部三四线城市的网络购物潜力将进一步释放。

消费信贷（consumer credit service）是金融创新的产物，个人消费信贷的开办，是国有商业银行适应中国社会主义市场经济体制的建立与完善、适应金融体制改革、适应金融国际化发展趋势的一系列全方位变革的重要措施之一。它打破了传统的个人与银行单向融资的局限性，开创了个人与银行相互融资的全新的债权债务关系，而消费金融无论从金融产品创新还是扩大内需角度看，消费金融试点都具有积极意义。在我国当前的宏观经济形势下，适时地出台相关管理办法是适应客观经济形势的趋势和需要的。从金融产品创新看，个人信贷业务是传统银行难以全面惠及的领域，建立专业化的个人消费金融系统，能够更好地服务于居民。

对客户需求的不断细分和深入，使得传统的金融机构对于消费信贷的授信方式不能够再满足如今客户不断增长的个人金融业务需求。传统的授信业务将自然人的各个生命阶段分割开来，而不是围绕自然人生命线来形成一个有机的整体，这使得自然人在各个生命阶段的金融需求不能高效、有机地结合和满足，进而催生出了成长链金融的概念。成长链金融将人的各个阶段视为一个连续的周期，对客户进行终身信用评价，对各个生命阶段进行动态授信，形成一个以生命周期为轴心的金融创新。成长链金融一方面是随着经济、社会发展，人们对于个人金融业务的需求缺口不断增长的产物，另一方面也大力促进了金融的消费升级，促进了金融机构的转型升级。

二、文献综述

新常态下，中国经济正处在转换的关键时期，培育增长新动力面临一系列体制机制弊端和结构性矛盾，不可能一蹴而就，须密切关注制约新动力培育的金融因素。康珂（2016）认为，在经济转型过程中需要发挥金融系统的有效性和稳定性，金融业的快速转型和升级是实现经济增长的动力。通过构建高效率、广覆盖的金融服务系统，把资金配置给高效率企业，促进大众创业和居民消费，为实体经济转型升级提供全方位金融服务和支持。[1]艾西亚特恩（2016）认为，中国经济转型的关键取决于中国政府能否接受结构转变带来的不可避免的代价，货币、经济增长模式的转变和消费模式改变是新常态下的重点。陈范红（2015）认为，经济发展新常态下，经济增速放缓、结构调整和动力转换都影响着金融的发展，为促进转型创新，必须坚持市场化改革的基本取向，转变金融发展方式，促进互联网金融健康发展，质量的提升必须作为金融发展的关键，通过深化改革，最终形成促进宏观经济稳定、支持实体经济发展的现代金融体系。[2]

新常态对商业银行的服务能力提出新要求，但如今国内的商业银行业务范围趋同、产品服务相近、竞争同质化现象较为严重，难以满足实体经济多元化的金融需求。经济增速下降导致信贷需求增长放缓，但企业对资产管理、投行业务、融资租赁、经纪业务、金融市场交易等服务需求增加。总的来看，进入新常态后，中国经济增长动力将从要素驱动、投资驱动转向创新驱动、消费驱动。

张杰（2015）认为，当前，我国经济转型升级处于关键阶段，消费金融的健康快速发展是扩大内需的重要途径，对转变我国经济发展方式、加速金融体制改革、改善人民生活水平发挥着重要的推动作用。[3]

西方的消费理论经过一定时期的发展，已经系统化，从凯恩斯的绝对收入理论、杜森贝利的相对收入假说到弗里德曼的持久收入假说，再到莫迪利安尼的生命周期假说以及霍尔德随机行走假说，对研究中国的消费具有一定的借鉴意义。生命周期理论把人的一生分为青年、壮年和老年三个时期，既考虑了现期收入，也考虑了预期未来收入、预期未来支出对消费的影响。理性的消费者为了保持平稳的消费，将把一生中所有可以得到的收入平摊在一生中来消费，以达到最大的满足度。因此，人们往往在青年和老年时期负储蓄，而在其他时期有正储蓄。

黄卉，沈红波的研究结果表明，我国持卡人的持卡消费具有显著的"生命周期效应"，已婚有子女的持卡人的使用频率低于其他持卡人。同时，持卡人对信用卡本身所代表的身份地位的正面态度会显著提高信用卡的使用频率。并且，持卡人的收入、职业和地域差异对信用卡的使用频率也有一定的影响。[4] Epsilon（2013）研究认为，消费者对金融机构的忠诚度会随着收入和年龄的增加而下降；但当消费者在成长后需要使用新的理财服务时，他们通常选择自童年开始接触过的银行。

成长链金融由陆岷峰（2016）首先提出。陆岷峰认为，如今的金融业务将人的各个生命阶段严重分离，忽略了各个生命时期之间内在的联系，同时也导致客户金融业务的重复性劳动。[5] 成长链金融基于生命周期理论，将自然人的一生分为四个阶段，即成长、就业、成熟、退休，研究每个阶段之间的内在关系，将人的一生有机结合起来，为客户终身授信，针对客户个人特征提供个性化、全面高效的金融业务。陆岷峰、张欢（2016）分析研究了成长链金融面临的同质化竞争严重、产品设计难度大、风险累积等问题，同时提出了可行的对策和方法。[6] 陆岷峰、徐阳洋（2016）则针对成长链金融整个发展过程中可能面临的各方面的风险，提出了应该推行成长链金融资产证券化、建立完善的个人破产制度、构建大数据风控预警体系、全力发展信用评估机构等应对策略。[7]

消费金融作为现代金融的创新，为各个层次和阶段的客户提供消费信贷，而成长链金融则拥有更为丰富的内涵及外延，它把自然人的生命周期看做一个整体，克服了消费金融的不关联性，同时为客户提供更具个性化的消费信贷服务。如今，商业银行在逐步开拓在校大学生信用卡业务。中国工商银行把学生办卡的门槛提高至"211 工程"的全日制本科生，但需要第三方还款人担保，并提供有效的还款来源证明。中国建设银行限定全国 269 所高校全日制大学生中有稳定收入者（如实习证明等）可办理龙卡大学生卡，但仍需父母作书面担保。银行针对在校大学生的信用卡产品较少，无法满足大学生的用卡消费需求。校园金融如今成为成长链金融的新重点，本文将围绕成长链金融的概念，探索校园消费金融的发展潜力，研究基于成长链金融概念的校园金融面临的挑战及对策。

三、校园消费金融的发展潜力

2013 年是互联网金融的元年，至此互联网金融突飞猛进，校园消费金融也逐渐成为了发展重点。到 2015 年，我国的大学生数量达到了 2 628 万人，大学生的分期消费潜力达到了千亿元，是一个亟待开发的金融市场。由于大学生处于成长链的成长期，收入水平很低，但是却伴随强烈的消费需求，由此，校园消费金融有着巨大的发展前景。

（一）市场容量

从 2010 年到 2015 年，我国大学生在校人数不断增多，到 2015 年，大学生规模达到了 2 628 万人，消费潜力达到 500 亿元规模。由于大学生在消费方面的要求越来越高，高消费需求与低收入的矛盾亟待解决。在两千多万大学生中，50% 有借款需求，30% 有过真正的借款行为，潜在借款需求巨大。同时，伴随着社会科技、信息技术的不断进步，大学生对电子产品的需求越来越大，电子产品价格高和使用周期短，而大学生缺乏一次性付清账款的能力，由此催生出潜力巨大的分期市场。

（二）大学生消费需求

在校大学生由于自身收入水平有限，同时收入来源少，大多数资金都是来自于父母、贷款、奖学金或者勤工俭学，但是这一部分的收入基本上只能满足平时生活开销。与此同时，处于生长期的人却有着最为强烈的消费需求，需要支出项目很多：学费、住宿费，尤其是电子产品，虽然其价格高昂，却最为年轻人们所追逐。这样大额消费无法以自身的收入来平衡，消费项目多余，而信用卡申请难度大，但是信用消费意愿强，这就催生了校园消费金融这一潜力巨大的消费金融市场。校园市场是有未来导向性的，具有不间断性。企业占领这个市场从短期看会带来经济效益，另外，当代大学生知识文化水平高，以脑力劳动为主，追求品质生活，具有很强的品牌意识、超前消费心理，是扮演中国未来的中产阶级和引领消费潮流的重要角色，也必将成为未来社会中的消费主导力量。

（三）校园信用消费市场空缺

2009 年大学生信用卡被银监会叫停，此后部分银行仍推出大学生信用卡，但是基本无信用额度，且审批严格，无法满足大学生的消费需求。而综合电商为了拓展业务，推出的消费金融服务并非特定针对大学生。随着互联网金融的发展，大学生信用消费市场的空缺催生出专门针对大学生的分期购物平台，分期平台在审核、风控、服务等方面都更加具有针对性。在 2015 年，工商银行推出校园金融 APP，也预示着金融机构已经逐渐挖掘出校园信用消费的潜力，校园消费金融必然成为各大金融机构的争抢之地。

四、校园金融发展面临的风险

（一）违约风险

成长链金融将人的一生划分为四个阶段：成长、就业、成熟、退休，倡导挖掘人的四个周期的关联性，对人进行终身授信。若将人一生的授信平均在四个时期，那么处于成长期的校园消费金融就会面临过度授信的问题。由于大学生的收入来源有限，收入水平有限，而大学生同时又具有消费冲动型、盲目性的问题，购物行为容易被社会潮流和趋势所影响，所以对大学生授信就更加容易面临违约风险。以趣分期为例，首先，趣分期业务是跟银行合作的，不还款会影响个人终身征信；其次，会签署合同，规定还款方式、日期等，合同是有法律保障的。还款日前三天会以短信、电话的方式提醒；如果是故意拖欠，会按合同进行处罚，即收取滞纳金（每天征收未还款总金额的 1%）。然而过往的经验已经证明，这些手段并不能降低大学生信用卡逾期还款率，所以需要引入更多的风控手段。

（二）可持续发展风险

如今各金融机构自身提供的金融服务将人在一生中的金融需求人为地分割开来，忽略了金融需求与人生命周期之间的内在联系，导致在人的各个生命阶段金融需求的不连续，金融服务出现中断等情况，也就造成校园消费金融面临大学生用户群体毕业即用户流失的风险，并且校园消费高额低频等特点，导致校园消费金融平台面临可持续发展的问题。

（三）政策风险

目前，国家监管层面对于校园消费金融的态度不明确，对于消费金融平台的运营资质、类虚拟信用卡是否合规并无具体规定。这造成大学生分期消费市场缺乏正规门槛，市场缺乏规范和监管，信息披露不透明等问题，导致校园市场对于分期平台等的信任危机，同时也缺乏对校园客户群体的有效法律约束。

五、围绕成长链对校园消费金融发展的建议

（一）引入校园征信机制

围绕成长链金融的概念，金融机构对于人的授信机制是终身的，而对于处在成长期的大学生这一特殊的消费群体，即存在征信难、收入低、高消费需求等特征，若将对客户的终身授信平均到生命的各个周期，金融机构对于大学生的信用消费就往往会处于一个过度授信的水平，那此时就需要建立一个完善的征信体制，从特殊的方面进行专门针对大学生的征信体制。例如，校园消费金融可以与学校进行联合，从学生的图书馆系统借书、还书是否逾期，各项生活缴费是否存在故意拖欠等进行评价。利用这种特殊的征信方式，使得金融机构能够较为准确地定位大学生信用水平，降低违约风险，同时对于学校来说也更加稳定了学生的消费能力，不过度消费从而引发不良行为，保持良好的校园环境。

（二）充分利用大数据进行风险控制

在新常态市场经济下，金融机构的转型依赖于自身的产品创新，产品创新则依赖于大数据对于市场和数据的挖掘和精确定位。利用庞大数据，金融机构需要不断地提升自身信息技术水平。如今大数据已经应用到了生活、经济的各个方面，充分利用大数据对客户的消费和偏好进行分析，建立预先防范和风险预测机制。对于大学生群体，可以个性化利用大数据收集大学生未来就业信息，利用大数据对学生未来就业岗位、方向，薪资水平进行分析，综合得出学生信用水平，以此进行合理授信，充分控制风险。

（三）延伸金融服务周期

校园消费金融面临大学生毕业后客户流失的困境，而利用成长链金融的内涵，金融需要牢牢把握住生命周期各阶段的内涵和联系，将校园金融服务延伸至毕业后。大学生分期消费呈现强黏性特点，金融机构应从成长链出发，加强对现有客户的维护，将校园内处于成长阶段的大学生消费侧重点从各类电子数码产品、旅游等服务拓展至处于就业阶段的社会工作人员买房装修、买车等大额消费领域，减少各项金融服务之间的中间重复环节，提高金融服务的效率和质量，从而提高和利用客户的黏着性和忠诚度，维护校园消费金融的持续性。

六、结论与展望

随着国民经济增速变缓，中国经济进入到一个新常态，伴随中国经济的转型，各大金融机构也需要进行改革升级。传统的金融服务将人生命周期内的各个阶段人为地分离开来，忽略了其中的内在联系，利用成长链金融的内涵，把握生命各阶段的关联性，对人进行终身授信，有效连接自然人生长阶段的金融服务和需求。消费金融作为成长链金融的最新热点，各金融机构应充分把握和挖掘校园消费金融这一潜力巨大的消费市场，个性化定制消费金融服务，扩大校园金融的外延，围绕成长链对校园金融进行生命周期的延伸，提高客户黏着性和忠诚度，培养客户群体。同时利用大数据等工具进行风险控制，维持一个健康、积极的校园消费金融发展势头，在未来，校园消费金融必然会掀起更强的竞争热潮，成为各大金融机构、电商平台必争之地。

参考文献

［1］康珂. 新常态下中国经济增长动力转换的金融支持［J］. 金融论坛，2016（3）：9－17.

［2］陈范红. 新常态下金融发展问题研究［J］，时代金融，2015（24）：27－28，36.

［3］张杰. 我国消费金融发展展望与策略选择［J］. 经济纵横，2015（7）：109－112.

［4］黄卉，沈红波. 生命周期、消费者态度与信用卡使用频率［J］. 经济研究，2010（S1）：108－117.

［5］陆岷峰，杨亮. 关于成长链金融规律分析与对策研究［J］. 南都学坛，2016（3）：3 – 9.

［6］陆岷峰，张欢. 成长链金融产品创新现状与对策研究［J］. 海南金融，2016（4）：18 – 25.

［7］陆岷峰，徐阳洋. 关于化解成长链金融风险的战略研究［J］. 湖南财政经济学院学报，2016（3）：10 – 16.

校园成长链金融产品创新研究

刘虹雪[①]

一、引言

　　2015 年，中国 GDP 增长率跌破 7%，仅为 6.9%，经济增长继续承压。但改革开放后，中国经济快速发展，居民收入不断提高，2014 年，我国居民人均可支配收入突破 20 000 元，达 20 167.12 元。随着利率市场化、金融脱媒的不断推进，泛资管竞争的加剧，互联网金融的崛起，金融机构的传统业务模式弊端不断显现，已不适应现代金融需求，作为金融机构业务新蓝海，个人金融业务将逐步取代存贷利差而形成新的利润增长点。

　　近年，"十三五"规划和供给侧结构性改革成为市场热点，推进普惠金融、提升金融资源配置效率成为"十三五"规划的重点，对于金融需求及客户群体的不断细分，更成为我国金融机构转型升级的必然要求。供给侧改革特别强调了经济增长动力结构问题，应更多地依靠转型、创新，提供全方位、多层面的金融产品服务，提升金融服务效率，培育新的经济增长点，形成新的增长动力和系统化、个性化的普惠性金融产品。在此背景下，成长链金融概念被提出。成长链金融以自然人为研究对象，综合考量整个生命周期的阶段差异性和关联性，提供定制化、全方位的金融服务，而传统的消费信贷授信、金融需求分析均是基于个人阶段性信用状况，隔断了各生命阶段间的信用联系。成长链金融是一个全新的概念，对其产品研究更具前瞻性，同时也契合了"十三五"规划、供给侧改革对于金融业创新发展的要求。

---

　　①　刘虹雪，南京财经大学金融学院。

二、文献综述

个人成长链金融涵盖整个生命周期，综合考量自然人从出生到死亡整个阶段的信用特征，并设计系统化的金融产品和服务，是出生到成熟各阶段链接过程的全方位服务的金融。根据生命周期各个阶段的特征，可将自然人分为四个阶段，分别是成长期、就业期、成熟期、退休期，根据不同阶段的信用特征，提供相对应的金融产品。

成长期。主要为小于 24 岁的学生群体，该阶段的金融服务主要是校园金融。陈文波（2015）认为，校园金融市场广大，2009 年银行的退出为互联网金融企业提供了机遇，并从风险控制、企业商业模式、企业管理分析了校园金融面临的问题，最后给出了发展校园金融的四点建议。一是通过多方面协调解决风险控制问题，具体包括为学生提供兼职或者社会实践、培养大学生理财意识、加强政府监管；二是创新产品和业务模式；三是管理模式创新；四是营销策略组合[1]。魏青（2015）指出，由于学生用户缺乏延续性，消费冲动和价格敏感兼具，导致其难以规避用户短板，征信数据的缺乏导致信用风险、道德风险、操作风险频繁发生，而来自银行和电商的竞争更是挤压分期平台的生存空间，校园金融的发展任重道远。校园金融以校园分期产品为主，但无法摆脱产品单一的弊病，并且无法全面、系统、综合刻画学生客户的信用肖像，授信偏离现象严重[2]。

就业期。该阶段为 25～40 岁人群，基本步入职场，主要金融服务需求为个人金融业务和消费金融业务。杨琦（2015）指出，互联网金融理财的崛起对传统理财业务冲击巨大，主要体现在营销模式的创新、营销渠道的创新、投资门槛的创新，互联网金融理财具有潜在客户群体数量大、营销对象范围广、经营成本低、服务效率高的优势，并提出了未来互联网金融发展的四个策略，即选择适合自己的网络营销渠道、对网络营销对象的精准定位、加大信息技术与经营管理的深度融合、建立基于互联网模式的监管体系[3]。

成熟期、退休期。该阶段主要为 40～55 岁及以上的中老年人群，子女开始走入社会，经济负担减弱，财富不断积累，财富水平、经验能力等均上升至巅峰状态，主要金融需求为财富管理、家族信托、保险等金融产品。李君平（2015）指出，家族信托是将财产交与信托公司保管，代为处理，并向指定受益人定期分配的一种财产管理方式，家族信托不但能实现财产的保值增值，还可以实现财产的顺利传承，具有巨大的市场前景[6]。

综上所述，学术界对生命周期各阶段的金融产品研究已经相当深入，对居民各个阶段的金融需求进行了较为深入的研究，但都是基于特定的生命周期阶段，设计的金融产品只考虑当期的信用状况，将自然人成长各阶段割裂开来分析，忽略了各阶段间整体性与关联性，缺乏整体优化思维，缺乏专门、系统性的研究。本文的创新点就在于此，在成长链金融发展背景下，设计的金融产品更加注重自然人整个生命周期的整体性、互联网金融工具的运用、终身客户的服务理念。

成长链金融根据生命周期理论，可将自然人分为成长期、就业期、成熟期及退休期共四个阶段，不同阶段金融消费、偿还能力及信用特征兼具独特性与潜在关联性。对个人金融业务的研究不应忽略该相关性，因此，亟须对生命各阶段的居民金融需求、信贷偿还能力及信用状况进行系统性、整体性研究，探讨金融产品及服务设计的终身性。

三、校园成长链金融产品发展现状

（一）竞争环境激烈

2014 年以来，校园金融开始席卷校园，校园分期平台纷纷涌现，争夺"校园金融"蛋糕。在个人金融业务领域，商业银行一家独大，但券商、保险、基金、互联网金融企业也在不断推出"类个人金融"产品，向客户提供全方位的、个性化的金融服务。消费金融作为新兴领域，也要面临来自银行、电商、互联网金融企业的激烈竞争。在成熟期和退休期，该阶段人群的主要金融需求为财富管理，但财富管理业务参与主体众多，商业银行、券商、保险、基金、外资银行等机构和互联网金融企业纷纷踏入财富管理这片蓝海，竞争空前激烈。在成长链金融各个生命周期阶段的金融服务皆有众多主体参与竞争，竞争环境激烈，倒逼成长链金融产品创新，走差异化、细分化、垂直化道路。

（二）风控模式亟须调整

校园金融和消费金融是当前市场热点，但校园金融存在明显的缺陷。校园金融的主体是学生，学生消费具有冲动、不理性的特点，还款能力有限，而且，校园分期平台推销的产品日趋奢侈化，再者，校园金融规模扩张后，用户群体下沉，贷款质量下降，对风控体系提出了更高的要求。由于我国征信体系不完善，消费金融也面临风控体系建设不完善的问题，随着消费金融公司试点扩大到全国，可以预见，消费金融将会掀起井喷式发展狂潮，风险也将会不断积聚。成长链金融是基于整个生命周期的综合授信，以个人金融产品和消费信贷产品为基础，而且，在成长期和就业期，授信水平会高于现有授信水平，导致过度授信问题，对风险体系提出了严峻的挑战，风控体系的重构刻不容缓。

（三）产品创新力度不够

当前市场上，个人金融、消费金融、财富管理都无法摆脱同质化竞争的弊病，虽然参与主体众多，但产品设计、营销模式、风控体系大同小异。比如个人金融产品，四大行个人金融业务同质化竞争严重，产品缺乏创新，没有健全的创新研发系统，市场定位不够明确，创新的智力和技术储备滞后。成长链金融产品是以个人金融产品和消费金融为基础，综合考量整个生命周期的信用状况，为客户提供与整体信用水平相符合的金融产品。要想在激烈的市场竞争中取得先机，必须精耕细作，走差异化发展道路，创新研发与客户需求相适应的个人金融产品。

四、校园成长链金融产品创新的机遇与挑战

了解校园成长链当前发展机遇与挑战是金融机构在开展该项业务之前的必需条件之一，如果各项定性定量需求因素旺盛，成长链金融业务的开展就拥有了坚实的理论和实践依据。下文对校园成长链发展的机遇与挑战两方面进行分别叙述。

（一）校园成长链金融产品创新的机遇

1. 政府的政策支持。当前，我国经济发展进入转型阵痛期。"新常态"背景下，金融业发展也进入瓶颈期。2015 年底，"十三五"规划、供给侧改革、普惠金融等一系列政策的出台，为行业发展指明了方向，推进普惠金融发展、刺激消费信贷需求、提升金融资源的高效配置已成为金融业供给侧改革的重点，对于金融需求及客户群体的不断细分，更成为我国金融机构转型升级的必然要求。在政策环境向好的大背景下，校园成长链金融必须抓住机遇，创新金融产品，满足人们个性化、多层次的金融需求。

2. 市场潜力巨大。基于网络抽样调查，对收入水平、消费状况、信贷需求等信息进行收集与分析，成长期实际授信与真实授信需求相差较大，很多学

生群体和刚就业群体的金融消费需求无法得到有效满足。据国家统计局数据显示，2014 年，全国各级各类学历教育在校生为 2.48 亿人。其中，普通本、专科在校生达 2 547.7 万人，研究生 184.8 万人。若按在校大学生每人每年需要 5 000 元的标准来估算，学生消费金融市场规模可达数千亿元人民币量级。就业期人群的金融需求主要是消费信贷产品，据波士顿咨询公司发布报告称，截至 2014 年，我国个人消费贷款余额大约是 7.7 万亿元，2018 年将达到 17.5 万亿元的规模。如此庞大的市场为成长链金融的发展提供了基础。

3. 互联网金融业的兴起。随着互联网技术的不断发展，近几年，互联网金融迎来爆发式的发展，各种金融业态不断涌现。互联网金融以普惠金融为落脚点，为广大互联网客户提供小额、便捷的投融资服务。互联网金融理财、互联网消费金融的崛起延伸了金融产品的边界，为成长链金融产品创新打下坚实的基础，同时，基于互联网技术的成长链金融产品创新将会践行普惠金融的发展理念，为客户提供全方位、系统化的金融产品。

（二）校园成长链金融产品创新的挑战

1. 产品设计难度大。校园成长链金融强调对个人进行一次性终身授信，并不断动态调整。在成长期，由于该阶段人群无收入，但消费需求旺盛，按照成长链金融理论，未来就业期和成熟期，自然人的收入将上升，应在现阶段金融机构授信基础上提高授信额度，满足成长期人群的消费需求。但如何上浮授信额度、上浮多少、依据什么上浮、是否可以量化都是产品设计中的难题，如果授信额度上浮比例过大，而又没有好的风控体系，极易引发信用风险。

2. 征信体系不完善，风险不断积聚。首先，人民银行的征信系统从 2006 年才正式运行，起步比较晚，虽然现在人民银行已经有十多亿的个人信用数据，但是数据还不是很完整，很多零散的信息分布在公安、税务等部门，并且这些部门在信息收集与信息共享方面的合作程度较低，导致征信机构很难评价出一个人真实的信用；其次，对于个人信息的保护还不完善，法律还未明确哪些个人信息可以被公开，哪些个人信息需要保护，同时，我国目前还没有建立完善的失信惩罚机制，对于提供虚假信息骗取贷款的借款者缺乏有力的惩罚措施；最后，在征信系统的建设上，政府的支持力度不足，征信系统的建立需要很多部门相互之间的协调、合作，光靠人民银行很难完成，部门、机构之间信息传导交流平台的建立需要大量的资金投入，但是政府的资金投入力度却不足。

五、校园成长链金融产品风险分析

校园成长链金融的主要风险是对学生、教师等在成长期过度授信及阶段性过度授信所产生的风险，同时，从风险与期限的关系来分析，期限越长，由于不确定因素的增多，风险可能也会越大[9]。因此，成长链金融的风险主要表现为以下几种：

（一）信用风险

由于成长期和就业期授信线处于高水平，个人征信系统尚不健全，难以确保没有恶意违约导致的信用风险。另外，客户失业、犯罪、猝死等意外事件，会导致主要收入来源中断，进而造成还款困难，有些属于中年变故造成终身财富能力不足。而且，如果经济出现持续下行趋势，自然人整体收入水平下降，还贷能力可能会不足。

（二）操作风险

成长链金融作为新概念，一方面，产品也更具复杂性，而相应的专业人才队伍建设落后，缺乏综合型的高素质人才，比如校园分期平台，依靠廉价学生群体进行地推的模式会增加操作风险；另一方面，互联网技术的快速发展，黑客攻击事件频发，这些都是成长链金融产品创新发展的桎梏。

（三）法律风险

目前，国家缺乏关于消费金融和校园金融等创新型金融业态的相关法律，在这过程中，可能会出现产品违规现象。而且，很多消费信贷产品是无须抵押和担保的，虽然用户数量有限，但随着消费信贷市场进一步发展，违约情况会有所上升，由于用户数量多、个体金额小的特点，追债欠款成本也会变高。

（四）意外风险

成长链金融对自然人进行授信时，授信时间可能会达到二三十年，授信时间太长，所以成长链金融在发展过程中面临着很多难以预测的意外风险。当发生客户失业、犯罪、猝死等意外事件，会导致主要收入来源中断，或者属于中年变故造成终身财富能力不足，进而造成还款困难。

六、成长链金融产品创新发展对策

（一）树立风险意识，深入应用风险管理理念

由于成长链金融产品建立在对历史信息数据分析及未来情况预测的基础上，对于个人金融需求变化，尤其在信用水平方面的预测判断上存在一定风险。因此，应构建风控预警体系，防控成长链金融风险，提升个人贷款授信效率与收益。首先，以个人消费信贷为轴心，充分利用客户数据库资源。基于个人客户的融资产品、资金用途、贷后管理及信贷风险传导等方面，建立全口径的个人客户金融需求、消费特征及信用风险的一体化监控视图，实施分层、分类、分级的专项分析与预警。其次，健全个人信用评价体系，提升高效性与科学性。应充分利用信用卡及网上交易的信息支撑，优化风险指标系统，强化风险交易的实时监控机制，加强重点业务的风险监测及预防，实现个人风险的及时预警和响应处置，不断强化风险管理理念。

（二）优化产品创新流程，提升产品研发效率

传统的消费信贷产品和个人金融产品设计分六个步骤，分别是市场调研、设计产品、产品初步体验、发布产品、评估、完善。在当前激烈竞争环境下，金融产品研发周期越长，往往在竞争中劣势越明显，必须优化产品创新流程。产品设计和产品初步体验可以合二为一，有能力的企业可以创建"产品设计模拟平台"，为体验型客户、技术人员和产品项目组成员提供信息交流、模型改进的平台，在体验过程中更好设计产品。通过引入客户体验工作机制，深入研究和分析客户的需求，最大限度满足客户现实或潜在需求、解决客户问题，给客户带来更多价值。当产品发布后，通过互联网平台的交互性不断完善产品，提高产品研发效率，最大限度满足人们个性化金融需求[10]。

（三）注重创新人才培养，健全创新激励机制

行业间竞争的加剧、经济形势的不断变化导致对复合型、高质量的人才需求十分旺盛。成长链金融产品创新发展离不开人才的智力支持，亟须构建人才驱动创新发展新模式。可通过"外引内训"的方式加强人才队伍建设。一方面，国外消费金融、财富管理等金融业务开展时间较长，形成了一批专业化、高素质的人才队伍，可通过"引进来"的方式高薪聘请国内外具有金融、会

计、法律、计算机知识的复合型、专业性人才。另一方面，可选拔内部人员到国外具有资深消费信贷和个人金融从业经验的金融机构、科研高校进行深造学习，通过"走出去"的方式提升创新业务操作水平，形成自己的人才队伍，培育出一批风控意识强、业务操作能力强、创新意识强且能够与时俱进的综合型人才。成长链金融参与主体需要建立完备的创新激励机制，对产品创新的评价，应侧重产品对收益的贡献度，而不是片面地追求绝对数量，通过良好的创新激励机制，为实现成长链金融创新发展提供支持。

（四）贯彻国家政策，积极实施"互联网 +"发展战略

随着"互联网 +"上升为国家战略，各行各业掀起互联网思维运用的狂潮，纷纷借力互联网促发展。成长链金融产品试图打造新的利润增长点，创新金融服务，响应"大众创业、万众创新"的号召，实现普惠金融。互联网金融的崛起形成了多种金融业态，互联网消费金融、互联网金融理财纷纷涌现，而我国传统的消费信贷产品没有充分结合互联网思维，跨界发展意识淡薄，亟须革新发展理念应对互联网冲击。互联网具有交互化、普惠化的特点，为各方搭建起低成本、高便利的平台，必须借助互联网思维，以客户为中心，以平台为切入点，用开放的视角拓展产品边界，不断实现跨界融合，创新业务模式，拓宽销售渠道，增强客户黏性，更好地为个人提供投融资服务，同时，凭借互联网低成本的优势，降低企业运行成本，促进成长链金融持续发展[12]。

七、结语

个人金融业务的进一步优化升级，既有利于我国金融业的长远发展，也能够有效推动"十三五"规划与供给侧结构性改革的贯彻落实。校园成长链金融拥有巨大的成长空间，互联网、大数据技术的广泛应用为其提供了操作的可行性。为进一步推动我国个人金融业务创新发展，抢占成长链金融市场，持续促进个人金融业务的增长，商业银行、财富管理公司、互联网金融企业均需主动出击，建立客户数据储存与整合体系、推进个性化金融产品创新、构造终身性营销服务体系、加快个人授信模式转变、构建大数据风控预警体系，努力在经济新常态下，继续做大做强金融服务业，为实现"十三五"经济发展目标作出应有的贡献。

参考文献

［1］陈文波．基于生命周期理论的校园金融发展研究［J］．经济管理，2015（05）：131－134.

［2］魏青．我国校园消费金融发展问题分析［J］．上海金融，2015（04）：82—85.

［3］杨琦．基于生命周期理论的银行个人理财业务研究［J］．经济管理，2015（05）：61－64.

［4］刘雯隽．我国消费金融发展展望与策略选择［J］．经济纵横，2015（07）：191－194.

［5］杨涛．中国金融压制体制的形成、困境与改革逻辑［J］．经济管理，2014（09）：87－89.

［6］李君平．互联网金融时代财富管理战略研究［J］．海南金融，2015（04）：18－25.

［7］Sue Tappenden. The Determinants of Household Risky Asset Holdings：AustralianEvidence on Background Risk and other Factors［J］．Journal of Banking &Finance，2009（33）：45－56.

［8］二立，于佳璐．浅析生命周期理财理论在保险理财业务中的应用［J］．人文杂志，2015（12）：43－50.

［9］陆岷峰，杨亮．关于成长链金融规律分析与对策研究［J］．南都学坛，2016（03）：3—9.

［10］周晓琛．基于生命周期理财理论的商业银行个人理财策略研究［J］．现代金融，2014（12）：9－12.

［11］荆林波．扩大消费需求与促进消费升级［J］．晋阳学刊，2010（4）：26－29.

［12］陆岷峰，徐阳洋．关于化解成长链金融风险的战略研究［J］．湖南财政经济学院学报，2016（03）：10－16.

基于生存分析的成长链金融违约风险
控制研究

汪进[①]

一、引言

改革开放以来，我国经济保持稳健快速发展趋势，自 2009 年起 GDP 总量跃居世界第二位。作为促进经济发展的"三驾马车"之一的消费，其在 GDP 中所占的比例总体上却趋于下降趋势。国家统计局近 20 年数据显示，从 1995—1999 年，消费占 GDP 的比例呈上升趋势，从 1995 年的 46.1% 迅速上升到 1999 年的 87.1%，随后十年消费占 GDP 的比重呈震荡下降趋势，最近几年又呈回升趋势。如 2014 年比重为 51.6%，而 2015 年全年最终消费支出对国内生产总值增长的贡献率为 66.4%。但与欧美发达国家相比，中国差距仍然较大，如美国消费占 GDP 比重在 80% 以上。但这也说明居民消费的提升仍有很大空间，当前中国经济存在着产能过剩、内需不足的问题，以居民消费为中心，以居民消费作为中国经济增长的龙头，是中国经济转型升级的必然选择。[1]

成长链金融以提供终身性金融服务为理念，根据人的生命周期（成长、就业、成熟及退休）来提供一整套金融产品和服务。[2]成长链金融将人的一生划分为四个阶段，成长期和就业期作为前两个阶段以提供消费金融服务为核心，有利于打破制约中国居民消费增长的"量入为出"的传统观念，建立以提升居民终身效用水平为核心理念的"信贷消费"文化。消费金融即贷款机

---

① 汪进，东南大学电子商务与互联网金融研究中心。

构向消费者个人及家庭消费开支所提供的特定用途贷款。消费的过程就是效用获得的过程，同时消费的过程也是生产的过程，成长链金融对扩大内需、推动经济持续健康发展有着重要的作用。

消费信贷是信用资源分配的重要形式，也是提倡提前消费、增加有效需求、稳定经济增长和促进结构转型的重要手段。根据中国人民银行的统计，从1997年到2014年，我国消费信贷余额由172亿元增长到15.57万亿元，增长了近一千倍，在金融机构中的信贷余额比重由1997年的0.23%上升到2014年的18.33%。我国消费信贷发展迅速，但仍有广阔的发展空间。我国信贷中的消费信贷比重为20%左右，而发达国家的消费信贷比重超过60%；并且我国的消费信贷总额中，住房消费贷款的比重一直维持在80%以上，发展消费金融、发展成长链金融，有着巨大的发展空间。

成长链金融以创新的理念，提供极具创新的服务，满足客户终身性金融需求，并以动态的授信方式有效利用客户的信用资源。[3]成长链金融的发展对促进经济繁荣和个人价值提升都有很大作用，但也要防范过度授信的成长链金融给金融企业甚至国家带来危害，2008年美国次贷危机就给人们敲响了全面防范风险的警钟。成长链金融风险包括违约风险、流动性风险、意外风险及外部宏观环境带来的风险。[4]成长链金融的风险管理是信贷企业或者金融机构工作的核心，风险管理能力是成长链金融企业的收入来源，因而成长链金融企业的生存和发展亟须全面的风险管理能力。

二、成长链金融消费金融理论基础

（一）古典学说理论

马歇尔（1890）作为新古典学说的创始人，其消费理论可以视为古典学说理论的总结和发展。其认为：一是建立了弹性的概念和计算弹性的公式；二是消费是负的生产，会减少乃至破坏效用；三是边际效用递减规律，当消费者消费某物的数量越多，其获得效用的增加越来越少；四是解释了消费者剩余理论等。

（二）绝对收入假说

绝对收入假说由凯恩斯提出，其认为收入和消费是呈正相关的，也就是说收入的绝对水平决定消费。凯恩斯消费理论的主要观点还包括边际消费倾向递减规律和消费乘数理论。边际消费倾向递减规律指随着收入的增加，消费也会增加，但收入中用来消费的部分越来越少，出现了消费不足的情况。可以根据这一规律用消费乘数描述增加单位消费对产出的影响。凯恩斯认为，收入、价格、利率和个人对未来的预期是影响消费倾向的主要因素，消费可以看成收入的函数。其研究结论表明，收入越高，消费的比例就越小，也说明政府刺激消费做得不够，消费还有很大空间。

（三）相对收入假说

杜森贝利（1949）质疑了凯恩斯的消费理论，并提出了与之相对的相对收入假说。其认为凯恩斯的理论中有两个错误假设：一是消费是独立的；二是消费行为是可逆的。相对收入假说指出，人们消费行为之间的相互联系、相互影响，表现出棘轮效应和示范效应。棘轮效应指个人或家庭消费受到本期绝对收入和以前消费水平的影响，家庭收入变化时倾向努力维持消费稳定。[5]示范效应指家庭消费具有模仿和攀比性，家庭在消费时会参考其他同等收入家庭消费。

（四）持久收入假说与生命周期假说

弗里德曼（1957）提出持久收入假说，将收入划分为持久收入和暂时收入，认为居民消费不取决于现期收入的绝对水平或者现期收入和以前最高收入的关系，而是与居民的持久收入相关。[6]持久收入可以看做一生收入的平均收入。该理论认为，人们在消费时，是根据他们的持久收入水平进行消费，消费是持久收入的函数。

生命周期假说是由莫迪利安尼、布伦贝格和安东（1966）依据微观经济学中的消费者行为理论共同提出来的，也称做消费与储蓄的生命周期假说。该理论认为，影响人们的消费和储蓄行为的因素很多，它不仅取决于现期收入，而且受人们未来整个生命周期中的收入影响，人们可以预支未来的收入，以此来合理安排自己的消费行为和储蓄行为。该理论假定消费者是理性的，就是说消费者能以合理的、理性的方式进行消费；并且假设消费者行为的唯一目标是实现效用最大化。在理想的情况下，消费者将根据效用最大化原则来使用其一生的收入、合理安排家庭消费与储蓄。也就是说，理性的消费者将根据预期的未来收入而不是当前收入来决定一生的消费路径。根据生命周期假说，人的一生可以分为青年、中年、老年三个阶段时期。在青年时期，虽然个人或家庭的收入较低，但预期未来收入会增加很多，因而会把家庭收入的绝大部分用于消费，有时甚至举债消费导致消费支出大于收入；随着年岁渐长步入中年阶段后，个人工作收入增加进而家庭收入增加，由于边际消费倾向递减，消费在收入中所占的比重逐渐下降且小于收入，收入一部分用来偿还青年阶段的信贷，剩余用于理财储蓄；老年时期是退休以后的阶段，此时收入下降导致消费大于收入，需要使用中年阶段的储蓄。因而在人的生命周期不同阶段，家庭消费在收入中所占的比重是动态变化的，并在长期阶段保持均衡。

莫迪利安尼依据生命周期假说理论建立了总消费函数：

$$c_t = \alpha \cdot Y_t + \beta \cdot Y^* + \gamma \cdot A_t$$

式中，c_t 为现期消费；Y_t 为现期收入；Y^* 为未来收入；A_t 为现期财产；α 为现期收入边际消费倾向；β 为未来收入边际消费倾向；γ 为现期财产边际消费倾向。

总消费函数将消费与过去、当前和未来的财产相关联，可以解释经济学中难以解释的消费函数现象，如短期消费倾向递减而长期边际消费倾向不变，短期消费倾向递减表现为消费函数的波动的原因，长期边际消费倾向不变说明长期消费中的稳定性。[7]

成长链金融基于生命周期假说，将生命周期分为更为具体的成长、就业、成熟和退休四个连续时间段，并且针对生命周期各阶段间不同的金融需求、消费特征及信用水平，以个人效用水平最大化为目标，提供全生命周期的金融产品及服务。成长链金融以普惠金融为初衷，并不是单纯为了刺激消费，而是帮助普通居民实现自己一生效用的最大化。成长链金融具有丰富的内涵，其研究领域众多，本文聚焦于研究成长链金融内涵下的消费金融风险控制。

三、生存分析理论概述

（一）生存分析简介

生存分析（survival analysis）是对生存现象与响应时间数据进行研究，并发现其统计规律的一门学科。其源于 19 世纪的寿命表分析，主要研究随机删失数据（censored data）或称为截尾数据，可广泛应用于现代医学、可靠性工程、经济学、保险精算、航空航天等学科领域。随着生存分析应用领域的不断拓展，生存分析逐渐成为一种新的度量信贷违约风险的工具，它通过研究与借贷人相关的可能违约的因素，建立预警模型和寿命表，从而帮助银行等放贷机构能以量化的方式预估客户未来各时点发生违约的概率，从而有效帮助放贷机构降低处理违约的后续成本，减少违约损失。

（二）生存分析风险控制综述

Narian（1992）首次应用生存分析模型来估计违约时间及到期偿付事件，

利用 Kalpan – Meier 方法，用指数分布建立回归模型，分析了 1986—1988 年 1 242 个贷款申请者接受期限为 2 年的贷款的数据，结果显示是优良的。[8] Stepanova & Thomas 将月度贷款余额、违约行为等行为数据引入 Cox 比例风险模型中，若客户获得贷款，贷款方就会对客户的履约行为进行监控，利用客户的行为、支付、购买等月度账单信息构建基于生存分析的客户行为评分模型。[9] Noh 等人（2005）首次将信用卡违约风险与生存分析相结合，通过比较 Logit 模型、神经网络和生存分析模型的信用卡违约风险测算，发现生存分析模型方法与 Logit 模型和神经网络模型相比有较小的错判率，并且能够包含较多的显著变量。[10]

（三）生存分析基础模型

设 T 为贷款的生存时间，为一个连续型非负随机变量，定义在 $[0, +\infty]$ 上。令 $f(t)$、$F(t)$ 分别为 T 的概率密度函数和分布函数，并令生存函数 $S(t)$ 表示单笔贷款的生存时间大于 t 的概率，则：

$$S(t) = P(T > t) = \int_t^{+\infty} f(x) dx.$$

根据定义 $S(t)$ 是连续单调递减函数，且 $S(0) = 1, S(\infty) = 0$，此时 T 的分布函数为

$$F(t) = P(T < t) = \int_0^t f(x) dx.$$

危险率函数（Hazard Function）反映了研究对象在某时点的死亡风险状况。设个体已存活到 t 时刻的死亡风险为 $h(t)$。则：

$$h(t) = \lim_{\Delta t \to 0} \frac{P(t \leqslant T \leqslant t + \Delta t \mid T > t)}{\Delta t} = \frac{f(t)}{S(t)}$$

又 $S(t) = 1 - F(t), f(t) = \frac{dF(t)}{dt}$，则 $h(t) = -\frac{d \ln S(x)}{dx}$，故

$$S(t) = P(T > t =) = \int_t^{+\infty} f(x) dx = \exp\left[-\int_0^t h(u) du\right].$$

该模型可以测量贷款全过程的违约风险状态，同时可以评估贷款申请人为贷款类金融机构带来的未来现金流，并且可以预测贷款在某个未来时点的违约概率（Banasiketal，1999）；也可以将经济形势的影响加入到评分系统中。

四、基于生存分析的成长链金融违约概率模型

生存分析处理生存数据的方法有参数估计、非参数估计及半参数估计

等。[11]参数估计应用广泛但对生存时间分布的满足非常严格。非参数可以用于各种概率分布，但一般只能满足于定性研究。半参数估计弥补了参数估计和非参数估计的不足，无须考虑生存时间概率分布且适用于多因素分析。生存数据主要指完全数据和删失数据。完全数据指被考察对象在观测期间内发生终止事件，记录到的时间是完整的。删失数据亦称截尾数据指被考察对象在观测期间内未发生终止事件，因某种原因退出或停止了实验，此时记录的时间是不完整的。此时若事先决定观测到某一时间就停止，则称为Ⅰ型删失；若事先决定观测多少例就停止研究，称为Ⅱ型删失。

根据 Eleuteri et al.（2003）所述，存在两种方法来构建半参数生存模型混合模型：一是可以选择 ML 方法估计参数，再选择参数模型拟合基准危险模型；二是对模型协变量部分进行 ML 方法估计，再对基准危险选择某类参数分布进行估计。

被考察的成长链金融信贷对象其 Cox 危险函数模型可写为 $h(t,X) = h_0(t)g(X)$。其中，$X = (x_{i1}, \cdots, x_{ij}, \cdots, x_{ip})(i = 2, \cdots, n; j = 1, \cdots, p)$ 为与生存时间有关的 p 个危险因素构成的协变量向量；$h_0(t)$ 为所有协变量取值为零时的基准危险率函数（Baseline Hazard Function），$h_0(t)$ 和 $g(\cdot)$ 的参数分布需根据实际情况进行选择。

若 $g(\cdot)$ 为指数分布函数，此模型即为著名的 Cox 比例危险模型（Cox's proportional hazards regression model，1972）。即

$$h(t,X) = h_0(t)\, e^{\beta X}$$

$$X = (x_{i1}, \cdots, x_{ij}, \cdots, x_{ip})(i = 2, \cdots, n; j = 1, \cdots, p), \beta_i = (\beta_1, \cdots, \beta_i)$$

β_i 为 X_i 的回归系数，若 $\beta_i = 0$，则表明变量 X_i 对对象生存状态无影响。

成长链金融所提供的服务是针对客户的一生，是对客户终身授信，所以必须考虑随着时间的变化借款人实际信用状况会如何发生变化。假设宏观经济变动会影响客户的履约能力，将宏观经济形势变动加入模型中，能够更加准确去衡量和预测信贷的违约概率。

这个假设基于一个简单的逻辑，宏观经济变动反映行业发展变化情况，从而影响就业、薪酬、社会福利等状况，这些因素显著影响客户违约概率。因而，很多贷款类金融机构在对申请者进行信用评级时，将经济环境变化融入评级模型中。穆迪、标准普尔等评级机构发现，违约率会随着时间的不同而产生周期性的变动，穆迪（2001）研究表明可能是宏观经济波动造成的。

以 Logistic 回归为代表的传动模型在度量违约概率时，不能给出动态的预测值，且不能将宏观经济变动情况反映到模型中。本文将时间序列引入生存分

析模型中，考虑到宏观经济变动因素，从而可以考察贷款对象实际信用状况随时间的变化。假设违约概率服从指数分布，则模型如下：

$$h(t, X(t)) = h_0(t) exp \left\{ \sum_i \beta_i X_i + \sum_j \left[\lambda_j X_j(t) + \gamma_j X_j(t) g_j(t) \right] \right\}$$

$X_i (i = 1, \cdots, p)$ 为与时间独立的协变量（变量的值在某段时间内不变），如性别、教育程度、婚姻状况、职业、担保方式等；$X_j (j = 1, \cdots, q)$ 为与时间相关的变量（变量的值随着时间可能会发生改变）；$g_j(t)$ 为与时间相关变量 X_j 所对应的时间函数；$\beta_i, \lambda_j, \gamma_j$ 为模型待估计的参数。$g_j(t)$ 的函数形式通常有三种：$g_j(t) = 0, g_j(t) = t, g_j(t) = Int$。本文选取常用的经验形式（Bellotti & Crook, 2007）。

对于 $\beta_i, \lambda_j, \gamma_j$ 的计算可使用偏似然函数估计（Partial Maximum Likelihood, 1975）。假设有 m 个发生违约事件的具体事件，L_k 表示相应于第 k 个发生违约事件的似然项，则 Cox 似然为

$$LF = \prod_{k=1}^m L_k$$

将违约数据按事件顺序进行排列，t_k 表示第 k 个借款对象发生违约的具体时间，$t_{k-1} \leq t_k \leq t_{k+1} (k = 1, \cdots, m)$，则根据违约数据可建立 Cox 的偏极大似然函数表示发生违约事件的条件概率的乘积：

$$LF = \prod_{k=1}^m \frac{exp \left\{ \sum_i \beta_i X_i + \sum_j \left[\lambda_j X_j(t_k) + \gamma_j X_j(t_k) \ln t_k \right] \right\}}{\sum_{l \in R(t_k)} exp \left\{ \sum_i \beta_i X_i + \sum_j \left[\lambda_{jl} X_{jl}(t_k) + \gamma_{jl} X_{jl}(t_k) \ln t_k \right] \right\}}$$

两边取对数得

$$LLF = \sum_{k=1}^m \left\{ \sum_i \beta_i X_i + \sum_j \left[\lambda_j X_j(t_k) + \gamma_j X_j(t_k) \ln t_k \right] \right.$$
$$\left. - In \sum_{l \in R(t_k)} exp \left\{ \sum_i \beta_i X_i + \sum_j \left[\lambda_{jl} X_{jl}(t_k) + \gamma_{jl} X_{jl}(t_k) \ln t_k \right] \right\} \right\}$$

这样，根据牛顿—拉夫逊方法（Newton – Raphson），可以估计出参数的值。

五、结束语

本文回顾了消费的发展理论，梳理了成长链金融的理论发展基础，并重点研究了成长链金融的风险控制理论和模型。根据生存分析相关理论及模型，考

虑到成长链金融动态授信的特征，同时加入随时间变化的宏观经济变量，创新地建立了基于生存分析的成长链金融风险控制模型来估计违约概率，并给出了模型参数求解方法，这对成长链金融企业在业务中进行风险控制有很强的借鉴价值。

由于能力有限，本文也存在着一些缺点。本文的模型可以估计违约概率，但无法估计违约损失，后续的研究将结合违约回收率的估计来建立违约损失风险控制模型。

参考文献

[1] 陈文玲. 当前我国消费需求存在的深层次矛盾、问题及原因 [J]. 商业研究, 2008 (5): 39 - 41.

[2] 陆岷峰, 杨亮. 成长链金融原理推导与发展研究 [J]. 华侨大学学报 (哲学社会科学版), 2016 (2): 37 - 47.

[3] 陆岷峰, 张欢. 成长链金融产品创新研究 [J]. 海南金融, 2016 (4): 31 - 36, 43.

[4] 陆岷峰, 徐阳洋. 成长链金融风险及其化解策略研究 [J]. 湖南财政经济学院学报, 2016 (2): 31 - 37.

[5] 陈琦, 赵敏娟. 收入分配视角下的农村居民消费研究 [J]. 软科学, 2012 (12): 26 - 31.

[6] 韩丽娜, 巩少伟, 马树昇. 宏观经济学视角下消费行为理论发展述评 [J]. 社会科学辑刊, 2008 (3): 122 - 124.

[7] 赵旭. 基于生命周期理论的上市公司融资结构研究 [J]. 财经论丛, 2012 (2): 84 - 89.

[8] 季峰. 我国商业银行消费信贷违约概率模型研究 [D]. 中国科学技术大学, 2009.

[9] M. Stepanova, L. Thomas. Survival analysis methods for personal loan data [J]. Operations Research, 2002 (50): 277 - 289.

[10] NOH S, Bae K, Park K R, et al. A NEW Iris Recognition Method Using Independent Component Analysis [J]. Ieice Transactions, 2005: 2573 - 2581.

[11] 罗胜兰, 俞敏. 生存分析的方法及应用 [J]. 浙江预防医学, 2013 (5): 29 - 31, 34.

基于成长链金融的个人理财规划研究

吴金林[①]

一、引言

理财规划指个人或专业人士及机构根据生命周期理论，依据个人财务及非财务状况，运用规范的、科学的方法并遵守一定和特定的程序制定的切合实际、可操作的某一方面或一系列相互协调的规划方案，最终实现个人终身的财务安全和财务自由的活动。

现阶段，一方面，个人投资者缺乏有效的投资渠道。并且，由于通胀压力的不断增大，个人投资者急于寻找能使资产保值增值的渠道。另一方面，老龄化社会引发对退休养老的担忧和生活负担加重的忧虑。这就为个人理财业务的迅速发展提供了深刻的社会背景。因此，我国的商业银行、保险公司、证券公司乃至信托公司等金融机构纷纷推出个人理财业务，投资者也对个人理财业务产品热情高涨。

但是目前我国居民对个人理财的概念仍然局限于购买各种投资工具上，并没有根据自身需求对个人理财进行整体规划。成长链金融理念的提出则为我国居民个人理财规划提供了坚实的理论指导。成长链金融能够有效地丰富我国金融市场上的个人理财业务内涵，其基于生命周期理论，将自然人分为成长、就业、成熟及退休四个阶段，针对各阶段间金融需求、消费特征及信用水平的差异化与潜在关联性，为个人提供全生命周期的金融产品及服务。本文致力于将个人理财规划与成长链金融理论有机结合起来，发挥成长链金融理论对个人理

---

① 吴金林，安徽师范大学经济管理学院。

财规划的理论指导作用，以期实现个人消费与储蓄的效用最大化。文章探讨了目前我国个人理财市场存在的问题和制约因素，提出最有效的解决方法是发挥成长链金融理论的作用，理念先于行动，金融机构首先要在理念上真正理解个人理财业务，清晰个人理财业务的理论基础，这样才能在实践中获得成功。

二、文献综述

（一）成长链金融理论研究

陆岷峰（2016）[1]率先提出"成长链金融"理念。他指出，所谓的成长链金融，实质上是基于生命周期理论的思考，将自然人的生命链划分为成长期、就业期、成熟期以及退休期共计四段，针对各个生命期的个人金融需求、消费意愿、信用水平和财富状况等指标实施系统性为自然人提供全生命周期的金融产品及服务。杨亮（2016）[2]进一步指出，成长链金融是现代金融服务的创新，具有更加丰富的外延与内涵，一方面提供更多样化金融工具以迎合客户各类金融需求，另一方面克服了分段授信模式的局限，实现综合考量授信水平的生命整体性。王婷婷和吴建平（2016）[3]以生命周期理论为基石，研究发现成长链金融能够助力传统金融机构运营模式转型升级，不断释放我国消费者的消费活力，打破传统机构忽视自然人生命周期阶段间联系提供金融服务带来的金融抑制，能够积极落实我国"十三五"规划中的创新金融和普惠金融要求。

（二）生命周期理论研究

20世纪20年代，著名经济学家侯百纳（1924）[4]提出生命价值概念，在此基础上，莫迪利安尼（1954）[5]提出了生命周期假说模型，萨缪尔森（1967）[6]提出了代际重叠模型即生命周期模型，科特利科夫（1982）[7]提出了动态生命周期模拟模型A－K模型。这些模型在个人理财实践中得到广泛应用并取得巨大成就，为自然生命周期不同阶段金融需求研究提供了权威的理论依据。

（三）个人理财研究

赵建兴（2011）[8]把国外的生命周期理财理论应用到我国的个人理财业务中，并结合我国个人理财业务的实际状况提出了生命周期理财新理论，并用该理论指导投资者投资理财，为我国个人理财的发展提供指导和借鉴。周晓琛

(2014)[9]借助生命周期理财理论，针对客户不同人生阶段不同的理财需求，提出商业银行应根据客户所处的生命周期及理财目标和其收支状况，提供不同的个人理财产品和服务，并据此为客户设计适合的理财方案等。

三、个人理财规划的主要内容

根据生命周期理论，每个人在生命的不同阶段，财务资源在不同方面所占有的比例是有所不同的，而从整体上来看，每个人在社会生活中的活动是大致相同的。因而，我们可以根据人们在生命周期内将财务资源用于不同方面对个人理财规划内容进行以下分类。

（一）现金规划

在社会活动中，每个个体每天都会完成与他人的交易以获取自己所需的商品，同时由于社会中存在诸多不确定因素，难免会发生需要使用现金的紧急情况。以上两种情况决定了个体对现金的需求。因此，现金规划是个人理财规划的重要环节，也是个人资产在流动性方面的重要保证。

（二）消费支出规划

根据个体在生活中的消费水平和消费结构，对消费支出的合理规划需要考虑可能发生的重大消费支出情况，以及合理适当利用负债，发挥资产和负债的效用。

（三）风险保障与保险规划

由于社会中存在诸多不确定风险，所以难免会发生意想不到的事故给个人正常的活动带来打击，甚至对个人财务安全造成威胁。保险具有补偿损失功能，可以减少意外给个人带来的损失。因此，根据个人活动的不同特质和险种可能发生情况进行保险规划是必要的。

（四）投资规划

个人理财规划的最终目标是实现收入主要来源于主动投资而非被动工作的财务自由，因此，投资规划是个人财产是否能够增值的关键。投资规划主要是在考虑投资工具的流动性、收益率，同时兼顾个人的风险承受能力和投资偏好的情况下作出的投资选择。

（五）税务筹划

纳税是个人不可避免的一项社会活动。每个人都希望自己能有一个最轻的税负。因此，在纳税行为发生前，可根据税收条款中相关规定，利用减免税条款，在合法的范围内进行税务筹划，减轻税负。

（六）教育规划

教育规划一般是个人为子女教育而进行的一项个人理财规划。子女教育是个人生活中的一个重要事项，因此需要结合实际对教育支出作出预测并选择合适的教育规划工具为子女教育费用做好准备。

（七）退休养老规划

退休时期，个人身体机能、工作能力减弱，固定的工作收入大幅减少，如果还想保持退休前的生活质量，必然造成入不敷出的情况。养老规划是结合当下生活水平，考虑通货膨胀影响和预期退休生活水平的情况，提前选择工具进行规划，保障退休后生活的部分。

（八）财产分配与传承规划

对于个人的财产在家庭成员间进行合理的分配，确定个人财产和共有财产，以便在民事法律关系发生变动时保证自己财产的安全，同时保证受益人的相关利益。

四、成长链金融理论在个人理财规划中的应用

（一）成长链金融理论简述

成长链金融是以自然人为研究对象，以提供终身性金融为服务理念，实行终身授信等全方位、全流程的金融服务行为总称，具有终身性、整体性、不同阶段不同金融服务等特质。基于自然人不同成长阶段对应有不同的金融消费需求、偿还能力以及信用特征，成长链金融能够对整个生命周期成长链的自然人提供全流程金融服务，以最大化满足其金融需求，提升金融机构在个人金融服务方面整体化效用水平。成长链金融是在融合了个人消费金融、消费理论、生命周期理论等多门学科的基础上，综合考虑各生命阶段金融需求与信用水平，

并通过整体性理念与多样化金融工具熨平金融需求的生命周期曲线波动。

（二）基于成长链金融理论的个人理财规划策略

根据成长链金融理论，自然人生命周期可以划分为成长、就业、成熟及退休四个阶段，自然人不同阶段对于生活消费特征、金融需求及风险偏好具有差异性，因此金融机构所设计的金融服务也应具有区别性。

成长阶段自然人主要是指还在求学阶段的学生群体，自然人处在成长阶段虽然没有固定的收入来源，但是其已经有一定的消费需求，进而有相应的金融需求，而发展校园金融则是金融机构满足该市场需求的突破点。一方面，校园金融一直是金融领域相对薄弱的环节之一，我国 2011 年颁布的《商业银行信用卡业务监督管理办法》第四十四条明确规定发卡银行不得向未满十八周岁的客户核发信用卡；第四十五条规定，在发放学生信用卡之前，发卡银行必须取得第二还款来源方（父母、监护人或其他管理人等）愿意代为还款的书面担保材料。除了政策性银行的大学生助学贷款以外，处于成长阶段的在校生基本上享受不到金融服务，因此校园金融市场需求巨大。另一方面，发展校园金融有着后续的金融效应。发展校园金融能够培养大学生的理财观念，享受校园金融服务的大学生将会是金融机构后续的潜在客户。并且在方案或产品的设计中对目标的选择应该是：节财计划 > 资产增值计划 > 应急基金 > 购置住房。

就业阶段是指从职场新人过渡到在相关行业有一定成就的阶段，自然人的年龄一般在 25 ~ 44 岁之间。这一时期是家庭的主要消费期。经济收入增加而且生活稳定，家庭已经有一定的财力和基本生活用品。为提高生活质量往往需要较大的家庭建设支出，如购买一些较高档的用品；贷款买房的家庭还需一笔大开支——月供款。针对这一阶段的客户，其理财目标的选择可能更着重在家庭的建设和未来生育子女准备资金积累。商业银行提供给他们的理财方案或者产品中对目标的选择应该是：购置住房 > 购置硬件 > 节财计划 > 应急基金。

成熟阶段的自然人主要是 45 ~ 60 岁之间的中老年人群，该阶段职业生涯达到顶峰，收入曲线达到最高点，然而其子女已经步入社会，购房、购车的需求较低，因此其支出曲线在逐渐降低。该阶段自然人财富水平、工作能力、工作经验等均处于巅峰状态，儿女经济基本独立，上一阶段的债务压力逐步递减，风险承受能力较强，该阶段会以均衡性投资风格为主，开始为退休生活和保持健康做准备。对于处于这个阶段的客户，商业银行提供给他们的理财方案和产品的推荐应注意到：资产增值管理 > 养老规划 > 特殊目标规划 > 应急基金。

退休阶段的自然人在该阶段的主要目标就是安享晚年，该阶段收入大幅度减少，支出中的休闲娱乐和保健医疗部分增大，风险承受能力较低，理财风格变得比较保守。因而该群体需要更为稳健安全、更高效便捷的金融服务，在兼顾安全性的同时，追求财富随着资本市场趋势得以稳健增长，以实现财富的代际传承。所以，退休阶段理财规划目标为：养老规划 > 遗产规划 > 应急基金 > 特殊目标规划。

五、运用成长链金融理论提升我国个人理财规划业务

（一）现阶段我国个人理财业务局限性

1. 理财产品繁多，业务范围狭窄。虽然各家银行都纷纷推出个人理财品牌，也纷纷建立理财中心，但它们的业务范围更多的是把现有的业务进行重新整合，没有针对客户的需要进行个性化设计，没有个性化服务。总结起来，其理财功能大致就这些：一是代理业务：为客户代缴各项费用，代理保险，代为兑换债券，每月向客户提供银行交易清单。二是信息服务：定期提供国内外经济形势及金融政策、股市行情、普通的金融产品信息资料和商业银行行情等方面的简单免费咨询业务，针对各种类型客户的不同需求提供专门为个人设计的理财建议书，包括储蓄、国债、证券、外汇买卖、基金、保险等投资品种。三是个人信贷业务：大多数银行的理财中心主要经营消费信贷和按揭贷款等个人信贷业务。而真正意义上的帮助和代客理财业务实际上无从谈起。

而且，金融理财产品较实物理财产品丰富得多，国外较为常见的不动产、字画、贵金属收藏等理财产品目前在我国还少有人问津。这一方面当然有国人认知程度不足、观念有待转变、相关市场有待规范等方面的原因，但另一方面也是由于商业银行没有特别针对居民个人理财需求设计推出合适的产品。表 1 是我国各大商业银行推出的个人理财业务产品。

表 1　　　　　　　部分商业银行主要个人理财业务一览

金融机构	理财品牌	客户门槛	机构设置
中国银行	中银理财	50 万元人民币	超过 100 家理财中心
工商银行	理财金账户	20 万元人民币	2 200 家理财中心
农业银行	金钥匙理财	20 万元人民币	600 家左右金融超市
建设银行	乐当家	50 万元人民币	200 家理财网点

金融机构	理财品牌	客户门槛	机构设置
交通银行	交行理财	50 万元人民币	大城市统一建设
招商银行	金葵花理财	50 万元人民币	600 家左右理财中心
广发银行	真情理财	30 万元人民币	在北京、上海等城市分行展开
光大银行	阳光理财	由地区分布决定	太原、青岛、郑州等城市分行
民生银行	非凡理财	10 万元人民币	理财工作室
中信实业银行	中信贵宾理财	由地区分布决定	在北京、上海等城市分行展开
深圳发展银行	发展理财	/	/
上海浦东发展银行	行家理财	50 万元人民币	上海、深圳地区
兴业银行	兴业理财	/	/
华夏银行	华夏理财	20 万元人民币	北京

数据来源：根据商业银行网站资料整理。

2. 政策限制业务完善及拓展范围。按国际惯例，个人理财就是将财富委托银行打理，以实现个人财富的增值保值。在国外，个人理财业务几乎深入到每一个家庭。目前在中国，银行却不能直接替客户打理资金。

首先因为国家政策规定，银行不能接受客户的委托。其次，由于分业管理，我国的银行只能代理而不能直接参与证券、保险、基金等业务，因此，银行不可能直接参与市场做投资组合，只能被动地做一些分析研究，以确定投资方向和重点，而对市场风险和运作无能为力。因此，银行的个人金融服务品种并不能完全满足个人理财需求。

3. 科技手段落后。任何理财业务的发展，都离不开科技力量的支持。在高科技发达的今天，我国的大多数理财中心还在以宣传图表、资料、计算器等简单工具为主，缺少专门为客户设计的电脑软件，以及提供必要的查询和市场资讯服务，更谈不上为客户做理财分析、调查、量身定做理财目标和计划等。另外，我国商业银行电子化规模小、网络化程度低，也阻碍了个人理财服务的快速发展。

（二）提升我国个人理财规划业务政策建议

1. 引进全新的服务模式。第一，完善理财中心建设。尽快完善基础理财和全能理财中心，建立以初级理财产品营销为目的的基础性个人理财产品，主要为潜在客户提供基础的理财咨询服务，建设位置以银行或大型金融机构附近为主。第二，引进培养专业理财人员。结合国内外理论研修，实务操作和理论培训相结合，完成对专业理财人员的培养，降低操作性风险。第三，树立优质的品牌服务，商业银行作为服务型组织机构，必须强化业务人员的服务意识，以提高用户的忠诚度和归属感。同时，通过优质的品牌服务来树立一个负责任、讲诚信的社会形象。

2. 完善个人理财业务的风险管理体系。第一，完善个人理财业务的法律体系和监管制度，体现现代金融监管理念，平衡效率优先与安全稳定的关系，两者统筹兼顾。第二，建立健全信用评价体系，全面掌握客户信息。加强政府引导作用，在政府引导下，建立政府、企业、金融机构、社会各界共同参与的全国性的信用评价体系，实现客户信息资源的共享。同时，组建一个内部信用评级体系小组，全方位完善客户信用评级体系。第三，预防个人金融服务市场风险管理和防范管理市场风险。业务之间建立有效风险隔离带。后台商业银行在中央结算处应设立一个严格账户管家，分离专有资本账户和金融资本账户，建立风险防范体制。

3. 开发特色业务，进行产品创新、产品开发策略。个人理财业务归根结底还是"以人为本"，在进行个人理财业务发展时也要从这一根本出发，将服务客户与商业银行自身的发展战略结合在一起，通过市场细分，为不同的客户提供差异化服务；产品组合策略，商业银行为客户推荐个人理财产品时不仅仅局限于一种，可以根据客户的需求将不同的理财产品进行组合，实现最优化；产品品牌策略，商业银行在开发理财产品的同时，要注重理财产品的品牌效应为银行发展所带来的优势。

参考文献

［1］陆岷峰，朱卉文．成长链金融：个人融资新生态［J］．首席财务官，2016（8）：12－15.

［2］杨亮．个人成长链金融初探［N］．金融时报，2016－02－29（9）.

［3］王婷婷，吴建平．生命周期理论在金融产品上的应用——个人成长链金融创新研究［J］．金陵科技学院学报，2016（7）：1－5.

［4］S. S. Huebner, Life Insurance Economics［J］. Journal of Econometrics, 1924（6）：45－56.

［5］Modigliani F, Brumberg R. Utility analysis and the consumption function：An interpretation ofcross－section data［J］. Franco Modigliani, 1954（1）：78－91.

[6] Samuelson. The Determinants of Household Risky Asset Holdings: Australian Evidence on Background Risk and other Factors [J]. Journal of Banking &Finance, 1967 (33): 45 – 56.

[7] Kotlikoff. A Multivariate Model of Strategic Asset Allocation [J]. Journal of Financial Economics, 1982 (67): 41 – 80.

[8] 赵建兴. 基于生命周期理论的银行个人理财业务研究 [J]. 经济管理, 2011 (5): 131 – 134.

[9] 周晓琛. 基于生命周期理财理论的商业银行个人理财策略研究[J]. 现代金融, 2014 (12): 9 – 12.

基于偿还概率模型的个人成长链金融风险度量研究

宋翰林[①]

一、引言

2008 年国际金融危机以来，我国经济增长不断下滑，原有的拉动经济增长的投资和出口，由于受到产能过剩以及人民币升值的影响对经济增长的贡献越来越低，消费在拉动 GDP 增长中的作用越来越大，居民的人均可支配收入由 1980 年的 477 元增长到了 2015 年的 31 195 元，潜在消费能力急剧增长，但是实际消费能力增长速度缓慢，消费能力远不及同等收入的西方国家。当前，国内信贷结构中消费信贷的比重仅有两成，而欧美等信贷发达市场的消费信贷比重已逾 60%。从我国人口数量与消费需求视角来看，消费信贷未来尚有极大的成长空间，预计到 2020 年，我国个人消费贷款数量会突破 45 万亿元大关。

巨大的消费信贷潜力对个人消费贷款带来了新的挑战。一直以来，个人贷款都面临着高成本、低效率、高风险的问题，使得自己无法有效供给。以在低服务成本的基础上提供具有针对性的全生命周期服务，已成为个人金融业务发展的重要障碍。而成长链金融的核心思想是对自然人的整个生命周期实行终身授信，能否正确认识到该模式的风险以及制订应对方案是金融模式能否运用到实际的关键问题。本文将个人成长链金融所面对的不同风险按照内部风险和外部风险进行总结，并对成长期、就业期、成熟期以及退休期各阶段面对的主要

---

① 宋翰林，南京财经大学保险硕士。

风险进行分类，同时基于个人偿还模型对借款人按期偿还的可能性进行度量，量化个人成长链金融在成长期和就业期两个过度授信阶段的风险，推导出了个人成长链金融两个时期的风险度量模型，得出了商业银行主要是通过调整授信额度以及贷款利率来调整两个时期违约风险的结论，结合模型和总结的风险提出了理论建议，包括需要监管机构建立完善的个人征信体系，发展成长链金融保险业务，完善社会保障体系，通过"互联网＋"技术实施个人风险的动态监控等。

二、文献综述

成长链金融是一个全新的金融模式概念，由陆岷峰[1]（2016）首先提出，目前国内外学者对成长链金融的风险控制还没有形成系统的理论，但我们可以从个人金融风险、消费金融风险、保险等风险防范的已有研究入手，进而借鉴探讨成长链金融的风险控制。

（一）个人金融风险控制

陈兵（2005）在对商业银行的个人金融业务研究中指出，个人授信同公司授信不同，个人资产面临着一系列风险和约束因素，个人金融的风险远远高于公司金融，商业银行在开展个人金融业务创新时必须重视对其风险的控制。[2]肖北溟（2008）认为，随着居民人均可支配收入和储蓄存款余额的增加，银行等金融机构对于个人金融业务不断进行拓展。个人金融业务的创新作为国内金融业新的利润增长点，而个人金融产品也是各传统金融机构吸引个人消费者和扩大市场份额的重要途径。[3]李文静（2008）认为，中国个人金融业务的发展缓慢主要是受到传统观念、金融机制、个人信用体系不完善等方面的制约，因此，要想突破个人金融业务的发展瓶颈，必须遵循市场化机制，进行业务创新，从提升客户服务质量入手，引入互联网信息技术，培养金融机构自己的网络专门人才。[4]

（二）消费金融风险控制

由于西方国家的消费信用贷款很普遍，所以相关的研究比起国内更加成熟。Zeldes（1989）通过欧拉方程最优化得出结论，信用约束会降低个人最终消费金额，这个很好理解，人们的借贷需求得不到满足时自然会改变他们的消费决策，减少消费，从而导致居民消费不能够有效推动经济增长。[5]Ludivgson（1999）认为，家庭的信用限额与收入呈正相关关系，首次用随机波动的信用约束解释了消费信用增长和消费增长之间为什么呈现正相关。[6]Coulibaly & Li（2006）的研究表明，家庭的负债和日常消费并无关系，负债减少之后，为了预防未来负债的压力增加的消费都是长期消费。[7]

国内学者对于消费金融研究较晚，主要是近十年以来的研究：王江、廖理、张金宝（2010）指出，由于个人的风险程度有大有小，信用约束也会有所不同，对于一些信用约束极大的人可能无法申请贷款，不能够享有金融服务。[8]韩立岩、杜春越（2011）从个人风险偏好的角度，指出风险厌恶会影响消费者个人的消费行为。他们发现，在随机波动的外部环境下，风险厌恶者会根据波动幅度的大小减少现期消费而增加储蓄，以应对未来的收入不确定性。[9]

（三）个人成长链金融风险控制

目前，相关研究主要是陆岷峰教授提出来的一系列理论，国内外还没有相关的研究。虞鹏飞（2016）从个人成长链金融成长阶段的校园金融入手，指出校园金融作为成长链金融在个人成长期的一种典型模式，随着学生群体的扩大，学生对于消费的要求越来越高，逐渐成为消费升级的新热点和经济增长的新动力。但是传统金融机构的市场布局鲜有涉及校园金融业务，现有的主要是民间借贷以及互联网金融平台参与校园金融业务，这也使得目前我国校园消费金融发展缓慢、风险较大，因此，规范校园金融行业对于促进消费经济增长意义重大。[10]陆岷峰、杨亮（2016）指出，个人成长链金融有效地解决了个人金融业务的信用风险，它基于个人金融业务、消费金融理论、生命周期理论等诸多学科，系统考察个人生命周期阶段性金融需求和信用状况，并通过系统性授信理念与多元化金融工具平滑个人在生命各阶段的金融需求和消费需求曲线的波动。将自然人大致分为成长期、就业期、成熟期及退休期，针对自然人不同阶段的消费特征、信贷需求、风险偏好等特性，在授信和风控上做到差异化和多元化结合。[11]

三、个人成长链金融风险理论分析

（一）内部风险

内部风险指微观层面上的风险，主要是金融机构和客户进行交易过程中面临的风险。

1. 信用风险。信用风险是个人金融中的主要风险，在个人成长链金融中的信用风险要大于一般个人金融业务，主要是因为成长期阶段存在着过度授信，使得未来偿付能力存在着不确定性。目前，我国经济总体呈现下行趋势，作为主要就业的民营企业发展环境受限制，一旦成长期过度授信的借贷人在就业期没有实现财富积累，使得成熟期的财富巅峰期没有达到前期的期望值，就会造成信用风险，收入下降的借贷人就会产生信贷风险。目前，消费贷款主要是车贷、房贷等价值较高的商品，以产品本身价值为抵押，但是在经济不景气时，抵押物会出现超额贬值，导致商业银行遭受损失。传统的消费信贷由于竞争激烈，为了抢占市场份额，增加短期利润，银行对个人消费贷款的审查不够严格，近年来，银行不断增长的不良率中很大一部分就来自于个人消费信贷的违约。另外，由于近年来房价又出现加速上涨的趋势，很多消费贷款用来购买房屋，造成银行的期限错配以及信贷结构的恶化，加上借贷人忽视了自己的还款能力进行借贷，一旦出现房价下滑，很容易产生信用风险。而作为政策性贷款的助学贷款，可以算是成长期贷款的雏形，存在典型的过度授信，近年来违约现象逐渐加剧，这从侧面反映出了现在的就业压力以及大学生授信制度的缺陷。再比如，目前，商业银行开始大力发展的信用卡业务存在着严重的重复授信和恶意透支的漏洞，由于个人征信系统的不完善，同一借款人可以在多家银行进行重复授信，一旦超过借款人的还款能力很容易出现信用风险。

2. 意外风险。由于个人成长链金融涉及到跨期授信，对于个人的授信是终身的，因此，相比于传统的个人金融业务，个人成长链具有独特的意外风险。这里的意外风险与保险学的意外风险类似，是指由预料之外的变故对借款人的还贷能力造成减弱或者丧失的风险。由于个人成长链金融的授信期间较长，包含很多种意外风险，目前最为突出的是失业风险和财富下降风险，这都是我国经济增速放缓的直接结果，也是未来短时间内无法改变的。

3. 失业风险。我国目前城镇登记人口失业率为 4.5%，其中大学毕业生成为失业重灾区，自高校扩招以来，失业率基本维持在 10% 以上。《2015 年中国大学生就业报告》指出，全国大学生就业率为 87.1%，作为占主要数量的二本及以下院校的就业率只有 85.7%，如果再去掉自主创业、出国留学以及入伍等其他因素，就业率会更低，就业形势十分严峻。造成失业率居高不下的主要原因是因为我国现在处在经济转型期，增速下降和结构调整造成结构性失业，同时大学生供给大于需求，本身不能树立正确的就业观，使得大学生失业率高于平均，造成成长期到就业期的转换出现问题，从而影响还贷。

4. 收入下降风险。收入下降风险主要体现在居民可支配收入的下降，影响居民可支配收入的因素很多，包括经济发展状况、通货膨胀率、利率以及税收政策等。目前，我国的经济结构调整，社会保障逐渐完善，在未来一段时间内，居民可支配收入增速放缓成为必然。自 2008 年国际金融危机以来，居民可支配收入和储蓄存款增长率持续下降，这说明居民的实际收入增长在不断下降，同时由于通货膨胀等因素造成的必需生活成本的上升，使得居民的储蓄存款增长率也持续下降，导致总体还贷能力不足。

5. 操作风险。操作风险是传统个人金融业务的普遍风险，与信用风险、意外风险不同，操作风险具有内生性、广泛性和普遍性、难以度量性和不对称性。巴塞尔委员会将操作风险分为七大类型：（1）内部欺诈风险；（2）外部欺诈风险；（3）客户、产品以及经营行为风险；（4）雇用合同及工作状况风险；（5）有形资产损失风险；（6）经营中断和系统错误风险；（7）执行、交割及交易操作风险。对于个人成长链金融而言，操作风险较为严峻，主要是由于授信期限长、授信要求极高，需要对借贷人终身进行授信，因此主要具有以下操作风险：产品设计因素引起的操作风险、人为因素引起的操作风险、流程设计因素引起的操作风险以及系统因素引起的操作风险。

从实际情况来看，成长链金融的主要操作风险是产品设计风险和人为因素风险。产品设计风险主要是由于产品设计不合理。在阶段性授信过程中，由于缺乏前期的研究数据，设计出来的各阶段产品可能缺乏一定的适应性，无法满足客户需要。同时，精算的定价如果不合理，也会造成客户的流失，选择更为成熟的传统个人金融产品。人为因素风险主要包括外部欺诈、内部欺诈和审批不严等。由于成长链金融中存在过度授信的成长阶段，使得外部欺诈和内部欺诈风险十分突出，在没有一定收入来源和社会责任的授信中，很容易出现借款人同资产证明端和银行内部的员工勾结，欺骗银行贷款。同时，银行员工为了完成授信任务，很可能从这部分借贷入手，降低审批要求，越权进行授信，使得银行不良率加剧。

6. 道德风险。由于个人和银行间存在信息失衡，对于个人成长链金融的跨期授信来说更是面临着严重的道德风险，个人有动机去寻求有利于自己的行动，个人可以通过在成长阶段短期优化贷款指标，使得自己获得更多的贷款，获得长时间的高额贷款申请，在获得贷款之后，可能在就业、学习、工作以及生活方面达不到之前的指标，或者将贷款挪作他用。

下面通过一个博弈模型来说明个人成长链金融的道德风险：假设某位高中生有两个教育选择，教育成本来自个人成长链授信的贷款，贷款利息为 r，一个是就读国内大学，成本为 C_1，成功后增加的收入为 R_1，成功的概率为 P_1，失败时增加收益为 0；另一个是出国留学，成本为 C_2，成功后增加的收入为 R_2，成功概率为 $P_2(P_2 < P_1)$，失败时增加收益为 0，即出国的成本高、增加收入高、成功概率小。则个人的期望收益为 $E_p = \text{Max}[R_1P_1 - C_1(1 + r)$，$R_2P_2 - C_2(1 + r)]$，而银行的期望 $E_b = \text{Max}[C_1(1 + r), C_2(1 + r)] = C_2(1 + r)$。

银行

	策略	国内	国外
个人	国内	$[R_1P_1 - C_1(1 + r), C_1(1 + r)]$	$(0, 0)$
	国外	$(0, 0)$	$[R_2P_2 - C_2(1 + r), C_2(1 + r)]$

从借款人和银行的期望收益可以看出，银行是希望所期望的方案是固定的，因为出国费用高收取的利息是一定高的，所以银行期望出国，但是借款人的使用方向则取决于 $R_1P_1 - C_1(1 + r)$ 与 $R_2P_2 - C_2(1 + r)$ 的大小关系。如果 $R_1P_1 - C_1(1 + r) > R_2P_2 - C_2(1 + r)$，则借款人会在国内读大学，这样与银行的策略不一致，可能借款不被批准，这样就会产生道德风险，借款人以出国名义进行贷款用于国内学费支付，未来极有可能产生违约风险；若 $R_1P_1 - C_1(1 + r) < R_2P_2 - C_2(1 + r)$，个人和银行的策略相一致，都是选择出国，则不存在道德风险。

（二）外部风险

1. 利率风险。传统的个人信用贷款最多是一年调整一次利率，有的是固定利率。作为个人成长链金融，因为是终身授信，其授信期间比现在任何一种个人贷款期限都长，期限调整时间的间隔最短也要在 1 年以上。随着利率市场化的推行，未来利率的变动将会是一个随机变动的过程，如果按照固定的利率来进行成长链产品的设计，成长链金融极易产生利率风险。而如果后期提高贷款利率，原有的借贷人可能会无法偿还原有的利息，往往会导致负债过度。比如，近几年一线城市房价上涨较快，因此投机性房产不断增加，消费者在买涨不买跌的心理影响下，往往过度负债，短期内市场大的需求会使得房价不断上涨，但是随着计划生育的人口惯性下降，市场的住房需求长期是供大于求的，本来每月的过度负债会因为房价的下跌，一旦资金链断裂，极易引发风险。

2. 社会保障程度低。对于消费信贷来说，居民的超前消费意识是消费信贷的市场基础，而居民之所以进行超前消费主要是源于未来稳定的生存保障。

我国虽然已经建立基本社会保障制度，但是保障程度很低，作为参保主要人群的农村社会保障的自付比例要达到 50%，而随着社会老龄化的严重，社保基金主要构成的养老基金的缺口将达到 40%。

3. 个人征信体系不完善。我国的征信系统在 2006 年才初步建立，目前个人征信系统主要集中在银行进行监督管理，还未做到全覆盖，已经建立的数据也不完整。由于相关行政体制还不完善，人民银行的征信系统主要是对个人金融信用的记录，而对于个人的纳税信用、法律信用以及职业信用都是分布在各主管行政机构，这些部门没有实现个人信息的共享，因此单个信用机构很难对个人的信用进行完整的评价。对于失信等行为缺乏惩罚机制，比如，很多贷款申请人会提供虚假信息，对于这些行为目前法律上缺乏一定的惩罚措施。当前，我国征信体系的建设进度缓慢，由于征信系统的建立需要多个行政部门的合作，而作为和人民银行平级的公安、税务等行政机构很难相互合作，这就需要政府起到协调者的作用投入大量的人力物力。

四、个人成长链金融信贷风险控制模型的建立

对于成长链金融而言，由于存在成长期和就业期的过度授信阶段，所以是否发生风险主要取决于未来的收入是否大于授信的额度。因此，下面本文将从成长期和就业期两个阶段入手，基于个人偿还概率模型对个人成长链金融在这两个时期如何进行风险的度量进行研究。

(一) 模型建立

假设未来的收入是 R，能够获得收入的概率是 P，期望收益 $E(R) = \sum_{i=1}^{n} R_i P_i$；对于某自然人授信额度为 C，银行的贷款利率是 r。根据以上条件，单个借款人的期望利润 $E(\pi) = \sum_{i=1}^{n} R_i P_i - C(1 + r)$，只有当个人的收入大于其还款额时，才有还款的可能，即违约风险发生的临界值是 $E(\pi) = 0$。

作为借款方的商业银行需要通过调整授信额度 C 来确保借款不会发生违约，即要保证 $E(\pi) \geqslant 0$，此时授信额度为

$$C \leqslant \frac{\sum_{i=1}^{n} R_i P_i}{1 + r} \tag{1}$$

不过在实际情况下，作为借款人，即使在 $E(\pi) \geq 0$ 时也不会一定偿还贷款，因为还需要考虑到保证借款人生活需要的其他需求，在不同的债务比例下（即授信额度占期望收入的比例），借款人还款的概率是不同的。因此，我们需要首先确定与还款概率相关的因素。

对于成长期授信而言，因为没有存款，所以我们假设 $C = k \times E(R)$，k 为债务比例 $\left[\text{由式子（1）得 } k \leq \dfrac{1}{1+r}\right]$，收入的标准差为 σ，如期还款的概率服从正态分布，则预期还款概率 $P(R > C(1+r))$，则偿还概率为

$$
\begin{aligned}
LRP &= P\left(\frac{R - E(R)}{\sigma} > \frac{C(1+r) - E(R)}{\sigma}\right) \\
&= 1 - P\left(\frac{R - E(R)}{\sigma} < \frac{C(1+r) - E(R)}{\sigma}\right) \\
&= 1 - \varphi\left(\frac{C(1+r) - E(R)}{\sigma}\right) \\
&= 1 - \varphi\left(\frac{k(1+r)E(R) - E(R)}{\sigma}\right) \\
&= \varphi\left(\frac{1 - k(1+r)}{\sigma}E(R)\right)
\end{aligned}
\tag{2}
$$

（二）就业期阶段偿还模型的推广

通过以上推导我们可以发现，个人能否偿还一笔贷款的概率和其未来的期望收入、收入波动、贷款利息以及负债比例有关，期望收入以及收入的波动性是由消费者的工作职位和工作性质决定的，它独立于商业银行，是无法控制的，商业银行只能通过调整授信额和信贷利息来保证如期还款的概率。比如，根据借款人的申请材料，我们确定 $\left(\dfrac{1-k}{\sigma}E(R)\right) = 1$，那么这笔授信能够偿还的概率为 $LRP = \varphi(1) = 0.8413$，即这笔授信未来发生违约的概率为 $1 - LPR = 0.1587 = 15.87\%$。

对于个人成长链就业期阶段的授信而言，因为个人有一定的存款或者抵押物，我们把此考虑进去，假设存款为 S，抵押为 B，则如期还款的概率变为 $P(R + S + B > C(1+r))$，偿还概率变为

$$
LRP = \varphi\left(\frac{S + B + [1 - k(1+r)]E(R)}{\sigma}\right)
\tag{3}
$$

从式（3）中我们可以明显发现，由于抵押和存款的引入，相同负债比

例下，就业期偿还概率明显大于成长期，而且由于工作的确定，比起成长期授信来说收入波动性也相应地减少，但是由于就业期的跳槽频率高以及工资收入比起成熟期较少，也没有成熟期的财富积累，还是存在着一定的过度授信，这也侧面证明了为什么成长期是严重过度授信而就业期是中等过度授信。因此，银行控制成长期信贷风险时要保障较低的负债比率，以此保障较高的偿还可能性，而对于就业期阶段个人的授信可以适当地提高授信额度。

（三）结论与不足

综上所述，对于商业银行来说，授信额度和贷款利率是商业银行可以控制的影响偿还概率的因素，在过度授信阶段，根据申请人提供的材料确定其他变量之后，商业银行可以根据自己的风险需要，在可承受违约概率范围内确定授信额度和贷款利率，以此来保证个人成长链金融的风险可控。

该模型对于风险的量化是有局限性的，只是对非恶意风险的量化，主要是对信用风险、意外风险以及利率风险的量化分析，但是对于一开始就是恶意骗取信贷的风险没有进行量化。在实际的操作中，由于信息不对称的存在，很难对借款人是否存在恶意借款的动机进行量化分析，只能是按照经验分析法以及基于大数据的个人征信系统的动态监控来进行控制。

五、政策建议

（一）构建完善的个人征信体系

无论是个人成长链金融风险的理论分析还是风险量化的计算，很多外生变量以及无法量化的影响因素都需要一个完整的个人征信体系来作支撑，我国的征信体系不完善使得商业银行的风险度量模型存在着计算误差，很多有过违约记录或者要进行恶意违约的借款人无法在申请阶段被发现，造成不良贷款。对于成长期存在严重过度授信的借贷人来说，一个完善的个人征信系统是其授信审查阶段效力的首要保证。国家要加快完整征信系统的建立，需要联合金融机构、政法机构、公共收费部门，将个人的收入、纳税、借款、还款等各方面信用的情况详细记录到个人的终身信用档案上；需要成立专门的征信部门，独立对各主管部门的征信数据进行汇总。

（二） 基于互联网大数据技术构建动态数据监控系统

个人成长链金融的信贷资金的回收期较长，成长期的严重授信需要经过一段时间，至少要在就业期才能逐渐回收本息，由于存在跨期授信，数据是在历史数据的基础之上结合对未来收入的预测，存在一定的误差。因此，在授信之后必须对借款人的收入、学习工作变动以及信用违约情况进行动态监控，及时修正风控数据；在个人偿还模型中，我们也要根据非银行控制影响因素的变动来调整授信额度和贷款利率，保证违约风险在可控制范围内。这些都需要基于大数据技术对个人以及变量的实时数据进行更新，对指标进行动态的监控，以保证借款人在贷后阶段能够有充足的现金流保证按时偿还本息。

（三） 发展个人成长链金融保险，分担信用风险

目前，我国银行的信贷风险基本上是银行自己承担，但是个人成长链金融与普通个人金融业务不同，对借款人的授信主要集中在长期贷款上，授信的跨度期较长，可能会有几十年。在这几十年的时间里，难免会出现意外，产生死亡风险、财富收入下降风险、失业风险等意外风险，这些非人为因素造成的风险不属于一般商业银行可以承担的风险范围，这势必催生保险公司来分担这部分风险。其实无论是存款保险还是贷款保险，在发达国家都是普遍存在的，而个人进行消费信贷时都有相应的贷款保证保险体系与之相配套，这就分担了很多意外风险。个人成长链金融由于自身的特点，更适合发展个人成长链金融保险业务，当借款者出现意外情况而无法偿还贷款时，商业银行可以向保险公司索取赔偿来补偿自身的本息损失。发展个人成长链保险不仅可以保证个人成长链金融的发展，还可以促进处于发展瓶颈的保险业拓展新的增长途径，对推动金融行业改革具有重大促进作用。

参考文献

［1］朱彬彬．"掘金"个人成长链金融［N］．江苏经济报，2016 - 03 - 25（A01）．

［2］陈兵．商业银行个人金融业务的风险分析［J］．上海立信会计学院学报，2005（5）：21 - 24．

［3］肖北溟．国内商业银行个人金融产品若干问题研究［J］．金融论坛，2008（1）：48 - 53．

［4］李文静. 我国个人金融业务发展：问题、制约与对策［J］. 中国金融，2008（14）：83 - 84.

［5］Zeldes, S. P. Consumption and Liquidity Constraints: An Empirical Investigation［J］. Journal of Political Economy, 1989（97）：305 - 346.

［6］Ludvigson, S. Consumption and Credit : A Model of Time - Varying Liquidity Constraints, Review of Economics and Statistics, 1999（3）：434 - 447.

［7］Coulibaly, B . and Li, G. Do Homeowners Increase Consumption after the Last Mortgage Payment? An Alternative Test of the Permanent Income Hypothesis Review of Economics and Statistics 88, 10 - 19.

［8］王江，廖理，张金宝. 消费金融研究综述［J］. 经济研究，2010（1）：5 - 29.

［9］韩立岩，杜春越. 城镇家庭消费金融效应的地区差异研究［J］. 经济研究，2011（S1）：30 - 42.

［10］虞鹏飞. "互联网＋校园金融"模式研究［N］. 金融时报，2016 - 02 - 29（11）.

［11］陆岷峰，杨亮. 关于成长链金融规律分析与对策研究［J］. 南都学坛，2016（3）：3 - 9.

成长链金融风险及其化解策略研究

张杰①

目前，随着信息化技术的发展，使得对个人金融需求、信用水平、偿还能力跟踪成本上相比以前下降很多。对此，在这个阶段，发展个人金融业务和成长链金融是一个好的时机。成长链金融是指以自然人的整个生命周期作为研究中心，把阶段性个人信用评价体系转为终身性，把自然人的整个生命周期联系在一起去考虑，相比其他方式具有全面性，可以扩大金融产品的多样性和差异化适应性，更有利于发挥金融推动消费升级的重要作用，促进金融机构加快转型升级，这是目前成长链金融的优势。但同时也需注意到，由于成长链金融考虑了自然人的整个成长生命周期，其对自然人的信用借贷时间很长，可能在中途某一环节有一些风险出现。需要考虑其中的风险情况，避免导致整个金融行业出现风险，金融市场出现大的动荡，引起社会的担忧和不必要的恐慌。对此，需要对成长链金融进行研究，考虑成长链金融中出现的风险情况，并研究出可化解的策略。本文就成长链金融风险进行研究，并探讨成长链金融中各环节可能产生的风险以及可化解风险的策略问题。

一、成长链金融特征分析

成长链金融是以自然人为研究对象的消费金融，是一种新发展的金融方式。成长链金融是围绕自然人的整个生命周期，将自然人的生命周期划分为成长、就业、成熟及退休四个阶段，然后通过对自然人的各阶段进行一个动态授信的过程[1]。成长链金融将个人消费金融、个人零售银行、个人理财等金融业

---

① 张杰，南京审计大学金融学院。

务整合在一起并形成一个终身性服务的理念，将自然人的整个生命周期连在一起，对自然人提供终身性的授信及综合化的金融服务，体现了整体与局部并重的这样一种新观念。

（一）成长链金融是研究自然人的消费需求

随着我国经济的快速发展，我国居民自身的财富也逐渐积累。同时可以看到，自从 2008 年发生国际金融危机以后，国家开始大力推动扩大内需，提高百姓的消费水平，促进经济的发展。为响应国家号召，我国人民银行也开始鼓励商业银行将资金多投放到消费领域，各地政府也都开始推出一些鼓励百姓消费的政策，鼓励百姓扩大消费，使国内经济增长转到主要依靠消费上来。为了调整消费结构，增加消费方式的多样化，扩大消费的金融市场，增大消费金融的比重，各大金融机构就关于如何向社会各阶层消费者提供包括消费贷款在内的金融产品和金融服务，成为一项值得研究的重要课题[2]。成长链金融是以自然人为研究对象的消费金融，是一种新发展的金融方式，如今也受到很多的关注。不过，就目前我国金融信贷市场来看，消费信贷所占比重很低，由此可以看出我国目前关于消费信贷方面仍有很大的成长空间，尤其要扩大个人金融方面的需求情况。如今，在消费金融领域已经有很多的信贷消费方式，成长链金融是现代消费金融方式的延伸和扩展，它针对自然人的整个生命周期，将个人的金融需求、消费特征、偿还能力、信用状况等连接成一个整体，为自然人成长中的各个阶段提供对应的金融服务，围绕自然人的整个生命周期，从成长期、就业期、成熟期到退休期的成长链链条，提供各种相对应的金融服务，对各阶段进行授信，提供多样化的金融工具满足客户各类金融需求，同时也能够避免分段授信模式的局限，提高授信的整体性。

（二）成长链金融是研究自然人的金融服务

传统的银行业提供的金融服务已经不能满足人民日益增长的金融服务需求。储蓄、贷款、结算、保险等一系列金融服务仍然处于分散经营的状态。这些金融服务之间往往又存在一定的联系。客户日益增长的金融需求，对整体性金融服务的呼声越来越高。成长链金融就是基于大数据云计算，对生命各阶段的居民金融需求、信贷偿还能力及信用状况进行系统性、整体性研究。对个人信用记录做出综合统计分析之后，形成"个人信用档案"，对个人信用记录进行综合评估，从而有效降低风险。成长链金融不强调每个时期个人的偿贷能力有差异，但是成长链金融从整体性、全局性的角度，注重潜在关联性[3]。

（三）成长链金融是研究自然人的整体性服务

消费金融是向各层次消费者提供消费信贷，消费金融可理解为研究消费者如何通过跨期配置资源实现自己的目标，家庭的目标被设为消费效用最大化。研究大多以家庭为单位，忽视个人金融消费需求。而成长链金融一方面提供更多样化的金融工具以迎合客户各类金融需求，另一方面克服了分段授信模式的局限，综合考量授信水平的生命整体性[4]。成长链金融将个人的金融需求、消费特征、偿还能力、信用状况等连接成一个整体，全方位地为该成长链的多个自然人阶段提供金融服务，实现整个成长链的金融服务效用持续提升。

二、成长链金融的风险分析

（一）内部风险

在成长链金融风险中，内部风险包括流动性风险、违约风险以及意外风险。其中流动性风险主要是指成长链金融公司在对客户提供授信服务时所提供的贷款，若为客户提供的是长期贷款，由于在相关的法律上非金融机构没有权利吸收存款，贷款只能依靠公司自有资产与投资人的投资。但是过多的贷款会在一定程度上侵占成长链金融公司的资金，与此同时合同的约束使公司无法按照客户的要求时限提前还款。除此之外，由于信贷类的资产无法在二级市场上进行贴现转让，因此导致成长链公司的资金存在较大的流动性风险。而成长链金融风险中最为主要的风险为违约风险，这是由于在成长链的金融业务中资金提供方无法有效地对风险进行控制。当相关的产品提供给买方后，由于资金的提供方无法要求借款方提前还款[5]，贷款的违约主要取决于客户，因此对于资金的提供方来说只能被动地接受违约的事实。并且一般来说，机构只会对贷前审核较为重视，对贷后的监督与跟踪调查会较为忽略，从而导致成长链金融公司存在较大的违约风险[6]。对于成长链金融公司来说，其中较为独特的风险为意外风险，而意外风险中包括收入下降风险、死亡风险以及失业风险。一般来说，成长链金融公司在对自然人进行授信的过程中，可能授信的时间较长，在二三十年左右。这就导致成长链金融在发展的过程中会面临许多无法预测的风险，如当客户出现意外猝死等变故导致财富收入下降时，会中断客户的收入来源，最终导致还款出现困难。随着我国经济的发展趋势，GDP 的增长率也呈现出下降的趋势，在此过程中出现各种不同的经济矛盾。这些因素均可能导致我国居民的总体收入水平下降，从而导致居民的还贷能力不足[7]。在死亡风险中，人猝死的概率为 0.03% 左右，其中根据相关的研究表明我国未成年人发生意外的概率在 0.0127% 左右。尽管此种风险不属于成长链金融风险中的主要风险，且发生风险概率较低，但一旦发生此类风险则会使得自然人无法还款，导致公司遭受巨大损失。在失业风险中，我国目前处于结构性劳动力失业中，加上科技的发展导致第一、第二产业人员失业率高，对还贷造成影响。

（二）外部风险

外部风险主要是指成长链金融行业在发展过程中会受到竞争对手、社会保障体系、个人征信系统等外部环境的影响，主要表现在：首先为竞争对手的威胁，在成长链金融公司对客户进行授信的过程中会面临许多竞争对手的威胁，其中短期授信过程中最大风险来自于商业银行信用卡[8]。这是由于客户的偏见理论会倾向于选择信用卡，且由于成长链金融公司的贷款利率较高，客户会担负较高的利息，因此其面临的竞争对手威胁较大。其次为社会保障体系，由于在成长链金融中其主要的客户群体为青年人群，并且医疗以及养老等体系尚不完善，养老金缺口较大，这些因素均在一定程度上对居民超前消费意识造成影响。最后为征信体系，我国在 2006 年才开始正式运行征信系统，数据尚不完善，且各个部门在信息收集与共享方面缺乏合作意识，从而导致征信系统的不健全。

三、成长链金融风险的化解策略

（一）金融资产证券化

由于成长链金融具有较长时间的授信期，具有较高的利率及流动性风险。根据国外经验表明，对成长链金融资产实施证券化，能够使其在面临资金短缺的状况时，将借款合同转化成资产在二级市场上进行流动，如此便能获得资金。但目前在我国的金融资产证券化过程中，还需要进一步完善信托与物权等相关的法律配套措施，并且加强对从业人员素质的培养，进一步强化信托机构建设，以加强信用增级机构的监督。

（二）风险预警体系

成长链金融在个人金融需求变化情况上，尤其在预测信用水平上存在一定的风险，这是由于成长链金融主要是在预测未来情况以及对历史数据进行分析的基础上。这就要求为了降低信用风险可以构建一个大数据风险控制预警体系，主要目的在于进一步提高个人贷款授信的效率以及相关的收益，最终降低违约风险。构建风险控制预警体系的方式为：首先，其主要的轴心为个人客户的信贷融资[9]。在此过程中尽可能地应用客户数据库的相关资源，在个人客户的融资产品、信贷风险以及资金用途等基础上，构建一个全口径的个人客户一体化监控视图。在监控视图中包括个人客户的消费特征、金融需求以及信用风险。其次，进一步建立健全个人信用评价体系。在信用评价体系中应该充分地利用网上交易以及信用卡的信息，对风险指标系统进行优化。进一步加强对风险交易的实时监控，其中的重中之重在于对重点业务的风险进行预防与监测，从而实现对个人风险的预警与响应，降低风险。最后，在风险预警系统中需要确保成长链金融公司操作过程中的合规性，对贷款授信流程的监管机制进行完善。在身份认证机制中需要确保其多层次与多维度，对客户风险以及反馈的信息进行持续跟踪，从而进一步提高个人金融与中间业务的合规与合法性。

（三）个人破产制度

一般情况下，当一个企业在经营的过程中出现资不抵债无法持续经营时，便会出现破产。因此对于自然人来说，出现违约风险时，也就是说当其无法偿还成长链金融公司贷款时也需要破产制度。在国外经济发达国家，个人破产是较为常见的事情，个人破产属于个人信贷制度，它不仅是制裁的方式，同时也使个人信用安全阈值。这就要求相关的法律必须对个人破产制度进行明确，当自然人出现破产行为时，明确其哪些资产可以偿还债务。对于个人破产来说，其终止的标志变为对债务本身进行偿还，但不会影响自然人的正常生活。个人破产制度能够有效地解决当自然人因某些情况无法对债务进行偿还时，如何对债权债务关系进行终止[10]。对于成长链金融来说，由于其授信的时间较长，因此非常容易出现自然人无法对债务进行偿还的现象。这就要求对个人破产制度进行进一步完善，使自然人能够向法院申请个人破产，从而能够在一定程度上减轻其偿还债务的负担，也能使成长链金融公司获得一定赔偿，最终能够降低其损失。

（四）保险业务

随着成长链金融的发展必然会诞生金融保险业务。成长链金融授信主要的业务是对自然人的长期贷款，授信的时间大多会达到二三十年，而自然人在这较长的一段时间内可能会出现各种意外、收入下降甚至死亡等风险。借鉴欧美发达国家对消费信贷的发展经验来看，相应的保险体系能够有效地避免意外风险的发生，因此成长链金融在发展的过程中可以尝试金融保险业务。也就是说，当借款人出现意外无法对贷款进行偿还时，成长链金融公司可以优先享受保险公司的赔偿金。

（五）创新金融产品

成长链金融公司在发展的过程中会面临较多的竞争对手，但其最大的优势在于能对客户进行整体授信、过度授信以及终身授信。因此，对于成长链金融公司来说，在金融产品上需要基于客户的需求，尽可能地发挥其比较优势。并且可以根据自然人各个阶段与金融产品的需求来制定出符合其需求的金融产品或服务，然后根据自然人的具体情况进行有针对性的调整。在创新金融产品的过程中，需要基于客户要求分类制定相关的金融服务，根据自然人的收入水平与风险偏好等因素制定金融产品，并且需要设置一个合理的金融产品体系[11]。从而促进金融业务的发展壮大，对于高资产人群与低资产人群规范个性化产品与服务，并且根据客户的实际状况进行进一步优化。

（六）信用评估机构

成长链金融公司在授信的过程中必须对客户的信用状况进行详细调查，但目前我国信用评估机构还不够完善，在调查信用状况的过程中仅仅靠客户提供以及少量的信息难以获得真实的情况。因此，这就要求进一步建立健全信用评估机构。首先，需要中央银行联合各大银行与民间征信机构等多个机构联合合作，对个人的收入、税收以及还款记录等基本信息进行详细地收集，确保公司能够得到准确的个人信用报告，同时也能督促自然人按时还贷。其次，政府需要在法律上对个人信息的公开与不公开范围进行明确。最后，成长链金融公司需要根据个人信用来建立信用评估方法。

（七）社会保障体系

目前，我国不健全的社会保障体系在一定程度上对居民的消费造成制约，导致居民不敢借贷消费，这些因素对成长链金融的发展造成影响。因此，需要对社会保障范围进行扩大，能够全面地覆盖城乡所有劳动者，并且需要加大对教育与医疗卫生方面的资金投入，进一步完善社会保障法律体系。从而才能促进我国居民的提前消费与借贷消费，促进成长链金融行业的进一步发展。

四、结束语

　　成长链金融的发展是随着我国经济水平及消费水平的不断提高而产生的，为提高我国经济增长水平，我国采取扩大内需、刺激消费的方式，提高百姓的消费水平。随着该理论的提出，我国的消费水平的确获得稳定性增长，成长链金融也正是在目前这种环境下所发展出来的新的金融方式。成长链金融将自然人的整个生命周期划分为成长、就业、成熟、退休四个阶段，对人的整个生命周期进行综合考虑，同时根据不同阶段对不同信用特征和金融需求、消费需求提供不同的金融服务方式，为每个个体根据其不同阶段的需求提供不同的、全方位的、全能型的金融产品或服务。成长链金融相比于传统的消费金融，属于重大的创新，通过对个人不同时期提供不同的授信和金融服务方式，打破了对人单一阶段授信的模式，从而能够进一步提高国内消费水平，提升经济发展。不过需要注意的是，由于成长链金融涉及的时间较长，在这其中会面临各种意外风险以及竞争对手威胁等情况，从而阻碍成长链金融的发展，对此，需要建立完善的个人破产制度，大力发展信用评估机构，提高个人的信用风险。同时，国家也应该尽快制定成长链金融发展的法律、法规，强化对相关人才的培养工作，促进成长链金融的发展壮大。

参考文献

　　[1] 陆岷峰，徐阳洋. 成长链金融风险及其化解策略研究 [J]. 湖南财政经济学院学报，2016（32）：31 - 37.

　　[2] 张世英，李汉东，樊智等. 金融风险的持续性及其规避策略 [J]. 系统工程理论与实践，2002，22（5）：31 - 36.

　　[3] 罗大敏，张奇. 体制转轨时期金融风险的形成机理与金融稳定机制 [J]. 经济研究参考，2014（37）：45 - 53.

　　[4] 周昌发. 金融风险防控法律机制研究 [J]. 经济问题探索，2011（1）：145 - 149.

　　[5] 曹玉瑾，李世刚. "十三五"时期我国金融风险及防范 [J]. 中国经贸导刊，2014（35）：31 - 32.

　　[6] 刘晓飞. 谈我国当前金融风险财政化问题及对策 [J]. 时代经贸，2013（18）：87 - 87.

[7] 黄玉. 谈我国当前金融风险财政化问题及相关对策 [J]. 经济视野, 2013 (23): 329 – 329, 331.

[8] 孙斌. 金融风险的原因及防范对策研究 [J]. 中国安全科学学报, 2007, 17 (7): 32 – 37.

[9] 李嘉晓, 秦宏, 罗剑朝等. 论区域金融风险的防范与化解 [J]. 商业研究, 2006 (19): 17 – 21.

[10] 赵静. 面向农村中小企业信贷的金融风险防控策略探析 [J]. 农业经济, 2013 (7): 111 – 112.

[11] 张学立. 探讨金融风险的持续性及其规避策略 [J]. 财经界, 2012 (18): 4 – 6.

商业银行成长链金融业务风险及应对措施

陈涵①

一、引言

很长一段时间以来，在推动我国经济增长的"三驾马车"中，消费的贡献率相对较低。随着我国经济进入新常态，经济结构进一步深化调整，经济增长将逐步由主要依靠投资、出口驱动转向更多地依靠消费驱动。而发展消费信贷，对我国刺激消费、提高内需、经济增长具有重要的促进作用[1]。现阶段，中国的消费金融市场正快速发展，消费信贷规模迅速增长。根据艾瑞咨询发布的数据，2015 年，我国消费信贷规模约为 19 万亿元，比上年同比增长 23.3%，预计未来仍将维持 20% 以上的高速增长态势。因此，我们可以合理地估计，个人金融业务将逐步代替存贷款利差而成为商业银行的主要利润来源[2]。然而，银行在进行传统的个人消费信贷授信时，基本上都是基于客户个人生命周期的阶段性信用进行授信，将个人成长的各个生命阶段割裂开来考虑，这就忽略了各阶段间的联系，使得授信缺乏整体性的优化考虑。如果能根据生命周期理论，将自然人的整个生命周期划分为成长、就业、成熟、退休四个阶段，充分地考虑各个生命阶段之间存在的信用联系，那么对于客户个人的信用评价就可以由阶段式评价优化为终身式评价，在此基础上形成成长链金融的概念。

然而，由于成长链金融的特点是银行对作为客户的自然人进行终身性的授信，存在着阶段性的过度授信，而且授信时间很长，所以在今后推广和发展的

---

① 陈涵，南京审计大学金融学院。

过程中存在一系列不同类型的风险，而且这些风险具有隐蔽性和不确定性。风险事件一旦发生，就会给商业银行的经营造成影响。所以，对从事成长链金融业务的银行可能面临的风险进行研究，并分析其相应的应对措施，对于成长链金融业务的推广和发展，进而推动我国消费需求提升和经济发展，具有重要的现实意义。

二、成长链金融业务的概念与特征

要分析商业银行从事成长链金融业务面临的风险，并分析其对应的应对措施，有必要先明确成长链金融的概念，并探讨其核心的特征。

（一）成长链金融的概念

成长链金融是基于自然人的整个生命周期，对自然人实现跨越各生命阶段的动态性授信，并且提供给客户成长、就业、成熟、退休四个生命阶段中个性化的、全能型的金融服务[3]。考虑到自然人一生中四个阶段的消费信贷需求、还款能力以及信用特征各有不同，成长链金融可以为整个生命周期的客户提供全成长链的金融服务，从而使得客户的金融需求满足程度达到最大化，所以提高了银行对自然人提供金融服务的总效用。成长链金融的概念吸收了消费金融理论以及生命周期理论等多个理论，全面地分析了自然人一生中各个阶段的消费金融需求和信用特征，通过运用整体性优化的思维方法以及运用多种金融工具，达到熨平个人金融需求在各个生命阶段中上下波幅的目的。

（二）成长链金融的特征

第一，成长链金融为客户提供终身性的金融服务。成长链金融这一概念的提出，离不开当今互联网金融高速发展的背景，加上个人征信系统的完善和终身化、大数据系统的建设，使得银行能够在不同维度锁定自然人客户一生的信用、金融轨迹。在这种条件下，由于银行和客户之间不存在信息不对称的情况，自然人可能的失信行为会受到约束，有着很高的失信成本，所以一般不会由于主观原因而失信、违约。因此，银行一旦和一个自然人客户确定了金融服务关系，就完全可以为其一生提供终身性的金融服务，即先对自然人进行一次终身性的授信，之后可以再根据不同情况对授信进行适当的动态调整，针对自然人成长链的不同阶段提供不同特点的、合适的金融服务。终身性的金融服务也使得银行的客户具有很高的黏性。

第二，成长链金融会出现对客户阶段性的过度授信的情况。在成长链金融的概念提出之前，过度授信始终是商业银行风险管理工作中的大忌。然而，由于成长链金融的授信考虑的是自然人的整个生命周期，所以对单独某个阶段来说属于过度授信，但是就自然人的一生而言，终身性授信不算是过度。比如，在一个自然人刚刚就业的阶段，对购房、购车贷款等消费信贷有很强的金融需求，虽然在此阶段收入不高，但考虑到其在之后收入会提升，还款能力会增强，银行对就业阶段的客户就可以采取阶段性的过度授信。对于整个社会而言，这有助于更加充分地发挥信用杠杆的作用，促进消费信贷的扩张，进而促进消费和经济发展。

第三，成长链金融为客户提供定制化的服务。成长链金融业务考虑自然人客户各生命阶段中不同的收入水平、消费特点和信用状况，深入分析客户在各年龄段的不同金融需求，从而针对性地向客户提供合适恰当的定制化金融服务，运用多样化的服务方式、服务渠道以及金融工具，使得客户在一生中的金融需求得到最大化的满足。同为定制服务，成长链金融与面向高端客户的私人定制金融服务不同，属于面向大众的低门槛的普惠金融服务，其目的是充分发挥金融杠杆作用，提高大众的消费水平和幸福感[4]。

三、成长链金融风险分析

（一）信用风险

信用风险是成长链金融企业长期面临的最重要的风险。商业银行在从事成长链金融业务的过程中，作为资金提供方，对于信用风险的控制处于被动和相对弱势地位。在把信贷资金提供给客户之后，无法因为宏观经济状况或者自身经营状况变化等原因要求客户提前偿还贷款，信用风险事件的发生与否完全取决于客户的违约行为，银行只能被动地接受客户违约的事实[5]。再考虑到很多银行的风险管理中只是单纯重视信贷提供前的审核，发放贷款后对客户的持续跟踪和监督重视不足，使得信用风险更加放大。

（二）流动性风险

商业银行对自然人客户授信后为其提供信用贷款，考虑到成长链金融业务终身性服务的特点，在为成长期和就业期的客户提供的信贷中，长期贷款占很大一部分，例如助学贷款、住房贷款等。过多的长期贷款的投放会使银行的资金长期受到占用，而且银行贷款类的资产无法像证券类的资产一样能够方便地在二级市场上转让、变现，因而流动性较差。一旦因为宏观经济状况恶化或者银行自身经营出现问题需要资金时，银行受信贷合同的约束，无法要求客户提前偿还贷款，所以使得商业银行在从事成长链金融业务时面临着很大的流动性风险。

（三）利率风险

成长链金融业务中，期限较长的消费信贷所占比重较大，如果与客户签订的合同采用固定利率，那么在市场利率上升时，借出资金的商业银行就要遭受损失。如果采用浮动利率，比如目前的住房贷款的利率采用在每年年初调整的方法，在我国利率市场化改革不断推进的情况下，未来市场利率的变化幅度和频率都会加大，使银行放出的贷款面临较大的利率风险[6]。另外，现阶段我国的市场利率处于较低水平，未来上升的可能性较大，如果从事成长链金融业务的银行只是根据目前的市场利率水平来评估客户的偿还能力，从而对客户过度授信，一旦市场利率上升，就可能会出现客户难以偿还贷款的情况。

（四）操作风险

商业银行成长链金融业务面临的操作风险主要由两类因素引起：一是由于内部流程执行不严格导致的操作风险；二是由于外部欺诈导致的操作风险。内部流程执行不严格导致的操作风险是指，在办理成长链金融业务的过程中，商业银行的贷前审查流程和贷后跟踪检查流程不够到位。由于成长链金融对自然人客户一次性终身授信和终身性金融服务的特点，贷前审查流程和贷后跟踪检查流程的执行与传统的个人金融业务相比就显得更为重要，一旦执行不到位，就会引起风险。外部欺诈导致的操作风险是指，商业银行在开展成长链金融业务的过程中可能会与一些中介公司进行合作以求更多的客户，而与商业银行合作的中介公司可能会伙同客户一起向银行套取贷款，或者中介公司进行其他的违规操作等。

（五）意外风险

成长链金融业务的突出特点之一就是对自然人进行长期的甚至终身性的授信，与传统个人金融业务相比授信时间特别长，所以商业银行在成长链金融业务的开展过程中更有可能面临很多授信时难以预测到的意外风险。比如，自然人客户可能会失去工作而导致其主要收入来源中断、还款困难；或者遭遇家庭变故导致其终身财富受到重大损失；或者发生犯罪入狱、猝死等极端意外事件，使得客户出现无法还款的情况。

四、成长链金融风险控制对策

（一）完善商业银行的内部控制机制

结合成长链金融业务面临的风险的特点，一方面，商业银行要制定和不断完善与成长链金融业务有关的内部控制规章制度和操作流程；另一方面，银行必须确保这些内部控制制度和流程得到严格的遵守和执行。由于成长链金融的授信时间长，贷前审批的重要性更加突出。在贷款发放前，审批的操作流程必须严格的执行。此外还要落实岗位责任制度，对每一个客户发放的每一笔贷款都要明确银行各责任人的相应责任。在贷款发放后，银行还要加强对客户的持续跟踪和监督工作。商业银行要对成长链金融客户建立起个人信用情况档案，对客户的资产、负债、保险、纳税情况进行及时地收集和记录，并且要及时掌握客户的居住地搬迁、工作更换、收入变化的最新情况，对可能发生的风险进行及时地预测和控制。成长链金融在对客户进行一次性终身授信之后，还要根据客户后续的收入、信用情况进行授信的调整，因此，贷款发放后对客户的持续跟踪监督工作就显得更有必要。

（二）加快个人征信系统建设

成长链金融业务对自然人客户的终身性授信的特点，使得个人征信系统建设的意义更加突出。商业银行在对客户进行授信时，单凭银行自己的调查和客户自己提供的资料，难以全面地评价客户的真实信用情况，而且信用信息的搜集成本也很高。如果在社会上存在相对完善的个人征信系统，将会大大有助于这一问题的解决。然而，我国人民银行的征信系统从2006年起才开始正式运行，起步时间比较晚，而且个人信用数据还不是很完整，有很多数据零散地分布在税务、公安等其他部门，而且这些部门之间的信息搜集与信息共享的合作程度不高，使得现有的征信系统难以全面、真实地反映出一个人的信用情况。所以，我国央行应该牵头，与各大商业银行、税务部门、公安部门、民间征信机构等联合起来，建立起一个较为完善的个人征信评估机构，以便搜集和记录个人收入情况、税收情况、还款情况，违法犯罪记录等信用数据。这样，商业银行在对客户进行授信时，就可以从个人征信评估机构获取客户的个人信用报告。这不仅有助于商业银行全面而准确地掌握客户的个人信用状况，也使得自然人面临很高的失信成本，使得其按时还贷、维护自己良好的信用记录。

（三）推动成长链金融资产证券化

由于商业银行在从事成长链金融业务时，对客户一次授信就是几十年的授信期，因此银行面临较大的流动性风险以及利率风险。当出现银行自身经营状况恶化、宏观经济低迷的情况时，银行不得不面对资金不足的情况，又无法将发放给客户的贷款提前收回，就会出现流动性危机。向西方商业银行解决消费信贷流动性风险的过往经验学习，一个很好的化解方法就是推动信贷金融资产的证券化。如果商业银行能将手上持有的成长链金融资产，即贷款合约打包成证券，当自身出现流动性危机时，就可以将手中的资产支持证券在二级市场出售以获得资金，从而化解了流动性风险。另外，贷款证券化还能够帮助商业银行将一部分证券化的贷款进行表外处理，这使得银行的风险资产数额减少，也就提高了资本充足率，可谓一举两得。

（四）完善与成长链金融配套的保险业务

在成长链金融业务发展起来之后，必定会随之而衍生出成长链金融保险业务。因为成长链金融综合考虑了自然人的整个生命周期，对自然人进行长期的授信，授信的期间往往会长达几十年。在如此长的授信期间内，作为自然人的客户有可能会出现失去工作、家庭变故、健康问题等意外风险而难以偿还贷款，使得提供成长链金融服务的银行面临信贷资产损失的风险。借鉴西方国家发展消费信贷的经验，如果银行在为客户提供成长链金融服务的过程中，有相应的贷款保险与贷款相配套，就可以将商业银行承担的意外风险转移给保险公司。如果发生意外造成客户无法偿还贷款的情况，银行就可以向保险公司索取赔偿金，从而使得保险发挥了为成长链金融保驾护航的作用。不但有效地分担了银行的经营风险，还给保险公司带来了业务，从而促进了保险行业的发展。成长链金融保险与成长链金融相配套，共同起到了分散风险、刺激消费的作用。

五、结论

商业银行大力推广和发展成长链金融业务，不仅有利于金融行业供给侧改革的贯彻和落实，也能够推动我国金融业的持续健康发展。成长链金融是基于自然人的整个生命周期，对自然人实现跨越各生命阶段的动态性授信，并且提供给客户成长、就业、成熟、退休四个生命阶段中个性化的、全能型的金融服务。与传统个人金融业务相比，具有金融服务终身性、阶段性过度授信和金融服务定制化的突出特点。相应地，也会使得开展成长链金融业务的商业银行面临信用风险、流动性风险、利率风险、操作风险、意外风险等风险。但是，只要注意完善商业银行的内部控制机制，同时加快个人征信系统建设，推动成长链金融资产证券化，并且完善与成长链金融配套的保险业务，就可以很好地分散和化解成长链金融业务给商业银行带来的风险。

参考文献

［1］蔡浩仪、徐忠．消费信贷、信用分配与中国经济发展［J］．金融研究，2005（09）．

［2］陆岷峰、杨亮．商业银行新蓝海：个人成长链金融［J］．银行家，2016（05）．

［3］陆岷峰、杨亮．关于成长链金融规律分析与对策研究［J］．南都学坛，2016（03）．

［4］王婧、胡国晖．中国普惠金融的发展评价及影响因素分析［J］．金融论坛，2013（06）．

［5］刘美秀、周月梅．我国商业银行信用风险分析［J］．宏观经济研究，2012（08）．

［6］李宏瑾．利率市场化对商业银行的挑战及应对［J］．国际金融研究，2015（02）．

个人成长链金融的基本规划与信用风险分析

曹潇潇[①]

一、引言

个人成长链金融的发展具有良好的经济环境支持。首先，后金融危机时代，世界经济复苏缓慢，我国经济发展逐渐步入新常态，国内经济面临国际市场疲软和国内需求不足的双重挑战与重大考验。在这样的经济背景下，消费作为经济增长的"稳定器"得到国家的鼓励与支持，信贷结构向逐步扩大消费信贷比例调整。其次，国家为加快我国战略转型提出"十三五"期间要大力推进供给侧结构性改革，优化配置劳动力、土地、资本、创新四大要素，有针对性地解决我国经济发展中的供需矛盾以及结构性问题，金融资源作为资本要素将发挥其重要作用。一方面，随着我国金融体制改革的不断深化，金融市场机制更加健全，可利用的融资方式更加丰富；另一方面，互联网金融及普惠金融的发展增加了小微主体参与金融市场的机会，从而满足其金融需求。最后，随着我国经济的发展，居民财富日益累积。2015 年我国人均 GDP 达到 5.2 万元，居民人均可支配收入达到 21 966 元，比上年名义增长 8.9%，扣除价格因素实际增长 7.4%，高于我国同期 GDP 6.9% 的增速。同时，截至 2015 年末，我国个人可投资财产已经超过 100 万亿元人民币。由此可以看出，个人成长链金融存在巨大的市场发展空间。

---

① 曹潇潇，南京审计大学金融学院。

二、文献综述

（一）个人成长链金融概述

成长链金融是陆岷峰（2016）最先提出并作出系统性表述的，是基于个人金融和消费金融发展提出的全新概念，国内尚未开始广泛研究。成长链金融以生命周期理论为基础，以自然人为研究对象，将人的一生分为成长、就业、成熟和退休四个阶段，根据各阶段金融需求、消费特征及信用水平的不同，为个人提供终身性、定制性及整体性的金融产品及服务，满足个人成长过程中的各类融资需求[1]。成长链金融的理论基础是生命周期理论，最早由莫迪利安尼创建。他提出，一个人一生的财富累积状况就像驼峰的形状，年轻时很少，赚钱之后开始成长累积，中年时期财富累积达到高峰，随后开始降低，因此在不同的财富积累阶段，个人有不同的金融需求。

目前，对成长链金融的研究主要集中在市场探索、风险防范、产品设计等方面。在成长链金融市场探索方面，陆岷峰、杨亮（2016）认为，随着我国居民财富收入快速增长，"互联网＋"消费市场进一步扩大，大数据技术不断进步，个人消费信贷市场逐渐被打开，并且有巨大的发展空间[2]。在成长链金融风险方面，陆岷峰、徐阳洋（2016）将成长链金融面临的风险分为流动性风险、违约风险、意外风险等内部风险和竞争对手威胁、国内征信体系和社会保障体系不完善等外部风险[3]。在成长链金融产品设计方面，陆岷峰（2016）根据个人不同生命周期阶段的金融需求，设计了不同的金融产品。

（二）个人金融与消费金融风险防范研究

成长链金融的实践基础是个人金融与消费金融业务，因此研究个人金融与消费金融中存在的风险及防范措施对揭示并防控成长链金融风险具有重要作用。郭佳（2009），李志强（2010）等人主要分析了金融危机背景下商业银行个人理财产品的风险及风险管理措施，提出了法规监管建议[4]。王婷（2011）通过调研中国农业银行和中国工商银行个人理财业务的风险及其特征，提出从产品设计和产品销售的过程中加强风险防控，并建议商业银行开展混业经营模式。倪娜（2015）着重研究了个人金融业务中的操作风险及其管理方法，提出应从准备环节、评估环节和报告环节进行操作风险防控[5]。尹丽（2013）从个人征信体系与信贷法律建设、金融产品和业务创新、金融消费者合法权益保护等角度探讨了消费金融公司创新与风险管理的融合发展问题[6]。肖振宇、张杰、谷瀛（2016）分析了互联网虚拟信用的特点及风险，提出继续完善互联网消费者实名认证并由国家牵头将消费者违约信息纳入诚信系统的建议[7]。林浩睿（2016）研究了部分消费金融企业的资产证券化产品的稳定性，建议以资产证券化方式加强消费金融企业资金流动性，建立规范的 SPV 公司，完善立法[8]。

本文在以上研究的基础上，基于全生命周期视角分析了个人的金融规划，全面揭示了金融企业开展成长链金融业务的风险，并提出相应的风险管理对策。

三、个人成长链金融的基本规划

根据莫迪利安尼的生命周期理论，在每个生命阶段，个人的收入状况、金融需求和风险偏好均有所不同。一个人将综合考虑其即期收入、未来收入，以及可预期的开支、工作时间、退休时间等诸多因素来决定目前的消费和投资，以使其消费水平在一生内保持相对平衡的水平，而不至于出现消费水平的大幅波动。

本文将个人的生命周期与家庭相结合，以个人在家庭中的成长历程为依据划分个人生命周期，主要分为单身期、双人期、成长期、成熟期和退休期。个人每个阶段主要受到家庭状态的影响，具有不同的财务特征与金融需求特征，因此对应不同的理财规划，本文将用霍尔三维图表示个人成长链金融的基本规划。

（一）单身期的理财规划

单身期是个人发展的起始阶段，本文界定的个人生命周期的起始点为个人开始有能力获得独立收入。处于单身期阶段的个体财务状况为拥有一定固定收入，消费支出占收入的比重较大，主要资产为现金，主要金融活动为信用消费，资产负债率较高；此阶段个人会有较大的资金借贷需求，主要用于购买电子设备、个人电脑、手机等消费品，还会开始考虑购买汽车、投资住房等固定资产，因此金融需求量较大，适用的成长链金融产品较多；风险偏好较高，个人风险承受能力极高，有实证研究表明，单身期的平均风险偏好系数为整个生命周期最高（0.81），因此在投资策略选择上可以侧重于风险资产的投资组合，例如股票组合。

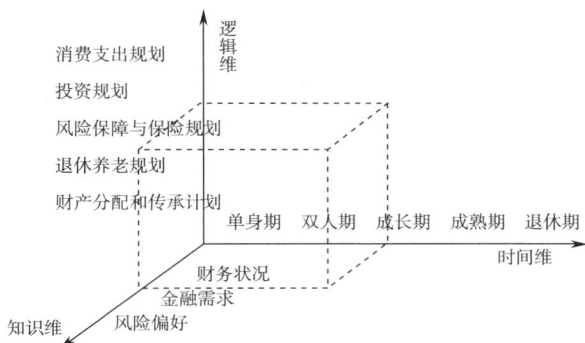

图1　基于霍尔三维的个人成长链金融的基本规划

（二）双人期的理财规划

双人期是个人发展的第二阶段，该阶段的个体家庭状态处于家庭形成初期，家庭成员为有固定收入的夫妻双方。处于双人期阶段的个体财务状况为收入进一步增加，消费占收入的比重仍然较大，开始拥有汽车、房屋等固定资产，同时会承担一定的负债，例如车贷、房贷，资产负债率进一步上升；该阶段金融需求量进一步增加，主要通过信用卡与银行信贷等方式缓解资金压力，金融企业可以进一步丰富成长链金融产品以满足个体资金需求；风险偏好与单身期相比略有下降，但根据实证结果，平均风险偏好系数为 0.73，仍处于较高水平，可以引入债券、基金等风险较小的投资产品。

（三）成长期的理财规划

成长期是个人发展的关键阶段，该阶段的个体与家庭开始共同成长，家庭成员除夫妻双方外还会增加子女，逐渐形成稳定的家庭规模。处于成长期阶段的个体由于积累了一定工作经验以及获取部分投资收益，收入有一定的提升，消费占收入的比重较小，但是这一时期的子女教育、父母赡养与高端消费支出比例上升；该阶段个体开始考虑进行风险保障与保险规划，购买保险的需求增加，金融企业可以针对该阶段的个体设计保险计划，满足个人的保险产品需求；风险偏好降低，平均风险偏好系数为 0.69，更倾向于风险较低、更为长远的投资产品。

（四）成熟期的理财规划

成熟期是个人发展的形成阶段，该阶段的家庭已经发展成熟，子女独立，个人的事业也处于顶峰状态，是人一生中财富最为丰富的时期。处于成熟期阶段的个体收入逐渐达到最大化，各项支出减少，资产开始积累，负债逐渐减少，资产负债率下降；该阶段个体健康状况有所下滑，对未来的预期收入下降，开始积极进行养老金准备，因此金融企业应推出相应的养老计划；风险偏好大幅下滑，平均风险偏好系数降至 0.52，个体偏向于安全稳健的金融投资产品，对资产收益率要求有所下降。

（五）退休期的理财规划

退休期是个人发展的衰退阶段，该阶段个体的家庭责任得以释放，但对家庭的依赖度更强，日常生活以保持健康与养生为主。处于退休期阶段的个体主要收入来源为退休金，收入显著下降，主要支出为医疗健康和休闲活动，资产数量渐趋稳定，负债大幅下降；该阶段是前期投资的回收期，对金融产品几乎没有需求，个人理财规划主要是进行财产分配和传承计划，金融企业可以提供相应的咨询服务；该阶段风险承受能力很低，风险偏好下降，平均风险偏好系数降低至 0.34，个体偏向于安全性高、流动性好的银行存款及货币基金等产品。

四、个人成长链金融信用风险分析

成长链金融业务开展过程中最主要的风险是信用风险。成长链金融对自然人授信时，不是仅考虑其当下的收入状况及偿还能力，而是综合考察其一生的信用状况，基于全生命周期进行整体授信。人生的五个生命周期阶段具有不同信用水平与偿还能力，而对每个阶段的授信额度会考虑其他生命阶段的信用状况，这样就增加了成长链金融企业阶段性授信的复杂程度与风险水平。同时，每个生命周期阶段个人家庭特征不同，引发信用风险的因素各异。本文根据自然人每个生命周期阶段的财务状况、金融需求与风险偏好，分析成长链金融企业面临的阶段性信用风险特征。

（一）个人发展初期的信用风险

个人发展的初期主要指的是单身期和双人期，主要个人特征为收入较少，消费支出较大，无固定资产抵押，消费信贷及房产信贷需求较大，有一定的投资需求。该阶段成长链金融企业提供的金融服务与产品主要是信用卡、消费信贷、购车贷款、住房贷款、股票基金等投资产品。个人发展初期的不确定性最大，引发信用风险的因素较多，如失业、犯罪、意外事故等。

个人发展初期的信用风险主要存在于以下几个方面：首先，大部分处于单身期或双人期的个体由于工作经验与社会阅历不足，收入少且不稳定，容易造成现金流断裂，成长链金融企业提供信贷产品有发生违约的可能；其次，由于该阶段个体无固定资产，因此成长链金融企业对该阶段个体提供的贷款产品一般为信用贷款，当其收入现金流出现问题时，无抵押物对成长链金融企业的贷款损失进行补偿，从而发生贷款无法收回风险；最后，一般而言，贷款期限越长，信用风险发生的可能性越大，该阶段成长链金融企业提供的车贷、房贷均为回收期限较长的信贷产品，未来的不确定性因素更多，并且占用了成长链金融企业的资金，影响其盈利水平。

（二）个人发展中期的信用风险

个人发展的中期主要指的是成长期和成熟期，主要个人特征为收入逐渐增多，消费支出逐渐减少，拥有一定的固定资产，主要支出需求为子女教育、父母赡养和保险计划，投资需求进一步增加。该阶段成长链金融企业提供的金融服务与产品主要是个人自主贷款、保险产品与投资理财产品，还有部分未偿还完的贷款。由于收入与资产的稳定，信用风险发生的概率降低。

个人发展中期的信用风险主要存在于以下几个方面：首先，虽然处于家庭成长期和成熟期的个体收入逐渐提升，但此时个体面临二次创业选择，创业初期个人需要大量融通资金，如果创业失败，成长链金融企业为其提供的创业资金会失去还款来源；其次，此阶段是个人一生中承担责任最重的时期，子女教育、父母赡养、个人养老计划、健康医疗等方面所需资金量较大，但个人拥有资金数量有限，从而会造成部分贷款延期的问题；最后，该阶段个体风险偏好程度不低，通常会配置部分风险资产，因此该部分风险资产如果投资失败，也会引发个人巨大的财务问题，进而影响到个体按时偿还负债的能力。

（三）个人发展后期的信用风险

个人发展的后期主要指的是退休期，主要个人特征为收入显著下降，主要支出为休闲娱乐与健康医疗，早年购置固定资产的贷款基本还清，几乎没有信贷需求，持有的理财产品一般为货币基金和银行存款等低风险产品。该阶段成长链金融企业提供的金融服务与产品主要是财产传承计划与遗产信托计划。由于没有信贷产品需求，成长链金融企业此阶段几乎无须面临信用风险，主要应考虑个体早年贷款是否偿清的问题。

个人发展后期的信用风险主要表现在：一方面，由于个人发展的初期和中期未完成财富积累，或者中后期个人财务状况出现较大变故，该个体无力继续偿还早年贷款，从而发生信用风险；另一方面，我国社会保障体系尚不完善，个人医疗与养老主要还是依靠个人积蓄，面对无经济能力偿还贷款的老年人，必要时成长链金融企业需积极承担社会责任，使用自身资产吸收该部分坏账。

五、个人成长链金融的信用风险管理对策

（一）以生命周期为依据，全面评价客户信用水平

成长链金融业务主要是根据个人生命周期的不同阶段提供相应的金融产品，以满足客户需求。每个生命周期阶段个人财务状况不同，对金融产品的需求有差异，信用风险水平也不同，成长链金融企业应根据不同阶段个人金融特征进行差异化授信，并跟踪评估信用风险。具体而言，在个人发展初期，应适度扩大对个人的授信额度以满足个人金融需求，但该时期个人信用风险水平较高，金融企业应密切关注客户信用状况变化；在个人发展中期，个人信贷需求下降，可以适度减少授信额度，同时随着该时期信用风险水平下降，金融企业保持掌握客户信用状况即可；在个人发展后期，几乎无须信贷产品，授信额度可以大幅下降，金融企业也无须过度关注客户信用状况。

（二）以大数据技术为基础，完善个人征信体系

成长链金融企业面对的主要客户是极度分散的个人消费者和投资者，此类人群的信用评估难度大、成本高，隐藏在背后的违约风险更大，但是又很难对其进行违约惩罚，因此必须建立完善的个人征信体系。一方面，政府可以成立专门的机构对个人信用进行评估、记录和管理，出台可操作的个人信用管理的法律法规，将个人信用问题上升到国家层面，引起个人足够重视。另一方面，应该以大数据技术为基础，积极利用互联网的交互化、普惠化的特性，建立健全完整、客观、真实、高效的个人信息档案制度和共享机制，扩大个人征信范围。

（三）以第三方机构为合作伙伴，发挥征信机构的作用

成长链金融企业对客户进行授信时需要调查客户的信用状况，但是单凭客户提供以及自己公司调查很难真正获得真实的信用状况，而且成本也相对较高，因此公司应加强与第三方征信机构的合作关系。目前，我国第三方个人征信机构主要是中国人民银行征信中心和几家民间征信机构，如芝麻信用、腾讯征信、深圳前海征信等机构。中国人民银行征信中心提供的个人征信报告最具有公信力，公司可以将其作为个人客户信用状况判断的主要依据，民间征信机构大多是互联网金融公司的派出机构，主要依托个人互联网消费与借贷的数据，可以拓宽个人征信范围，从而有效评估客户信用风险。

（四）以增强流动性为目标，实行成长链金融资产证券化

成长链金融的授信期限较长，流动性风险、利率风险和信用风险较大，应对这些风险的最好办法就是实行成长链金融资产证券化。目前，我国金融市场上的债权产品资产证券化打包构建方式有两种，一种是 ABS 模式，一种是资产池模式。ABS 模式是企业将其债权卖给 SPV，进行破产隔离，然后 SPV 把资产打包上市，公开发售，通过证券供求关系平衡为证券定价，这种模式可以使企业获得流动性，同时转移了信用风险；资产池模式是企业将债权打包，直接卖给投资者，因此企业自主权较高，债权的分配和收益率的调整都由企业自己控制，但是企业承担的风险没有得到很好地转移。

参考文献

［1］陆岷峰，张欢．成长链金融产品创新研究［J］．华北金融，2016（3）：15－25.

［2］陆岷峰，杨亮．成长链金融的探索与展望［J］．南都学坛（人文社会科学学报），2016，36（3）：102－109.

［3］陆岷峰，徐阳洋．成长链金融风险及其化解策略研究［J］．湖南财政经济学院学报，2016，32（160）：31－37.

［4］郭佳．商业银行个人理财产品的风险及风险管理策略［D］．西南财经大学硕士学位论文，2009.

［5］倪娜．个人金融业务操作风险管理研究［J］．时代金融，2015（1）：64－68.

［6］尹丽. 后金融危机时代消费金融创新与风险管理协调发展的逻辑路径——基于消费金融公司的视角［J］. 学术论坛, 2013 (6): 152 - 155.

［7］张杰, 谷瀛. 成长链金融风险及其化解策略研究［J］. 牡丹江师范学院学报 (哲社版), 2016 (4): 22 - 25.

［8］林浩睿. 消费金融企业面临的金融风险［J］. 现代经济信息, 2016: 276.

略论成长链金融的授信体系及风控原则

华蓉晖　祁勇祥①

一、成长链金融的概念及特点

（一）成长链金融的概念

成长链金融是基于生命周期理论，以自然人作为研究对象，将自然人分为成长、就业、成熟及退休四个阶段，针对各阶段金融需求、消费特征和信用水平的差异化与潜在关联性，为个人提供全生命周期的金融产品及服务[1]（陆岷峰、杨亮，2016）。[1]成长链金融具有金融服务定制性、客户服务终身性、金融工具整合性以及信用评价动态性等特点，能极大地推动个人金融业务的创新发展与总量扩张。

成长链金融与消费金融的区别：消费金融是由授信机构根据消费者的不同需求，向消费者提供的信用卡、住房抵押贷款、消费信贷等信用产品，分别在不同机构和部门展开，会出现同一个客户必须重复授信的问题，既增加客户办理业务的繁杂程度，也不利于授信机构提高工作效率和资源配置的高效性。另外，消费信贷产品和服务的设计基于个人生命周期中的某一单独阶段，忽视个人成长的连贯性，人为割裂个人贷款供给与信用水平之间的评价，造成金融服务的供给在成长期和就业初期难以满足其消费需求，并抑制了个人金融服务的创新空间[3]。

成长链金融是向自然人提供终身授信和金融服务的，重视个人一辈子的信

① 华蓉晖，上海立信会计金融学院科技金融研究院副研究员。
祁勇祥，上海瀚迪数据服务有限公司董事长兼总经理。

用水平。它基于自然人不同成长阶段对应的不同金融需求、偿还能力和信用特征，提供全流程金融服务，以最大化满足自然人的消费需求，从而极大提升个人福利水平和幸福感。成长链金融并非单一业务或产品，它从根本上改变了银行等传统金融机构基于个人单一阶段进行授信的模式[2]（陆岷峰、杨亮，2016）。

（二）成长链金融的特点

成长链金融有以下两个显著特征：

1. 终身服务。即在最初提供融资服务时对自然人进行终身授信，期间再根据各种变量进行调整。自然人从第一次成为金融机构的服务对象后，该金融机构就可对客户提供终身持续服务。终身服务的理念和授信模式可解决个体普遍存在的前半生收入能力跟不上消费需求、后半生财富积累大大超过消费需求的客观矛盾。通过成长链金融的各种手段和工具提供信用，平衡自然人一生的消费需求与资金供给，从而大大提升个体在生命历程中的福利水平和幸福感。

提供终身融资服务的关键是做好个人授信体系的设计。既要重视融资服务的普惠性，又要重视单一客户的风险控制。这一内容将在第二部分充分论述。

2. 阶段性过度授信。过度授信是各金融机构风险管理中的大忌，亦是成长链金融能否在实践中成功运作的难点所在。

南京财经大学中国区域金融研究中心曾对 10 000 个自然人进行网上抽样，调查后的结果表明（注：调查分别收集与分析了调查对象的收入水平、消费情况和贷款需求等信息）：若从对自然人提供终身服务的角度对其进行综合授信，则在生命周期中的成长期存在严重过度授信的情况，就业期转变为中度的过度授信，成熟期则授信不足，直至退休期授信水平重新恢复到较为适中。因此，终身授信虽然在自然人的整个生命历程中并不存在过度授信，但阶段性的过度授信是普遍存在的[2]（陆岷峰、杨亮，2016）。

一旦授信机构给处于成长期和就业初期的自然人授信后，无法限制他从其他银行或非银行金融机构获得重复授信的机会。因此，授信机构如何做好自身风险防范是成长链金融业务可持续开展的基础。笔者将在第三部分重点论述成长链金融业务的风险控制理论模型和原则框架。

二、成长链金融的授信体系设计

（一）方法

授信机构开展融资业务首先需要评价个人客户的财务状况和风险点，从而确定贷款申请人的信用。与商业银行消费信贷业务的传统做法不同，从事成长链金融业务的授信机构由于面对的贷款申请人大多处于生命周期的成长期，没有固定收入来源，且在央行征信中心系统中还没有个人信用的历史记录。因此授信机构在评估其信用时，必须基于机构偏好的社会群体，既考虑其个人财务现状，又兼顾个人成长性。在考量贷款安全性的同时，衡量贷款对个人幸福感的提升程度。

当个人幸福感被加入信用评分后，许多概念性问题随之而来。由于个人幸福感的衡量缺乏充分的量化指标，很难用传统的统计工具来测算包含这一特殊成分的信用评分。另外，从事成长链金融业务的授信机构对其服务的人群有不同的偏好——有些机构关注女性群体，有些机构关注农民，而另一些则更关心尚未参加工作的校园大学生群体，不一而足。在设计信用评分模型时，各家授信机构的特殊偏好应被反映出来。因此，构建多标准评价体系的模型更有助于灵活反映机构偏好。笔者建议用层次分析法（Analytic Hierarchy Process）来建模，因为它能同时涵盖社会、技术和经济因素，支持复杂的决策体系[5]。

信用评分常采用两种方法：统计和判别。统计方法通过运用既往贷款信息来获得贷款违约概率。判别法建立在贷款分析师经验的基础上，它常在缺乏足够的数据建立统计信用评分模型的情况下被采用。这两种方法都被作为专家系统来执行——即由计算机系统仿真信贷员的能力。

运用给定的技术必须基于授信机构的复杂性和贷款的不同规模和类型。成长链金融授信机构更常用判别法，依靠金融专家的知识和经验。首先，授信机构难以得到充分的个人福利水平和幸福感指数的大数据，且申请人的既往信用记录也难以获得，但基于信贷员既往经验的信用评分是相对容易构造的。其次，信贷员在贷款发放中的地位凸显还因为判别模型的设计直接建立在他们的经验和直觉基础上。

层次分析法（AHP）作为一个决策模型能将复杂的多目标决策问题进行分层，运用这一技术可将个人福利水平/幸福感指标引入决策过程中。层次分析法的基本步骤包括：（1）建模；（2）确定优先级（偏好）；（3）评估；（4）合成。虽然没有明确的方法来评估个人福利水平/幸福感，但最常用的是用社会投资回报（Social Return on Investment）指标，它常用来量化贷款投资的社会效果。

（二）模型

图1展示了成长链金融业务的信用评估过程。在建模阶段，先用授信机构

设置的条件来调整决策模型，即授信机构根据自身偏好设定模型的分层优先级；再执行决策支持系统。该系统既可用买来的商业软件，也可定制软件。层次分析算法以电子表格方式嵌入运行。

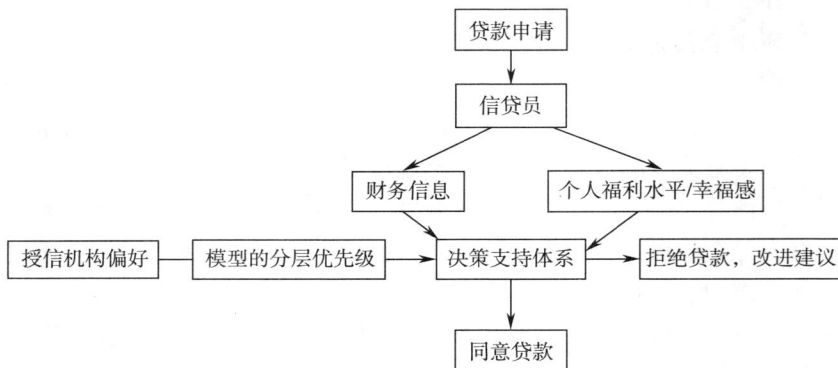

注：模型包括财务评估和个人福利水平/幸福感评估。

图1　成长链金融业务的决策过程流程图

首先，授信机构收到贷款申请表后，信贷员能从中获得借款人信息，包括申请人的福利水平/幸福感指标。其次，根据机构不同的偏好，设定不同的标准进行评估。最后，用机构偏好乘以贷款分析师的评估结果，基于各标准算出各分支的部分得分，再汇总得出总分来判别贷款申请被接受或拒绝。一旦贷款申请被拒绝，申请人将收到一份授信机构发来的信息反馈意见，写明如何改进贷款申请。

接下来聚焦反映本授信机构的偏好。由于各家授信机构的服务对象各不相同，有些偏好服务女性，有些偏好服务农民，或偏好服务大学生群体，因此授信机构决策者首先必须表明其偏好，然后再对其他分支的标准赋予不同的权重。层级分析法使授信机构能对不同的标准进行主观判断并赋权。

最后是对贷款可行性进行综合财务分析。计算投资回报率和非财务投资回报率是不同的，后者需考虑个人幸福指数提升的确切程度。

三、成长链金融的风险控制框架构想

成长链金融的主要风险是对自然人成长期和就业初期过度授信所产生的风险。另外，从风险与期限的关系看，授信期限越长，不确定因素越多，风险也越大。成长链金融的风险主要有内部风险和外部风险[4]（陆岷峰、徐阳洋，2016）。

内部风险包括：（1）流动性风险；（2）违约风险；（3）意外风险。意外风险是成长链金融比较独特的风险，具体可分为死亡风险、犯罪风险、失业风险三种。由于成长链金融对自然人进行授信时，授信时间可能长达二三十年，当客户发生意外猝死、中年失业等导致主要收入来源中断的变故，会造成还款困难。外部风险主要包括：（1）竞争对手的威胁；（2）社会保障体系不完善；（3）征信体系不完善等。

针对成长链金融的风险防范，国内学者提出了以下几种应对策略：（1）探索成长链金融资产证券化；（2）建立完善的个人破产制度。完善的个人破产制度保障自然人通过向法院申请破产，卸下沉重的债务负担。成长链金融公司也会获得一定的赔偿，降低损失；（3）构建大数据风险预警体系；（4）发展成长链金融保险业务等（陆岷峰、徐阳洋，2016）。

金融经济学的一个基本原则是，只有在构建投资组合的情况下，风险是适度的。也就是说，控制投资风险的相关措施是恰当配置投资组合内的各投资项。组合风险研究的传统主体是股票市场。消费贷款缺乏理论分析，尤其是组合层面上的分析，虽然消费贷款组合通常由上万甚至上百万笔贷款组成，涵盖人口的数量级远远超过股票投资组合。本文尝试从投资组合的视角来探索成长链金融的风控路径。

借款人通常用信用评分来度量客户消费贷款的风险。信用评分是用来测量单个消费者预期违约率的。但贷款组合的总体风险则基于贷款组合各维度样本违约风险。不同借款人的组合会有很大差异。例如，研究表明，美国阿拉斯加州的违约率与其他州的违约率相比相对较低。即阿拉斯加人的违约相对其他州的人相对少，其他州的违约人数相对多。于是给阿拉斯加人的消费贷款意味着低的"协方差风险"，将给大的贷款组合带来多元化益处，为降低组合的波动性作出贡献。

David K. Musgto，Nocholas S. Souleles 利用美国三大个人征信局之一的益佰利的客户信用档案的专有面板数据做研究，随机抽取了 10 万名消费者（消费信贷借款人）从 1997 年 3 月至 2000 年 3 月的月度数据作为研究样本，来测算协方差风险，并更一般地研究信用的截面分布[6]。他们分析了基于人口特征的消费者协方差风险的决定因素，测试是否协方差风险更低的消费者会得到更多贷款。另外，在其他条件不变的情况下，测算信用评分对获得贷款的影响，并与协方差风险的影响做对比（David K. Musgto & NocholasS. Souleles，2006）。

该研究得到了两组关键结论。首先，在协方差风险方面，不同消费者群体间存在显著的系统异质性。协方差风险高的群体包括更年轻且单身的消费者、低收入人群、租房且没有自购房者、来自离婚率更高以及健康保险覆盖率更低的州的消费者群体。这些协方差风险高的消费者也倾向于得到低的信用评分（反映出违约概率高）。其次，随着信用评分的提高，在其他条件不变的情况下，消费者明显能得到更多贷款。另外，当信用评分和其他因素受控时，消费者的协方差风险越高，得到贷款的额度则明显降低（David K. Musgto & Nocholas S. Souleles，2006）。

我们认为，上述研究成果对成长链金融授信机构的风险控制至少有以下三点启示：

1. 做大成长链金融组合以降低授信机构风险。利用国内已经累积的信用大数据来研究协方差风险差异的人口特征及地域分布特点。然后有效利用互联网技术，吸引多元化的客户群体，做大成长链金融组合，力求有效降低组合的协方差风险。

2. 在完整的生命周期中，个人信用额度配置应遵循科学规律。在其他条件不变的前提下，随着收入的增加，个人的交易总量也相应增加。表现在生命周期的年龄分布上，呈倒"U"形形态，其峰值在 50 岁。量化研究表明，高收入的中年（50~59 岁）消费者的平均交易量比低收入的年轻消费者多约 1.3 倍；已婚并有大家庭的消费者交易量也更大；另外，户主和业主的交易量也明显大。

3. 授信机构应更重视对协方差风险的研究、开发和利用。目前，信用评分依然是机构授信的主要依据。当信用评分提高后，消费者得到的信用额度将显著增加。虽然有些授信机构已开始评估借款人群体的协方差风险，在决策放款额度时赋予一定的权重，但协方差风险对贷款发放的影响与信用分相比，权重小得多。更系统并量化地研究协方差风险对成长链信用贷款的影响，可能使授信机构受益匪浅。

参考文献

［1］陆岷峰，杨亮. 关于成长链金融规律分析与对策研究［J］. 南都学坛，2016（3）.

［2］陆岷峰，杨亮. 成长链金融的探索与展望［J］. 南都学坛，2016（5）.

［3］陆岷峰，张欢. 成长链金融产品创新研究［J］. 海南金融，2016（4）.

［4］陆岷峰，徐阳洋. 成长链金融风险及其化解策略研究［J］. 湖南财政经济学院学报，2016（4）.

［5］Carlos Serrano – Cinca，Begona Gutierrez – Nieto，Nydia M. Reyes. A social and environmental approach to microfinance credit scoring［J］. Journal of Cleaner Production，2016（112）.

［6］David K. Musto，Nicholas S. Souleles. A portfolio view of consumer credit［J］. Journal of Monetary Economics，2006（53）.

四、成长链金融发展路径研究

城市商业银行成长链金融发展战略研究

——以江苏银行为例

江荣[①]

一、引言

成长链金融是在融合个人消费金融、消费理论、生命周期理论等多门学科的基础上，综合考虑各生命阶段金融需求与信用水平，并通过整体性理念与多样化金融工具熨平金融需求的生命周期曲线波动，基于此创新延伸出的可替代传统消费金融理念的一门新学科。成长链金融是以自然人为研究对象，以提供终身性金融服务为理念，实行全方位、全流程的金融服务行为的总称，覆盖教育成长、结婚生子、衣食住行、健康医疗以及创业发展等多个领域，具有终身性、整体性、不同阶段不同金融服务等特质。成长链金融的提出，将对中国商业银行厘清零售业务发展思路，推动零售业务发展转型起到非常重要的作用。[1]

服务地方经济、服务中小企业、服务城市居民，既是城市商业银行的使命所在，也是市场的选择，城市商业银行的前身——城市信用社是为服务个体户和民营企业应运而生的。经过长期的发展，城市商业银行已经与地方经济融入一体，与中小企业同生共长，为市民提供优质服务，[2] 自身也取得了非常大的进步。至 2015 年末，中国城市商业银行总资产规模达 22.68 万亿元[3]，占我国银行业金融机构比例为 11.38%，已经成为我国银行业"第三梯队"，呈现出良好的上升势头。

---

① 江荣，江苏银行董事会办公室高级会计师。

江苏银行是一家非常具有代表性的城市商业银行，是在江苏省无锡、苏州、南通等10家城市商业银行基础上，合并重组而成的现代股份制商业银行。江苏银行于2007年1月24日正式挂牌开业[4]，是江苏省唯一一家省属地方法人银行。江苏银行有营业机构530多家，在省外开设了北京、上海、深圳、杭州4家分行，全行现有员工1.3万余人。至2015年末，江苏银行资产总额达12 835亿元，各项存款余额达7 759亿元，各项贷款余额达5 608亿元。近年来，苏州银行加快各类资源的整合优化和业务的持续创新，积极推进集约化经营，投入产出效率不断提高，盈利水平大幅提升，2015年实现税后净利润95亿元，主要监管指标保持平稳。同时，品牌效应日益扩大，在英国《银行家》杂志评选出的全球前1 000家银行中，江苏银行排名逐年提升，2015年排名第136位，较上年提升17位。荣获"中国最佳城市商业银行""最佳创新中小银行""最具品牌价值城商行""全国银行业金融机构小微企业金融服务先进单位""江苏省文明单位"等荣誉表彰。但在取得上述成绩的同时，也存在全国城市商业银行共有的一个"短板"——零售业务。由于成立初期，重视对公业务对全行整体规模和业绩的显著拉动作用，长期以来把主要战略资源集中投入对公业务，而对零售业务投入相对不足，导致零售业务发展相对落后。经过九年的发展，对公业务已经"一股独大"。2015年末，江苏银行存款总额为7 765亿元，其中对公存款占比高达80.3%，对公贷款占比高达82.5%；同期的储蓄存款占比只有19.7%，零售贷款占比只有17.5%。[5]

如此下去也带来以下三个问题：一是对公业务市场增长空间有限，由于长期大力发展对公业务，导致占有率过高，但再想更进一步，将会遇到强大的竞争压力，四大国有银行和股份制银行的竞争力都很强，绝对不会坐视不管市场资源被抢夺；二是对公业务拓展没有零售业务的支持将后续乏力，很多对公客户挑选商业银行的标准之一就是需要零售业务做得好；三是大量网点机构资源利用效率不足，江苏银行在省内经营多年，网点遍布省内各地市及县域，并延伸至重点乡镇，是发展零售业务的绝好条件，由于长期重视对公业务，导致大量网点资源利用效率偏低。由此可见，运用成长链金融的理论推动和发展零售业务，对江苏银行具有非常重要的战略意义。

二、江苏银行成长链金融发展面临的主要机遇和竞争优势

（一）丰富的市场资源

江苏自古便是富饶之地、鱼米之乡，而今，江苏又走在改革开放的前列，

自 1978 年以来，江苏经济年均增长 16%，在这片仅占全国 1% 的土地上，创造的地区生产总值约占全国 GDP 总量的十分之一。2015 年实现地区生产总值 70 116.4 亿元，比上年增长 8.5%[6]，总量在广东之后，位居大陆地区第二位；全省人均生产总值 87 995 元。2015 年末，江苏地区的人民币存款 10.79 万亿元，占全国存款总量的 8.3%，全国排名第二。其中人民币储蓄存款 4 万亿元，仅次于广东省，也是全国第二；贷款 4.42 万亿元，占全国贷款总量的 8.7%，全国排名第三。2015 年，江苏常住人口达 7 976.3 万人，居中国第 5 位。2015 年，江苏 13 市 GDP 全部进入中国前 100 名。由此可见，江苏省的金融资源之丰富在全国名列前茅。

（二）高效的服务网络

江苏银行成立以来，在跨区域发展实行"向下、向内、向外"的策略，至 2015 年末，已经在江苏省内设立网点 472 个，县域网点已经基本覆盖全省所有县（市），并向部分经济发达的乡镇延伸，江苏省内网点数量仅次于四大国有银行，远高于股份制银行和其他城市商业银行。在北京、上海、深圳和杭州等地设立分行，省外涉足三大经济圈并力争延伸全国重点城市的网点布局。经营跨区域后，资金的来源结构更加丰富，客户结构多元化，有效地避免了存款和贷款过度集中于一个地区，稳定性增强，并有效分散经营风险。在不断加强网点建设的同时，江苏银行在电子银行和直销银行领域也不断进步。加快手机银行、直销银行等所有六大平台的版本迭代更新升级，全面推出颠覆传统的新版产品和功能板块布局，突出包容性、分享性、交互性、便捷性等亮点，打造客户极致体验，提高客户综合服务能力。电子渠道服务替代率提升至 85.3%。手机银行客户覆盖率以及客户数跃居全国城市商业银行首位。荣获中国金融认证中心"2015 年区域性商业银行最佳电子银行奖"，金融界"2015 领航中国年度评选杰出直销银行奖""2015 领航中国年度评选杰出手机银行创新奖"等多项荣誉。

（三）显著的地缘优势

江苏银行作为"江苏人自己的银行"，在全省各界都得到广泛的认同，与各地的地方政府、企业和居民建立了非常密切的关系，已经完全融入当地的市场环境之中，在获取信息方面具有地缘和时效优势，对当地客户的资信状况、经营效果掌握得更详尽准确，与中小企业联系密切，在经营发展过程中建立了良好的合作关系。坚持"服务中小企业、服务地方经济、服务城市市民"的方针，深入贯彻落实监管部门各项小微企业信贷支持政策，全力扶持小企业成长壮大，小微企业贷款规模不断增长。2015年末，江苏银行小微企业贷款余额2 265亿元，小微企业贷款户26 196户。2015年末，江苏银行的省内分行小企业贷款余额占全省小企业贷款余额的8%，其中单户500万元（含）以下小企业贷款余额占全省同类贷款的15.2%，市场份额均位居省内第一[7]。截至2015年末，为超过4 200户科技型企业发放专项贷款，累计金额近350亿元。针对科技型企业特点推出了"苏科贷""人才贷""投融贷""软件之星""科技履约保证保险贷款""科研创新基金宝贷款"等特色产品。围绕"专项规模、专职团队、专属产品、专业流程、专门风控、专有考核"的"六专"运营模式，在全辖实现了科技金融服务中心和科技支行的全覆盖，科技金融专业化经营体系初步构建。

三、面临的挑战和竞争劣势

（一）高端人才长期匮乏

成长链金融是一个全新的金融概念，涉及银行零售业务的方方面面，既需要满足客户消费的需要，又需要满足客户发展的需要，有很多产品和服务需要金融创新，而高素质人才又是金融创新的基础。目前，江苏银行的金融创新能力与国内先进银行相比差距较大，零售业务的产品线不够丰富且产品标准化程度较低，营销手段较为单一和落后，服务创新和制度创新的能力也不强，都与缺乏高素质人才有关。江苏银行面临的人才形势十分严峻，一方面，外部经营环境的变化、业务范围的不断拓展、经营模式的持续转变、经营战略的深入推进，都迫切需要大量高素质专业人才和精通银行运作的管理人才；另一方面，随着国内银行业竞争的加剧，银行同业正通过各种手段争抢优秀人才，也使江苏银行面临高素质人才流失的局面，留住人才和吸引人才的难度不断加大。

（二）市场竞争日益激烈

国有商业银行加大了体制改革和机制转换力度，传统优势得到发挥，农商行和农信社在政府支持、决策效率和市场灵敏度等方面的优势逐步显现，中小股份制银行加快市场布局，有的行新建机构已经延伸到县域，对江苏银行传统市场形成了新的冲击。各家商业银行对零售业务高度重视，都知道"不做零售业务明天没有饭吃"！所以在竞争手段上，各家商业银行加大网点升级和科技投入力度，金融产品和服务创新层出不穷，股份制银行在零售业务的客户定位上，已经初见成效。招商银行以"一卡通"业务为基础，大力发展信用卡业务、财富管理和私人银行业务，在都市白领心目中树立良好的品牌形象，建立培养了以城市中产阶级和富裕人群为主体的客户群；中信银行以出国金融为契机，迎合富裕阶层送子女出国留学的需要，吸引大量优质客户；平安银行则依托其背靠大股东平安集团的优势，逐步将平安集团大量的保险客户转化为自己的客户；民生银行大力发展小微信贷业务，吸引大量"小老板"客户；兴业银行吸引了一批炒房、炒汇和炒黄金的客户。麦肯锡在 2014 年展开了个人金融服务研究[8]，对中国一线至四线城市超过 3 500 名零售银行客户进行了调查，发现股份制银行和四大行在新客户开拓方面非常成功，零售客户新客户优先考虑的是股份制银行和四大国有银行，这对城市商业银行发展零售业务构成非常大的挑战。

（三）利率市场化和金融脱媒化趋势明显

若利率市场化推行，银行利息收入将面临减少，将进一步压缩银行业的盈利空间。随着国内资本市场的迅速发展，企业纷纷通过上市、发行债券等方式进行直接融资，不再像以前那样需要贷款；余额宝、货币式基金的迅猛发展，也使个人客户不再像以前那样需要存款；商业银行却面临着"脱媒"的压力，加速分流银行的存款，迫使银行提高存款利率，分流银行的贷款客户，迫使银行降低贷款利息。从国际经验来看，在资本市场快速发展和直接融资扩张的时期，往往也是银行业经营比较困难的时期。第三方支付在电子商务结算领域已经建立垄断优势，手机支付的技术演进使银行卡遭遇强势冲击，新兴支付已经渗透缴费、理财甚至社会管理。新兴支付渠道日益多元化、技术脱媒也给银行的业务发展带来巨大的挑战。

四、发展战略建议

（一）理顺管理体制，打造机制优势

学习和借鉴国内外银行业各种组织管理体制的长处，继续发挥目前总行、分行、支行传统体制的优势，加强对分支机构的管理、监督和服务职能，积极推进业务和管理流程再造，优化矩阵式管理，探索扁平化、垂直化管理和集约化经营。落实前台、中台、后台分离原则，建立独立垂直的内审、合规和风险管理体系。按照大部制的理念和精简高效的要求设置总行部门，总行职能部门重在"出思路、出制度、出产品"和"抓落实、抓督察、抓整改"。合理确定对分支机构的授权，确保基层机构严格限定在授权范围内开展业务，逐步形成以业务条线"条"式管理为主的经营管理模式，构建符合实际情况和发展需要，面向客户、面向市场、面向未来的组织管理体制，实现全行经营管理水平与综合竞争力的提升。

优化总行管理指导。对总行职能进一步实行专业化和细化分工，在分行较好地理顺和形成按业务条线实现经营管理的基础上，总行各业务条线和风险内控等管理板块借助各项计算机应用系统对全辖实施垂直化条线管理和集约化经营，实行分部门分条线的内部核算，实行精细化管理，逐步向"强总行、大服务"过渡。强化分行经营管理。主要改革分行本部的部室设置和职能定位以及分行对支行的组织管理模式，提高分行对条线化经营管理能力。

（二）加快金融创新，构建完善产品体系

建立和完善适合总分行制的金融创新机制。总行发挥专业人才云集、起点较高、全局性强等优势，重点在体制创新、制度创新和产品创新上下工夫，集中力量办大事，把"出思路、出制度、出产品"落到实处。加强创新信息沟通，总分行各业务主管部门建立专门队伍或指定专人负责创新信息采集和分析，对重大政策信息和市场信息进行分析，定期发布研究报告，加强全行信息共享。各分支机构在消化和推广总行推出的新业务的同时，重点要在观念创新、服务创新上有所突破，打造梯次开发、分层推进的创新机制。规范创新流程，明确金融创新的部门和职责，建立鼓励金融创新的激励机制。加快建立和完善"信息采集→调研论证→产品开发→试销推广→市场反馈→产品改进"的标准化创新流程，不断提高创新效率，缩短创新周期，加快推向市场的节奏；加强对创新产品的成本分析和效益评估，实现对创新价值的客观认定；建立和完善产品创新风险管理，在开发过程中对可能出现的风险采取有效的预防、化解措施，在新产品推广初期，密切跟踪反馈，消除风险隐患。

从商业模式、消费方式、金融市场的变化入手，积极寻求金融创新的突破口。零售业务密切关注和把握居民消费方式、生活习惯和财富观念改变带来的创新机会，以财富管理、消费信贷、信用卡等产品为重点开展创新。加强金融创新的前瞻性，对阶段性金融创新的重点进行规划，既着眼于现实的市场竞争，又兼顾长远的发展。以成长链金融为指引，建立健全完整的零售业务产品体系，全方位、全周期覆盖客户的金融需求，积累产品创新的经验，深入研究重点市场，大力发展有区域特色和行业特色的金融产品，培育核心产品群，进行真正意义上的金融创新，提升核心竞争力。

（三）实施人才兴行，搭建人才高地

以科学发展观和科学人才观为指引，积极实施"人才兴行"战略，优化人力资源、机构资源配置，加快推进人力资源服务转型，坚持人才成长规律，制订员工培养规划，完善招聘、培训、培养、晋升、激励、退出等配套机制。完善员工补充机制，坚持社会招聘和校园招聘并重，通过校园招聘应届大学生，改善员工队伍知识结构与学历结构，为持续发展储备人才。面向社会重点招聘急需的专业素质高、营销能力突出、管理经验丰富的成熟型人才。

完善员工绩效考核评价体系，适应市场竞争的要求，强化薪酬激励作用，建立对外具有竞争力、对内具有公平性的薪酬体系。根据岗位、业绩和市场价值以及不同专业序列的特点，建立和完善符合江苏银行业务发展的用人理念、激励方向的多维评价体系；实施差异化的薪酬策略，建立清晰明了的薪酬结构，合理拉开收入分配差距，加强薪酬激励效用；探索股权激励等长期激励措施，逐步建立起现金分配与非现金分配、即期分配与延期分配、短期分配与中长期分配方式有机结合的高效薪酬体系。

参考文献

［1］陆岷峰，杨亮．成长链金融原理推导与发展研究［J］．华侨大学学报（哲学社会科学版），2016（2）．

［2］尚福林．在 2015 年全国城商行年会上的讲话．

［3］中国银监会．银行业监管统计指标季度情况表（2015 年）．

［4］《江苏银行 2007 年报》．

［5］《江苏银行 2015 年报》．

［6］江苏省统计局，国家统计局江苏调查总队．2015 年江苏省国民经济和社会发展统计公报．

［7］人民网．江苏银行创新小微金融业务支持实体经济．

［8］麦肯锡．四大趋势塑造未来中国零售银行市场．

关于个人成长链金融品牌建设原则与要点的选择

张惠[1]

一、引言

围绕提高全要素生产率推进供给侧结构性改革的主线，"去产能、去库存、去杠杆、降成本、补短板"成为经济领域改革的主攻方向。在此政策窗口期，为提高金融供给对需求变化的适应性和灵活性，成长链金融作为精准助力供给侧改革的创新性金融服务被推向风口。成长链金融是市场经济发展的新生产物，必然需要接受市场竞争的洗礼，而金融企业一贯依赖的规模扩张、网点布局、关系营销、产品模仿等传统竞争模式已不再适应创新驱动发展的经济新常态主题；培育个性化的金融品牌，推进整体形象、品牌形象和产品形象"三位一体"的品牌战略，打造强势金融品牌成为成长链金融在未来长期保持高市场占有、高附加值、高利润率，持续增强自身综合实力，应对高端异质竞争的必由之路。参照一般金融品牌的建设思路，融合成长链金融特征，坚持六项建设原则，紧抓六大建设要点，实施个性化金融品牌策略，加快打造出契合时代发展的强势金融品牌，是保障成长链金融发展、壮大、保持持续良性发展的重要战略选择。

---

① 张惠，华夏银行南京分行。

二、文献综述

参照美国市场营销协会菲利普·科特勒关于品牌的基本定义（菲利普·科特勒，2003）①，金融品牌是指金融产品、金融企业名称、术语、符号、设计或它们的组合应用，目的是树立区别于竞争者的特色金融产品或服务的良好形象。② 从过程论角度看，金融品牌是指金融企业在长期的市场开发、产品销售和经营管理过程中所形成的被客户广泛熟悉，为客户一致认同并乐于接受的明显区别于其他同类的金融产品，并使客户对其所属企业本身形成偏好和依赖（屈哲、赵欣，2006）。③ 基于企业资源理论的"资源—战略—绩效"分析范式，品牌是企业参与市场竞争的重要武器。④ 在现代企业资本运营中，金融品牌又具有超越生产、商品、所有有形资产以外的价值，或可称为金融品牌资本，即金融企业通过创新形成的、区别于其他金融企业的、融无形信誉和整体企业形象于服务之中，集独特的辨别标志、价值取向和服务质量为一体的无形资产（严军，2000）。

立足于政策风口的个人消费金融领域，创新延伸出的成长链金融是在融合消费金融、消费理论、生命周期理论等多门学科的基础上，综合考虑各个生命阶段金融需求与信用水平，并通过整体性理念与多样化金融工具熨平金融需求的生命周期曲线波动，可替代传统消费金融理念的全新概念（陆岷峰、杨亮，2016）⑤。同时，研究者也指出成长链金融对自然人实行终身授信、过度授信，授信期间长既是一种创新，但又不可避免地遭遇金融创新风险，需要在充分揭露风险的基础上建立一整套风险防控体系（陆岷峰、徐阳洋，2016）⑥。

目前，理论上对成长链金融概念界定、发展特征、产品创新以及风险防控等方面的研究逐步成熟，但针对这一创新性金融服务，打造强势金融品牌的研究还是一片空白。本文的创新之处就是围绕品牌定位、品牌文化、品牌创新、

---

① 菲利普·科特勒. 营销管理者［M］. 上海：上海人民出版社，2003：304.
② 年小山. 品牌学：理论部分［M］. 北京：清华大学出版社，2003：24.
③ 屈哲，赵欣. 我国金融品牌建设策略研究［J］. 东北财经大学学报，2006（2）：57–59.
④ 雷超，卫海英. 基于三个视角的金融服务品牌研究述评［J］. 湖南社会科学，2010（6）：99–102.
⑤ 陆岷峰，杨亮. 关于成长链金融规律分析与对策研究［J］. 南都学坛，2016（3）：3–9.
⑥ 陆岷峰，徐阳洋. 关于化解成长链金融风险的战略研究［J］. 湖南财政经济学院学报，2016（3）.

品牌推广、品牌战略、品牌危机提供一整套可供参考的成长链金融品牌建设思路，提高成长链金融的市场认知度，推动成长链金融体系逐步走向成熟。

三、成长链金融品牌建设原则

金融品牌是金融产业市场化水平的产物，金融品牌价值是金融市场竞争的结果。成长链金融与品牌价值是一个事物的两个方面，成长链金融的存在是品牌价值存在的基础，品牌价值的提升是成长链金融得到市场认可的内在表现。在金融密集度与饱和度极高的强市场环境下，即便拥有雄厚的金融资源与营运能力，新生的成长链金融也可能面临一定的脆弱性，从而直接影响品牌价值的稳定性与企业发展的持续性。所以，成长链金融要保持高成长性，重在坚持品牌建设的基本原则，培养品牌的成长力，进行品牌价值的积淀。

（一）差异性原则

差异性原则是品牌建设的基本原则，即在既定的整体发展战略下，确定不同的目标市场或在相同目标市场中树立不同的品牌形象，形成有效的差异化竞争优势。在 2008 年爆发的国际金融危机中，国际一流银行多是受损严重，而"全世界的本土化银行"汇丰银行却因能集聚全球金融能力提供舒适金融服务而屹立不倒，无疑是得益于其"环球金融、地方智慧"的差异化的品牌定位。身处信息爆炸时代，客户长期掌握过剩的金融服务信息，为方便客户在感知中选择成长链金融服务品牌，从本质上信服其品牌优势，需要坚持差异性定位原则，以有别于同业竞争者的市场策略、业务重点、目标客户、金融产品或服务形象，在客户心中树立品牌联想，在目标市场中形成强烈的差异点。

（二）内涵性原则

内涵性原则是品牌建设的内在要求，即在自身的企业文化下，确定自身金融产品或服务基调、社会使命，带领企业跟随制度环境、金融生态、客户需求的变迁而不断创新并引领金融消费风向。正如通过不断并购交易实现快速、规模发展的欧洲瑞银集团，其品牌发展之路起于并购后品牌内涵重建，集中表现在启用全球统一的品牌标识"UBS"简化品牌形象，并且为"UBS"注入"You and us"的个性，用于强调瑞银作为全球性机构的规模和专业实力的品牌内涵。在开放的市场中，培育成长链金融的品牌内涵，需要融入受多元文化影响的金融消费理念，在确认契合目标客户群体价值主张的基础上完善金融功能，最终通过个性化的产品与人性化的服务形式表达出来。

（三）感染性原则

感染性原则是品牌建设的表现要求，即在完善的品牌体系下，根据金融企业、产品或服务的特征设计品牌传播渠道、手段、方式，通过品牌核心价值活动的宣传，引发社会群体性的关注，激发潜在客户。美国运通的品牌宣传上就多次通过"为消灭饥饿而收费"救助饥饿者以及支持非营利组织保存历史遗迹、领导人培训和社区服务等具有感染力的公益慈善活动，增加品牌曝光度，树立品牌信誉和创造品牌归属感。成长链金融的品牌传播路径必定不是大众化的，重在通过感染性的宣传扩大社会影响力，将潜在客户转化为有效客户，将满意客户转化为终身客户，打破传统个人金融消费的定式关系，创造低成本—高收益的盈利模式，促进成长链金融品牌的高成长。

（四）持续性原则

持续性原则是品牌建设的长远要求，即在连续的成长过程中，立足于总体相对稳定的金融企业总品牌，不断更新服务理念、提高服务标准、增强服务技能等，以此丰富品牌内涵，完善品牌形象。在品牌架构管理的持续性方面，招商银行就是其中的典范，其所有品牌都围绕"因您而变"一脉相承，集中体现品牌接触点的统一协调性，聚焦品牌传递的连贯性。在金融产品创新多、服务手段更新频、业务规模增长快的前提下，成长链金融品牌的培育过程就是持续创造和维系客户满意、信任和承诺的过程，保持成长链金融的品牌认知度与业务成长性同步升级，增强个人金融消费者对成长链金融的品牌依恋度，充分挖掘品牌依恋的营销效应。

（五）整合性原则

整合性原则是品牌建设的战略要求，即在已有的品牌营销中，把握强势金融品牌构建的核心层面，在保持品牌一致性的前提下，整合市场中可利用的资源，灵活变动品牌营销方案。美国资深老牌银行花旗银行的品牌整合营销就是业内经典。花旗银行的品牌整合营销建立在战略平台之上，以平台为基础，以客户为导向，科学规划时间、空间以及资源，通过整合技术最大限度地调用媒介传播力量，提供清晰、一致的讯息，最终回归到品牌塑造之上。对于成长链金融而言，就是在关键识别要素被长期保留和应用的前提下，研发出更多的关联产品、建立关联性子品牌或者与关联性品牌联盟，集中于平台之上进行品牌的重新组合，规避品牌稀释效应，稳步扩大品牌的市场认知度。

四、成长链金融品牌建设要点

金融品牌的市场认知在金融企业的发展战略中孕育、诞生、成长与成熟，是衡量金融产品或服务发展程度的基本尺度，是判断金融企业综合发展实力的基本标准。审视全球公认的、权威性最高的金融品牌排行榜，虽然跻身上榜的各家金融企业战略目标各有侧重点，但高成长性金融群体在专注品牌策略思维、重视品牌建设上保持高度一致。明显区别于传统个人消费金融，新生的成长链金融以提供终身性金融为服务理念，关注个人成长期、就业期、成熟期及退休期的全方位、全流程的金融服务，是对客户的一种长期承诺，具有终身性、整体性、专属性等特点，其品牌建设更需要围绕其突出特点全面展开。

（一）明确品牌的差异定位

品牌定位直接决定品牌战略内涵，准确的品牌定位是完美塑造品牌形象、清晰展现品牌个性的关键，所以明确品牌定位是品牌建设的首要任务。参照世界品牌实验室的品牌定位策略，成长链金融实施差异化的品牌定位重在从客户、产品、类别着手。

1. 客户定位。成长链金融以自然人的生命形态和生活方式为起点，着手金融产品与金融服务的提供，其定位策略自然坚持以市场为导向、以客户为中心。通过品牌名称将其服务对象形象化，进而将形象内涵转化为形象价值，从而准确地反映成长链金融的目标客户群为具有比较竞争优势的高成长性个人金融消费群体。

2. 产品定位。因为个人金融消费群体在所属地域、文化水平、从事职业以及自我感知等方面千差万别，所以成长链金融产品定位就必须极具人文色彩，突出以人为本的要义。根据不同生命周期阶段而有所差异，凸显对客户整个生命周期的关注度，提高对客户需求的反应速度，为客户提供量身定制的个性化金融服务。

3. 类别定位。所谓类别定位就是依据成长链金融产品的类别建立社会公众对其品牌的感知、联想和评价。类别定位重点就在给客户制造一种印象，即成长链金融品牌等同于其特色产品，使客户任何金融需求都能联想到成长链金融品牌，在任何一个细分的个人金融消费市场中成长链金融都能以比较优势占据一席之地。

（二）丰富品牌的文化内涵

品牌的文化内涵直接决定品牌价值，金融品牌需要浓厚的文化底蕴支撑。成长链金融的品牌建设重点在围绕其核心价值理念，深挖品牌文化精髓，以品牌文化传播"正能量"，彰显社会责任意识，打造"专注客户、专业技术、专属服务"的品牌文化内涵。

1. "专注客户"的文化内涵。一方面，成长链金融以自然人为服务对象的内生性决定其在品牌建设中除加强品牌要素识别系统建设外，还需导入客户满意度的服务理念；另一方面，成长链金融横跨客户生命周期，关注客户终身，服务客户终身，通过建立与客户的长期互助互利关系，形成客户满意与品牌提升的良性互动。

2. "专业技术"的文化内涵。在以知识创新带动技术创新，以技术创新推动转型升级的变革路线下，先进技术是金融品牌创新的基础。充分发挥信息技术的创新功能，充分挖掘"互联网＋金融"的内在效能，打造出科技含量高、市场接受力强的创新成长链金融产品，是其在品牌培育中获得持续发展先机的重要利器。

3. "专业服务"的文化内涵。究其根本，服务是成长链金融的立足之本，对其品牌建设深层次而言更是一种服务品牌。成长链金融实行全方位、全流程的终身性金融服务重在专业性的培养，做到让原本无形化的服务在客户体验上有形化，让原本异质的服务在客户感知上标准化，让原本分离的前、后台服务在客户联想上整齐化。

（三）着力品牌的传播推广

品牌的传播推广是品牌与客户之间的纽带，是客户认知品牌的重要途径。成长链金融新生金融品牌建设的重点工作之一就是通过各种传播渠道、工具、手段持续地与目标客户交流，有效建立品牌的知名度，增加金融品牌资本的增值性与竞争性，引导客户终身选择。

1. 内容与形式相结合。品牌建设追求的是认知感，成长链金融终究是一种无形的、多内容的服务，除品质竞争、价格竞争、服务竞争以外，将独特的产品设计、优秀的广告创意、恰当的表现形式等在最佳时间通过主流媒体传播将起到意想不到的效果。

2. 线上与线下相结合。信息科技革命加速线上推介模式逐步渗入市场，成长链金融营销的网络化、产品的线上化、服务的在线化实际上已将品牌宣传推介引入线上，同时，更需要加强品牌网络广告、搜索引擎推广、电子邮件推送、网络社区营销等网络营销宣传。

3. 动态与静态相结合。成长链金融营销的挑战在于横跨整个生命周期的多变性，所以品牌宣传不光要关注品牌识别要素的静态设计，还需要重视品牌要素的动态宣传。通过动态的视觉展现将抽象服务具体化，达到跨文化、跨年龄、跨区域的无边界、穿透性宣传效果。

（四）推进品牌的持续创新

品牌创新是成长链金融长久保持市场活力的催化剂。依据市场与客户需求，以产品、技术、服务等品牌识别要素作为基本，进行不断的重组，以创新活力因子带动市场与需求的更迭变化，进而激励品牌创新的循环往复，保持客户对成长链金融品牌的长期信任。

1. 强化产品创新。产品是品牌的载体，品牌创新的最核心内容为产品创新。成长链金融的产品创新重在厘清其品牌与客户之间的关系，真切地关注客户终身需求，丰富自身金融产品体系。通过对金融产品的打包、组合、升级，分层次推动产品创新，提高产品的综合化程度，带给客户最大的价值体验以及最满足的情感需要。

2. 加大技术创新。先进技术是支撑金融品牌创新的基础。随着"互联网＋金融"的深度融合，充分利用云计算、大数据、互联网等创新技术打通全网络的每个节点，完善产品的差异化金融功能，改变品牌传播内容、传播形式、传播速率，真正做实客户的终身体验，提升成长链金融品牌认知时效性以及内涵感染力。

3. 推动渠道创新。渠道是链接、承载品牌传播的载体，通过市场营销推动成长链金融有形产品与无形服务终身根植于客户心中是品牌创新的重要过程。成长链金融创新品牌营销渠道需要充分借助现代通信网络技术，通过广告、公关、公益活动等有机整合网络营销体系，进行适度营销、定制营销、主体营销，扩大品牌影响深度。

（五）管理品牌的危机事件

金融的本质是经营"信用"，客户信任是生存和发展的基础，品牌危机实际上是一种信任危机。因为内部管理的任何微小、突发的失误都有可能引起客户对品牌的不信任感，影响品牌的美誉度。因此，成长链金融必须将品牌危机管理提升至战略高度。

1. 建立品牌危机预警机制。遵循持续提升社会责任的思路，建立高度灵敏的信息监测系统，强化品牌自我诊断，定期开展针对成长链金融的市场调研、合规检查、社会测评等，灵敏感知、及早发现和捕捉品牌危机征兆，培育危机意识，支持品牌危机预警系统。对于发现的风险点及时给予充分揭示，预先制订处理预案，妥善处理风险苗头。

2. 积极主动应对品牌危机。一旦危机事件发生，成长链金融经办单位在危机事件中所采取的姿态和措施是品牌危机能否消除的关键，而此时积极主动、协调统一、快速控制最为重要。在清理品牌危机险情的前提下，根据危机的实际情况适当完善标准化的预案程序，通过与主流媒体的互动合作，借助新技术、新信息和新思维，开展自救行动，以消除影响、恢复形象。

3. 做好品牌危机后评工作。任何一次品牌危机预警与处理都是对成长链金融品牌建设的检验，做好危机处理的后评工作，变危机为机遇才是真正的品牌管理艺术。所以，就需要金融企业正确评价、引导社会舆论对成长链金融的负面信息，主动牵引品牌危机的社会关注点，转危机为宣传所用，增强品牌的曝光率和知名度。

五、结语

成长链金融创新性理念与个人消费金融有本质的不同，随着其产品与服务成熟度的提高，品牌培育的内容、形式也将愈发丰富，但更多的还是要加快推进产品创新、技术创新、文化创新，持续保持特有的差异性竞争优势，为品牌战略提供强大的支撑力，全力打造出强势金融品牌。

参考文献

[1] 菲利普·科特勒. 营销管理者 [M]. 上海：上海人民出版社，2003：304.

[2] 年小山. 品牌学：理论部分 [M]. 北京：清华大学出版社，2003：24.

[3] 屈哲，赵欣. 我国金融品牌建设策略研究 [J]. 东北财经大学学报，2006（2）：57 – 59.

[4] 雷超，卫海英. 基于三个视角的金融服务品牌研究述评 [J]. 湖南社会科学，2010（6）：99 – 102.

[5] 严军. 试论金融品牌资本以及特征 [J]. 南京金融高等专科学校学报，

2000 (3): 44 - 45.

　　[6] 陆岷峰，杨亮. 关于成长链金融规律分析与对策研究 [J]. 南都学坛，2016 (3): 3 - 9.

　　[7] 陆岷峰，张欢. 成长链金融产品创新研究 [J]. 海南金融，2016 (4): 31 - 36.

　　[8] 陆岷峰，徐阳洋. 关于化解成长链金融风险的战略研究 [J]. 湖南财政经济学院学报，2016 (2): 31 - 37.

个人成长链金融特征与发展对策研究

朱卉雯①

一、引言

国家统计局数据显示，2015 年末，我国金融机构人民币消费贷款余额达 18.95 万亿元，占人民币各项贷款余额的 20%，而在发达国家这一比例超过 60%。② 可见，国内个人消费信贷市场发展前景广阔。2016 年，在供给侧改革政策助推以及信息技术支撑的情况下，我国个人金融与消费金融市场呈现爆发式增长。但传统个人金融业务仍然存在整体性缺乏、授信阶段化、金融工具单一等一系列问题，已成为个人金融业务发展的重要障碍，难以满足群众日益"便利""高品质""个性化"的金融需求，一定程度上也压抑了个人金融需求。

因此，释放个人金融对经济发展的能量，整合个人金融资源，是解决当前经济发展的重要任务。个人成长链金融突破了经济个人金融理念，为自然人打造多样化金融产品，实现终身服务，贴合了普惠金融特性，满足了普通大众甚至是特殊群体的金融服务需求，为商业银行、信托、互联网金融等发展开创了新思路。准确定义个人成长链金融的含义，分析其内在特征，是科学发展个人成长链金融的基础。

二、文献综述

关于个人成长链金融，国内外尚无系统的专业论著进行表述，但涉及到个

---

① 朱卉雯，南京信息工程大学经济管理学院。
② 国家统计局网站。

人成长链金融研究的消费金融、生命周期、消费金融风险等理论知识已有较为丰厚的研究成果。

消费金融（consumer finance）研究范围甚广，包括经济金融、社会学、营销学、心理学等。参照 Merton & Bodie，Bodie Z.（1995）[1] 的研究结论，以金融的基本功能来定义金融环境的做法。Lusardi，Tufano（2009）[2] 根据消费者的金融功能界定消费金融的研究范围。此后，大部分研究都是沿着这个思路进行，而对于消费者个人的金融选择这一角度却并未作过多的表述。为了对消费金融所关心的问题有一个更具体的了解，我们必须从消费者个人的角度来考察他所面临的金融选择。

消费者个人的消费观念、消费需求、消费手段等都存在很大的差异，且随着个人生命周期阶段的不同，也呈现出不同的消费特征。自 Modigliani，Brumberg（1954）[3] 提出生命周期消费理论以来，众多研究表明，人在一生当中边际消费倾向呈现一个倒"U"形结构。国内学者对生命周期理论同个人消费之间的关系的研究并不多。陈学彬、傅东升、葛成杰（2006）[4] 分析了居民个人生命周期消费投资行为的基本特征。Russell Cooper（2016）[5] 建立模型，研究教育对家庭生命周期消费的影响，结果发现生命周期理论无法解释金融选择的差异性，但是却与高收入、低风险有关。Hem C. Basnet，Donou – Adonsou（2016）[6] 基于美国的消费数据，研究互联网对个人信用卡消费产生的影响，结果表明利用互联网的居民信用卡收支为正的可能性高于不用互联网的居民，但这样的结果并不适用于老年人。张勇（2014）[7] 研究年龄消费曲线，侧重研究年龄和消费之间的关系，重点研究养老金发放和个人消费之间的关系。

个人消费者金融风险方面，国内外学者做了许多丰富的研究。个人消费金融的风险一般表现为个人违约风险，因此，违约风险是消费金融重点关注的领域之一。Bertola G，Disney R，Grant C B（2006）[8] 研究了四个发达欧洲国家的数据，结果表明导致家庭违约的主要原因是失业和疾病，此外，家庭财富管理不善也是导致家庭违约的重要原因。这与 Domowitz，Sartain（1999）[9] 等人的研究结果比较接近。因此，对消费者开展金融教育是降低违约的一个有效途径。李波（2015）[10] 引入家庭信贷约束与家庭资产结构状况，论证了金融风险资产对消费支出的两个层面，即对财富效应与风险效应的影响。随着户主年龄的增加，风险效应先减少后增加，呈现"U"形形态。随着互联网金融的迅速发展，个人消费金融同互联网相互融合，产生出多样的金融产品；同时，借助互联网的发展，金融效率大大提高，关注个人生命周期不同阶段消费的特点，对金融的发展有重要意义。这些研究为个人成长链金融的提出和发展提供了理论基础。

陆岷峰、杨亮（2016）[11]创新性地提出"个人成长链金融"的概念，强调利用多元化金融工具为自然人客户提供终身性金融服务，基于整体性与阶段过度授信等原则提升个人金融业务的服务效率。陆岷峰、徐阳洋（2016）[12]基于对个人成长链金融概念特征的深入分析，进一步探讨了化解成长链金融风险的对策建议，提出推行成长链金融资产证券化、建立完善的个人破产制度以及构建大数据风控预警体系。本文则从个人成长链金融概念入手，基于个人消费金融理论，侧重个人成长周期内消费行为的特征分析，提出发展个人成长链金融措施，从而更具有论证上的逻辑性和实践中的指导性。

三、成长链金融的研究内容与特征分析

发展成长链金融必须基于成长链金融的基本特征，而基本特征又取决于成长链金融的内涵与外延。成长链金融的基本特征是制定发展模式的基础，准确地定义成长链金融是科学制定成长链金融发展战略的前提。定义成长链金融概念主要是界定成长链金融的研究范围、对象及各个主体之间规律性的关系。目前，对于成长链金融的概念学界尚未有统一定义。但从成长链金融行为过程来分析，成长链金融的研究内容至少包括以下几个方面。

（一）成长链金融是研究自然人的消费需求

人的消费需求呈稳步增长态势。自然人在成长、就业、成熟、退休这四个不同生命周期内，消费需求存在显著差异，也表现出不同的风险偏好。消费金融是现代金融服务的创新，而成长链金融的外延与内涵则更加丰富。它注重整体性和全方位性，将个人的金融需求、消费特征、信用状况进行综合考量，全方位地研究分析处于该成长链的自然人各个阶段的消费偏好，关注其动态消费情况，实现整个成长链的金融服务效用持续提升。

（二）成长链金融是研究自然人的金融服务

消费者的消费需求不同，进而所享受到的金融服务也存在差异。消费周期理论表明，人的一生就是将其收入或用于消费或用于储蓄，再分配到生命周期的各个阶段，从而保证在一生中合理地消费掉他们的全部所得。

现在，传统的银行业提供的金融服务已经不能满足人们日益增长的金融服务需求。跨境消费需求爆发式增长，储蓄、贷款、结算、保险等一系列金融服务无法满足当下多元化的消费需求。因此，成长链金融就是基于大数据云计

算，对生命各阶段的居民金融需求、信贷偿还能力及信用状况进行系统性、整体性研究，提出符合各阶段特征同时又能满足消费者整体性消费情况的金融服务。发展个人成长链金融的企业要在对个人信用记录做出综合统计分析之后，形成"个人信用档案"，对个人信用记录进行综合评估，从而有效降低风险，大大提高金融服务效率。

（三）成长链金融是研究自然人的整体性服务

自然人处于成长期的时候，由于收入少、住房等消费需求高，金融机构在这一时期往往是过度授信。而处于成熟期的自然人，则存在授信不足的情况。但是从自然人的一生来看，整体的授信情况还是存在一种动态平衡的可能性，如图 1 所示。

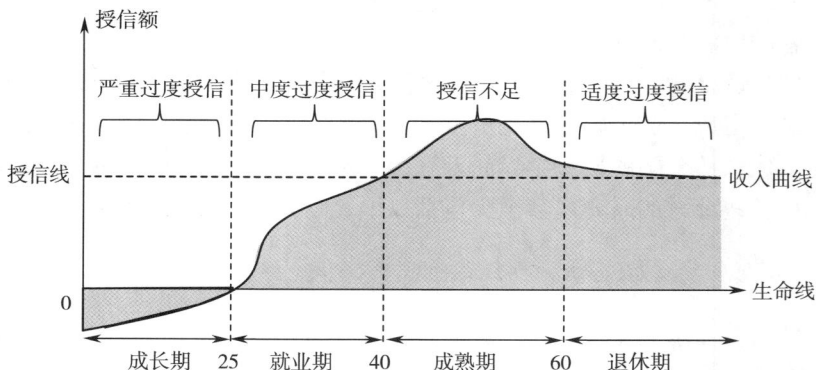

图 1　生命周期成长阶段授信模式比较

因此，根据自然人授信额度的特征，个人成长链金融不强调每个时期个人的偿贷能力有差异，但是成长链金融从整体性、全局性的角度，注重潜在关联性。一方面，提供更多样化的金融工具以迎合客户各类金融需求；另一方面，克服了分段授信模式的局限，综合考量授信水平的生命整体性。综上所述，成长链金融是对自然人的整个生命周期实现动态跨期授信，为用户提供从出生到死亡各阶段过程中个性化、整体性、完备性、终身性的金融服务。

（四）个人成长链金融基本特征

根据成长链金融的概念以及内涵，对比消费金融和个人理财服务，成长链金融的基本特征概括如下。

1. 终身性服务理念。成长链金融是基于互联网金融的快速发展等外部环境的变化提出的，特别是身份证管理一证化、大数据建设系统化、个人征信制度终身化，从多个维度锁定了各个自然人一生的运行轨迹。正常情况下，自然人不会因为非客观原因而失信，或失信成本极高，也不会由于信息不对称的缘故而无法受到约束。因此，成长链金融在理论上可以对任何人进行一次性的终身授信。

2. 阶段性过度授信。成长链金融出现之前，任何机构对自然人进行授信都不会过度授信，成长链金融则是在考虑一生信用的基础上，可以对自然人某个阶段过度授信，但是相对于自然人一生来讲，却并不是过度授信。同理，在控制风险的前提下，可以将这样的信用杠杆运用到整个社会中去。

3. 更加人性化。多年来形成的自然人收入能力与消费需求能力相冲突的现实，即当年轻无收入或低收入需要相应的消费时却无相应或有限的经济来源作支撑，当年老消费需求能力大幅度下降时，却积蓄了过多的财富，其现实就是人类生存幸福感不高。成长链金融可以有效地解决这一问题，因为是基于人的一生的综合金融服务，自然人在不同的人生阶段有不同的金融需求，成长链金融可以根据其金融需求提供相应的服务，从而很好地解决这一反周期难题，进而提升社会的幸福感。

4. 金融产品及服务的个性化。成长链金融根据自然人生命各阶段的不同消费需求、信用特征、投资风格等，制定出有针对性的、专门的产品或者服务，通过这种差异化、多样化的服务，在最大程度上满足自然人的金融消费需求。与此同时，成长链金融属于普惠金融，不仅仅重视高端客户，更重视中低端客户，其服务的对象包括在校学生、社会中青年以及退休的老年人等，为各个年龄阶段的自然人提供最适合的金融服务。因此，机构可基于自然人初期的低端客户，培养具有终身性、高黏性的客户群，实现不同生命阶段提供不同金融产品与服务。

5. 综合化的金融服务。成长链金融的服务主体不仅包含传统的金融机构，还包含财富管理公司、互联网金融公司等非传统的金融机构。所以，成长链金融可以运用多样化的金融工具为客户提供综合化的金融服务，除了对自然人进行授信外，还可以为自然人提供投资咨询、资产管理等金融服务。

6. 整体优化与局部优化并重。自然人的金融需求、信用特征、收入水平等在其一生中都可能会发生变化，所以成长链金融对自然人的评价具有跨期性、动态性，更加注重将其未来的收入水平、信用特征结合到现期的评价中，强调整体优化与局部优化并重，提升对自然人风险评估的真实性。

四、个人成长链金融的发展对策

个人成长链金融是基于消费金融、个人金融等传统金融概念的创新发展，具有其独特性、差异性的内涵与特质。因此，商业银行、信托公司、互联网金融企业等金融机构在发展个人成长链金融业务时，均应在综合考虑个人成长链金融创新点的基础上，加快自身发展模式与经营思维的转型升级。

（一）将发展个人成长链金融列入公司战略

首先，日益增长的消费需求使得成长链金融发展存在可能。其次，公司在发展过程中积累了庞大的客户基础，也存在稳定的盈利来源，个人成长链金融作为新兴的金融产品，也有助于公司进行转型升级，市场潜力巨大。从国家层面而言，个人成长链金融通过互联网金融创新，让金融服务在小微企业、农村地区得以推行，而残疾人、老人等特殊群体也能够享受到全方位金融服务，共享普惠金融；也有助于提高资产使用效率，加速资金流动性，实现有效供给，推动供给侧改革的实施。

过去市场是分割的，业务是零散的。如图2所示，公司要整合公司平台资源，设计制定一整套服务机制，制定个性化金融服务，即承担"规划师"的角色，根据客户需求可量身定做一套符合客户特点的理财方案。具体来说，就要先调查客户需求，设计产品，应用移动互联技术，设计相应配套产品，投入市场进行验证，反馈客户信息，实现再完善。

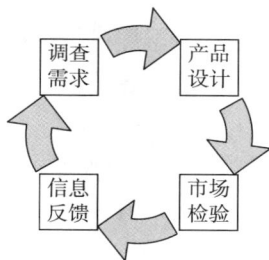

图2　成长链金融产品推广流程示意图

（二）坚持为用户提供终身服务理念

传统的机构大多分散提供存款、贷款、结算等服务，这使得金融效率降低，金融服务的普及度大大降低。而坚持为用户提供终身服务理念正是个人成长链金融概念的基本特征，是其区别于传统个人金融业务的重大创新。

要想发展个人成长链金融，必须加强身份证管理一证化、大数据建设系统化、个人征信制度终身化建设，使得个人信息披露越发透明。企业要与客户沟通，以为客户提供终身金融服务为宗旨，帮助客户设计将其整个生命周期考虑在内的终身生活及财务规划，涉及到个人生活的方方面面，不仅包括客户本身当下的消费需求，也包括客户未来的职业选择，还有子女的教育、购房、保险、医疗和养老、个人税收和资产传承等方面。最终，客户即使出现不可控的风险因素，也仍能有效规避风险，最终实现终身的财务自主、自由和自在的境界。

（三）积极创新契合个人成长特征的系统性金融产品

个人成长链金融服务对象是针对处在不同成长周期的自然人，往往经营心态和理财方式存在差异，呈现不同的风险偏好，对金融产品服务的需求也有着较大差异。处于成长期的个人融资需求高，但无收入来源，更偏向信用贷及时效性高的产品；步入平稳期、成熟期的个人健康指数明显上升，资金需求旺盛，需求频率较高，需要循环授信类产品，扩张性需求以及转型需求最高，信贷需求强烈；而步入老年期的自然人，"信心指数"表现最佳，但"信贷指数"下降，偏好低利率抵押性贷款产品、保险产品。因此，在个人成长期的不同阶段，金融需求不同，授信程度也有巨大差异，但这种差异在整个生命周期又具有互补性，这就使得个人成长链金融的发展存在巨大潜力。

成长链金融参与主体必须坚持"以客户为中心"的发展理念，设计的金融产品应满足客户的个性化需求，比如消费金融、校园金融、财富管理产品。同时，应坚持差异化发展理念，深挖农村市场，为农村提供特色消费信贷产品，比如"三农"消费信贷产品，以释放农村地区的消费活力，提高服务质量，践行国家普惠金融发展理念，通过提高消费形成新的经济增长点。

（四）立体化综合运用个人金融工具

对于个人而言，立体化综合运用个人金融工具，能够有效防止由于资产贬值缩水导致成员出现健康、医疗、重大财务支出或者责任事件时，廉价抛售资产或者申请破产而造成的家庭财务风险。对于企业而言，能够防止由于市场低迷导致连锁债务链的状态下，出现重大安全事故、意外事件和责任事件的时候，无力应对而产生的企业财务和社会责任风险。

面对这样的风险因素，我们要综合运用个人金融工具，立体化防范可能出现的金融风险。首先，从人的生长周期来看，处于成长期的时候，可以注重低风险的理财方法，例如，合理储蓄、投保等。储蓄是理财的根基，而保险则可以合理规避风险，同时也能像理财一样赚取一定利息。在成熟期的时候，就可以适当地选择股票、证券、期货等高风险高收益的理财产品，短时间内赚取高收益，为年老做准备。现在，随着衍生金融工具的成熟和发展，越来越多的人选择金融衍生产品进行投资。但是国内的金融衍生品市场还有待完善，公司要设计适合个人成长链金融的新型金融产品，不断推陈出新。

（五）大数据在个人成长链金融中的运用

大数据技术是推进个人成长链金融业务快速成长的重要技术支撑。大数据技术应用十分广泛，现在，通过数据支撑，能够对每一个消费者的消费习惯做出统计，预测消费偏好，降低管理和运行成本。

大数据技术可以很好地被运用到个人成长链金融当中去。首先，可以为每一个授信人建立测算模式，对消费需求推测更加准确完善。其次，从产品营销的角度来看，可以通过大数据技术搜集了解客户的消费习惯和消费特征，及时、准确地把握市场营销效果。最后，大数据技术可以增强风险控制能力，可以实现对相关流动性数据进行全程监控分析，不仅有效提升客户信息透明度，而且有效解决客户举证困难等问题。目前，大数据技术已经被很多投资银行引进使用，整合客户的资产负债、交易支付、流动性状况、纳税和信用记录等，综合评价客户信用，降低不良贷款率。

五、结论与建议

成长链金融的发展不仅有利于贯彻落实"十三五"规划，也有利于推动我国供给侧改革中关于金融业改革措施的落实，同时，有助于提高金融服务效率，推动绿色互联网金融的发展和普惠金融的发展。成长链金融从根本上改变了商业银行等机构对自然人的授信限于某个阶段的理念，立足于机会平等和商业可持续性原则，让金融服务具备普适性。金融服务链接人的成长、就业、成熟、退休四个时期，对人的整个生命周期进行综合考虑，并且根据人一生各阶段不同的信用特征、金融需求、消费需求等，为其提供多样化、全方位、全能型的金融产品或服务，从而提升了服务效能。因此，要为成长链金融发展服务，将个人成长链金融的发展引入公司战略，创新金融产品，综合运用金融工具，防范可能产生的金融风险，积极运用大数据、云计算的手段，坚持为客户提供终身服务的理念。

当然,在发展成长链金融时,也可能既面临着流动性风险、违约风险、意外风险等内部风险,同时也会受到竞争对手的威胁、国内征信体系以及社会保障体系的不完善等外部不利因素影响。因此,通过加强大数据战略规划的推广推进,严格个人身份证真实性定力,落实加强个人征信系统的建议,是个人成长链金融发展的必要外部环境。

参考文献

［1］Merton R C, Bodie Z. A conceptual frameword for analyzing the financial system ［J］. The global financial system: A functional perspective, 1995: 3 – 31.

［2］Lusaidi A, Tufano P. Debt literacy, fuinancial experiences, and overindebtedness ［R］. National Bureau of Economic Research, 2009.

［3］Modigliani F, B R. Utility analysis and the consumption function: An inerpretation of cross – section ［J］. Franco Modigliani, 1954, 1.

［4］陈学彬,傅东升,葛成杰. 我国居民个人生命周期消费投资行为动态优化模拟研究 ［J］. 金融研究, 2006 (2): 21 – 35.

［5］Cooper R. Wage & Employment Patterns in Labor Contracts ［M］. Routledeg, 2016.

［6］Basnet H C, Donou – Adonsou F. Internet, consumer spending, and credit balance: Evidence from US consumers ［J］. Review of Financial Economics, 2016.

［7］张勇. 死亡率、生命周期消费与个人账户养老金 ［J］. 数量经济技术经济研究, 2014, 31 (4): 35 – 49.

［8］Bertoal G, Disney R, Grant C B. The economics of consumer credit ［M］. Mit Press, 2016.

［9］Domowitz I, Sartain R L. Incentives and Bankruptcy Chapter Choice: Evidence from the Reform Act of 1978 ［J］. The Journal Legal Studies, 1999, 28 (2): 461 – 487.

［10］李波. 中国城镇家庭金融风险资产配置对消费支出的影响——基于微观调查数据 CHFS 的实证分析 ［J］. 国际金融研究, 2015 (1): 83 – 92.

［11］陆岷峰,杨亮. 关于成长链金融规律分析与对策研究 ［J］. 南都学坛, 2016 (3): 3 – 9.

［12］陆岷峰,徐阳洋. 关于化解成长链金融风险的战略研究 ［J］. 湖南财政经济学院学报, 2016 (3): 10 – 16.

我国 P2P 网贷平台竞争现状与差异化战略研究

——兼论成长链金融模式的可行性

张盟[①]

一、引言

经过近些年来的高速成长，互联网金融行业已成为中小微企业与实体经济的重要融资渠道，并上升为我国经济转型升级中不可或缺的长期发展战略。目前，互联网金融客户数量已逐步赶上传统银行机构，而国内互联网金融行业市场规模也将在 2016 年增至 17.8 万亿元，今后 5 年，该行业还将保持每年 24.67% 左右的复合增长率，预计到 2020 年底能够突破 43 万亿元大关[②]。其中以 P2P 网贷行业为互联网金融发展最为迅猛的业态模式，尽管遭受到大大集团、E 租宝等负面事件的影响，但行业超常规发展趋势仍未停止[1]（王立勇、石颖，2016）。截至 2016 年 3 月底，P2P 行业累计成交量增至 17 450.27 亿元，其中 2016 年 1~3 月达到 3 798.06 亿元，是上年同期累计成交量的 3.20 倍。[③]

然而在监管环境日益完善、行业洗牌愈发加剧的当下，互联网金融已正式告别粗放式、混沌式、抢占式的发展模式，互联网金融行业内部马太效应必然会进一步凸显[2]（俞林、康灿华、王龙，2015）。进入到"十三五"规划开局之年的 2016 年，尽管 P2P 网贷行业依然保持着超常规发展态势，但平台企业

---

① 张盟，南京财经大学金融学院。
② 中国投资资讯网《我国互联网金融行业发展趋势及市场规模预测》。
③ 网贷之家《2016 年 3 月 P2P 网贷行业发展报告》。

间同质化竞争日益加剧，已经进入到正向的存量淘汰阶段[3]（陆岷峰、杨亮，2016）。截至 2016 年 3 月底，全国 P2P 网贷利率为 10.46%，再次创造历史新低；而 P2P 问题平台总数增加到 1 523 家，新增问题平台增长率高达 32.43%，其中仅 2016 年第一季度就累计达 260 家，较上年同期增长了 42.08%。目前，在运营平台数量已减少到 2 364 家，未来还会有平台企业选择停业、清盘甚至跑路。

伴随着《关于促进互联网金融健康发展的指导意见》《P2P 监管细则暂行办法（征求意见稿）》的相继发布，P2P 网贷行业已逐渐进入规范发展期，网贷平台如何利用特色化、富有创意性的营销手段快速打造平台品牌与口碑变得愈发关键[4]（潘庄晨、邢博、范小云，2014）。而在 2016 年《政府工作报告》中，李克强总理再次提及互联网金融，并明确指出"规范发展互联网金融"。在此背景下，P2P 网络借贷行业将要发生巨大变革，行业泡沫将会逐步削减，大量同质化、综合化的网贷平台最终将被市场竞争所淘汰[5]（张春霞、蔡炎宏、刘淳，2015），而垂直细分将是 P2P 网络借贷行业正确的发展路径，行业领域细分、差异化发展已经成为定局。因此，深入探究 P2P 网贷平台垂直细分与差异化经营战略，不仅具有促进平台企业可持续发展的正面效应，更有驱动实体经济发展、推进创新创业的战略价值。

二、我国 P2P 网贷平台同质化经营现状

近五年以来，P2P 网贷平台数量呈几何倍数增长，导致行业内部竞争愈发激烈。2010 年我国正常运营的网贷平台仅有 10 家，随后三年网贷行业呈现迅猛增长，各年底平台总数分别为 50 家、200 家和 800 家，到 2015 年末更是激增到了 2 595 家。尽管现阶段我国 P2P 网贷平台的总数有所下降，但截至 2016 年 3 月底仍高达 2 461 家①。在 P2P 平台数大幅增加的同时，问题平台数却也在不断增长。目前，网贷行业乱象横生，尤其以同质化泡沫问题最为严重，过度竞争、诈骗、经营不善等现象较为普遍，极大地阻碍了 P2P 行业的创新发展[6]（陈麟、谭杨靖，2016）。

（一）网贷产品同质化

现阶段，大部分网贷平台的业务均集中在小额信用贷款与个人抵押贷款，

---

① 《2015 年中国网贷运营模式调研报告》。

其中个人抵押贷款的主要抵押品多为汽车与房产。大量P2P平台的个人抵押贷款业务模式类似，即先由借款方提供抵押标的物，平台企业再审查个人基本信息，便可以办理相关借贷业务。尽管已有部分平台企业逐渐意识到产品差异性的重要意义，但大多数还停留在产品纵向差异化的层次，已经依据借款人还款能力的高低区别，构建了一个具有梯度的产品结构体系，进而实现对市场上客户群体的最大化范围覆盖。以目前行业主要的四家针对个人消费以及经营的综合型平台企业为例，其产品线服务范围已基本覆盖到学生群体、工薪阶层、白领群体、精英群体、自营人群体与有房群体等。但这仅仅是产品差异化的初级阶段，并未真正改变产品的本质，产品的横向差异化才是相对更加重要的过程。因此，可以说当前P2P网贷产品同质化问题十分严重。

（二）竞争手段同质化

为吸引更多的投资者、加快平台规模扩张，P2P平台往往采用高收益的"烧钱"模式，而所谓的财富管理公司往往许诺投资者以奖励、积分返利等形式给予高额回报。但受央行多次降息降准的影响，国内货币环境持续宽松，社会融资成本进入到下降通道，并且在P2P监管趋紧、优质资产愈发稀缺的背景下，P2P网贷行业收益率已回归理性，高收益的"烧钱"揽客模式难以为继。截至2016年3月底，全国网贷综合利率为11.63%，再次创造历史最低点。[①]此外，高收益往往伴随着高风险，也是非法集资者常用手段：为了欺骗更多投资者参与集资，非法集资者往往开始是按时足额兑现早期参与者的本息，然后采取拆东墙补西墙方式，将后期集资人的钱兑现前期本息，但增大到某一规模后，便私自携款跑路。2015年底，公安部部署的专项整治行动启动，北京金融办有关负责人曾强调各个平台的综合利率不能过高，必须下调到10%以下；同时在深圳等地，高于15%收益率的P2P平台将成为相关部门重点摸底排查对象。[②]

（三）发展目标同质化

自P2P网络借贷兴起以来，行业始终存在着一种错误的发展理念，即平台的成交量越大越好，该理念直接导致了过度追求平台规模的发展速度。尽管陆岷峰、杨亮（2015）[7]曾基于全国100家平台调查发现，网贷平台的盈亏平衡

---

① 《2016年3月P2P网贷行业发展报告》。
② 《摸底P2P不止公安在行动　重点排查高收益平台》。

点约为年交易规模 57 343.77 万元，但位于该点之上的平台仅有 141 家。① 部分平台企业为达到尽快抢占市场的目的，一方面不计手段吸收资金，另一方面对借款企业审核不严。但作为一个新兴行业，尚存在着门槛缺失、人才稀缺、组织结构不健全等问题，因此在缺少成熟风控体系的有力支撑下，盲目的扩张成长将会大幅增大平台倒闭风险。

(四) 营销推广手段同质化

在 P2P 行业竞争日益激烈的环境下，平台企业为争夺市场份额，已将营销推广置于平台战略的关键位置，但目前 P2P 网贷行业推广手段较为单一，过于依赖粗放型"烧钱"模式。《每日经济新闻》报道称，当前网贷行业的获客成本的确整体过高，平均每个有效用户的获取成本均为 500~600 元，而伴随着行业内部洗牌趋势加剧，该成本或还将持续上升。根据陆岷峰、杨亮 (2016) 对于网贷平台的实地调研发现，P2P 行业整体上仍然坚持着每年千万元、上亿元的"烧钱"推广模式，除了用于搜索引擎、网站导流、参与展会和赞助论坛等形式外，大多数平台还会通过平面广告、电视广告等方式来获取客户，当前整体偏高的营销成本已成为了平台的重要支出。② 然而"烧钱"模式的同质化推广手段却不能够迅速实现"品牌溢价"，并且还会大幅压缩平台中后期的盈利空间，为平台企业的可持续经营带来隐患[8]。

三、P2P 平台实施差异化经营战略的必要性

(一) 网贷平台转变同质化经营方向的必要性

1. 宏观经济下行。2016 年第一季度我国 GDP 同比增长率降至 6.7%，较上季度 6.8% 再次出现下滑。人民银行金融研究所所长姚余栋指出，中国经济已经全面进入到新常态阶段，经济增速将由高速转向中高速。在新常态期间，保持"L"形的增长将是个必然趋势，我国"十三五"将维持 6.5% 的增速，未来在"十四五"期间或还将有所下降，可能约为 5%，这是国内宏观经济的

① 陆岷峰，杨亮. 关于 P2P 网贷平台行业性亏损情况调查及对策研究 [J]. 河北科技大学学报 (社会科学版)，2015，15 (4)：1-7.
② 陆岷峰，杨亮. 网贷企业发展中的矛盾及解决对策研究 [J]. 金融与经济，2016 (1)：23-27.

大趋势。① 同时，国内经济与金融环境也在发生巨大变化，包括宏观经济、金融政策的侧重点均从保增长逐渐转向调整结构，货币政策则从适当宽松向稳健转变，利率市场化程度持续推进。因此，当前互联网金融行业监管将愈加严格且日趋完善，在同质化行业竞争局面下，P2P 平台企业仅仅依赖于规模增长的发展模式已迫切需要改变，尤其是向差异化、集约化、特色化的趋势发展。

2. 政策环境趋紧。2015 年底，"十三五"规划建议提出"创新、协调、绿色、开放、共享"的五大发展理念，并首次提及"规范互联网金融发展"；2016 年，李克强总理在《政府工作报告》中着重强调，提高金融服务实体经济效率，规范发展互联网金融，推进"普惠金融"与"绿色金融"发展。随着《关于促进互联网金融健康发展的指导意见》《P2P 监管细则（征集意见稿）》的相继发布出台，互联网金融行业监管力度将更加趋紧，优质资产的获得与管理将更具有挑战性，投资者的平台选择将更加谨慎小心。一方面资产端的风控将呈现精确化、专业化、差异化与数据化趋势，另一方面投资端服务要求更加安全、便捷。因此，未来那部分拥有战略资源、在细分领域深耕细作的龙头 P2P 平台将在洗牌浪潮中进一步提升自身地位，平台企业的品牌价值梯队将逐渐显现，市场认可度与影响力将持续分化。

3. 同质化竞争后果。尽管 P2P 网贷行业规模仍在持续扩张，但行业内部大洗牌趋势已凸显。截至 2016 年 3 月底，国内 P2P 问题平台占比已增至 38.23%，其中同质化竞争带来了最为严重的负面影响：一方面，P2P 竞争手段过度依赖高收益，推广手段依赖于"烧钱"模式，会导致平台企业的运营成本加大，难以实现可持续性盈利。尤其在综合利率下行趋势下，平台收益无法覆盖其成本，从而迫使更多的平台选择跑路。另一方面，由于 P2P 网贷产品与服务对象的同质化，优质资产与项目的争夺更加白热化，进一步加剧了平台间的竞争压力。而由于 P2P 行业整体的风控水平较低，一旦某一行业遭遇冲击、出现还贷困难，则极易导致 P2P 网贷行业系统性金融风险。

（二）差异化经营战略的优势分析

1. 有效控制违约风险。一方面，平台聚焦于某一垂直细分行业，更有利于对该行业上下游供应销售状况的深入了解，对借款企业的违约风险防控更加高效和准确，从而有效提高了平台的项目风控能力，一定程度上削减了违约风

---

① 凤凰财经《一季度 GDP 再创新低　未来 L 形触底还是 U 形反弹？》。

险水平;另一方面,长期为特定产业提供金融产品与服务,能够帮助平台深度挖掘潜在的优质客户,并基于长期合作的相互熟悉,在风险可控的基础上,加快信贷审核投放速度。

2. 强化用户黏性。由于平台立足于垂直细分领域,行业客户对于平台的认识与信任程度得到大幅提升。同时,平台为客户缓解了投融资困境,在该行业内部更易得到传播,树立的优质口碑也会逐渐向外推广,具有极佳的品牌传播优势。垂直细分发展还能戳中平台定位与模式模糊不清的痛点,既可以让平台专注在资产端这个核心,又可以聚焦特定产业,有利于平台找到具体的服务对象,集中精力钻研产品模式,在思考如何给融资者提供更好的金融服务的同时,也能给投资者提供更优质的资产。

3. 形成特色竞争力。专注于垂直细分发展的 P2P 网贷平台,不仅能够为企业提供金融服务,整合上下游产业链资源,而且可以依托金融服务平台,提供人才、管理、渠道以及服务等支持,推动企业项目的高效运作,并持续孵化新的项目。总之,基于精细化与垂直化的发展战略,有利于笼络其他的同行业企业,从而聚集更加多的、具有相关需求的投融资者。相较于广而全的综合化平台,专而精的平台企业更能受到客户青睐,当 P2P 网贷平台能够提供良好的客户体验后,便具备了同其他 P2P 平台对手相竞争的实力优势。

4. 助力平台破解盈利困局。垂直细分、特色化定位能够点中网贷企业模式与战略目标不匹配的痛点,既使得网贷企业专注于资产端,又确保其聚焦于某一细分领域。截至 2015 年底,国内中小微企业总数已达到全国企业数的 99% 左右,合计 6 000 万户以上的中小微企业与个体工商户对我国 GDP 的贡献度已经占到六成。因此 P2P 网贷平台可基于差异化战略准确定位服务对象,充分开发中小微企业的市场,形成对一特定领域和产业的垄断优势,实现在提升网贷产品服务水平的同时,也能为平台投资者提供更为优质的资产,从而有助于平台破解盈利困局。

四、成长链金融差异化战略的可行性分析

(一)成长链金融市场潜力较大

1. 居民财富增加拓宽市场。2015 年,我国居民人均可支配收入达 21 966 元,比上年增长 8.9%;同时居民储蓄存款余额增长 8.5%,新增 4 万多亿元。受益于此,我国居民可投资财富已排在全球第三位,可投资财富高于 1 000 万

元的高净值群体逾 100 万人，可投资财富高于 600 万元的人群达到 300 万人，充分表明国内存在巨大的个人理财与财富管理需求，为成长链金融发展提供了市场基础。

2. 校园金融市场尚未有效开发。2015 年，我国仅高校毕业生就达到 749 万人，在校人数更是接近 3 000 万人，已构成千亿规模级别的校园金融市场。然而，校园金融由于零散化、风险大等特点限制，并未得到有效地开发利用，加之风控模式混乱，校园信贷市场正处于一片混沌景象。

3. 居民消费习惯逐步转变。近几年来，我国居民逐渐接受消费信贷，该消费习惯的转变使得消费信贷市场增速始终保持在 17% 以上。博思数据相关报告预测，到 2019 年消费信贷市场将增至 37.4 万亿元。消费习惯的转变、消费金融市场的拓展，符合终身性客户、差异化产品的个人金融业务趋势，从而为成长链金融提供了有利的发展契机。

（二）平台实力决定其可行性与成长性

1. P2P 风控能力尚待提升。相比于银行个人金融业务，成长链金融最核心的创新是实行终身授信、过度授信、定制化服务，但新生事物往往伴有不确定性，成长链金融同样存在着多样化风险，这也是银行机构未曾设想、更未尝试的根源所在。其一，成长链金融主张"阶段过度授信"，将前期的授信额度相应提高，但自然人死亡、失业、恶意逾期等风险较高；其二，成长链金融聚焦于高校学子、青年群体，而该群体金融需求高、收入水平低，导致风险与收益不匹配。因此成长链金融对于风控能力具有较高要求，而 P2P 网贷平台的风控水平整体较低、内部又参差不齐。

2. 信用环境导致博弈被动性。在成长链金融的业务中，资金提供方对风险的控制往往处于弱势地位。当产品提供给买方以后，因为合同的约束，资金提供方无法根据自身经营状况改变产品的结构而要求借款者提前还款，贷款的违约完全取决于客户，资金提供方只能被动地接受违约现实。加上一般的机构往往只重视贷前审核，忽略贷后监督与跟踪调查，使得违约风险极大。可见，博弈的主动权完全掌握在客户手中，成长链金融公司只能处于被动的接受地位。

3. 大数据应用效果尚待实践证明。P2P 平台要创建成长链金融信用评估和场景化产品开拓模式，必须拥有自己的风控大数据基础，同时只有将数据真正地整合利用起来，才能让那些海量个人数据变得有价值，更是在风险可控基础上适度提前授信的重要前提。然而，P2P 网贷平台的大数据技术仍处于成长阶段，对个人信用水平、收入状况、金融需求等分析与预测的精确性有限，因此亟须提高平台的大数据应用能力，为成长链金融的产品设计与风控把控提供技术支撑。

4. 成长链金融的盈利模式仍需迭代创新。从成本上来说，建立成长链金融运营体系看似工程浩大、成本较大，而从长期来看却并非如此。经济学原理解释就是，如果边际成本递减而边际收益递增，只要规模做大、时间做长就能获得规模报酬。然而，其盈利模式存在两大痛点：一是前期过度授信，导致盈利周期较长、前期资金投入大；二是服务对象为个人，其单个业务利润率并不高，必须达到保本点、实现规模效益，才能真正确保平台的可持续成长。因此，P2P 网贷平台在发展成长链金融时，仍需对其盈利模式进行迭代创新，实现风险与收益的对称合理。

五、结论与建议

目前，P2P 网贷行业同质化竞争严重，主要体现为金融产品同质化严重、发展目标追求规模增长、宣传推广过度"烧钱"、风控模式亟待完善等。而实施差异化发展策略能够有效控制网贷平台违约风险、强化用户黏性、形成特色竞争力、助力平台破解盈利困局。因此，在"十三五"规划与供给侧改革的双重背景下，P2P 平台应明确差异化经营策略，加快垂直细分化发展、建设特色化网络营销体系、推进 P2P 产品横向差异化、重塑优质平台品牌形象、依托地方资源优势打造区域特色化、持续提升 P2P 平台现代化竞争力。

尽管在正向存量淘汰阶段中，P2P 网贷平台实行专业化经营、特色化发展已成必然选择，但不同规模级别的平台企业应选择有区别性的差异化发展战略。以成长链金融为例，尽管具有广阔的市场发展空间，具备强劲的成长性，契合当前宏微观经济发展趋势，但是成长链金融也存在风控压力大、大数据技术不足、盈利模式亟待完善等问题。因此，对于差异化经营发展战略，P2P 平台应结合自身优势与不足，选择贴合各自特点的长期经营战略。其中，资本实力雄厚的大平台应坚定垂直细分发展，加快产品创新与跨界融合，在提升风控水平的基础上加快规模增长，通过差异化定位做出品牌与特色；而中小平台应采取跟随战略，在复杂多变的内外部环境下不应盲目创新，可通过并购重组构建区域性或细分领域的龙头企业，形成品牌效应与区域垄断优势，进而大幅增强网贷平台的市场竞争力，逐步改善平台盈利情况。

参考文献

[1] 王立勇，石颖. 互联网金融的风险机理与风险度量研究——以 P2P 网贷为例 [J]. 东南大学学报（哲学社会科学版），2016（2）：103-148.

[2] 俞林，康灿华，王龙. 互联网金融监管博弈研究：以 P2P 网贷模式为例 [J]. 南开经济研究，2015（5）：126-139.

[3] 陆岷峰，杨亮. 网贷企业发展中的矛盾及解决对策研究 [J]. 金融与经济，2016（1）：88-91.

[4] 潘庄晨，邢博，范小云. 中国 P2P 网络借贷运作模式的比较研究 [J]. 现代管理科学，2014（7）：16-18.

[5] 张春霞，蔡炎宏，刘淳. 竞争条件下的 P2P 网贷平台定价策略研究 [J]. 清华大学学报（自然科学版），2015（4）：470-474.

[6] 陈麟，谭杨靖. 互联网金融生态系统发展趋势及监管对策 [J]. 财经科学，2016（3）：49-57.

[7] 陆岷峰，杨亮. 关于 P2P 网贷平台行业性亏损情况调查及对策研究 [J]. 河北科技大学学报（社会科学版），2015，15（4）：1-7.

[8] 陆岷峰，杨亮. 互联网金融与科技金融融合创新研究——基于投贷联动模式的思考 [J/OL]. 西南金融，2016（7）.

成长链金融的运营推广

陈冬[①]

一、引言

伴随着"大众创业、万众创新"的提出、"中国制造 2025"的实施、"一带一路"的建设，金融市场的活跃度逐步升温。虽然中国经济增速依旧领跑全球，但是由于国际市场整体不景气，投资和出口对于我国经济的拉动作用略显疲软，扩大内需成为了当务之急，因此鼓励消费的口号不绝于耳。2014 年，中国金融机构人民币短期贷款余额达到 31.48 万亿元，同比增长 8.46%，短期贷款的高位增长反映了金融市场的稳步发展；2016 年中央提出了供给侧改革，强调放松市场监管，提升市场效率，促进了金融市场与生产要素之间的良性循环。

中国的改革已经进入到了攻坚克难的关键期，金融市场的改革也同样被提上了日程，传统的金融服务模式由于服务业态分散、产品组合单一等劣势，已经难以满足现如今消费者的个性化金融需求。2015 年底国务院下发了《关于积极发挥新消费引领作用加快培育形成新供给新动力的指导意见》，提出要着力打造集消费、理财、融资、投资等金融服务于一体的综合性服务平台，而成长链金融正是契合了这一发展潮流。成长链金融以个人金融服务为主要着力点，将自然人一生分为四个相对独立的金融阶段，根据各阶段不同的需求特点提供有针对性的金融服务，以达到整合服务业态、提供终身服务的目标。成长链金融服务机构通过对大数据的分析，总结出顾客的信用情况，并进行信用评

---

① 陈冬，南京信息工程大学经济管理学院。

级，在积极可控的范围内对消费者进行授信，是对个人金融服务的打破重组，既有利于稳固客源，促进金融机构的良性发展，也提升了个人的诚信意识，推动社会信用体系的建设。

二、成长链金融的内涵

自然人一生的金融需求并不是一成不变的，而成长链金融正是基于生命周期理论，打破了传统金融服务静态式的关注点，以动态的服务方式提供个性化的综合服务，以达到服务终身的目标。成长链金融将自然人一生分为四个金融阶段，分别为成长阶段、就业阶段、成熟阶段以及退休阶段，并根据每个阶段不同的金融需求，定制各有侧重的金融服务计划。

（一）成长阶段——小额信贷

成长阶段的客户群体主要是广大高校的大学生，由于休闲娱乐的丰富、数码网络的普及等，该阶段目标客户往往具有一定的消费能力，但经济基础较弱，资金来源多为父母支持。根据《2015年中国大学生消费行为与品牌认知报告》显示，大学生的消费行为有超过一半是属于冲动型消费，消费能力、消费行为与经济基础之间并不相匹配；同时随着就业市场压力的增大、鼓励创业政策的出台，越来越多的大学生投入到自主创业的大军中，但缺乏启动资金。因此，该阶段客户群体具有强烈的小额信贷需求；并且大学生群体的理财能力较弱，理财意识不强，因此，该阶段目标客户短期理财的发展空间巨大。

根据成长阶段目标客户群体的消费特点与经济基础，成长链金融服务机构应当将短期小额信贷作为主要的服务项目，同时，由于大学生群体经济基础不够稳定，因此在进行信用评级时，应当将门槛略作提高，并且做好担保人的认证，以防止恶意逃款或是偶然事件的发生。由于成长阶段的客户群体多为在校大学生，教育水平较高，今后的发展层次也可能相对较高，未来的金融服务需求可能较大，因此金融机构应当有选择性地将该阶段的目标客户作为潜在的重点客户培养，注重企业文化内核的输出，形成消费者对企业价值的认可。

（二）就业阶段——房贷车贷

就业阶段的目标客户多为刚走出大学校门、进入社会职场的新人，其主要经济来源已经转变为自己的收入，但是由于缺乏工作经验、收入相对较低，与之矛盾的是随着进入社会、各项开支也逐步增加，因此该阶段客户有一定小额信贷的需求。同时，结婚成家成为这一阶段重要的事情，但是随着社会的不断进步，车和房成为了结婚的"标配"，结婚的成本逐年递增，一般的家庭都难以负担。因此该阶段的目标客户也存在较强烈的房贷、车贷要求，以满足结婚成家所需。

根据上述分析，对于该阶段的客户，成长链金融服务机构应当以房贷、车贷服务为主要针对点，以小额信贷为辅助产品，同时，应当结合每个消费者自身的特点，提供相应的金融服务，比如向资金能力较强的消费者推荐一些回报较高的中短线金融产品。在对该阶段的目标客户进行授信时，应当将当前的收入情况与未来的个人预期发展情况相结合，更加合理地进行信用额度的确定。

(三) 成熟阶段——金融投资

成熟阶段的目标客户多为中年人，他们经过多年的社会积累，具有一定的经济能力和人生阅历，因此对于短期信贷的需求逐渐降低，转而需要专业的金融投资者对其资产进行管理，以确保其保值增值；同时，随着阅历的增长，这一阶段的目标客户的金融理念大多由成长阶段、就业阶段的追求高回报发展转为以稳健型理财为主，因此该阶段的目标客户更注重的是对其资产的保值增值管理。所以，成长链金融服务机构对于该阶段的客户应该以资产管理为主要着力点，通过对其资产进行模块化的分配后，合理地确定投资的方向，在选择金融投资产品时，应当加大稳健型中长线产品的投资比例，以守住资产保值这一底线。在进行金融投资的同时，也应当注意加大对退休阶段保险前期投入，确保退休阶段能够有充足的资本安享晚年。

(四) 退休阶段——享受消费

退休阶段的目标客户，顾名思义是从生产工作一线退下、享受人生的老年人。该阶段的目标客户经过了之前数十年的财富积累，经济基础较好，同时拼搏了大半辈子大多儿孙绕膝、生活安定、生活负担较小，因此追求的是提升生活质量、延长生命长度，例如近年较火的"夕阳红"旅游、购买保健品（见表1）等。据全国老龄委的调查显示，目前，我国每年老龄人旅行的人数占到全国旅行总人数的20%；在注重过好自己生活、提升生命质量的基础上，很多老年人也会为后代预留一些财富积累，减轻儿孙生活负担。

表1   **2009—2013 年我国保健品市场供需态势分析**   单位：亿元

年份	产值	销售收入	进口	出口	国内市场规模
2009	414.62	386.81	7.16	7.36	386.61
2010	581.75	335.02	9.21	9.94	557.29
2011	882.19	856.47	9.30	13.26	852.51
2012	1 160.73	1 130.68	8.87	13.40	1 126.15
2013	16 224.41	1 579.36	10.82	15.37	1 574.81

数据来源：国家统计局、中国海关网站。

针对上述分析，成长链金融服务机构应当积极满足该阶段目标客户的生活需求，加大对医疗保险的资金投入；同时，由于老年人生老病死等意外发生的可能性相对较大，因此应当将金融投资的结构侧重于中短期的、风险较低的金融产品，以便在意外发生时能够较快地支取，降低金融损失；并且也应当在遵从目标客户意愿的基础上适当为儿女单独预留一部分资产，以满足客户的需求，提升后代的生活质量。

三、文献综述

（一） 基于风险控制的成长链金融研究

随着金融改革的深入，成长链金融的发展成为了业内外人士的关注点，陆岷峰和朱卉雯（2016）认为，成长链金融是当前金融机构的下一个风口，金融机构应当基于成长链金融机构的基本特点，既要对行业发展充满信心，也要认清流动性风险、意外风险以及违约风险的存在，同时还要积极完善征信体系以及保障体系。[1]杨亮（2016）认为，成长链金融应当基于不同阶段的不同金融需求、偿还能力以及信用特征，对个人提供终身制的金融服务。[2]成长链金融未来的发展前景一片大好，陆岷峰和杨亮（2016）认为，居民的财富水平以及大数据的技术发展为成长链金融的推广提供了发展基础，而"互联网＋"广阔的消费市场和校园金融的发展前景也为成长链金融的未来增加了成功的筹码。[3]虽然成长链金融作为新兴的发展业态，正处于高速发展的阶段，但是人才培养依旧没有方法可循。陆岷峰和葛和平（2016）提出，要加强成长链金融专业学科的建设，应当完善课程体系，加强师资队伍的建设，同时，也应当构建成长链金融"政、经、产、学、研"间的研究。[4]不得不承认的是，成长链金融目前依旧存在一定的风险，陆岷峰和徐阳洋（2016）认为，成长链金融面对流动性等内部风险以及竞争对手威胁等外部风险时，应当积极推行成长链金融的资产证券化，完善个人的破产制度，构建大数据分析控制预警机制。[5]

（二）基于生命周期的成长链金融研究

成长链金融是在生命周期理论的基础上所提出的，周月书和刘茂彬（2014）运用 Tobit 模型，基于生命周期理论对居民家庭金融资产结构的影响因素进行了分析，认为不同阶段的家庭金融资产结构会呈现出不同的特征，并且也会受教育程度、家庭财富等因素的影响。[6]成长链金融的发展应当借助互联网金融的发展势头，杨东（2015）认为，金融风险是互联网交易的基本要素，金融机构应当在运营中解决信息不对称的问题，实现投资者风险吸收能力与金融资产风险之间相匹配。[7]成长链金融以信用等级评价为基础，因此社会信用体系建设对成长链金融至关重要。余源培（2010）认为，重视社会信用体系建设对反思金融危机是必要的，并且社会信用体系建设是一项社会系统工程，而信用的内涵是社会责任，因此信用体系建设需要"企业公民"建设。[8]成长链金融建立在生命周期理论的基础上，与传统的金融服务相比具有个性化、终身制的服务特征。虽然成长链金融作为金融领域新的推动力，发展前景较为广阔，但是依旧面临着自身流动性以及竞争对手威胁等风险。因此，金融机构在运营管理中应当积极推动成长链金融的资产证券化，完善个人的破产制度，同时努力构建大数据分析控制预警机制，达到降低个人信用风险的目的；并且金融机构在日常运营中应当推进"一证一卡一号"的建设，做到对风险的严格把控，尤其是针对成长阶段的客户群体，防止形成不利的杠杆效用。

成长链金融机构还应当密切联系生命周期理论，针对不同阶段的金融需求进行分析，确定不同特征的金融资产结构；同时，机构也应当认识到互联网金融的潜在风险，虽然虚拟性是互联网的本质特征，但是也应当凭借经验和措施，对风险形成预警并提前设立应对预案；与此同时，成长链金融服务机构也应当联合相关部门，协调企业机构共同加快建设社会信用体系，努力形成统一的跨行业跨地域的居民信用信息共享平台，并积极推动统一的信用评级标准的出台，切实降低成长链金融服务机构的运营风险。

四、成长链金融发展的政策建议

（一）提升风险控制水平

成长链金融服务机构应当严格把控风险水平，在授信前对用户信用情况进行准确全面地了解，并通过大数据的分析确定合理的授信额度；同时，在日常经营中应当做到责任到人，以加强经办人对风险把控的责任感，并且应当由专人对授信额度进行管理，提升业务专业程度，降低企业经营风险。对于由于不可抗力而导致的意外损失，金融服务机构应当提前预留好适当数额的坏账准备，每个经营季度末确定坏账金额，冲减坏账准备，同时合理调整下一经营季度的坏账准备，增强金融服务机构经营的准确性，提升整体风险控制水平。

（二）加强数据分析能力

成长链金融对于用户信用等级的确定是基于对大数据分析的基础上的，但我国的大数据建设于 2008 年刚起步，虽然发展迅猛，并且得到了国家的支持与重视，2015 年 9 月，国务院印发了《促进大数据发展行动纲要》，从国家层面系统地部署了大数据的发展工作；但是受限于起步较晚的弊病，大数据建设依旧不完善。同时，大数据分析也是近些年的新兴职业，社会对于专业技术人才的培养并没有形成系统的规范，整个行业呈现出"僧少粥多"的局面，虽然社会需求广阔，但是人才支持匮乏。

（三）提升个人诚信意识

虽然国家连年强调建设诚信社会，但是整个社会的诚信风气依旧没能形成，个人诚信意识有待提高。据 2014 年 7 月最高人民法院执行局和人民网共同发布的"失信被执行人排行榜"显示，共 7 名自然人失信超过 50 次，其中同为福建的雷美琴、修兴万和刘炜甚至分别达到 79 次、72 次和 70 次，陈一斌更是自 1990 年 4 月被立案起失信长达 26 年之久，与此同时 30～50 岁成为自然人诚信重灾区，而这恰好又是成长链金融顾客的中坚力量。在触目惊心的数据面前，不得不承认社会的诚信道路任重道远。

成长链金融服务机构作为重视自然人诚信情况的社会成员，有责任也有义务协助国家共同构建诚信社会。金融机构可以积极利用社会舆论正能量导向作用，加强诚信宣传，形成诚实守信的社会风气；同时，也应当对失信人员张榜公示、予以惩戒，让社会毒瘤无处遁形，也让广大公民意识到诚信的重要性。在提升社会诚信度的同时也应当加强对授信额度的掌控，合理分析顾客信用情况，努力将信用风险损失降到最低。

五、成长链金融的运营推广

（一）结合互联网发展

互联网的发展已经成为了时代的大势所趋，而成长链金融作为新兴的金融业态，应当顺着互联网发展的潮流加速自身的发展，利用互联网较为成熟的技术，整合线上线下的营销资源，将线上网络销售与线下实体经营相结合，推出各有侧重的服务。比如，线上模式主要是针对年轻一族以及工作繁忙的就业阶段、成熟阶段客户，侧重于小额信贷以及金额较小的金融产品的投资；而线下实体经营主要针对退休阶段的老年人以及大额交易的客户，侧重于医疗保险等方面的经营。如此一来，既可以达到分流部分客户、降低员工工作强度、节省办公场地的使用、减少办公费用支出的目的；同时又可以方便顾客咨询消费、减少顾客等待时间、提升消费满意度、满足快节奏生活的需要。

（二）形成差异化的品牌定位

成长链金融经营的突破口就是全面个性的终身制服务，因此金融服务机构应当在坚持这一本质特征的基础上，形成与传统金融服务业态的差异，在现有的金融行业中培养自己的客户。同时，成长链金融服务机构应当了解服务终身制可以带来相对更稳定的客源，降低经营风险；认识到个性化的金融服务是机构生存的根基，只有做到"一人一档"的金融服务，才能真正与传统金融业态区分；并且金融服务机构也应当向消费者提倡信用终身制的理念，让消费者树立诚信意识，认识到在成长链金融服务中失信行为的危害性。成长链金融只有通过与既有的传统金融服务形成差异，并且在实际经营管理中坚持自身的本质特征，才能够在竞争激烈的金融市场中博得一席之地。

（三）建立统一信用评级平台

成长链金融的运营是建立在对自然人信用情况评价的基础上的，虽然目前中国金融领域已经意识到信用信息的重要性，行业内的信用网络已经逐步形成，能够实现金融领域信用信息共享；但是整个社会信用评级体系的建设依旧任重道远，行业间由于对信用情况的评判没有严格的统一标准，因此难以统一全社会的信用评级。社会统一的信用评级平台建设迫在眉睫，只有确定了统一的信用标准，才能真正做到让守信人员"畅通无阻"，让失信人员"寸步难行"。

而作为统一的信用评级平台的直接受益者，成长链金融服务机构应当首先进一步完善和规范行业内的信用信息共享平台；其次，应当与相关部门共同发力，积极构建行业间的信用信息共享平台，并且将行业自身的目标与社会整体的需求相结合，合理地制定统一的信用评级标准，在日常的经营管理中带头践行标准的实施；最后，成长链金融服务机构应该做到分次授信，对个人的信用情况进行动态化管理，根据实际信用情况的改变时时调整信用等级，合理管控信用风险，降低经营损失，努力形成诚实守信的社会新风气。

六、总结

成长链金融个性全面的产品服务，在现如今快节奏的生活中为消费者减少了一系列不必要的麻烦，这也成为了成长链金融的杀手锏，想必成长链金融必定会乘着互联网发展的东风一路高奏凯歌。但是成长链金融服务机构也应当认识到现如今还存在着发展的短板，金融机构应当加强对数据分析人才的培养，提升大数据分析的精确度，降低授信风险；同时也应当提前做好坏账准备，严把授信额度，做到专人负责、责任到人；并且金融机构也应当尽一己之力努力构建诚信社会，提升自然人诚信意识，从根源上降低企业经营的信用风险。

在成长链金融的运营推广中，首先，应当推行线上线下合作的机制，将实体营销与互联网、APP 相结合，方便客户体验，提高消费满意度；其次，金融机构可以在日常运营中推行增值业务，即向不同年龄段的消费者，针对不同的金融需求，推荐相应的产品服务，既增加消费的可能性，提升机构收益能力，又方便顾客消费，形成良好的市场口碑；再次，成长链金融服务机构应当形成自身的品牌，将企业文化渗透到日常服务、产品结构中，以独特的文化内核实现自我营销，达到提升市场份额的目标；最后，成长链金融服务机构应当重视跨行业统一信用评级平台的构建，通过行业间自然人信用情况共享，更准确地进行信用评级，以达到降低经营风险的目的。

成长链金融是未来金融领域发展的大势所趋，金融服务机构应当积极利用好当前有利的发展条件，同时努力补齐短板，形成良性发展的市场结构；而付融宝作为"第一个吃螃蟹的人"，也必将会扬长避短，推动这一不可估量的新兴领域形成更广阔的财富市场，成为成长链金融市场的领航者与风向标。

参考文献

［1］陆岷峰，朱卉雯．成长链金融：个人融资新生态［J］．首席财务官，2016（4）：12－15.

［2］杨亮．个人成长链金融初探［N］．金融时报，2016（2）：9.

［3］陆岷峰，杨亮．成长链金融原理推导与发展研究［J］．华侨大学学报，2016（4）：37－47.

［4］陆岷峰，葛和平．成长链金融学科建设之我见［J］．企业研究，2016（5）：38－41.

［5］陆岷峰，徐阳洋．成长链金融风险及其化解策略研究［J］．湖南财政经济学院学报，2016（4）：31－37.

［6］周月书，刘茂彬．基于生命周期理论的居民家庭金融资产结构影响分析［J］．上海金融，2014（12）：11－16.

［7］杨东．互联网金融风险规制路径［J］．中国法学，2015（6）：80－97.

［8］余源培．重视社会信用体系建设——对金融危机的必要反思［J］．上海财经大学学报，2010（2）：3－10.

个人成长链金融的营销模式创新与推广策略研究

马婧①

一、引言

目前,随着科技的进步、信息技术的发展,计算机的使用以及互联网技术的推广已经深入我国国民生活的方方面面。随之而来的互联网金融创新产品、P2P 的交易模式也越来越多地为大众所接受。为了契合国家经济大幅度发展、国民生活水平提高这一大的时代背景,金融行业亟待改革和创新。与发达国家相比,我国消费信贷占总体信贷市场的比例偏低,未来有着极大的发展前景。因此,如何紧跟时代步伐,结合互联网发展这一大环境,完善更新金融产品并对产品进行适当的营销推广,使其适应金融行业的发展是本文研究的重点,也是未来相关研究的重点着力方向。

成长链金融不同于之前的金融概念,具有整体性和终身性的特点。因为其服务的期限跨度大,因此对相关产品和服务的营销也要做到有针对性,即要有良好的市场定位与目标人群定位。对于成长链金融的不同时期,所要进行营销的研究对象是有所区别的。例如,对于成长期的目标用户,其相应的理财产品应该为信用卡、互联网金融、校园金融、消费金融等,对于此阶段用户进行营销就应结合互联网、结合年轻人对新鲜事物接受能力强等特性来展开,而对于退休期的用户却恰恰相反,应该采用品牌性来加强用户黏度。对于不同环境下的自然人,对其进行成长链金融的营销推广也是有所差异的。例如,对于城市

---

① 马婧,东南大学电子商务与互联网经济研究中心。

中的消费者和对于农村的消费者所采用的产品策略、营销推广的侧重点也都不同。总体而言，成长链金融的营销及推广应重点把握针对特殊人群来思考，将金融产品和服务的消费对象按时间段、地域、生活背景等进行划分，这样才能得出说服力强的营销推广方案。

二、文献综述

成长链金融是于 2016 年在江苏省互联网金融协会上提出的一个全新的金融概念。在相关文献中提到，成长链金融的研究对象是每个自然人，秉承为其提供终身性金融服务的理念，融合了个人消费金融、消费理论、生命周期理论等相关概念。成长链金融讲求一次授信、终身有效的思想，并在不同时期对授信线进行合理调整。陆岷峰、张欢（2016）给出了成长链金融产品创新现状，从竞争激烈、产品同质化严重、风险控制问题亟待解决三个方面进行了说明，并给出了相应的发展对策——以顾客为中心，开展差异化战略；优化创新流程，提升研发效率；注重创新人才的培养；树立良好的风险意识；紧密结合"互联网＋"战略；提升产品的核心竞争力，创建创新体系。[1] 为之后相关成长链金融研究提供了理论基础。陆岷峰、杨亮（2016）则重点阐述了成长链金融未来的发展方向。在文章中，首先对成长链金融研究的理论基础进行了说明，结合了相应的市场验证，得出了推进"三个一"基础工程建设、建立客户数据存储体系、推进金融产品改革创新、构建终身营销理念、加快个人授信模式的转变以及加强大数据对风险的控制五个方面的发展对策，对成长链金融的整体发展思路进行了整合与总结。[2]

因为成长链金融是新提出的概念，因此有关其营销推广方面的文献资料极少。但对于互联网金融、个人金融营销、商业银行营销策略、校园金融等方面的研究已相对比较成熟。吴国强（2015）通过 SWOT 分析对互联网金融 P2P 的发展现状进行了研究，认为我国目前的 P2P 信贷模式主要是线上线下模式相结合的，而非发达国家的单纯线上运行。因为我国没有一个统一的征信体系，而使得我国 P2P 存在着较大的风险，说明了建立全面统一的征信体系的重要性。[3] 康苏文（2015）则以 A 银行为例，说明在互联网金融大的背景下，银行的营销策略。主要从互联网金融对商业银行支付中介、贷款类业务、负债类业务、中间业务四个方面的影响，进而促使银行从价格、渠道、定价、传播四个方面进行营销推广的优化，包括技术网络化、业务平台化、整合营销渠道、差异化服务、采用 O2O 线上线下同时推广等内容。[4]针对电子银行产品，唐莲莲等（2011）以中国建设银行为例提出了集网络营销、捆绑营销、事件营销、关系营销为一体的校园金融营销手段。[5]

三、基于成长链的个人金融消费市场分析

成长链金融是在个人金融和消费金融基础上，深化得出的基于自然人生命周期理论的概念。因此在探究其营销推广策略之前，首先应了解目前个人金融产品、业务的发展现状。总体而言，主要存在以下三方面的问题：金融产品同质化严重、营销针对性有待加强以及营销手段单一。现代金融体系一共包含四个方面，分别是银行、保险、证券和信托。在现有的金融市场上，金融产品主要包括信用卡、贷款、理财管理、股票、信托等方面的内容，而各大银行、金融机构推出的产品及服务大同小异。

在成长期，针对校园市场用户对提前消费的需求比较大的现状，校园分期平台应运而生。然而现有的校园分期平台，产品同质化现象严重，大多是建设一个网站和移动 APP 进行分期贷款业务。而这类平台的营销手段十分有限，例如，以兼职为名，吸引学生加入团队进行营销推广；利用这群学生进行海报的张贴和传单的发放，来提升产品的知名度；通过低息、长还款期限的方式来吸引用户。产品的单一化使得营销手段缺乏创新，同时校园市场高风险、授信难的现象，也使得金融企业、平台所推出的产品不尽如人意，难以满足市场的需求。而营销手段采用大面积的投放，使得资源浪费比例增加，营销效果不良。

在就业期和成熟期，前者所涉及的业务多为贷款、消费、股票等。此阶段的用户消费欲望强烈，但授信水平往往受到其收入水平、财富积累的限制。后者所涉及的业务则多为保险、投资理财等方面。此阶段的用户资金积累已达到一定的水平，不再需要贷款等相关业务。然而，市场针对以上这两个阶段的用户进行营销时，并没有真正将其区分开来。营销方式就是单一的电视广告营销、邮件营销、与各大网站合作营销、地面推广等。

在退休期，用户以老年人为主，对于此阶段用户的营销往往比较薄弱。究其原因，是因为此阶段的用户已经养成了一定的用户习惯，不再会因为外界的宣传、营销而改变自身的金融产品使用偏好。同时，此阶段用户所需要的金融产品和服务类型单一，因此营销创新力度不大。

总体而言，无法对相应的目标群体进行准确的市场定位，对低、中、高端

的用户无法准确地界定和区分，是目前金融产品营销所面临的问题。如何结合互联网进行金融产品的推广是各大金融企业机构需要思考的问题，不单单是通过网络营销这一手段，更要深挖网络背后的数据进行有效的利用，而显然当前对这部分的研究还是比较薄弱的。

四、成长链金融营销模式创新

针对成长链的不同阶段，个人金融消费市场所呈现的市场特性有所差异。针对现有的各阶段所存在的问题，综合考虑分析得出了针对个人不同成长期营销模式的创新，确立了成长链金融应具备以下特点。总体而言，金融主体应秉承"产品＋服务"的营销理念，针对不同阶段的服务对象采用差异化的营销战略，注重组合营销等相关营销手段的综合运用。

（一）推出"产品＋服务"的营销理念

"产品＋服务"营销理念的提出，是整个营销活动的中心指导思想。成长链金融产品相较于传统的个人金融、消费金融等，具有一次性、终身性的特点。因此，在销售相关金融产品的同时，更应注意产品的附加价值。提升服务是增加产品附加价值的重要手段，服务包含售前、售中和售后三方面的内容。

售前服务要求银行、金融机构可以有效地瞄准目标人群，进行精准的营销服务。第一，要结合大数据进行分析，了解目标用户的消费习惯。针对有着不同消费习惯的用户群体，要采取不同的营销手段。第二，要采取多样化的服务方式。售前服务不光包括介绍推销产品内容，更需要站在用户的角度上思考其需求。

售中服务要求相关服务人员完成产品的介绍和交易活动。目前，金融产品的交易形式多种多样，有电话交易、互联网在线交易、人工交易、移动端 APP 交易等。成长链金融作为新兴的金融产品，在初期推广时，会遇到消费者不了解此类产品的情况，作为相关营销推广人员应采取多样化的手段，如语音讲解、PPT 展示、图片展示、网络视频等多种方式结合来对产品进行介绍。

售后服务重点在于充分调动互联网、信息技术的能动性。通过对个人行为的不断监控，可以动态地调整授信线、更新金融产品内容、提升服务质量。针对不同的用户，其数据库信息存在着巨大的差异，因此成长链金融是不断调整优化的。在用户行为发生改变时，为其提供人性化的相关服务。

（二）针对不同阶段、不同类型的用户，采用差异化营销战略

在秉承"产品＋服务"营销理念的基础上，将金融主体或企业的总营销策略细分，确立了针对不同阶段的用户应采用差异化的营销战略。因为成长链金融是一种终身性的服务理念，在整个生命周期中，需要为用户提供综合化的金融服务，这其中就包括个人贷款授信、信用卡、金融咨询、财富管理、保险、投资等方方面面的内容。但在自然人的不同生命周期阶段中，所需要的金融产品和服务的侧重点是不同的。因此，在对成长链金融的营销中应该秉承差异化营销的策略。具体而言，对于不同阶段的用户营销渠道、价格、方式都有所不同。

对于成长期的用户，此类用户年龄在 24 岁及以下，其中大部分为学生，因此对于此阶段的用户营销的核心产品在校园金融、消费金融、互联网金融上。此类用户大多熟练使用计算机、互联网、移动设备，对新鲜事物的接受能力强，因而营销重点在线上、线下营销相结合的方式。第一，校园市场是成长链金融成长期不可忽视的一部分。对于校园金融的营销，可以放在与校方合作上。将金融产品与校园卡相结合，提供一定额度的信贷服务，如留学贷款、消费品贷款等，以此来引导该市场上的用户进行消费。第二，年轻人对提前消费的渴望大于之后任一时期的用户，因此，此阶段的营销应该与消费支付的渠道相结合。举例来说，支付宝推出的余额宝、蚂蚁花呗有效地吸纳了年轻人用户市场，将闲散的钱用作金融消费。

对于就业期的用户，其金融需求主要集中在消费金融上，具体来说就是在买房、买车、消费的贷款需求上以及高风险高收益的投资需求上。此类用户财富积累不多，理财风格趋于进取型。因此，在对此类用户群体进行营销时，应重点强调收益与投资的合理性。因用户更倾向于个人的判断，且消费更加谨慎，营销渠道应加强官方网站和服务平台的建设，以提供信息为主、建议为辅，将选择决策权交给用户。结合适当的事件营销，更能激起此阶段用户的兴趣。其进取型的理财风格让此阶段的用户更加勇于尝试新鲜事物，因此口碑营销通过微信、微博、论坛等形式，更容易吸引此阶段用户进行消费。

对于成熟期的用户，其金融需求则主要集中在理财服务、保险服务上。此类用户不会过多地将精力投入到自行研究分析金融、理财产品上，因此人工服务在营销中起到了重要作用。成长链通过个人数据库、全网大数据分析可以得到用户个人的收入水平、消费偏好、偿还能力等，因此为其提供专业化的引导是至关重要的。一个专业的客户经理可以为用户提供个性化的服务，更加的人

性化，可以有效地提升此阶段用户的黏度。

对于退休期的用户，已经经历了成长期、就业期和成熟期，因此投资理财风格更加温和。对于此类用户进行营销则应重点提供人文关怀。除开对成熟期用户提供的客户经理服务之外，还应加强对其生活方方面面的服务。

（三）发展产品个性化特点，制定营销组合策略

产品是营销的核心。对于各阶段用户进行差异化营销战略离不开对产品的个性化发展。成长链金融的一大特点就是其金融产品和服务的个性化，而为了满足用户个性化的个人需求，传统单一的产品显然是远远不够的，因此推出组合产品至关重要，而由此也就引出了营销组合策略。金融企业在确定了定位目标后，就必须根据客户的实际情况制定客户能够接受的价格和符合市场需求的目标产品，并借助一定的营销手段将产品推广给大众。除开传统的人员推销、电视广告宣传等手段，互联网的普及也为营销打开了新的大门。结合网络营销进行线上线下的推广势在必行，而传统的营销手段也有待加强更新。例如，传统的邮件营销多集中于狂轰滥炸式，除给用户带来很糟糕的用户体验外，营销效果并不突出。现在则可以根据数据挖掘、数据分析等技术，精准地对目标人群投放其感兴趣的内容，或是根据某一类型网站用户的行为特点分析其所需金融产品的类型，对其进行广告营销。而口碑营销和事件营销作为新兴的影响手段在各行业的营销上都取得了不错的效果。成长链金融要想取得发展，必然离不开官网、官微、官博等渠道的营销推广。

五、成长链金融推广策略

成长链金融作为互联网发展这一时代背景下的产物，在营销模式创新的基础上，还应紧密结合信息技术，在营销推广上有着全新的突破。总体而言就是依托大数据等电子信息技术对消费者习惯进行全方位跟踪，以此达到合理预测、科学授信、金融产品人性化设计等效果。成长链金融的营销推广核心在于关注用户个性化，聚焦用户个人习惯的培养，有针对性地进行推广，并且及时反馈推广效果、对营销推广策略进行实时优化调整。

（一）注重习惯的培养，提升用户黏度

在差异化营销理念的基础上，成长链金融的营销推广要结合自身的特点，进一步加强用户习惯的培养。成长链金融是一次性的授信，终身提供产品和服

务的，因此提高用户黏度非常重要。产品知名度和品牌效应在整个营销推广活动中占主导地位。在产品的宣传过程中应该注意以下几点：第一，利用品牌知名度来吸引用户。公司的品牌形象是产品得以为用户所信任的重要因素。金融产品相较于实体的消费品而言具有更大的风险性。而成长链金融产品因为其自身的特性，只有让顾客信任该产品，并且在享用该产品的过程中获得良好的用户体验，才会促使其在下一个生命周期阶段继续使用该产品，终身提供服务才成为可能。第二，培养用户使用习惯，提升用户黏度。在获得一定的用户的基础上，如何留住用户是关键。习惯的培养要求成长链金融产品可以满足用户生活方方面面的需求，使其不再需要其他的金融产品和服务。并且成长链金融要具有一定的创新性，在风险控制上也要有所优化。要突出产品的核心竞争力，为用户提供一体化、方便快捷的服务。要培养用户习惯，将习惯使用传统金融产品的用户集中吸引到使用成长链金融产品上来。

（二）营销模式创新，采用特色化推广

金融产品的种类也逐渐扩展到线上，互联网金融的大力推进有效地促进了营销推广模式的更新换代。在传统营销推广的基础上，应该更加注意特色化的营销推广，推行符合时代发展的营销手段。互联网金融产品作为难以实际衡量的消费品，用户在选择时会更加注重个人体验。同时在线了解产品时，一方面需要产品本身具有形象生动的特性，便于用户理解和掌握；另一方面，就服务而言，对用户与金融主体的互动性的要求也很高。因此，在此背景之下，成长链金融产品的营销推广应注重模式的创新，推行特色化的营销战略。

（三）利用大数据，及时反馈市场营销推广效果

在以上营销模式创新以及推广手段的优化基础上，营销推广的效果反馈也是营销中不可忽视的重要组成部分。反馈的结果对之后产品内容的改善、企业战略的调整等方面都将起到重要作用。成长链金融的发展必须紧密结合大数据分析，一方面可以对提升客户生命周期管理水平、不断提升客户的满意度起到效果，另一方面可以对营销推广的成功与否进行有依据的评判。例如，根据收集到的相关数据可以有效地判断之前的目标市场定位是否合理，目标受众的反应是否良好，价格满意度是否符合预期等。如果出现问题，则应及时地调整或修改产品的内容，使之更符合市场需求，或更改营销的目标、营销的渠道、促销的方式方法等。实时的数据监控，可以为成长链金融的成功营销提供技术上的保障。

六、总结

成长链金融不同于以往的金融概念，是一个综合考虑整个人生命周期的概念。因此，对于它的营销也不能简单地采用之前金融产品的营销手段，而应在一定的营销标准基础上进行动态的调整。成长链金融是对个人金融的深化，是传统个人金融业务转型升级的关键点，为长时间压抑的金融市场注入新的活力。以往的个人金融营销具有针对性不强、营销手段单一、精准度低等问题。针对这个现象，结合当前信息技术发展的大趋势，本文提出成长链金融的推广应紧密结合互联网的发展，依托大数据对用户的收入水平、消费习惯、信贷情况进行分析，制定出针对性强的营销推广策略，对目标市场进行精准营销。同时，利用数据挖掘、数据分析等技术，及时地反馈营销效果对之后营销策略的优化至关重要。总体而言，成长链金融作为新的概念，很多内容还有待完善，目前相关研究多停留在理论上，之后应根据市场反馈的具体情况对其产品设计创新、营销手段优化，才能保障其更好地发展。

参考文献

［1］陆岷峰，张欢. 成长链金融产品创新现状与对策研究［J］. 海南金融，2016（4）：18 - 25.

［2］陆岷峰，杨亮. 成长链金融原理推导与发展研究［J］. 华侨大学学报（哲学社会科学版），2016（2）：37 - 47.

［3］吴国强. 互联网金融 P2P 信贷模式研究［D］. 西北农林科技大学，2015.

［4］康苏文. 互联网金融背景下 A 商业银行营销策略分析［D］. 苏州大学，2015.

［5］唐莲莲，倪玲，韩荣华，黄娟，符骏斌，邢昫骅，庄丽婷. 电子银行产品校园营销策略——以中国建设银行为例［J］. 电子商务，2011（5）：34 - 36.

浅谈银行业在成长链金融方面发展的设想

刘晨瑜　李娟①

一、研究背景与目的

每一个自然人都是银行业务的参与者，银行所提供的个人业务服务就是针对每一个自然人个体的服务。我国人口基数众多，随着二胎政策的放开，全国人口数量将有显著增长，银行个人业务的服务对象也必然会随之增多。如何适应我国人口政策导向，按照自然人的生命发展规律，合理规划、开发新型银行业务，成为目前我国银行业普遍关注的问题。

传统金融行业大多围绕客户资产进行客户分层管理，根据客户的资产规模将客户分为大众客户、中高端客户、VIP 客户等类型，与之相适应的业务服务种类也根据客户资产规模分为普通理财服务、私人银行业务、家族财富管理等类型。在客户金融服务需求日益多元化的今天，此种客户服务在一些情况下显得有些"粗放"，不能更精准地为客户提供更加个性化的服务。因而，一种新的客户服务理念——"成长链金融"应运而生。

本文旨在通过对成长链金融这一新兴理念和银行个人业务的结合方式方法的研究，寻求银行尤其是中小银行在新的历史环境下实现可持续发展的道路。

---

① 刘晨瑜、李娟，供职于晋商银行。

二、成长链金融是以人的生命周期为特征的新型金融模式

（一）成长链金融定义

江苏省互联网金融协会秘书长、成长链金融课题组组长陆岷峰博士首先对成长链金融进行了界定，认为成长链金融是以自然人为研究对象，以提供终身性金融为服务理念，实行终身授信等全方位、全流程的金融服务行为的总称，具有终身性、整体性、不同阶段不同金融服务等特质[1]。

（二）自然人不同成长阶段的特征与偏好分析

一个自然人的生命按照成长规律从孕育开始，经历幼年、童年、少年、青年、中年、老年几个时期，按照生命不同阶段担当的社会角色可以分为学前阶段、学生阶段、劳动力阶段以及退休阶段四个阶段。每个阶段所需要的金融诉求不同、投资消费不同，期望获取到的金融服务也不尽相同。下面，依阶段特征逐一进行分析。

1. 学前阶段：（金融需求无意识阶段）。这个阶段包括生命的孕育期及幼年时期。这一阶段对于生命本体来说，因为没有收入以及自主的消费观，因此没有直接的金融需求，多为其监护人的金融需求。在生命的孕育阶段主要包括定期到专业的医院或妇产中心进行产检、生育，以及购买产期的营养品的需求；在幼年阶段主要需要的是包括月嫂、保姆及家政服务，以及婴儿用品、早教方面的需求，除了消费投入外，监护人往往会同时为幼儿购买商业保险。

2. 学生阶段：（金融需求萌芽阶段）。这个阶段包括自然人的童年、少年及青年的部分时期。这一阶段最主要的需求是保姆、家政，以及幼儿用品、教育方面的投入，主要包括学前教育、义务教育及接受高等教育以及兴趣特长班等的学习投资。在这一阶段，自然人的收入主要来源于压岁钱以及父母长辈给的零花钱等，由于尚无固定收入来源，属于"纯消费群体"，消费所需的花费主要来源于其监护人。但通过压岁钱、零用钱以及奖学金、打零工的积攒，一些人已建立自己的小金库，并利用小金库满足自己的消费需求。

3. 劳动力阶段：（金融需求旺盛阶段）。这个阶段包括青年、中年时期。自然人青年时期大多已初入职场，继而面临结婚生子的问题，最主要的消费点集中在购房、购车以及装修。同时，由于初入职场，收入不高，日常消费需求却很旺盛，导致通常财富积累较少，因此需要得到资金的支持，金融需求尤为

旺盛。大多自然人在此阶段表现出充满探索精神，喜欢尝试新产品，熟悉并偏爱电子渠道的投资消费的特征。到了中年阶段，自然人大多生活基本稳定，已有一定的财富积累，普遍希望实现现有财富资产的保值、增值，因此对于投资、财富管理的需求较为旺盛。

4. 退休阶段：（金融需求稳固阶段）。这个阶段主要是指自然人的老年时期。在这一时期，大部分自然人都按月领取固定的社会养老金以及商业养老金，他们相较于年轻人，更愿意在传统的物理网点获取传统的金融服务，更喜欢收益稳定的投资，不愿意承担金融风险。

三、打造以成长链金融为基础的金融模式的必要性

（一）经济、人口因素的影响

智研咨询发布的《2016—2022 年中国人口市场深度调查及发展前景预测报告》显示，2015 年，中国总人口数量为 136 782 万人；60 周岁及以上人口为 21 242 万人，占总人口的 15.5%；65 周岁及以上人口为 13 755 万人，占总人口的 10.1%。在世界范围内，老年人口超过 1 亿人的国家只有中国。而这一数据预计 2033 年前后将翻番到 4 亿人，到 2050 年左右，老年人口将达到全国人口的三分之一，人口老龄化将对中国的经济、社会、政治、文化发展产生深远的影响[2]。

为应对老龄化社会，2015 年，《中共十八届中央委员会第五次全体会议公报》中提出了"促进人口均衡发展，坚持计划生育的基本国策，完善人口发展战略，全面实施一对夫妇可生育两个孩子政策，积极开展应对人口老龄化行动"[3]，标志着我国的全面二胎政策开始实行。

由此可见，在未来很长一段时间内，"银发潮"和"二胎潮"必将在更深的层次上影响我国经济发展的方式和进程。而老年人和青少年的金融需求，也将成为金融业发展的一个重要影响因素。

成长链金融正是以自然人的生命阶段为切入口，促使银行为客户提供更加切合实际的金融服务。这一概念的提出，无疑顺应了我国当前面临的经济、人口新形势。

（二）"双创"背景的影响

2015 年"两会"期间，国务院办公厅印发了《关于发展众创空间推进大

众创新创业的指导意见》，其中明确：推进大众创新创业要坚持市场导向、加强政策继承、强化开放共享、创新服务模式[4]。"大众创业、万众创新"成为各类政府话语中的高频词汇，李克强总理也多次强调了对"双创"工作的支持和肯定。

在深入推动创新驱动发展战略和适应经济发展新常态的大背景下，我国经济新模式、新业态不断涌现，"大众创业、万众创新"的局面逐渐在全社会蔚然成风，创业者的金融服务需求也必将在政策的支持下愈加丰富和急切。

如何在"双创"这一时代大背景下，满足创业青年迫切的金融需求，成为成长链金融研究者应当重视的问题。

(三) 金融产品在同业间同质化竞争激烈

面对消费者越来越多元化的金融需求，目前，金融产品在设计、营销等方面却显现出同质化严重的倾向。各金融机构推出的产品在功能、内容上的差异并不明显，既形不成特色，更形不成竞争优势，在造成银行同业竞争更加激烈的同时，也导致了客户的需求未能得到充分满足，严重限制了银行业务的发展[5]。

究其原因，一个重要因素就在于目前银行要么对客户的精准分层重视程度不高，要么作为分层标准的依据不够科学，产品设计、服务内容等金融服务的定位并不准确，从而导致了所谓"定制化"产品和服务并不能充分满足客户的需求，使许多银行所倡导的"特色化"预期目标更多的流于形式。

成长链金融概念的提出，为金融业解决同质化问题提出了一个新思路和新维度，能够切实指导金融从业者进行全新理念的产品设计和服务规划。

(四) 有效培养忠实客户、潜在客户

如果用成长链金融的理念来审视客户就会发现，一个客户在生命中的每一天都可能是自己的客户，客户在生命周期的每一个阶段都有旺盛的金融需求，就看银行有没有办法吸引他、留住他。

当前形势下，银行可以通过提供成长链金融产品以跟进客户的长期成长周期，从而使银行真正具有持续的盈利能力。对于一家银行来说，为客户服务的期限是可长可短的。如果能令客户对产品和服务满意，这名客户在整个生命周期都可能会成为该银行的客户；反之，如果银行未能很好地满足客户在生命周期中某一阶段的金融需求，该客户与银行的业务往来可能就会停止。

成长链金融理念的运用，可为银行有效地培养忠实客户、潜在客户，体现了银行和客户共同成长的全新理念。

四、当前银行业成长链金融产品的特点

就目前各银行提供的金融产品而言，其特点可以归结为"两不"。

1. 不完整。目前，还没有银行根据人的成长阶段提供一套完整的金融链产品，没有记录完整的客户成长档案，不能跟踪解决客户成长过程中的大部分金融需求。大部分银行尚未提供完整的成长链金融相关的金融产品，即使有也只是针对某个成长阶段的产品，相对于自然人的整个生命阶段来说并不完整。

2. 不个性。目前，银行业提供的金融解决方案大多只考虑到共性的需求，很少解决自然人成长过程中不同阶段对金融产品的个性化需求。真正的成长链金融要能在共性中加入个性的特征，从而更具产品吸引力。大多银行在提供服务时都增加了部分增值服务，但这种增值服务是统一的、标准化的，尚未实现定制化的个性金融服务。

五、对成长链金融的设想

成长链金融的核心思想是在客户成长的各个阶段为客户提供其所需的产品及服务，并在与客户共同成长中得到价值。

（一）建立、规划整套金融服务产品

目前，银行金融服务产品虽然种类繁多，但是大多"各自为政"、较为零散，并未形成整套的服务产品。通过以上分析可知，在未来的竞争中，银行尤其是中小银行要想实现可持续发展，就不得不重视客户体验，应致力于增强客户黏性，培养忠实客户和潜在客户。

而成长链金融正是为这种需求提供了指导：银行在产品设计规划时，可以基于自然人在不同生命周期的不同的金融需求、产品喜好、风险承受能力等特征，为客户设计从出生到退休的一整套金融服务产品，形成一个金融服务的"闭环"，使客户在接触、使用本套产品和服务之后，不需再了解、使用其他金融产品，便能满足自身所有需求，从而从根本上留住客户，实现客户需求和银行可持续发展的双赢局面。

（二）注重金融产品的增值、跨界服务

随着金融服务范围的日益扩大，有很多客户开始不仅仅关注于单纯的金融服务，而更多地关注可以从银行获得的增值服务。这就要求银行从业者跳出单

纯的金融服务（跳出金融看金融），将传统金融产品叠加增值、跨界服务，通过价值转移，进一步拓展客户、增加客户黏性。

银行除了为客户提供存贷、投资理财等传统金融服务之外，还可以根据客户的成长阶段为其提供一系列的匹配增值服务，根据不同客户的实际需求为其提供量体裁衣的增值体验。比如，在客户学生阶段（金融需求萌芽阶段），可以为其提供一些学习课外辅导类的服务，提供暑期名校夏令营的服务等；在客户退休阶段（金融需求稳固阶段），可以为其提供一些生活服务类，包括一些健康医疗类的健康服务等。

（三）注重成长链金融的数据场景应用

数据场景应用其实并不复杂，业务需求同数据相结合，数据应用场景即刻就会呈现，数据场景的应用往往建立在数据分析和业务分析之上。而利用技术手段将成长链金融和数据场景相结合，根据自然人的成长阶段，丰富对应阶段的场景应用，包括金融的和非金融的数据场景应用，可以使数据场景的运用更加合理化和精准化。比如：可以根据劳动力阶段客户的物业缴费的频次和数据，为客户提供预约转账的金融类服务；根据学生阶段客户的开学时间，为客户提供学费定时转账缴纳的服务等。

（四）建立信贷全程化信息档案，全方位掌握客户信贷信息

银行可以为每个客户提供单独的信贷信息档案，记录客户的信贷需求及资金使用情况，以单个客户为单位对客户各个生命周期的信用情况实行积分累计制，并可制定相应的积分增减规则。比如：可以根据客户的存款、投资的金额、期限以及偿还信用卡的表现进行评判，如有逾期，积分会被相应扣减。

通过客户档案的记录和对客户生命周期的分析，银行可以预测客户每一阶段相应的资金需求，及时为客户提供相应的产品，同时通过信用积分的记载，也可以在客户有需求时，将其信用价值评估转化为其获取信贷产品的信用额度，有效地进行风险把控。

（五）注重成长信息的记录，形成大数据库

大数据技术能将海量的貌似无关的数据进行分析挖掘并关联起来，得到事物潜在的规律，被人们有效地利用并能预测事物的未来发展趋势[6]。如果能够全面客观地记录客户成长轨迹，沉淀和积累多维度的客户成长数据，就能为客户提供更加客观、科学、准确的个性化金融服务。

　　银行可以建立基于大数据的客户成长记录信息平台，将大数据技术应用到成长链金融中，建立科学的客户成长记录体系，通过大数据"导航"客户成长、"预测"客户未来发展趋势。通过对客户数据的采集、挖掘及分析，将数据存储到平台数据库中，并利用大数据分析挖掘技术对数据分析利用，从而得到客户综合性测评报告，成为银行为客户提供个性化金融服务的重要依据。

六、结束语

　　成长链金融是基于自然人的生命周期理论，将客户按成长阶段进行划分，针对各阶段的不同金融及非金融需求，为客户提供的金融产品及服务，注重的是一种与客户共成长的金融服务理念。在金融业务的规划、设计中，融入成长链金融的理念，为客户提供个性化的、全套金融服务，是当前银行尤其是中小银行实现可持续发展的必由之路，值得广大银行从业者关注、研究。

参考文献

　　[1] 陆岷峰，杨亮. 互联网金融驱动实体经济创新发展的战略研究 [J]. 湖南财政经济学院学报，2015（3）：5-11.

　　[2] 智研咨询集团.《2016-2022年中国人口市场深度调查及发展前景预测报告》[R]，2016.6.

　　[3] 新华社. 中国共产党第十八届中央委员会第五次全体会议公报 [Z]，2015.10.

　　[4] 新华社. 国务院部署：推进大众创业万众创新 [J]. 现代企业，2015（3）：1-1.

　　[5] 田晓明，朱晓蓓. 银行产品的同质化及差异化对银行业务开展的影响 [J]. 新财经（理论版），2011（12）.

　　[6] 皮健. 大数据下中职学生成长记录信息化平台系统设计研究 [J]. 中国教育信息化·高教职教，2015（8）：66-68.

成长链金融促进科技型中小企业发展的策略研究

倪桓①

一、引言

成长链金融以生命周期理论为基础，将目标对象发展过程中的不同阶段与生命周期对应，综合考虑目标对象在各个阶段对应的所有不同金融需求、消费特征、风险特征及信用水平的差异化与潜在关联性，为目标对象提供整个周期的金融服务，科学并且最大化地满足其金融需求，提升金融机构整体化效用水平[1]。

当前，我国经济发展正处于阶段性转变的关键时期，然而世界低迷的经济导致外部需求对我国经济的拉动力减弱，而国内人口老龄化、投资需求不足也进一步加大了经济下行压力，改革创新对提升经济增长动能越来越重要。在此背景下，党的十八大报告提出了"大众创业、万众创新"，未来激发经济的新活力需要靠创新、创业来带动，而创新与创业活动必将产生一大批中小型科技型企业。科技型中小企业一般由科技人员创办，主要从事于高新技术领域，以创新为使命，以科学技术开发转化为主要内容，属于知识密集型企业[2]。在现实经济当中，科技型中小企业虽然规模较小，但大多属于高技术、高知识等无形资产较好的产业，客观上对推动我国经济结构调整、满足人们对高技术产品的需求以刺激国内消费、推动经济体制改革起到了不容小觑的作用。

然而，在现实当中，随着我国参与经济全球化程度加深，融资难让我国不

---

① 倪桓，南京审计大学党政办公室。

少资产规模较小的科技型中小企业在激烈的市场竞争中陷入了困境。我国大多数科技型中小企业都是创业型企业。一方面，科技型决定了中小企业专业性强的特点，使得融资有了一定的局限。中小规模、创业型的突出特点又导致了科技型企业在最需要资金的发展初期难以走向资本市场。科技型中小企业由于缺少担保物、有形资产较少等存在可能的高风险性与商业银行稳健性和风险可控性经营原则相悖，导致难以获得商业银行正规渠道的融资。另一方面，我国资金市场上的中介服务体系不完善，缺乏相关的信息平台和专业技术平台，提供正规资金的主体商业银行难以较全面地获得科技型中小企业的状况及从事研发项目的可行性、市场前景等的研究分析，信息的不对称成为制约科技型中小企业融资的大难题。无论是事前信息不对称导致的逆向选择，还是事后信息不对称导致的道德风险，都是科技型中小企业融资路上的"拦路虎"。

随着互联网金融的崛起，难以从正规渠道获得商业银行贷款的科技型中小企业有了新的融资途径，科技型中小企业通过互联网金融平台提供的资金可以获得融资以保障自身的发展。那么，互联网融资平台如何根据科技型中小企业的资金需求为企业提供资金，使科技型中小企业发展的充足资金能得到保障，而又不会提供过多资金使科技型中小企业不至利息成本过高？如何合理地确定提供的资金利率并进行有效的风险控制？这就要求互联网金融平台需要根据科技型企业发展不同阶段的资金需求提供资金，并且对企业从事的项目行业前景等进行分析，随着企业发展处在不同阶段提供相应资金，并确定合理的利率水平。这就是成长链金融。成长链金融理论根据科技型中小企业不同时期的不同融资需求、风险特征等信息，总结科技型中小企业的融资特点，根据不同时期的资金需求提供资金并确定合理的利率，这对于研究科技型中小企业的融资策略、帮助科技型中小企业健康持续发展具有重要意义。

二、文献综述

（一）科技型中小企业融资难问题研究

在科技产业大变革的情况下，科技型中小企业对优化产业结构、提高科技创新能力有重要意义。国外对科技型中小企业融资难问题的研究已经形成了成熟的理论。研究者普遍认同在科技型中小企业的发展中存在资金缺口这一点，而造成资金缺口的主要原因，国外学者们大致分为两种不同观点：由信息不对称导致或商业银行组织缺陷导致。信息不对称下产生的逆向选择是导致信贷配给的原因。银行即使出于利润最大化动机、为了规避高风险性更愿意采取一些非利率的贷款条件，使部分需求者主动退出、放弃贷款。融资障碍在于商业银行的组织缺陷，银行为了实现扩张，将更多的注意力集中于大客户，而忽视中小企业资金需求，从而对中小企业的融资形成"大银行障碍"[3]。

科技型中小企业在我国经济中肩负着推动科技创新、调整产业结构的重要责任。近年来，科技型中小企业融资问题越来越受到国内学者的关注。我国的学者们从成因讨论、对策研究详细地研究了科技型中小企业的融资问题。国内普遍认为，导致科技型中小企业融资困境的成因是多样的，主要有：科技型中小企业缺乏对政策的了解、商业银行对科技型中小企业的关注缺失、国内资本市场发展的不完善；内部主要由于资本规模小、产权不清，易受市场环境影响或陷入内部纷争；而外部主要是银行的高要求、资本市场的高门槛成为融资的"拦路虎"。国内学者普遍认为，解决融资难，一方面需要改善我国资本市场的融资环境，而另一方面需要提高科技型中小企业自身的风险控制能力[4]。

（二）"成长链"金融理论研究综述

成长链金融是一个全新的概念，也是一个崭新的金融理念，由陆岷峰首先提出。成长链金融是基于生命周期理论，将目标对象分为不同的阶段，有针对性地探索对象生命周期各阶段间金融需求，分析各阶段的消费特征及信用水平，提供系统性的理念与定制性的金融工具来满足目标对象融资需求的金融理论。由于成长链金融出现时间还不长，关于成长链金融的研究还比较少，目前，主要有陆岷峰、杨亮、徐阳洋等学者进行了成长链理论及应用研究。

陆岷峰（2015）将金融产品研究与成长链理论结合，提出了成长链金融产品创新的理论。成长链金融产品以定制性、终身性为突出特点，要求在分析整合消费金融、个人金融业务提供信息的基础上，来设计金融产品。不仅要考虑时间上的终身性，更要考虑空间上的全方位性[5]。杨亮（2016）将成长链金融理论与个人理财研究相结合，针对个人成长链金融理论做了相关研究。提出成长链金融是围绕着整个生命阶段，将个人的理财需求、消费特征、偿付能力、信用状况等作为统一整体进行系统分析，按照生活消费的特点、金融需求和风险偏好的不同，全方位地为该成长链的多个人生阶段提供融资服务，由此提升成长链作为一种金融服务工具对个人进行服务的能力。并提出了个人成长链金融的三个特点：一是金融产品及服务的定制性；二是金融工具的整合性；三是信用风险评价的动态性。成长链金融的服务囊括对象的整个生命周期，陆岷峰和徐阳洋（2016）对阶段性过度授信及动态授信进行了深入研究。基于成长链金融终身性的服务理念，阶段性过度授信是人性化、综合化服务的要求，也正因为这个原因，使得成长链金融在发展中会遇到更多重的风险。目前，我国征信体系、社保体系的发展都并不完善，需要建立完善的个人破产制度、构建发展大数据风险控制预警体系、推动发展信用评估机构来辅助跨期动态授信[6]。

综上评述，学者对于科技型中小企业融资难成因有着比较系统的研究，但是缺乏对科技型中小企业进行周期性分析的研究，在整体性上有一些缺乏。目前，成长链金融研究还不够完善，理论研究偏向个人理财或消费领域较多，将此理论运用于企业发展较少，应用面比较狭窄。将成长链独特的整体性、终身性分析应用于科技型中小企业融资研究，分析科技型中小企业在不同阶段的融资策略，对于解决融资难问题有重要意义。

三、科技型中小企业在成长链各阶段的融资特点及策略分析

科技型中小企业的生命周期可以分为种子期、初创期、成长期以及成熟期。其对应的特点可用图 1 表示：

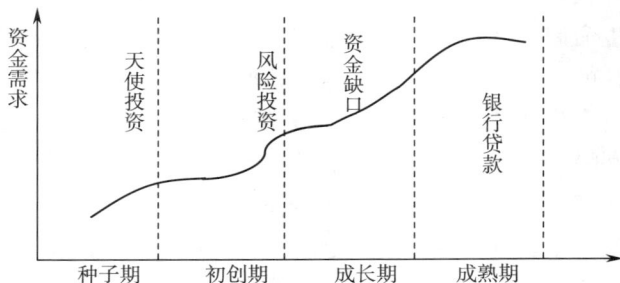

图 1　科技型中小企业生命周期融资需求曲线

（一）种子期融资特点

科技型中小企业发展过程中的最初阶段是种子期。在这个阶段，企业拥有的往往只是一些新的思想、技术或者新的方法，将在未来决定企业命运的新产品还处于萌芽时期，需要经过实验室的酝酿。在种子期的主要任务是在不断地实验中逐步改善最初的思想、技术和方法，进行技术积累。种子期就是迂回前行的实验过程。

在种子期，科技型中小企业有三个特征：第一，资金需求量小。由于这个阶段主要工作都在实验室完成，需要的资金量并不大，容易被满足。第二，缺乏实际产品。种子期的科技型中小企业还停留于仅有产品构想的阶段，对于产品的市场前景、发展潜力只能提供科学预测。第三，经营者对科技型中小企业的成功起着决定性的作用。在种子期，经营者既是研发人员，也是营销、管理、人事岗位的人员，经营者的综合能力是科技型中小企业能否成功的重要考量。由于这三个特征，科技型中小企业只能依靠商业计划书和经营者个人魅力来打动投资者、获得融资。

在种子期，科技型中小企业的实验室内存在着较大的技术风险，从技术原理的可靠性到技术能否运用于生产，各个环节都存在着不确定性，使得技术风险难以被测评。但是由于企业未成规模，只需较少的投资资金就能获得较大的企业原始股权，只要项目成功，投资回报可称巨大。因而，只要科技型中小企业的技术研发能力及其产品市场潜力或者企业经营者的个人素质得到天使投资人的认可，是极有可能获得"天使投资"的。

（二）初创期融资特点

在科技型中小企业的初创期，实验完成，技术创新成功，企业经营计划也搭建完毕，企业逐渐成形。此期间需要完成的任务为排除生产时将遇到的技术问题，即剔除生产中的风险，以及收集市场反馈、完善产品。在这个过程中，具体需要进行小批量生产，解决批量生产中的技术、设备、人员、原材料等问题；通过市场试销，获得消费者意见及市场反应，对产品进行改进优化。

初创期的科技型中小企业一般有以下特征：第一，小批量生产。进入中试，需要进行试生产，为大批量的生产产品创造条件。对比起种子期所需的实验资金，初创期增加了原材料及生产设备的购置费、扩招的技术人员的劳务报酬等开支项目，资金需求量增加。第二，企业盈利能力较差。在这期间，企业进行生产的主要目的是完善技术和产品，企业不能依靠销售产品获得收入。第三，风险加大。一方面是进入生产阶段，产品风险开始出现；另一方面，开始进行试销，市场风险随之暴露。

虽然科技型中小企业在初创期仍未有产品上市，也没有组建健全的管理队伍，但是有了产品的原型，能够在融资时向投资人摆出更多筹码，企业计划也初步成形。风险投资机构能够依靠这些评判企业背后盈利的可能性，因此往往会选择加入。

（三）成长期融资特点

在成熟期之前、初创期之后的成长期，即企业进入大规模生产的阶段，科技型中小企业已经真正成为了一个组织结构和生产功能健全的企业。从原材料采购到市场销售都进入正轨，企业目标转变为追求利润最大化。

在成长期，进入大批量生产，企业的盈利能力提高了，但由于仍处于市场扩张阶段，生产规模逐渐扩大，市场营销不断开拓，投入也需要增加；在投入增加而市场占有率不高的情况下，微利甚至亏损的状态都是可能出现的，财务风险增加；初投入市场的产品还未形成竞争优势、占据市场份额也不高，能否建立良好顺畅的销售模式仍然未知，市场风险仍然存在；企业规模初步扩大，管理模式、组织机构又将受到挑战，管理风险随之而来[7]。

在成长期这个阶段，虽然产品的技术工艺已经日渐完善，但进入市场能否打开销售局面仍是未知数，市场风险开始出现；随着企业规模扩大，管理风险也开始出现。多重风险叠加，与商业银行的经营原则相悖，而中介服务体系的不完善，使得科技型中小企业更难获得商业银行贷款；而资本市场中证券市场的准入标准高，缺乏良好的信用记录、固定资产寥寥的科技型中小企业往往在证券市场碰壁；债券市场规模不大、市场化程度不高，其供给量难以满足科技型中小企业的集资需求。一方面是剧增的资金需求，另一方面是主要由风险剧增带来的融资困境，我国科技型中小企业普遍在成长期出现资金缺口。近年不断成熟的互联网金融的补充，对于科技型中小企业成长期的融资有重要意义，有利于填补科技型中小企业周期中的融资缺口[8]。

（四）成熟期融资特点

科技型中小企业在成熟期，顾名思义已经积累了一定实力，并能在资本市场占领一席之地。在成熟期，科技型中小企业的规模开始变大，在完成产业化过程以后产品规模变大、市场占有率提高、获利能力增强，逐渐脱离中小型范畴，资金需求趋于一个稳定的状态；产品风险、市场风险提高，获得成功的产品往往会引来竞争者的模仿，由此带来的风险不可避免；管理风险、财务风险上升，逐渐增大、复杂的企业组织和大幅增加的企业资金流量，对企业的管理提出了前所未有的高要求，一旦不能适应，会对企业发展造成不良影响。

在成熟期，科技型中小企业出色的市场竞争力与规模效应带来的风险不断降低，往往能吸引银行等大型金融机构的投资。一方面有产品销售收入流入，另一方面企业规模变大，能与银行信用评价体系相适应，也能跨过债券市场的门槛。虽然资金需求量大，但是需求稳定，有更多较为传统的融资方式可以选择。

四、通过互联网成长链金融介入的科技型中小企业融资策略分析

互联网平台和金融功能是互联网金融最重要的两个要素。这两个基本要素使得它具有强透明度、高参与度、优协同性、低中间商成本等特性。而这些特征使得市场变得充分有效[9]。这种金融模式下的市场信息不对称程度能够降到很低，其资源配置率可以达到优化，达到和银行间融资一样的效率。不再需要中间机构间接地调整配置资源，依靠搜索引擎和社交网络又进一步地降低信息处理成本，对于资金的供求双方来说，可以直接网上交易，可以最大限度地控制交易成本。凭借降低信息不对称程度、降低融资成本的两大特色，互联网金融在解决科技型中小企业融资困境问题上展示出了突出的优势。

（一）P2P 介入科技型中小企业融资的运作模式

P2P 网贷作为互联网金融最热门的一种业务模式，近年来发展迅速。其主张"高效、批量、规模"的小额信用贷款。

P2P 网络借贷运作模式大概分为三种：单纯中介型、复合中介型、零收益型。零收益型作为强公益性的运作模式并不适宜科技型中小企业融资，以下主要讨论单纯中介型及复合中介型两种运营模式。单纯中介型的 P2P 网贷平台仅扮演中介的角色，参与融资者与投资者之间的信息交互；复合中介型的 P2P 网贷平台不仅作为中介、同时也是管理者，在融资过程中参与程度更深。单纯中介型与复合中介型的 P2P 网贷都适用于科技型中小企业融资，前者需要缴纳一定比例的服务费用，而后者需要缴纳一定比例的管理费用。

两者的运作流程基本相同，在 P2P 网络借贷平台上融资的过程中，科技型中小企业首先需要注册成为平台用户，提交信用资料、商业计划等相关的借款申请材料，提出借款申请；其次，平台将会对借款申请项目进行考评、并审核申请材料真实性，通过后科技型中小企业的详细借款信息才会在平台上公示；再次，由投资者在平台上自主投标，筹措期结束，投标资金总额不小于相关借款人的要求就算借款成功，电子借条等都有平台自主生成；最后，在借款期满，科技型中小企业按着要求还本付息，即一次 P2P 借款完成。

（二）科技型中小企业应用 P2P 网贷融资的态势分析

1. 优势与劣势分析。科技型中小企业在成长期开始具备健全的企业结构和功能，产品得到了市场检验，进入大规模生产产生巨大的资金需求，而创新研究已经完成，一旦产品投入市场，资金能够快速回笼。P2P 网贷的批量、规模、短期特点能够在成长期融资中发挥优势。P2P 网贷能够拆整为零，将科技型中小企业巨大的融资需求，与数量多、规模小的民间资本的投资需求对应，完成资金来源与投向的重组；P2P 网贷融资门槛、成本低，使科技型中小企业可以没有负累的参与，快捷而且能够减轻企业财务成本；通过 P2P 平台进行短期的网络借款，能够快速补充科技型中小企业缺失的信用记录。这是科技型中小企业使用 P2P 融资的巨大优势。

科技型中小企业成长期的经营管理重点一是融资，二是风险管理。通过 P2P 网贷融资相比风投融资有其劣势。一方面是风险控制水平差，P2P 网贷更多起到中间人作用、管理职能也仅仅针对资金，与提供风险控制、管理技术支持的风险投资相比，无法满足科技型中小企业结构优化的要求。另一方面，与风险投资相比，使用 P2P 融资将会提高企业债务比率，提升财务风险。除此之外，P2P 网贷并没有被监管部门明确定性，缺乏外部监管，存在一定的道德风险。

2. 机会与威胁分析。成长期的科技型中小企业控制权与所有权归属相同，企业内部也缺乏相应的监督机制，较之大型企业风险要高得多。大型的金融机构往往会规避风险，选择大型企业投资，而商业银行面对高风险的科技型中小企业态度谨慎，往往会高估风险，造成科技型中小企业贷款成本过高。科技型中小企业面对高成本的融资会更倾向于选择互联网金融来填补产生的资金缺口；大数据时代的到来，投资者通过经过整合的数据，能够更快速找到理想的项目，对科技型中小企业进行 P2P 网贷融资也有所助益。

机会存在的同时，企业选择 P2P 融资也有一定的威胁。在科技型中小企业将产品项目整理公布在 P2P 平台融资的同时，也给了敏锐的竞争对手可乘之机。一旦市场上出现同类产品，会将成熟期后期的市场风险大大提前，对科技型中小企业占领市场份额造成负面的影响。目前，国内知识产权权益的法律保护力度小，市场上盗版商贩猖獗，权益受到侵犯后维权艰难会对科技型中小企业的发展造成打击。目前，我国对失信惩戒力度不大，失信成本低导致了道德风险升高，在融资过程中，企业、平台和投资者都有相当程度的风险，使得融资中三方关系有一定隔阂、易产生矛盾。

综上所述，科技型中小企业通过互联网金融进行融资，是由自身缺陷及市场造成的现实存在需求。互联网金融特性带来的融资优势，能够降低融资成本、满足融资需求，但与其他的融资方式相比也有不足，甚至由于法律政策、监管部门的缺失可能会带来一定的风险，在融资过程中需要谨慎。

五、成长链金融促进科技型中小企业发展的对策建议

为了切实缓解科技型中小企业融资难问题、扩大就业促进经济复苏、拓展多层次资本市场，需要借助互联网平台，通过成长链金融推动科技型中小企业的健康发展。

第一，对科技型中小企业提供的资金进行及时的动态管理。从科技型中小企业资金需求图可以看出，企业对资金的需求在种子期较少，在初创期和成长期较大，而成熟期因为有稳定的产品和市场销售可以从银行贷款，也对通过互联网金融平台获取资金的需求较少。因此，互联网金融平台可根据成长链金融理论，在确定为某一个科技型中小企业提供资金后，要有始有终，协助企业从种子期发展成长到成熟期，并且在此过程中对为企业提供的资金进行动态管理。在种子期提供少量资金，而在初创期和成长期提供较多的资金，待企业过了成长期后可以将资金大部分撤出作为他用，留少部分资金供企业成熟期使用，一方面可以有效提高资金的使用效率，另一方面可以降低企业的利率成本，防止在不同阶段融资过多而支付不必要的利息。

第二，对处于同一发展阶段的科技型中小企业可以提供"捆绑式"资金供应。由于科技型中小企业的产品大多不成熟，面临研发失败风险或者市场销售不尽如人意等多方面风险，如果有多个处于同一发展阶段的科技型中小企业同时需要资金，为有效降低风险，资金提供方可以将多个企业同时绑定到一起，为几个企业提供一个统一的资金额度，具体使用可以由几个企业自行商定，而资金归还可以由几个企业共同负责。如果某一个企业出现问题无法偿还，可以约定由其他捆绑在一块的企业共同负责、承担连带偿还责任，这样有利于企业间的相互监督及相互帮助发展。

第三，建立专业的信息分析团队。科技型中小企业的产品大部分不成熟，面临较大的风险，这就需要资金提供方有专业的分析团队，分析科技型中小企业的项目是否可行，市场前景及销售情况如何进行事前的风险控制。此外，还需要分析科技型中小企业自身的信息，如信誉度、管理团队、企业的控制制度等，确定企业是否值得投资等。同时，根据成长链金融理论，在不同时期提供

不同的资金。如果科技型中小企业获得资金后，项目进行到了某一个阶段遇到困难无法再继续进行，可以及时终止资金供给，以避免资金持续发生违约风险。

第四，政府应当从宏观方面对成长链金融推动科技型中小企业发展予以支持。政府应当完善监管，兼顾审慎性与包容性对互联网金融进行监督管理。要注意保持互联网金融融资的优势，防止过于繁杂的手续导致融资成本上升、门槛变高；要完善知识产权保护的相关法律法规，加大对侵权行为的打击力度，保护科技型中小企业的创新精神，维护市场秩序；加快推动信用体系建设，运用大数据平台，建立集各类信用数据为一体的信用征询平台，完善约束机制，加大失信惩戒力度，提高失信成本，降低道德风险。

参考文献

［1］陆岷峰，杨亮. 成长链金融的探索与展望［J］. 南都学坛，2016（3）。

［2］吴家曦. 中小企业成长影响因素研究——以浙江为例［J］. 浙江社会科学，2015（11）。

［3］王华光. 中国国有商业银行制度构建［J］. 证券市场，2013（6）。

［4］田高良，刘晓禹，韩洁. 后金融危机时代科技型中小企业融资问题研究［J］. 会计之友，2012（08）。

［5］陆岷峰，张欢. 成长链路金融产品创新研究［J］. 海南金融，2016（04）。

［6］陆岷峰，徐阳洋. 成长链金融风险及其化解策略研究［J］. 湖南财政经济学院学报，2016（2）。

［7］朱琳. 科技型中小企业财务风险的成因及控制对策［J］. 商场现代化，2015（26）。

［8］萧健诚. 互联网金融企业的财务管理问题与对策研究［J］. 财经界（学术版），2016（08）。

［9］王芍，李国义. 基于优化众筹融资模式研究［J］. 科技经济市场，2015（07）。

发展个人成长链金融须强化个人征信建设

张玉洁[①]

一、引言

2015 年政府工作报告中强调"要加快培育消费增长点，鼓励大众消费，让亿万群众的消费潜力成为拉动经济增长的强劲动力"；与之一脉相承的是，李克强总理在 2016 年政府工作报告中提到，要鼓励金融机构发展创新消费信贷产品，把消费作为扩大内需的主要着力点。毫无疑问，这对消费金融市场来说绝对是政策利好。

根据艾瑞咨询发布的《2016 年中国互联网消费金融市场研究报告》：截至 2015 年年底，我国个人消费信贷余额达 19 万亿元，同比增长 23.3%，在个人信贷中的占比为 70.1%。报告预计，未来几年，我国消费信贷规模仍将维持 20% 以上的增速，到 2019 年将达 41.1 万亿元[②]。这一系列的数据向我们展示：我国消费金融市场具有巨大的发展空间，后劲十足。

在兼具政策利好倾向和市场需求带动的双向优势的大背景下，消费金融必将成为传统金融领域和互联网金融领域新的业务增长来源，而消费金融市场也将成为各大金融领域重点布局和竞争的业务"新蓝海"。然而，就目前来看，我国消费金融市场尚处于起步阶段，市场覆盖率远未达到需求水平。究其原因，主要在于传统个人消费的信贷授信、金融需求分析，均是基于个人阶段性信用进行授信，这从根本上就隔断了各生命周期间的信用联系，很大程度上阻碍了个人金融业务的进一步突破和创新。[1] 基于这一背景，以生命周期为研究

---

① 张玉洁，现供职于农业银行南京雨花台支行。

② 李丹. 消费金融进入爆发期 [J]. 中国金融家，2016 (5)：96-97.

轴的成长链金融应运而生，即在综合考量客户整个生命周期的差异和关联的基础上，将个人信用的阶段性转变成整体性，以提供终身性、系统性的金融服务为核心目标。作为一种符合市场需求的金融创新产品，成长链金融从根本上突破了传统金融领域对个人客户的单一阶段性授信理念，开辟了全新的思路，不仅提高了金融服务的普适性，还促进了金融机构的创新、转型、升级，可以说成长链金融同时契合了 2016 年政府工作报告中普惠金融和供给侧改革对金融行业的规划要求。

二、个人成长链金融的特征分析

个人成长链金融，在一定程度上可以将其视为是对消费金融的拓展与延伸。消费金融着重强调"横"，主要针对不同层次的消费者提供消费信贷产品与服务；而成长链金融这一概念不仅包括"横"，还加入了"纵"的含义，即针对消费者整个生命周期的不同成长阶段（成长期、就业期、成熟期、退休期）的不同金融需求和信用特征，为其提供适时的消费信贷产品与服务。与传统消费金融最大的不同，成长链金融突破了商业银行等传统金融机构基于个人单一阶段的授信模式这一局限，以全新的视角，将消费者的整个生命周期的金融需求与信用水平、消费特征和偿还能力等均纳入到一个链条中进行综合考量和统筹规划，从而为其提供更为全方位、全流程的金融服务，实现商业银行等金融机构在个人金融业务方面效用水平的最大化。[1]

通过对成长链金融和传统消费金融的对比，可以看出，成长链金融更注重金融服务的普惠性、定制性和终身性，这就决定了需要一个能够更多、更广、更快地记录消费者收入、投资、消费和信用水平的个人征信大数据库与之相匹配。换言之，个人征信系统对消费者信用水平的实时、完整、准确地记录和判断是成长链金融健康、蓬勃发展的必要条件，一旦成长链金融在发展的过程中不能对消费者个人的征信水平做到准确判断，或是不能持续、完整地采集整个生命周期的信用状况，那么成长链金融便失去了成立的支撑条件。因此，要想推进成长链金融快速成长、长效发展，如何建立一个更完整的征信系统，以及建立何种特色的征信体系将是我们本阶段研究和探讨的重点课题。

三、个人征信建设的 SWOT 分析

我国的个人征信建设事业始于人民银行 1997 年开始筹建银行信贷登记咨

询系统，正式运行则是从 2006 年建成全国集中统一的个人征信系统开始，自此我国实现在全国范围内提供征信服务。[①] 尽管近年来我国对个人征信系统不断扩充、优化、升级，但是征信数据并不完整，且覆盖率较低。截至 2014 年底，个人征信系统为 8.57 亿人建立了信用档案，但是仅有 3.5 亿多人存在信用记录[②]。因此，当前打造一个覆盖面更广、时效率更高、评判性更准的个人征信体系，对促进成长链金融的长效发展尤为重要。为此，我们首先需要借助 SWOT 分析认定当前时代背景下我国个人征信体系建设过程中的内部优势、劣势，外部机遇和威胁，然后在此基础上找出最优战略。

（一）优势分析（Strength）

根据中国人民银行在 2015 年发布的《征信系统建设运行报告（2004—2014）》，我国个人征信系统经过十年的努力，已经形成了一定的规模。第一，覆盖机构逐年增加。我国个人征信系统所接入的机构不仅包括各商业银行、财务公司、金融租赁公司等银行类金融机构，还包括住房公积金管理中心、保险公司、融资性担保公司等机构。截至 2014 年底，个人征信系统已接入 1 811 家机构。第二，覆盖范围愈加丰富。我国个人征信系统已成为世界上收录人数最多的征信系统，同时此系统采集的信息基本涵盖个人贷款、信用卡、担保等信贷信息，以及个人住房公积金缴存信息、社会保险缴存和发放信息、车辆交易和抵押信息、法院判决和执行信息、税务信息、电信信息、个人低保救助信息、执业资格和奖惩信息共计 8 类公共信息，涉及的数据项超过 80 项，进一步拓宽了个人征信系统的信息覆盖范围。

（二）劣势分析（Weakness）

如上所述，尽管中国人民银行主管的个人征信系统经过十年的努力取得了一定的成绩，但是，这一系统在实际运用中出现的一系列问题暴露了其劣势所在。第一，滞后性。我国个人征信系统基于针对借款人所生成的个人信用报告，只能显示出个人消费者的历史信用情况，并不能动态跟踪并实时更新借款人当前信用状况，更加无法反映借款人的未来信用水平，这就意味着当前个人

---

① 中国人民银行征信中心. 征信系统建设运行报告（2004—2014） ［EB/OL］. http：// www. pbccrc. org. cn/zxzx/index. shtml.

② 中国人民银行征信中心. 征信系统建设运行报告（2004—2014） ［EB/OL］. http：// www. pbccrc. org. cn/zxzx/index. shtml.

征信系统无法满足信贷业务更注重个人消费者的未来信用状况这一征信需求。第二，局限性。我国个人征信系统因为是以静态的数据库来评判借款人的征信水平，这极易引起已不具备还款能力的投机分子以"借新还旧"的方式维持良好的信用记录。第三，缺失性。我国个人征信系统尽管已经是世界上收录人数最多的征信系统，但是依然有一部分群体因各方面因素在人民银行中没有任何信用记录，因而无法获取信贷业务等融资服务。

（三）外部机遇（Opportunity）

在我国经济新常态下，个人征信系统的发展无疑迎来了更多的机遇。第一，政策倾向。作为 2016 年《政府工作报告》中的关键词，"征信"一词必将成为新时代背景下政府政策倾向的重点，例如积极引导、培育、优化征信机构，在依法推进征信市场对外开放的同时，建立更具大数据特征的征信业务体系，并不断修缮有关征信的法律规则体系。[2] 第二，技术支持。近年来异常火爆的大数据、云计算等数据处理技术，对打造全新个人征信系统有着必不可少的作用，如通过采集海量数据，精准定位借款人金融服务需求，准确判断客户的信用水平和还款能力，从而为客户提供更为个性化和定制性的产品。

（四）威胁因素（Threats）

2015 年互联网金融的异军突起，为线上消费信贷的发展创造了可能和机遇，尤其以京东、阿里巴巴、苏宁为代表的主流电商平台最为典型，这三大平台分别推出的"白条""花呗""任性付"信用支付产品所依托的是自家平台积累的个人信用信息和交易数据，而非接入人民银行的个人征信系统。[3] 然而，这类信用模式对我国个人征信系统的进步存在一定的抑制作用：一方面，各电商平台不与人民银行征信系统接入，势必会影响人民银行对客户信用信息的采集、更新，从而阻碍了个人征信系统数据时效性；另一方面，各电商平台的信息均是自用，相互之间并不共享，信息的不对称无疑会增加部分投机行为和信用风险，反而不利于个人征信系统的升级、进化。

根据对我国个人征信系统进行的 SWOT 外部分析（见表 1），可以得出：新形势下，尽管有政策和技术的大力支持，电商平台的各自为政却导致了我国个人信息采集的困难，进而对个人征信建设产生了阻碍，即挑战大于机遇；同时，尽管人民银行的个人征信系统具有一定的优势，但是起步晚、发展不成熟是其劣势的根源，可以说，优势不敌劣势。由于个人征信系统是成长链金融发展的必要条件，因此，要想大力发展成长链金融，必须克服个人征信体系面临的困难和自身劣势，抓住机遇，采取措施降低挑战难度，打造全新的个人征信体系。

表 1 个人征信建设的 SWOT 分析汇总

优势	1. 覆盖机构逐年增加 2. 覆盖范围愈加丰富	劣势	1. 滞后性 2. 局限性 3. 缺失性
机遇	1. 政策倾向 2. 技术支持	威胁	1. 电商平台与人行征信不共享信息 2. 电商平台相互间不共享信息

四、打造全新个人征信体系支撑个人成长链金融的发展

（一）引入社会多个主体，发挥合力优势

目前我国推行的个人征信模式，主要是以人民银行和商业银行为主体，即在这一模式下，个人信用数据的采集主要是由各商业银行呈报给人民银行，然后人民银行对这些数据进行整理、汇总、计算，最终以个人信用报告的形式在银行系统内共享。这就意味着，我国的征信模式仅是考虑个人的银行数据，过于片面，不利于个人成长链金融的开展，尤其是对"成长期"的客户群体的影响最为显著。单一考虑银行数据并不能有效反映个人的信用水平，因此，仅仅依靠商业银行的力量来打造完备的个人征信体系是远远不够的。考虑到前面分析的个人征信内部劣势和所面临的外部挑战，可以从以下方面对我国个人征信体系进行努力：第一，人民银行可以联合税务、海关、公安等企事业单位，多渠道、广泛收集消费者的税收、收入、违法违纪犯罪记录等基本信息，以扩大个人征信体系数据的多面性，降低个人信用认定的片面性，一定程度上解决了成长链金融中"成长期"消费者信贷许可问题以及"就业期"初期信贷额度问题。第二，人民银行可以引入阿里巴巴、京东、苏宁等电商平台作为会员单位，通过数据共享的模式，鼓励更多的网络征信数据注入到个人征信体系中，以海量、飞速、综合性数据作为刻画互联网金融时代下消费者信用轨迹的数据支持。第三，人民银行可以牵头资信评级公司、专业中介机构等民间征信机构，建立个人信用评估机构，其中人民银行只作为监管主体实施监管行为，不参与个人信用评估的过程，以实现我国个人征信体系的行政监管和市场有效运作相结合，为个人成长链金融提供一个完整性、系统化、全方位的征信体系

支持。

（二）转变信用评估模式，优化资源配置

从消费信贷决策发展和优化进程看，消费金融的发展大致可分为三大阶段："有钱的人才能借到钱，没钱的人永远借不到钱"的 1.0 阶段，"有信用但没钱的人也能够借到钱"的 2.0 阶段，以及信贷决策更加具有前瞻性的 3.0 阶段。[4] 我国现行的以人民银行主导的个人征信体系中的个人信用评估报告，是基于消费者的历史交易记录、当前收入与还债来源等因素的综合分析，也就是说，我国消费金融仅仅处于 1.0 阶段。还未完全进入信用作为财富形式的 2.0 阶段。这就造成金融机构对消费者"成熟期"过多授信，同时吝于对"成长期"和"就业期"的授信，割裂了消费者的生命周期的授信整体性。考虑到个人成长链金融的授信需求，以及现行征信模式对其的局限，可以对个人信用报告的形成模式转变进行努力：第一，丰富报告内容，全面展现消费者信用水平。传统的个人信用报告的不良记录仅仅是以有或无来体现，无疑是将无意违约和有意改正的消费者的后路切断。因此，新的个人信用报告可以针对金融产品的性质进行区别对待，如对消费者延误信用卡或贷款还款的时间长短以及次数进行区别评级，并设置维护消费者对不良记录申诉的权利，这样既鼓励了消费者改善自身信用，又为金融机构为这类消费者授信提供机会。第二，转变征信重点，合理分配生命周期的信贷额度。为了改变我国现行对生命周期授信额度的分配失衡的状况，应推动个人信用报告向以未来收入和信用水平等为重点的前瞻性分析转变，平衡成熟期和成长期、就业期的授信额度分配，以满足消费者生命周期各阶段的金融需求。

（三）借鉴国外先进技术，精准评估信用

在传统的个人征信体系中，个人信用水平是以信用报告的静态形式体现，存在一定的滞后性和局限性，因此采用新技术评估个人信用成为当前征信技术需要突破的重点；同时，全新的个人征信体系所引进的税务、海关、公安等企事业单位社会性数据和阿里巴巴、京东、苏宁等电商平台网络征信数据，无疑是现行个人征信体系的数据处理模型与技术所不能企及的水平。对此，我们可以通过借鉴国外先进经验，以增强我国个人征信体系的前瞻性进程，以国外大数据应用最具代表性的美国 ZestFinance 公司为例：第一，转变思路。我国现行个人征信模式，过于强调惩罚性，抑制了征信的真正作用的全面发挥——褒扬诚信，而 ZestFinance 则是以大数据征信技术，不同于我国

的"有罪推论"思路，不随便设黑名单，鼓励消费者重视信用的力量，不轻易挑战。第二，多面分析。ZestFinance 的数据分析不同于传统的单一模型的征信体系，而是通过不同的数据分析子模型（如预付能力模型、还款努力型、还款意愿模型以及稳定性模型等）实现不同角度预测个人的信用水平，同时 ZestFinance 还不断更新并细化预测模型，从而实现对消费者信用状况更为精准且实时地评估。

（四）加快征信立法步伐，完善法律保障

随着个人征信体系的不断发展、壮大和优化，我国虽然有相关法律进行一定的行为规范，但是针对个人信用数据的采集、共享和使用等方面的法律相对空缺，尤其是在引入阿里巴巴、京东、苏宁等电商平台的海量网络数据，更是将个人消费者数据内容的共享与个人隐私的保护等方面的法律需求提上了日程。对此，人民银行可以发挥监管主体的作用，推进相关立法的顺利实施。人民银行可以借鉴美国，推动政府制定一系列专门的征信法律法规，如《公平信用报告法》《平等信用机会法》《隐私法》等，对个人信用数据的采集、使用等方面均作出详尽规定。第一，知情权。通过这些法律法规，明确个人消费者对征信体系中自己的信用详细状况拥有充分的知情权，同时对不实的不良记录具有申诉和要求修改的权利。第二，隐私权。如上文所述，个人征信体系的数据库不仅包括商业银行的记录，还包括涉及到民族、婚姻、宗教等个人隐私的社会公共记录，以及电商平台的交易记录，因此必须有相关立法保障信用采集与共享机构对个人信息泄露的有效防范，做到全面与隐私兼顾。

五、结束语

作为消费金融的创新与拓展，个人成长链金融突破了传统金融机构基于个人单一阶段的授信模式局限，以全新的视角，将消费者的整个生命周期的金融需求与信用水平、消费特征和偿还能力等均纳入到一个链条中进行综合考量和统筹规划，这就决定了个人征信系统对消费者信用水平的实时、完整、准确地记录和判断是成长链金融健康、蓬勃发展的必要条件。因此，要想大力发展成长链金融，必须克服困难，发挥优势，通过对主体、模式、技术以及法律方面的改进和升级，打造全新的个人征信体系。

参考文献

［1］陆岷峰，杨亮．商业银行新蓝海：个人成长链金融［J］．银行家，2016（5）：38－41．

［2］马春芬．电商平台个人信用支付产品发展现状及监管建议［J］．国际金融，2015（11）：65－69．

［3］陈文，雷禹．大数据应用：推进消费金融业务的利器［J］．新金融，2016（1）：32－35．

［4］刘新海，丁伟．美国 ZestFinance 公司大数据征信实践［J］．征信，2015（8）：27－32．

基于成长链金融理论的互联网企业发展策略研究

——以付融宝为例

哈雪洁①

一、引言

陆岷峰（2016）将弗兰科·莫迪利安尼提出的生命周期思想应用到金融领域，提出了一个新概念，即成长链金融。它给个人金融业务带来了强大的思维冲击，同时也提供了一种对个人全阶段综合授信的可能性。成长链金融理论站在自然人的角度，将一个生命周期进一步细分为成长、就业、成熟和退休四个阶段，针对不同阶段的金融需求、消费特征、信用水平的差异化与潜在关联，提供全周期的金融服务，解决了传统金融产品与自然人的授信需求不匹配的问题。

中国步入国际互联网 20 年以来，互联网的高速发展带动了商业模式的巨大变革。在互联网金融模式下，支付变得更加便捷，市场的信息不对称程度大大削弱，资金供需双方的交易更直接，金融中间商的作用受到了冲击；资源配置的效率大大提升，在促进国民经济增长的同时，成本在大幅度地减少。目前，互联网金融对居民的生活渗透度正在不断地加深，已经影响到各个年龄阶段的社会群体。在各类互联网金融平台激烈竞争的背景下，如何进行产品创新，培养忠实客户，是互联网企业可持续发展的迫切需求。因此，本文以付融

---

① 哈雪洁，南京审计大学金融学院。

宝企业发展成长链金融为研究对象，通过科学的 SWOT 方法发现问题，提出有效的解决办法，对其他互联网企业健康持续发展有一定的借鉴作用。

二、文献综述

在个人金融业务研究方面，国内学者蒋亚利较早地认识到个人金融业务的重要性。[1]但是由于金融观念、运行机制和信用体制的制约，个人金融业务在我国金融行业占比较小。[2]目前，我国消费金融市场广阔，但产品创新不足，无法达到拉动国内消费的效果。[3]、[4]在此背景下，陆岷峰创造性地提出了成长链金融概念，提倡综合评价自然人的信用，实行阶段性过度授信策略。[5]但是成长链金融为个人融资带来新局面的同时也伴随着新的风险，陆岷峰从内部和外部两个方面分析了 6 种风险，并给出了解决办法。[6]成长链金融作为一个新兴概念，研究成果还相对较少。虽然陆岷峰认识到成长链金融是金融业转型升级的新蓝海市场，但是并未对如何发展成长链金融业务进行探讨。因此，本文采用 SWOT 分析法，讨论付融宝企业的成长链金融发展战略具有一定的理论意义和实践价值。

三、互联网企业发展成长链金融的 SWOT 分析

付融宝是一家由江苏宝贝金融信息服务有限公司创立的，注册资本已经超过 1 亿元的互联网企业。截至 2015 年 12 月，付融宝的累计交易金额已经突破 30 亿元，并荣获"2015 年互联网金融责任品牌"。付融宝良好的运行机制和发展前景成功吸引了中技控股、软银中国和浙商基金等多家机构的入股。付融宝理财平台的成功之处在于，自 2013 年 11 月正式上线以来，一直本着"理财，触手可及"的宗旨，积极创新互联网金融产品，践行普惠金融理念。目前，付融宝正在开发个人金融业务，践行成长链金融新概念。本文采用 SWOT 分析法，综合分析发展成长链金融业务的优势、劣势、机会与挑战，对付融宝企业未来的发展有着重要意义。

（一）优势分析

1. 理念优势。付融宝作为国内成长链金融业务的开创者，与商业银行和其他互联网企业相比，在成长链金融业务产品的设计、人才配置和配套的组织架构等方面有着较大优势。2014 年，付融宝就与中国人寿江苏省分公司达成

战略合作，丰富了网络平台的产品类别。2015 年，付融宝联手 FICO（美国个人消费信用评估公司），为广大投融资人打造国际级的风控体系。同年，付融宝还携手赶集网，首开国内互联网金融生活服务蓝海。付融宝近两年的发展成果都在为践行成长链金融理念创造条件，这为其抢占成长链金融这片蓝海奠定了坚实的基础。

2. 客户优势。年龄在 21～55 周岁之间拥有中国国籍的大陆居民，只要月收入超过 2 500 元，就可以在付融宝平台上申请借款。付融宝的个人借款平台还有无抵押、无担保和迅速放款等特点，灵活的贷款方式能够满足不同的借款者。同时，其投资平台的预期年化收益率总体达到 11% 左右，而商业银行的整存整取的年存款利率远低于该水平。另外，付融宝投资的门槛较低，100 元即可进行投资，而且不收取任何费用。这极大地丰富了投资渠道，刺激了没有太多闲钱的投资者理财热情，为付融宝开展成长链金融带来了大量的潜在客户。

3. 操作优势。与传统的商业银行相比，付融宝的交易和宣传主要依托于网络平台。2014 年 10 月，付融宝的手机 APP 上线。用户可以随时随地地通过手机进行投资理财和借款融资等操作。而且，付融宝将各个理财产品的收益率、投资期限和最小投资额都简明扼要地列出来，客户一目了然，只需要选择购买就可以快速完成交易流程。付融宝的网络平台简化业务流程，具有开展成长链金融业务的操作优势。

（二）劣势分析

1. 法律政策风险。我国的互联网金融虽然自 2013 年以来出现井喷式发展，但是其监管还处于探索阶段，相应的法律法规都不健全。付融宝作为一个资金不停周转运作的中介平台，很多资金会在合作的第三方平台停留。缺乏有效的法律约束，第三方平台风险加大，这会严重限制客户对付融宝平台的信任程度，阻碍付融宝成长链业务的推广。

2. 资金的流动性、收益性风险。付融宝采用综合授信的方式开展个人金融业务，在早期会大大增加成长期客户的数量。但是成长期的客户往往需要长期贷款，如果成长期的客户过多，阶段性过度授信会导致付融宝无法及时收回贷款，导致资金流断裂。另外，付融宝平台的投资理财业务就是凭借高收益吸引客户，但投资存在风险，收益会有不确定性，而且通过付融宝平台进行融资的企业往往实力不是非常雄厚，这些都不利于发展成长链金融业务。

3. 网络信息安全劣势。付融宝作为互联网金融平台降低信息成本的同时，也带来了网络安全问题。虽然付融宝的安全等级保护已经得到公安部的二级认证，有着软硬件防火墙和数据库备份等多层保护，但是网络自身的潜在风险导致账户资金存在被盗的风险。另外，用户在手机使用付融宝 APP 也会存在手机丢失、账户密码被破解等危险。

（三）机遇分析

1. 政治环境方面。中国大力发展创新经济，这为个人金融业务的改革创新提供了难得的好机会，同时国内的供给侧改革也为互联网金融大力发展成长链金融创造了条件。互联网企业作为一个触手可及的金融平台，获得了伴随个人金融业务一同发展的良机。互联网企业应该努力抓住这一大好机遇，通过发展成长链金融业务实现平台转型，为今后成为综合型服务平台创造条件。

2. 经济环境方面。目前，我国个人消费信贷仅仅占信贷总量的两成左右，远远满足不了消费拉动经济的需要，个人金融业务创新势在必行。个人金融市场的创新与发展必须紧紧围绕我国传统自然人授信特点展开，而成长链金融作为与生命周期联系最为紧密的新工具，将大力促进我国经济的转型升级。付融宝应该把握难得的历史性机遇，发挥自身优势，将成长链金融业务做深做透。

3. 社会环境方面。网络分期贷款在学生群体中广受欢迎，多数平台只需提供身份证和学生证即可完成办理。在各大商业银行因大学生信用不足而叫停的大学生信用卡业务的背景下，它无疑是目前解决大学生收入和消费矛盾以及授信不足的最新答案，而且快速抓住了大学生的需求痛点，极大地刺激了金融消费市场，将会导致中国年轻消费群体的消费年龄下扩至少 3 年。由此可见，我国成长阶段的客户群体，具有强烈的消费欲望和较低的授信额度。付融宝应该重视这一社会现象，努力满足学生群体的消费需求，为发展成长链金融奠定客户基础。

（四）威胁分析

1. 潜在进入者的威胁。付融宝直接面临的最大潜在进入者就是商业银行和其他互联网金融平台。商业银行是互联网在相关业务上有力的竞争者，它们往往资金充沛，并且引入了先进的操作经验及理论体系，特别在成长链金融这一新兴领域，它们凭借丰富的人力资源，对高级人才构成了不可小觑的吸引力。另外，其他互联网金融平台与付融宝一样具有网络优势，能够较容易地复制付融宝的成长链金融业务经验。

2. 上游供应商的议价能力。成长链金融业务主要是以信贷为业务核心。众所周知信贷需要资金，付融宝的上游供应商可以理解为资金的供给方，即存款人。付融宝大部分的营运资金都来自于投资人和其他负债业务。随着我国居民收入水平的提高，投资者获取投资信息的渠道越来越多，对互联网金融理财产品的要求也越来越个性化、多样化，而且各大互联网金融企业都把资金视作生存的必需品，同业竞争十分激烈，投资者的选择面越来越广，议价能力较强。

3. 下游买家的议价能力。成长链金融业务的下游买家可以理解为资金的需求人，即为需要授信的自然人。在成长链金融业务中，付融宝相对于贷款人来说，特别是成长阶段的自然人来说，处于垄断地位，比较强势。付融宝的贷款利率必须大于其吸收存款的利率才能实现盈利，而且对自然人的过度授信会使付融宝承担比一般贷款业务更大的违约风险，因此贷款者想和付融宝讨价还价的空间不是很大，下游买家议价能力较低。

4. 替代性产品的威胁。成长链金融产品主要还是为自然人提供信贷、理财、保险等金融服务。虽然与传统金融相比，付融宝具有业务流程相对简单和综合化授信等特点，不少需要金融服务的自然人会因此涌向该平台，但随着金融市场上商业银行开始重视网络综合业务，同时，这些嗅到业务机会的其他互联网企业也会开始运用手机、网络进行灵活的业务营销，付融宝公司的成长链业务会面临被替代的威胁。

5. 竞争对手的威胁。付融宝在对自然人开展成长链金融业务时，面临的最大威胁就是商业银行的信用卡。商业银行具有良好的声誉和经济实力，信用卡的种种优惠政策会促使客户放弃参与到成长链金融业务中。

总之，就外部环境来看，机会大于威胁；从内部环境看，付融宝自身的平台和创新优势还是比较明显的。因此，本文建议付融宝依靠内部优势，利用外部机会，采取增长型（SO 战略）的发展模式，抢先占有成长链金融的市场份额。在我国成长链金融市场需求潜力是很大的，因此付融宝应该加紧金融创新，完善成长链金融产品体系，为各类客户提供最为合适的金融服务。

四、互联网企业发展成长链金融的业务策略

采用 SO 战略参照了付融宝当前在成长链金融业务开发方面所处的行业地位，尽量利用初始阶段有利竞争优势较大等因素，同时考虑未来可能遭遇愈益激烈的挑战等现实，依靠自身既有的优势，付融宝短期内可专注于成长链金融业务本身的发展及相关产品的研发。在把握自身优劣势的基础上，付融宝应不断完善风险管控，提升盈利能力。对此，付融宝需在以下层面加以改进：

（一）市场竞争策略

1. 进行准确的市场定位。市场定位要顺应成长链金融业务特点，关键是顾客定位。根据《中国高等教育质量报告》，2015 年，中国大学生在校人数达到 3 700 万人，全世界第一。大学生这一群体总数庞大且稳定增加，最新调查显示，在未来 5 年，中国的各类院校招生人数以及在校生人数将持续上涨。在这种背景下，大学生群体的消费和投资将是发展成长链金融环节中必不可少的一部分。与此同时，将会有越来越多的自然人度过他们的大学生阶段，这意味着社会中会有越来越多人的成长链会更加完整。陆岷峰对成长期的定义是小于 24 岁的学生群体，此阶段基本是整个成长链的信用开端，是自然人初步接受社会金融授信的时期，并且此阶段的信用形成了后期整个成长链信用评级的基础，具有很高的信用绵长性与延续性。而"信用"对于整条成长链的金融产品设计具有基础性的意义。因此，付融宝企业要想获得成长链金融业务的成功，需要将营销重点放在成长期群体。

2. 高度重视人力资源管理。成长链金融作为一种综合授信产品，需要动态地评估个人的信用水平。要实现为自然人授予最合适的信用额度，则需要金融专业知识的技术团队进行长期的调研。同时，成长链金融业务涉及自然人的各个阶段，包括理财、信贷、保险等多种金融产品，要综合运用金融工具为客户提供个性化服务，也需要具备高端金融知识人才。因此，付融宝应该重视金融人才储备，大力引进金融复合型人才。

3. 加大产品创新力度。成长阶段的学生客户虽然对互联网金融认可程度较高，也能较快接受，但目前市场上金融产品同质化现象凸显，众多互联网金融平台的竞争激烈，都使得传统的、单一的金融服务工具已然不能满足成长期客户的理财需求。针对成长链金融体系从成长阶段，即开始培养客户忠诚度的角度考虑，"超市型""淘宝型""学习型"理财平台的构建可以无缝化弥补这一块的空缺，实现创新化、跳跃化的发展，大大提高金融工具的服务质量。

（二）风险防范策略

1. 信用风险。成长链金融独特的阶段性过度授信模式切实满足了个人的信贷需求，但站在借贷方的角度，这种授信需要承担加倍的信用风险，借款人的还款能力没有保障，在整体上提升了遭遇信用风险的几率，对其管控能力提出了挑战。因此，付融宝在预防风险层面也应有所突破，加以改进创新。

2. 流动性风险。成长链金融最大的创新之处就是综合授信。互联网公司作为一家非金融机构，其对客户过度授信的资金来源只能来自于投资人和公司本身的资产。成长期的客户一般没有稳定的经济来源，还款周期普遍较长，一旦该类贷款过多地侵占互联网企业的资金，就会造成严重的流动性风险，造成成长链金融的不可持续性。因此，互联网企业在实践成长链金融之前，应借鉴国外化解消费信贷流动性风险的经验，推动借款合约证券化。

（三）战略合作策略

成长链金融是对一个自然人整个生命周期进行的全方位金融服务，涉及多种金融工具的整合运用。互联网企业可以和商业银行、财富管理、保险和投资等多家机构合作，形成稳定的业务关系，为打造综合型金融服务平台创造条件。

五、总结

成长链金融带来了个人金融业务的巨大变革，同时也为互联网金融企业的转型升级带来了重大机遇。本文运用 SWOT 分析法发现，付融宝应该采取增长型战略，从市场、风险和战略合作等方面加速发展成长链金融业务。但同时我们也应该注意到，成长链金融业务离不开大数据的支持和个人征信体制的完善，所以付融宝应该积极应用大数据技术防范风险，推动国家互联网金融立法进程，支持个人征信体系建设，为发展普惠金融创造有利的外部条件。

参考文献

［1］蒋亚利，廉炎. 基于个人金融业务的风险管理探析［J］. 广西大学学报，2009（31）：195－196.

［2］李文静. 我国个人金融业务发展：问题、制约与对策［J］. 中国金融，2008（14）：83－84.

［3］李燕桥. 中国消费金融发展的制约因素及对策选择［J］. 山东社会科学，2014（3）：149－153.

［4］龚晓菊，潘建伟. 我国消费金融的 SWOT 分析［J］. 河北经贸大学学报，2012（4）：34－39.

［5］陆岷峰，杨亮. 成长链金融原理推导与发展研究［J］. 华侨大学学报，2016（2）：37－47.

［6］陆岷峰，徐阳洋. 从战略上化解成长链金融风险［J］. 企业研究，2016（4）：40－45.

城市商业银行发展成长链金融业务的路径选择

张光华[1]

一、成长链金融的理论内涵及主要特征

（一）成长链金融以生命周期理论为理论基础

生命周期理论（life cycle hypothesis）是指个人在他所历经的童年时代、工作年代、退休时期和最终死亡这一生中不同阶段内，他的消费计划同他的收入和收入预期值之间存在确定的联系。欧文·费雪曾为建立这种联系进行过早期尝试，此后哈罗德用他的"驼峰式"储蓄概念再次做了尝试。1954年，莫迪利安尼和布伦伯格首次提出一种明确定义的假说，他们二人对来自截面数据和时间序列的证据做了一整套严格规定的检验之后，从理论和经验两方面提出了为什么要这样定义的理由。1957年，米尔顿·弗里德曼提出永久性收入理论，并促使费希尔对这种理论进行了校验。莫迪利安尼—布伦伯格和弗里德曼的理论都被称为生命周期理论。生命周期理论的主要贡献是将人的生命周期不同阶段收入与消费进行了有效性关联，对于在主观确定性条件下较易处理的多时期分析来说，寿命效用函数是同位相似的，这就允许将未来每一时期的计划消费写成为计划之日所看到的预期财富的函数，从而在一个更为宽泛的角度为经济发展特别是金融创新指明了新的方向。成长链金融正是生命周期理论在金融理论方面的新发展。从综合考虑个人生命周期不同阶段的金融需求与信用水平，通过整体性理念与多样化金融工具熨平金融需求的生命周期曲线波动，从

---

[1] 张光华，现供职于吉林银行资产负债管理部。

而成功地将生命周期理论升华为成长链金融理论。

（二）成长链金融是对传统金融理论的开创性再发展

成长链金融是一个全新的金融概念，由陆岷峰博士开创性地提出。成长链金融是以自然人为研究对象，以提供终身性金融为服务理念，实行终身授信等全方位、全流程的金融服务行为的总称，具有终身性、整体性、不同阶段不同金融服务等特质。应该说，成长链金融是消费金融的再发展和再创造，是可替代传统消费金融理念的一门新学科。以往的消费金融主要从产品角度出发，更多是关注向不同客群提供差异化产品，满足其多样性消费需求，产品导向性明显，同质性特征突出，对于个人消费的全周期产品服务不足，而成长链金融正是从这个方面进行了创新突破。

（三）成长链金融的主要特征

成长链金融是全新的金融理念，具有更加契合现代金融需求的特征。一是终身性服务。即对任何一个自然人可以进行终身性一次授信，期间可以根据各种变量进行微调，自然人一旦成为一个金融机构的服务对象，金融机构完全有可能以服务锁定客户的终身。二是阶段性过度授信。即基于自然人一生来考虑其授信，对于某个阶段是过度授信，但对于自然人的一生来说并没有过度授信。且对于整个社会来讲，根据这一原则进行的信用杠杆将会得到充分发挥，从总体上是在有效控制风险的前提下将金融工具的作用发挥到极致。三是人性化和综合化。基于人的一生提供个性化和综合化金融服务。更注重对自然人金融需求的深度挖掘，按照生命各阶段的消费特征、收入水平、投资风格与信贷需求，定制具有针对性的产品组合策略，以差异化服务方式与多样化服务渠道，最大程度上迎合客户的金融需求，除个人贷款授信以外，还包含信用卡、金融咨询、财富管理、保险、投资等服务。四是整体优化与局部优化并重。正是基于个人生命周期的全周期考量，能够对个人客户实现全周期和动态性评估，提升信用风险评价的有效性，能够结合未来收入、财富水平等因素，持续跟踪分析个人客户的信用水平，实现整体优化与局部优化并重，从而提升个人金融风险评估的真实性。

二、城市商业银行发展成长链金融正当其时

（一）个人消费金融市场持续扩大，已经成为银行业未来竞争发展的主战场

2015 年，我国居民个人贷款规模达到 27.03 万亿元，增速为 16.76%，同比提高 2 个百分点。个人贷款占全部贷款比重，从 2014 年的 27.25% 进一步提升至 2015 年的 27.96%。而从新增贷款口径看，2015 年个人贷款新增累计 3.87 万亿元，同比多增 5 813 亿元，增幅为 17.94%，占全部贷款增量的三分之一。而个人可投资资产规模突破 120 万亿元，其中可投资资产 1 千万元以上的高净值人群规模逾 100 万人，同时消费信贷市场也达到 18 万亿元，充分体现出国内个人金融需求规模及类型均在发生质变。2016 年，我国个人金融与消费金融市场将进一步爆发增长，对于正处于战略转型期的城市商业银行群体充满机遇。而经济新常态的提出，也要求城市商业银行在步入"微利"时代后，必须获取新的盈利空间。

（二）城市商业银行个人贷款业务增速放缓，必须尽快提升市场份额

从上市银行看，大型银行、股份制银行呈上升态势，城市商业银行略有下降。2015 年，大型银行个人贷款增速为 15.54%，比 2014 年提升 1.12 个百分点；股份制银行个人贷款增速为 20.14%，比 2014 年提升 2.61 个百分点。而 11 家上市城市商业银行个人贷款余额为 5 248 亿元，个人贷款增速为 21%，比 2014 年下降 1 个百分点。这里，主要还是受城市商业银行传统个人金融业务缺乏整体性、金融工具欠多样化、授信阶段化等问题影响，而大型银行、股份制银行持续发力也是重要原因。

（三）城市商业银行利润增速放缓，通过成长链金融可以有效拓宽收入来源

随着市场竞争的加剧和利率市场化的推进，城市商业银行息差水平总体呈下降趋势，资本利润率、资产利润率等指标出现小幅下滑，传统依赖规模增长和息差收入来带动利润增长的模式不可持续。2015 年，133 家城市商业银行实现利润总额 1 993.6 亿元，增长 7.2%，增速回落 6.1 个百分点，这也是近十年来首次增速回到 10% 以下。同时，城市商业银行收入结构仍以利息为主，亟待进一步拓宽收入来源。城市商业银行利息收入占比均值仍高达 80% 左右，而手续费和佣金收入占比均值都在 6% 以下，11 家上市城市商业银行中间业务

收入占比为 14% 。而个人金融业务正是中间业务收入的主要来源。

（四）成长链金融有助于城市商业银行将网点劣势转化为竞争优势

城市商业银行普遍网点数量相对较多，但运营效率普遍低下，网均创利能力远远低于国有银行和全国性股份制银行，网均存款远低于全国性股份制银行。网点功能仍以交易核算为主，并没有将其定位为客户服务与产品销售的平台。网点作为银行基本分销渠道，城市商业银行可以充分发挥成长链金融个性化、差异化服务的特征，通过构建"商业 + 金融"模式，提升上门办理业务量，增强亲民功能，实现与客户良性互动，进而提升客户黏度。

（五）新兴金融业态给城市商业银行带来产品创新的挑战

城市商业银行的个人金融业务品种单一，可以大体按照负债、资产和中间业务三个维度进行考量。个人负债业务主要包括存款类业务（活期存款、定期存款等）、大额存单；个人资产业务主要包括个人信贷（汽车贷款、住房贷款、消费金融贷款）、信用卡、个人经营性贷款；个人中间业务主要包括个人汇兑结算、个人信托、个人票据、保管箱、代理支付、个人理财业务等。而基于云计算、大数据、社交网络及搜索引擎等信息技术而产生的第三方支付、互联网理财、P2P 网贷等新兴金融业态严重蚕食了城市商业银行这些传统金融业务。而成长链金融通过整合传统的个人金融业务，实现全链条的金融服务，有助于缓解新兴金融业态对城市商业银行产品创新方面的压力。

三、城市商业银行开展成长链金融面临的主要问题

（一）市场定位缺失，对个人金融业务投入不足、重视不够

城市商业银行脱胎于城市信用社，虽然经过二十多年的发展，已经有了长足进步，把小微金融和个人金融作为发展方向，但经营发展仍相对单一化，个人金融业务发展往往停留在口号上，转型缓慢，盲目照搬国有银行、股份制银行发展模式，追求大而全，往往在公司业务上投入大，各级经营管理人员热衷"垒大户"，对于费力不讨好的个人金融业务往往嗤之以鼻，进而缺乏创新动能。同时，大多数城市商业银行尚未成立单独的个人金融业务部门，个人金融业务往往不是主要业务发展方向，没有发展战略和相对独立的发展业务团队，总分行的资源配置没有必要的倾斜和支持。2015 年，11 家上市城市商业银行

个人贷款余额为 5 248 亿元，占全部贷款比重为 25%。

（二）缺乏个性化、特色化的个人金融产品，全周期、全链条产品缺失

当前，城市商业银行主要收入来源是息差收入，平均占比 80% 以上，而中间业务收入等由于产品种类少导致占比低，收入结构不平衡现象非常突出。城市商业银行的个人金融产品仍大体按产品线划分，虽然名称、理念五花八门，但大体上仍逃不脱上面所说的个人负债业务产品、个人资产业务产品和个人中间业务产品，主要的业务品种仍为车贷、房贷。且按照条线分割、部门分立的角度，个人金融产品往往分别隶属不同业务部门和产品线，如信用卡归属信用卡中心，消费信贷由个人信贷部管理，理财业务由专营部门操作，而结算、汇兑由网点机构具体实施。由于缺乏特色业务品种，且各个部门各自为战，导致个人客户的业务体验不佳，业务办理繁琐，而真正贴近个人消费的特色金融产品较少，不能满足成长链金融全周期、全覆盖的产品需求。定制化、可得性不强，与个人生命周期配套的金融产品还处于探索阶段，这在一定程度上会影响成长链金融业务的开展。

（三）人才储备和系统支持不足

城市商业银行不同程度地存在着原有员工业务能力不强、知识更新缓慢，新招聘员工经验不足的人才断层问题，这对城市商业银行开展创新性的成长链金融带来很大障碍。而信息技术薄弱又是城市商业银行普遍的硬伤，如果不能通过大数据分析和有效数据识别满足个人客户的多样化金融需求，将严重制约成长链金融产品开发和对客户的服务水平。

四、对策建议

（一）要在发展战略高度上将成长链金融作为未来城市商业银行发展的主攻方向

在消费逐步取代投资和出口成为我国经济增长新引擎之后，城商行传统信贷业务面临巨大挑战，个人金融业务成为所有银行转型发展的重要方向。2015年 11 月 23 日，国务院印发了《关于积极发挥新消费引领作用加快培育形成新供给新动力的指导意见》，提出消费升级的六大方向，包括服务消费、信息消费、绿色消费、品质消费和农村消费。可以预见，围绕个人生命周期的全周期

金融服务的成长链金融业务发展前景必定广阔。当前，银行业正在制定"十三五"发展规划，未来银行业经营发展特别是城市商业银行必须把战略聚焦于个人金融业务，不求"大而全"而求"小而精"。应该在个人金融战略中将成长链金融作为重要组成部分，制定明确的实施时间表和具体措施，并上升为全行经营转型的集体意识。

（二）优化传统个人金融业务，积极向成长链金融业务转型

一是要将个人金融服务模式创新作为成长链金融的基础工作来抓。个人金融业务应该成为城市商业银行创新转型的主攻方向。互联网金融、大数据分析都为更好地服务个人客户奠定了基础。城市商业银行必须打破传统封闭和单点式的个人金融服务模式，要向全方位、多样化、开放式服务转变，积极通过线上平台互动、社交功能拓展和线下网点营销，加强与个人客户的融合度和黏合度，主动进入个人客户的生活圈和社交圈，围绕个人客户需求改造业务与管理流程，增强个人金融服务的个性化和定制化能力，构建与个人客户互惠互利的新型金融生态关系。二是持续推进个人金融产品创新。要把个性化、差异化金融消费需求作为主要发展方向，彻底改变"以我为主"的产品创新导向，积极推进供给侧改革，更加重视客户体验，增强个人客户在产品研发、投产、推广全流程中的参与度，积极推进产品创新的"短、频、快"，采用"迭代式"研发模式，全面提升产品的市场适应力和客户黏合力。三是积极推进"一证一卡一号"工程。即实行一张身份证对应着一张银行卡和一个账号，在方便个人客户业务办理的同时，也有助于银行持续跟踪、收集、整理、分析不同阶段个人客户的金融需求，从而有针对性地推动个人金融业务的全流程、全周期升级。

（三）成立成长链金融事业部，集中资源，提升服务功能

城市商业银行可以根据自己的特点和资源禀赋设立特色专营机构，加强金融服务功能，完善环境设施、产品配置和流程制度，为客户提供专业性、一站式、综合化的金融服务，针对细分客户提供特色服务。网点布局方面，可根据消费需求场景进行优化，可在批发市场、商贸中心、学校、景点等消费相对集中的区域新设或改造分支机构，作为专门服务消费的特色网点。加快消费信贷产品创新，可考虑在抵质押模式、首付比例、还款方式和期限等方面研发符合消费者需求的全周期金融产品。可考虑将个人金融业务与互联网技术结合，运用大数据、云计算等信息技术，推进"一次授信、循环使用"的模式，打造

自助式消费信贷平台以及远程客户授权的线上消费信贷申请、审批和放贷。

（四）坚持以客户为中心，丰富金融服务内涵，提升成长链金融服务水平

城市商业银行应把"以客户为中心"的服务理念和服务意识，渗透到全行每一个岗位、每一个业务流程中去，融入到客户营销和客户维护的日常工作中去，依托成长链金融的全新模式，把个人金融业务作为业务突破口，作为新的增长点，注重个人客户体验，以优质、高效、便捷为服务宗旨，真正建立以个人客户全周期业务为中心、从总行到分行自上而下的，专业化、协同性、垂直性全周期管理组织架构，满足个人客户全方位需求，不断提高成长链金融精细化服务水平。吉林银行自成立以来，一直致力于社区银行品牌，在全国较早地设立了社区银行部，并在 2015 年升级为个人金融总部，把消费金融、银行卡、电子银行等业务都集合到一起，具有个人理财服务、消费支付服务、代收、代缴、代付服务的社区银行一卡通（长白山卡），现已累计发行 700 万张，存款余额逾 400 亿元；在长春市设立 100 个社区金融服务站，通过贴近客户、"一站式"服务等一系列优质服务赢得了客户，也为下一步积极开展成长链金融奠定了良好的基础。

参考文献

［1］陆岷峰，朱卉雯. 成长链金融：个人融资新生态［J］. 中小企业金融，2016（4）：12-15.

［2］陆岷峰，张欢. 成长链金融产品创新研究［J］. 海南金融，2016（4）：31-36，43.

［3］陆岷峰，杨亮. 成长链金融探索与展望［J］. 南都学坛，2016（5）：102-109.

后　记

　　2016 年，我国正处于"十三五"规划与供给侧结构性改革的双重经济背景下，新常态下宏微观经济环境也在发生着重大转变，均驱使企业对发展模式和竞争方式进行调整。在此经济转型阵痛期，对于我国金融产品数量与质量、金融市场广度与深度以及金融机构风险管理能力均提出了更高的要求，使国内金融市场在遭遇极大挑战的同时，也获得了前所未有的时代机遇。金融机构必须以供给侧结构性改革为轴心，创新金融发展理念，才能牢牢抓住市场机遇，成为新常态经济背景下的弄潮儿。

　　现阶段，我国少数金融机构的金融资源低效配置问题日益突出，其中最为重要的原因在于：大多数金融机构提供金融服务、设计金融产品、授信金融额度都是基于服务对象现阶段的财务状况，割裂了个人、家庭、企业不同生命周期阶段之间的关联性，金融服务的供给与需求存在着结构性不对称问题。为了有效解决这一问题，南京财经大学中国区域金融研究中心首席研究员、教授陆岷峰博士系统地提出了成长链金融理论，将个人金融升级到更高维度，为我国金融行业创新注入新的思维与思路。成长链金融基于生命周期理论，将人的一生分为成长、就业、成熟及退休四个阶段，针对各阶段间金融需求、消费特征及信用水平的差异化与潜在关联性，为客户提供全生命周期的金融产品及服务，并具有金融服务定制性、客户终身性、金融工具整合性以及信用评价动态性等特点，旨在实现资金供求双方效用最大化，优化资金配置，提高资金效率。成长链金融理论的提出，为我国金融机构的创新发展提供了一种全新的发展理念，创造了潜力无限的发展导向，是我国金融市场供给侧结构性改革中的璀璨亮点。为了进一步思考成长链金融的发展模式与路径，丰富成长链金融的理论基础与实践应用，将理论成果转化为实践行为，形成有效的金融生产力，江苏付融宝作为互联网金融时代的新锐企业，积极履行成长链金融理念的实践重任，开展了一系列以成长链金融为主题的学术活动和实践探索，为本书的出版奠定了基础。

　　2016 年 1 月 23 日，付融宝与南京财经大学中国区域金融研究中心联合成立了"付融宝普惠金融研究院",随后实施了一系列的战略规划、规章制定、人才引进等筹备项目,2016 年 3 月 24 日又成立了中国"成长链金融"课题组。同时,为了给成长链金融理论体系添砖加瓦,课题组启动了中国首届"付融宝杯"成长链金融征文大赛。一方面,本次征文比赛由付融宝普惠金融研究院联合江苏省 MBA 联合会、南京财经大学中国区域金融研究中心、南京财经大学 MBA 中心、南京审计大学金融工程实验室、《中国银行业》杂志社主办;由付融宝、麦芽贷、麦芽普惠共同承办。另一方面,本次征文大赛秉着"严谨、专业、公平"的学术态度,成立了层级丰富的专家评审委员会。专家评审委员会由付融宝董事长梁振邦、南京财经大学中国区域金融研究中心首席研究员陆岷峰、《中国银行业》杂志社主任戴硕、南京财经大学中国区域金融研究中心主任闫海峰教授、网贷之家创始人徐红伟、《中国金融》杂志原首席记者孙芙蓉、中国社科院金融研究所所长助理杨涛、北京大学经济学院萧国亮教授、南京审计大学金融学院副院长刘骅以及来自江苏省 MBA 联合会等的 13 名业内知名专家、高校学者和资深媒体评论员组成。大赛一经启动,学术界对成长链金融的研究热情不断攀升,课题组一共收到了来自包括高校教授、博士研究生、资深金融从业者的学术研究论文数百篇,主题论文从专业人才培养和引入为基点,围绕着成长链金融需求、产品、风控、品牌建设四个方面具体展开,构成了本书的灵魂与精髓。

根据成长链金融主题征文大赛规则,首先,征文大赛委员会专家秉承"严谨、专业、公平"的原则,严格遴选了 43 篇全国众多专家、学者关于成长链金融学科建设、人才培养、需求实证、产品设计思路、风控措施、品牌建设等高水平学术论文。其次,征文大赛委员会专家凭借着自身的专业优势,对被遴选上的学术论文提出了评审意见,由付融宝普惠金融研究院人员与相关论文作者积极沟通专家评审意见。然后,论文作者根据专家评审意见,对论文进行完善。最后,将论文终稿进行统一规划,汇编成书,至此,成长链金融理论体系基本形成。本书论文作者在完成课题研究时,参考了大量的相关文献资料,并引用了其中有关的概念和观点。在此,对被引用文献的作者表示衷心的感谢。由于论文作者研究方向不可能涵盖成长链金融所有领域,书中的缺陷和错误在所难免,恳请广大读者和专家们批评指正。

在《成长链金融研究》一书汇编的过程中,陆岷峰博士提出的成长链金融理论贯穿于每个环节,成为了本书至关重要的理论轴心,他亲自负责论文集的总体把关和细节讨论;付融宝董事长梁振邦先生充分肯定了课题组的研究工作,为成长链金融研究、实践等全流程工作给出了具体指导意见,并提供极大支持，亲自参加课题启动、专家评审、成果应用与推广，为本成果的形成和面市作出了巨大贡献；南京财经大学中国区域金融研究中心主任闫海峰教授明确了论文集的主题方向，亲自审定论文集结构，并提出建设性意见；付融宝董事长助理胡键主导了此次征文大赛的启动和宣传，极大地激发了全国专家学者对成长链金融的研究热情；北京大学经济学院教授、博士生导师萧国亮先生不仅亲自担任征文评委，还对成长链金融研究工作提出指导意见且欣然作序。中国金融出版社、《中国银行业》杂志社戴硕主任亲任大赛评委主任且为征文大赛及成果结集出版提供支持，中国金融出版社李融编辑认真细致的编审工作确保了本书的质量。在此，对于上述所有参与创作本书的论文作者、评审专家、工作人员表示衷心的感谢，同时感谢付融宝对本书的出版提供的全方位支持。

中国"成长链金融"课题组
2016 年 10 月 18 日